TECHNIQUES
TERTIAIRES

Serge Bettini
Sophie Bettini

Techniques de l'immobilier

> Transaction > Techniques du bâtiment
> Gestion de copropriété > Gestion locative

DUNOD

Retrouvez les documents professionnels complémentaires signalés par le symbole @ sur le site dunod.com

> Connectez-vous à la page de l'ouvrage (grâce aux menus déroulants, ou en saisissant le titre, l'auteur ou l'ISBN dans le champ de recherche de la page d'accueil).

> Sur la page de l'ouvrage, sous la couverture, cliquez sur le lien « Compléments en accès réservé ».

Graphismes de couverture
et de maquette intérieure : SG Création

5 rue Laromiguière, 75005 Paris
www.dunod.com

ISBN 978-2-10-072852-7

Table des matières

LA TRANSACTION

LES TECHNIQUES DU BÂTIMENT

LA GESTION DE COPROPRIÉTÉ

BOÎTES À OUTILS

Modèles de documents

Les Éditions Préférence ont mis à notre disposition, à titre de spécimens, des documents professionnels consultables dans la partie 5 Boîte à outils et en ligne sur le site : www.dunod.com. Ils sont mentionnés dans les fiches concernées.

Partie 1

LA TRANSACTION

1 Les agences immobilières

Le logement tient une place importante dans la vie quotidienne des français. Près de 36 % du budget familial lui est consacré. Les loyers augmentent chaque année, comme les charges, les prix de vente élevés rendent périlleuses les transactions entre particuliers. La majorité des particuliers ne connaissent pas ou peu la réglementation de l'immobilier et ce qu'ils encourent en cas de faute ou de tromperie. Il faut pour cela s'adresser à des professionnels : les agences immobilières.

Toute agence est soumise à une législation stricte encadrée par la loi Hoguet du 2 janvier 1970 et son décret d'application du 20 juillet 1972. Le marché immobilier est très complexe et très varié : la transaction, la location, la gestion locative, le syndic, la promotion… Chacune de ces activités est réglementée et évolue constamment, au niveau tant juridique que technique. Le personnel doit donc être compétent dans chacun de ces domaines.

1 Le fonctionnement de l'agence immobilière

Une agence peut être franchisée (Century 21, Laforêt…), appartenir à un réseau (Vendôme Rome, ORPI…) ou indépendante. Pour créer une agence, il faut réunir plusieurs éléments :

- avoir une compétence (l'aptitude) ;
- souscrire une assurance en responsabilité civile professionnelle ;
- avoir une garantie professionnelle ;
- posséder la carte professionnelle.

A L'aptitude professionnelle

Pour obtenir la carte professionnelle et pouvoir gérer son agence, l'agent immobilier doit être titulaire d'un BTS professions immobilières, d'un diplôme de l'ICH[1], d'une licence de droit, d'un bac et justifier de 3 ans de travail en agence en tant que salarié ou de 10 ans d'expérience s'il ne possède pas de diplôme, ramenés à 4 ans s'il est cadre. L'agent commercial ne peut profiter de ces avantages.

B L'assurance professionnelle

Le futur agent immobilier doit être couvert par une assurance responsabilité civile professionnelle auprès d'une compagnie de son choix pour couvrir d'une part les éventuels dommages qu'il peut causer à des clients, et d'autre part les dommages et intérêts s'il est condamné par un tribunal à indemniser des clients.

1. ICH : Institut de la construction et de l'habitat.

C La garantie financière

Il faut qu'une banque, une assurance, une fédération (FNAIM) se porte garant dans le cas où le futur agent immobilier ne parviendrait pas à payer ses dettes.

- Pour les agences de transaction, le montant est de 110 000 € minimum ; les fonds reçus sont déposés sur un compte séquestre. La loi du 23 juillet 2010 dispense l'agent de souscrire une garantie financière s'il s'engage à ne pas recevoir de fonds.

> **REMARQUE**
> Le compte séquestre est un compte bancaire bloqué qui permet aux agences immobilières d'encaisser les acomptes versés lors des compromis. Les agences qui n'ont pas de compte séquestre font établir le chèque d'acompte à l'ordre du notaire rédacteur de l'acte.

- Pour les agences de gestion locative ou syndic, la garantie minimum est de 110 000 €.

Une agence franchisée sera aidée par le franchiseur qui lui apportera des conseils, des aides, des formations… moyennant un droit d'entrer et un pourcentage du chiffre d'affaires selon les franchises.

D La carte professionnelle

Son obtention nécessite la capacité (c'est-à-dire être majeur et ne pas être sous un régime de protection), l'aptitude professionnelle, l'assurance professionnelle et la garantie financière. Lorsque ces quatre conditions sont remplies, l'agent immobilier peut demander sa carte professionnelle auprès de la Chambre de commerce. De plus, il doit avoir un casier judiciaire vierge, ne pas avoir d'interdiction de gérer, ne pas exercer en même temps une autre profession incompatible.

La carte est délivrée pour 10 ans et précise les activités de l'agence T ou G[1]. En plus de l'obtention de la carte, l'agent immobilier est inscrit au registre du commerce et des sociétés (RCS).

E Les autres obligations de l'agent immobilier

L'agent immobilier doit tenir sa comptabilité (livre journal, grand livre, registre du personnel, etc.) et aussi :

- afficher le tarif de ses prestations en vitrine et à l'intérieur de l'agence ;
- afficher ses caisses de garantie dans l'agence avec leurs montants, numéro de carte ;
- posséder et tenir livre des mandats, registre répertoire, carnet de reçus…

Ses documents commerciaux rapelleront ses références : RCS, numéro de la carte, nom et adresse de la caisse de garantie et son montant ; ainsi que son adresse avec téléphone, fax, site internet, si besoin son inscription à telle fédération ou à un groupement, une franchise, etc.

Enfin ses panneaux et annonces doivent sans ambiguïté indiquer le nom de l'agence.

1. T = transaction immobilière et vente de fonds de commerce.
G = gestion immobilière et spécifique « SYNDIC ».

2 Le personnel de l'agence immobilière

L'agent immobilier titulaire de la carte professionnelle a le droit de faire travailler sous sa responsabilité autant de négociateurs qu'il le souhaite. Ceux-ci peuvent avoir deux statuts différents :

- salarié ;
- négociateur indépendant.

	Salarié	Indépendant
Cadre juridique	▸ Code du travail ▸ convention collective des métiers de l'immobilier	▸ règles du Code civil sur le mandat ▸ loi ENL du 13 juillet 2006
Contrat	▸ contrat de travail	▸ contrat de mandat mandant : agence mandataire : négociateur ▸ s'inscrire à l'URSSAF pour créer sa propre structure
Autonomie	▸ lien de subordination (autorité)	▸ autonomie complète dans l'organisation du travail (pas d'horaires, pas de permanence, pas de réunion imposée, pas d'objectif)
Rémunération	▸ salaire (SMIC + commission) ▸ droit au chômage	▸ commission (sur facture) 50 % ou plus ▸ pas droit au chômage, il cotise lui-même pour son statut social (maladie, vieillesse, URSSAF, environ 45 %)
Prise en charge des frais	▸ prise en charge par l'agence (employeur) des frais de déplacement ▸ mise à disposition de locaux, (frais de publicité, téléphone…)	▸ prise en charge des frais par le négociateur indépendant

Les négociateurs sont recrutés selon leurs qualités (psychologiques, humaines, intellectuelles et physiques), leurs connaissances et leur motivation professionnelle. Pour cela le responsable d'agence immobilière a plusieurs possibilités pour motiver son personnel :

- **la commission :** elle est variable selon le travail et le secteur, ainsi que le grade, l'ancienneté et la compétence. Lorsque c'est la seule rémunération, cela peut être dangereux car il faut continuer à payer les cotisations même en période de vaches maigres ;
- **le salaire fixe :** il peut être plus ou moins important et ne prend pas en compte les efforts commerciaux ; il est souvent accompagné d'un pourcentage de commissions ou primes ;

- **les primes :** il en existe plusieurs ; elles ont pour but de récompenser les efforts commerciaux (ancienneté, résultat...).

3 Les honoraires

Appelés aussi commission, les honoraires sont libres pour l'agent immobilier (ils sont réglementés chez les notaires). Ils sont assujettis à la TVA de 20 %. Quatre conditions sont exigées par la loi et la jurisprudence pour que l'agent immobilier puisse prétendre au versement de sa commission :

- il faut un mandat écrit (article 72 de la loi Hoguet du 2 janvier 1970) ;
- la présentation du client (le bon de visite sera une preuve...) ;
- la participation active à la négociation ;
- la réalisation.

La perception de toute somme d'argent en l'absence du mandat constitue une infraction pénale prévue et réprimée (article 18 – 2 de la loi du 2 janvier 1970). Il en va de même si le mandat n'est pas valide (mandat frappé de nullité, commission non indiquée ou de la partie qui en a la charge).

L'article 6 de la loi Hoguet indique que la commission sera perçue à la fin de la mission de l'agent immobilier « *...Opération effectivement conclue et constatée dans un seul acte écrit contenant l'engagement des parties...* ». La jurisprudence s'est penchée sur les termes « *effectivement conclue* ». C'est le stade final des négociations lorsque les parties sont d'accord sur la chose et sur le prix (article 1589 du Code civil). Mais il y a les « conditions suspensives » que l'agent immobilier ne maîtrise pas ! Les honoraires sont libres depuis le 1er janvier 1987 (ordonnance 86 – 1243 du 1er décembre 1986). L'affichage est obligatoirement visible pour la clientèle. La perception de la commission n'est exigible que lorsqu'une vente est effectivement conclue et constatée en un seul acte écrit (toutes les clauses de dédit ou suspensives étant levées). Il n'est pas nécessaire que l'acte soit notarié.

4 La prospection

La prospection est la recherche de nouveaux biens à vendre, donc la recherche de nouveaux mandats.

La prospection immobilière est une composante essentielle du métier de l'agent immobilier, car d'elle dépend l'amélioration en quantité du fichier produit, l'accroissement quotidien de la notoriété et enfin la connaissance de la zone d'influence. La prospection est donc le meilleur moyen de connaître et de se faire connaître sur le terrain. Prendre un mandat nécessite la mise en œuvre de l'ensemble des techniques de vente : découverte du bien et du client, argumentation, traitement des objections et conclusion.

Pour être efficace, la prospection doit être systématique et méthodique. Elle s'appuie sur six techniques utilisables séparément. Les exploiter de façon complémentaire accroît leur efficacité.

A La prospection « baskets »

Il s'agit d'une prospection méthodique sur une unité géographique préalablement définie. Elle requiert donc une préparation, une méthode et des outils spécifiques.

B L'exploitation des annonces de particuliers

C'est l'opération qui consiste à rechercher des biens à vendre par l'étude systématique des petites annonces de particuliers parues dans la presse, dans les supérettes ou sur internet. L'étude des petites annonces ne constitue que la première partie du travail, complétée par un appel téléphonique et une visite.

C Le marketing téléphonique

Méthode CROC :

Contact

Raison de l'appel

Objectif

Congé

D Le mailing

C'est un point d'accroche physique du client par rapport à l'agence. Cette lettre personnalisée peut transmettre différents messages :

- recherche de vendeurs ou de bailleurs ;
- recherche d'acquéreurs ou de nouveaux locataires ;
- présentation d'un négociateur ;
- présentation d'un service particulier.

Le mailing est soit envoyé par la poste à un ensemble de prospects issus du fichier : mailing de grande distribution ; soit déposé dans les boîtes aux lettres dans un secteur donné, distribué par le négociateur ou un distributeur : mailing de proximité.

Outre la lettre personnalisée, il peut comporter un coupon-réponse ou une carte de visite du négociateur ou un extrait du journal d'annonces.

E Le relationnel

Cette méthode consiste à mettre en place un tissu relationnel sur un secteur de façon à devenir LE professionnel connu et reconnu sur ce secteur.

F Les annonces de recherches de biens

La recherche doit être ciblée. Il faut indiquer le prix ou la fourchette de prix pour augmenter la qualité des réponses. Si la recherche est qualitative, il ne faut pas indiquer de budget.

La prospection permet de développer la notoriété d'une agence sur un secteur, elle doit engendrer un maximum d'informations qu'il va falloir croiser. Pour cela, il convient d'utiliser les différents types de prospections systématiquement et régulièrement et de mener une action suivie sur des prospects qui seront les clients de demain et les partenaires d'après-demain.

APPLICATIONS

1 ÉNONCÉ

Après avoir lu la loi Hoguet n° 70-9 et son décret d'application n° 72-678 (*www.legifrance.gouv.fr*), répondez aux questions.

1 Une loi s'impose aux agents immobiliers. Quels est sa date et le nom de son auteur ?

2 Quelles sont les conditions à remplir pour obtenir la carte professionnelle ?

3 Quels documents obligatoires l'agent immobilier doit-il détenir dans son activité de transaction ?

4 Indiquez les affichages obligatoires dans une agence.

5 Quels sont les montants minima des caisses de garanties T et G ?
- ▸ Une dérogation existe-t-elle ? Donnez-en les conditions.
- ▸ À quel moment faut-il augmenter le montant de la caisse de garantie ?

6 Indiquez au moins cinq catégories de personnes qui ne peuvent posséder la carte professionnelle.

7 Le vendeur d'une belle propriété veut bien vous en confier la vente si vous faites de la publicité avec photo dans plusieurs revues. Compte tenu du coût, pouvez-vous lui en demander le remboursement à la parution ?

SOLUTION

1 La loi du 2 janvier 1970 (loi Hoguet) et son décret d'application du 20 juillet 1972. Certains articles ont été modifiés depuis.

2 Il sera nécessaire d'évoquer :
- l'aptitude (diplômes, expérience) ;
- la capacité à exercer ;
- la RCP (Responsabilité civile professionnelle) ;
- la caisse de garantie T et éventuellement G, et ce en dehors des obligations de tout commerçant (Registre du Commerce, comptabilité).

3 Registre des mandats (1 par carte T et G) ; registre répertoire ; carnet de reçus ;
Les imprimés commerciaux qui doivent rappeler en plus des nom, adresse, téléphone, fax, site internet, le RC... le numéro de la carte professionnelle et la caisse de garantie.

4 Le tarif des prestations affiché en vitrine et à l'intérieur de l'agence (en % ou en TTC).
À l'intérieur de l'agence mais à la vue du public, l'affiche indiquant, pour chaque activité (T et /ou G), le numéro de la carte professionnelle, délivrée le... par... et de la caisse de garantie : montant et adresse du garant.

5 110 000 € par activité T ou G.
- Dérogation sous conditions : ne pas encaisser de fonds en séquestre ; réservée aux détenteurs de la carte T.
- Il faut augmenter le montant de 110 000 € chaque fois que les fonds détenus dépassent cette limite.
- Le cas se présente souvent en gestion locative ou syndic avec l'arrivée de nouveaux biens à gérer ou d'immeubles à administrer, et en transaction, le cas le plus courant étant l'ouverture de sous-agences.

6 Parmi les personnes qui ne peuvent posséder la carte, on distinguera :
- les personnes n'ayant pas accès à la profession : officiers ministériels, avocats, greffiers, liquidateurs judiciaires, parlementaires.…
- les personnes qui ont fait l'objet depuis moins de 10 ans d'une condamnation pour crime, recel, blanchiment, corruption active, banqueroute, fraude fiscale… la liste est longue (art. 9 de la loi Hoguet).

7 La réponse est limpide. L'agent immobilier ne reçoit une rémunération que lorsque l'affaire est conclue par l'acte authentique chez le notaire (art. 73 du décret).

2 ÉNONCÉ

Vous êtes à l'agence Lyon Immo, vous disposez des données statistiques des ventes de vos concurrents sur le marché local. Votre employeur souhaite situer l'agence sur le marché et son évolution. Il souhaite aussi qu'une analyse du taux de croissance des ventes du marché entre N – 4 et N soit effectuée.

Voici le tableau de répartition des ventes par agence depuis N – 4 :

Agences	N – 4	N – 3	N – 2	N – 1	N
Rhône Immobilier	95	100	90	54	65
Saône Immobilier	30	45	23	34	32
République Immo	58	67	83	112	145
Bellecour Immo	47	59	78	92	120
Saxe Immo	40	45	47	52	55
Lyon Immo	65	34	76	45	98

SOLUTION

Agences	N – 4	%	Place	N – 3	%	Place	N – 2	%	Place	N – 1	%	Place	N	%	Place
Rhône Immobilier	95	28	1	100	29	1	90	23	1	54	14	3	65	13	4
Saône Immobilier	30	9	6	45	13	4	23	6	5	34	9	6	32	6	6
République Immo	58	17	3	67	19	2	83	20	2	112	28	1	145	27	1
Bellecour Immo	47	14	4	59	17	3	78	20	2	92	24	2	120	23	2
Saxe Immo	40	12	5	45	13	4	47	12	4	52	13	4	55	11	5
Lyon Immo	65	19	2	34	10	5	76	19	3	45	12	5	98	19	3
Total		**100**			**100**			**100**			**100**			**100**	

La note de synthèse fera ressortir que Lyon Immobilier représente 19 % du marché local sauf les années N – 3 (10 %) et N – 1 (12 %).

L'agence de 2e en N – 4 est passée 5e, 3e, 5e,3e. Son concurrent principal est Rhône Immobilier qui étant le 3e en N – 4 est devenu 2puis 1er (avec 27 % des ventes).

Sur un marché en croissance, Lyon Immobilier doit avoir une politique commerciale de qualité pour gagner une place sur ce marché concurrentiel.

2 Les mandats

Pour accomplir une mission l'agent immobilier doit posséder un mandat. Ce mandat est imposé par l'article 72 de la loi du 20 juillet 1972 (loi Hoguet). Le titulaire de la carte prévue à l'article 1-1 du présent décret ne peut négocier ou s'engager à l'occasion d'opérations spécifiées à l'article 1er (1 à 5) de la loi susvisée du 2 janvier 1970 sans détenir un **mandat écrit** préalablement délivré à cet effet par l'une des parties. Le mandat précise son objet et contient les indications prévues à l'article 73.

Lorsqu'il comporte une autorisation de s'engager pour une opération déterminée, le mandat en fait expressément mention.

Tous les mandats sont mentionnés par ordre chronologique sur un **registre des mandats** conforme à un modèle fixé par arrêté conjoint du garde des sceaux, du ministre de la Justice, du ministre de l'Intérieur et du ministre de l'Économie et des Finances.

Le numéro d'inscription sur le registre des mandats est reporté sur celui des exemplaires du mandat qui reste en la possession du mandant. Ce registre est à l'avance coté sans discontinuité et relié. Les mandats et le registre des mandats sont conservés 10 ans.

1 Les différents mandats

Le mandat est nécessaire pour accomplir ou s'engager dans une mission. Selon la mission, il faudra le mandat correspondant. En transaction, il existe trois mandats :

Le mandat simple est le plus courant au sein des agences immobilières. C'est une convention signée entre un vendeur (le mandant) et l'agent immobilier (le mandataire). Mais le vendeur peut vendre lui-même son bien et signer des mandats simples avec plusieurs agences. C'est la plus mauvaise situation pour l'agence : une situation de concurrence entre le vendeur et les agences. Le mandataire peut engager des frais mais sans certitude d'un résultat et cependant, par son mandat, il s'engage à faire diligence en vue d'aboutir à un résultat. Ce mandat est généralement révocable à tout moment (art. 2004 du Code civil) ou à bref délai.

Le mandat exclusif : le mandant accorde ici toute sa confiance à un seul mandataire. Le mandat exclusif confère au mandataire une grande sécurité puisque lui seul pourra négocier. Il n'aura pas de concurrence de la part d'une autre agence, ni du vendeur lui-même. De plus, ce type de mandat ne peut être révoqué pendant sa durée (sauf cas exceptionnel). Si le vendeur venait à manquer à ses engagements, il peut même être prévu une clause pénale pour le non-respect de ses obligations. Le mandataire va donc pouvoir tout mettre en œuvre pour aboutir à la vente, certain, au final, de percevoir ses honoraires. Il pourra investir en temps et en frais de publicité, mettre un panneau sur place. L'article 6 de la loi du 20 juillet 1972 et l'article 78 du décret 95 - 818 du 29 juin 1995 précisent quelques modalités d'application.

Le mandat semi-exclusif est un compromis entre le mandat simple et le mandat exclusif dont il se rapproche le plus. Dans cette convention, le mandant va signer un mandat avec une seule agence (exclusivité d'agence), mais se réserve la possibilité de vendre lui-même son bien. Les conditions prévues au mandat peuvent être nuancées : le mandant peut vendre lui-même ou conduire son acquéreur à l'agence qui rédigera l'avant-contrat en contrepartie d'une réduction d'honoraires. Ce type de mandat se développe de plus en plus. Certaines agences le proposent sous des noms divers : mandat confiance, accord, privilège... L'argument est double : inutile de donner un mandat à plusieurs agences, notre agence appartient à un groupement (régional, national...) qui va diffuser votre offre très largement, mais vous n'avez pas donné l'exclusivité puisque, de votre côté, vous pouvez vendre votre bien...

Ce sont des mandats de vente de biens immobiliers. Toujours en transaction, on peut avoir à négocier des biens mobiliers et trouver des mandats de vente d'un fonds de commerce, de cession d'un droit au bail, de cession de parts, d'actions, de cession de licences, brevets...

Faute d'avoir un mandat de vente, l'agent immobilier peut se couvrir en obtenant de la part d'un futur acquéreur **un mandat de recherche** d'un bien. Sa mission peut encore être de rechercher un locataire : mandat de recherche d'un locataire (sans gestion ensuite). Le mandat de recherche lui permet de s'assurer ses honoraires chez le notaire par l'acquéreur puisque le vendeur ne lui a pas donné mandat pour son bien.

REMARQUE

En gestion, nous trouvons deux types de mandats : le mandat de gestion et le contrat de syndic.

2 Les obligations de l'agence

A Les obligations du mandataire

Le mandataire s'oblige à l'égard de son mandant à accomplir sa mission avec diligence et conscience. Si le mandataire n'a pas une obligation de résultat, il doit mettre en œuvre ses moyens, rendre compte de l'accomplissement de sa mission. Il peut être poursuivi en dommages et intérêts par le mandant s'il vient à manquer à son devoir. Sa responsabilité peut être engagée également ; s'il reçoit des fonds, il doit dresser un exemplaire du reçu qu'il a délivré et en remettre un à ses mandants. Il doit, dans les 8 jours, informer par lettre recommandée avec accusé de réception son mandant de l'aboutissement de sa mission (art. 77 de la loi Hoguet).

Le mandataire a également un devoir de conseil et de vérification : vérifier les pouvoirs de son mandant, vérifier les titres de propriété, vérifier l'état hypothécaire du bien, vérifier l'existence d'éventuelles servitudes (certificat d'urbanisme) vérifier la surface, noter les vices afin de donner une saine information du bien lors des publicités ou rencontres avec des acquéreurs potentiels.

C'est un engagement que prend le mandataire de s'investir dans cette mission. Ses obligations sont inscrites sur le mandat signé par les parties qui en possèdent chacune un exemplaire.

B Les obligations du mandant

Le mandant n'a pas les devoirs du mandataire professionnel, responsable, ayant la connaissance des lois, son savoir-faire et ses moyens. Mais il a des obligations qu'il reconnaît en signant le mandat et qu'il devra honorer et respecter (art. 1998 à 2002 du Code civil). « *Le mandant est tenu d'exécuter les engagements contractés par le mandataire, conformément au pouvoir qui lui a été donné. Il n'est tenu de ce qui a pu être fait au-delà, qu'autant qu'il l'a ratifié expressément ou tacitement* ». L'article 1134 du Code civil indique : « *les conventions légalement formées tiennent lieu de loi à ceux qui les ont faites. Elles ne peuvent être révoquées que de leur consentement mutuel ou pour les causes que la loi autorise. Elles doivent être exécutées de bonne foi* ».

Le mandant est tenu d'exécuter les engagements contractés avec le mandataire dans les limites de son mandat. S'il traite avec un client présenté par le mandataire, il doit l'en informer et l'appeler à la négociation. Il doit porter à la connaissance de son mandataire tous les éléments nouveaux qui pourraient influer sur l'accomplissement de sa mission. Il doit régler la commission due au mandataire, ou veiller à ce qu'elle soit réglée si elle est due, même s'il n'en a pas directement la charge. Il devra remettre au mandataire tous documents, titres nécessaires pour lui permettre de mener à bien sa mission, ainsi que de faciliter les visites de son bien à d'éventuels clients.

C Le démarchage à domicile

Lorsqu'un agent immobilier prend un mandat au domicile du vendeur, il doit respecter un délai de 7 jours de rétractation selon la loi Scrivner.

Ce mandat est un document particulier car il comporte un coupon de rétractation en bas de celui-ci. Pendant ce délai, l'agent immobilier ne doit faire aucune publicité sur le bien car il mettrait sa responsabilité en cause si le propriétaire venait à changer d'avis.

3 Les documents à collecter

Lors de la prise du mandat, la loi ALUR du 27 mars 2014 (177 articles), impose de collecter certains documents.

Cette loi pour « l'Accès au Logement et un Urbanisme Rénové » intéresse, entre autre, la vente d'un bien en copropriété dans le but de donner une information plus complète à l'acquéreur aux divers stades de la vente.

A Petites annonces

Tous les supports sont concernés (journaux, affichage vitrine des agences, sites internet...). En plus de la performance énergétique du bien (depuis le 1er janvier 2011), l'annonce devra préciser :

- que le logement est dans une copropriété ;
- le nombre de lots de la copropriété ;
- le montant annuel moyen des charges courantes supportées par le vendeur ;
- l'existence éventuelle d'une procédure de sauvegarde ou d'administration provisoire de la copropriété.

Les documents suivants doivent être annexés à la promesse de vente, donc à collecter au plus vite :

- le mesurage et autres diagnostics obligatoires ;
- le règlement de copropriété et l'état descriptif de division (destination, tantièmes, servitudes…) ;
- les trois derniers procès-verbaux d'Assemblée Générale ;
- le montant de la taxe foncière ;
- le carnet d'entretien de l'immeuble ;
- l'état global des impayés de charges et de la dette de la copropriété auprès des fournisseurs ;
- le montant des charges acquittées par le vendeur des deux années précédant la vente ;
- le montant des sommes dues par le vendeur au syndicat des copropriétaires et l'acquéreur (état daté) ;
- les informations sur le fonds destiné à financer les travaux.

@ **Modèles de mandat de vente**

APPLICATIONS

1 ÉNONCÉ

Thomas Mouche a eu la visite de clients potentiels. Il souhaite que vous réalisiez avec lui le suivi du dossier.

Mme et M. Schnee se sont présentés à l'agence sur les recommandations d'un ancien client. Ils souhaitent vendre leur appartement de Versailles pour partir s'installer définitivement dans leur chalet à Chamonix (74 – Haute-Savoie).

Jeunes retraités, ils estiment qu'ils ont le temps de s'occuper eux-mêmes de la vente de l'appartement. Néanmoins, ils se demandent s'ils sauront mener à bien cette transaction et s'interrogent sur les difficultés et les dangers de cette opération.

Vous devez donc positionner très clairement l'intérêt pour des vendeurs d'avoir recours à un professionnel de l'immobilier. Thomas Mouche espère que vous saurez les convaincre pour obtenir un mandat exclusif.

1 Vous proposez vos services à ce couple de vendeurs, sous la forme d'une liste structurée d'au moins 10 prestations qu'un agent immobilier peut assurer dans le cadre d'une transaction (de la prise du mandat de vente jusqu'à la signature de l'acte authentique).

2 Vous indiquez aussi à ce couple l'ensemble des méthodes de prospection que peut utiliser une agence immobilière pour trouver des acquéreurs.

SOLUTION

1 Services assurés par un agent immobilier de la prise de mandat à la signature de l'acte authentique (exemple de prestations – liste non exhaustive)

Collecte des informations essentielles / vente du bien :

- évaluation, expertise du bien à vendre pour déterminer le prix le plus juste ;
- évaluation de la durée de la vente ;

- mesurage (loi Carrez) pour un bien en copropriété ;
- rassemblement des pièces indispensables à la vente (auprès du vendeur, du syndic, des services fiscaux, municipaux...) ;
- contrôle de la nécessité de la production de différents certificats : diagnostics relatifs à l'amiante, au plomb, aux insectes xylophages, à l'électricité, aux risques naturels, classement énergétique...

Conduite de l'action commerciale et de la prospection :

- mise en place des techniques de prospection (directe, téléphonique, par courrier classique, par courriel, par annonces presse classiques ou par annonces presse télématiques, utilisation du réseau internet et panneautage) ;
- organisation des visites (qui évite au propriétaire du bien à vendre la perte de temps et le dérangement, et qui permet, par une sélection des candidats à la visite, d'éloigner les curieux plus ou moins intéressés... ;
- choix des prospects présentant les conditions de solvabilité ;
- recherche des éléments de négociation ;
- préparation de la négociation : accueil du client (disponibilité, recherche des informations).

Préparation de l'argumentaire : argumentation professionnelle probante.

Gestion de la conclusion de la négociation et accompagnement :

- signature du précontrat adéquat, en respectant la forme et les délais de rétractation et des délais de réflexion imposés notamment par la loi SRU ;
- séquestre des sommes versées par l'acquéreur ;
- information du futur acheteur au niveau fiscal, juridique et technique ;
- préparation du dossier définitif, en relation avec le notaire, en liaison avec les services d'abonnement (EDF, eau...) et avec le syndic (le cas échéant) ;
- assistance du vendeur et de l'acquéreur le jour de la signature de l'acte authentique.

Remarque : on exigera du candidat que la liste proposée soit classée, l'ordre de classement étant bien évidemment libre.

- méthodes de prospection que peut utiliser une agence :
- prospection statique (publicité, petites annonces, panneaux...) ;
- prospection dynamique (mailing, prospectus, prospection téléphonique, portes ouvertes, prospection directe...) ;
- prospection relationnelle (parrainages clients, apporteurs d'affaires, relations...).

2 ÉNONCÉ

Répondez aux questions :

1 Pourquoi un mandat est-il nécessaire à l'agent immobilier ?
2 Citez l'objet des mandats que l'on rencontre souvent en agence.
3 Indiquez la durée générale et la résiliation possible de ces mandats.
4 Dans un mandat semi-exclusif, citez les obligations du mandant.
5 Qu'est-ce que la clause pénale insérée dans un mandat ? À quoi sert-elle et quelle est sa force ?
6 Rappelez les documents à réunir lors de la prise du mandat de vente d'un appartement en copropriété.
7 Donnez des cas d'utilité d'un mandat de recherche d'un bien.

SOLUTION

1 Le mandat est nécessaire à l'agent immobilier puisque la loi Hoguet et son décret d'application (art. 72 et 73) imposent un mandat écrit.

L'agent immobilier ne peut percevoir une commission sans mandat, lequel précisera à qui revient la charge du règlement. En cas de litige, il faut pouvoir justifier auprès du tribunal de son droit à la commission, et ce par la preuve écrite : le mandat.

La loi ne précise pas le type de mandat (vente, recherche...), elle précise seulement que le mandat est nécessaire à l'agent immobilier pour commencer sa mission et qu'il est obligatoire.

Le mandat doit respecter les formes et être enregistré dans l'ordre chronologique au registre des mandats.

2 En agence, on trouve de façon courante :

- les mandats de vente : simple, semi-exclusif, exclusif ;
- les mandats de recherche : d'un bien, d'un locataire ;
- les mandats de gestion : de biens, de syndic.

Certains mandats sont destinés à être signés à domicile (formulaire spécial avec coupon détachable) : c'est le démarchage à domicile.

3 Le mandat ne peut plus être « reconduit par tacite reconduction » sans précision d'un terme. Tous les mandats doivent être limités dans le temps (art. 7 de la loi Hoguet) et la nullité peut être prononcée si une telle limitation n'est pas fixée. Les parties fixent la durée du mandat. Son expiration doit être automatique à l'arrivée à son terme.

Le Code civil (art. 2003 et 2004) prévoit une possibilité de « révocation à tout moment ». La loi Hoguet constitue une réglementation d'exception. L'usage sera défini au mandat.

« Irrévocable de 3 mois... il sera prorogé pour une durée maximale d'une année... ». Chacune des parties pourra, moyennant un préavis de 15 jours (lettre recommandée + accusé de réception), y mettre fin au terme de la période initiale ou à tout moment pendant sa prorogation. Ce sera le cas de tous les mandats de vente et de recherche.

Le mandat de gestion est accepté pour une durée d'un an et se renouvelle par tacite reconduction d'année et année pendant 10 ans ou plus à convenir.

La résiliation s'effectue par l'une ou l'autre partie avec un préavis de 3 mois (LR+AR) avant la date anniversaire.

Le contrat de syndic est d'une durée maximum de 3 ans (il est souvent d'un an). Il n'est pas reconductible, un nouveau contrat est présenté en AG et sera adopté ou refusé.

4 Dans le mandat semi-exclusif, les obligations sont précisées au mandat :

- assurer au mandataire le moyen de visiter pendant la durée du mandat ;
- fournir au mandataire tout document ou information concernant le bien ;
- signaler immédiatement toute modification ;
- s'engager à signer au prix toute promesse de vente ;
- autoriser la pose d'un panneau ;
- s'interdire pendant la durée du mandat et dans les 12 mois suivants son expiration de traiter avec un client présenté par l'agence ;
- pendant ces 12 mois, informer le mandataire (LR+AR) de toute transaction conclue (noms et adresse des acquéreurs et du notaire qui a authentifié la vente) ;
- ne pas mettre son bien dans une autre agence (le mandataire bénéficie d'une exclusivité d'agence).

Une clause particulière dans ce type de mandat permet au vendeur :

- de vendre par lui-même s'il trouve un acquéreur ;
- de l'inciter à diriger son client sur l'agence moyennant des honoraires réduits de 50 %.

5 La clause pénale insérée dans le mandat a pour but de régler à l'amiable, en le prévoyant par avance, un litige qui pourrait survenir dû au manquement à une obligation de l'une ou l'autre des parties cocontractantes du mandat. Elle fixe par avance la réparation qui sera due. Prévue par la loi (art. 1142 et 1152) la clause pénale a force de loi. En cas de litige sur l'importance de l'indemnité, le juge tranchera.

6 Les documents à collecter lors de la prise du mandat de vente d'un bien en copropriété sont nombreux mais l'essentiel sera constitué par :
- le titre de propriété, l'attestation du notaire ;
- le règlement de copropriété (destination, état de division, tantièmes, servitudes...), nombre de lots, existence d'une procédure d'alerte ;
- le montant des charges annuelles de l'année passée, le budget voté, les appels de charges, la quôte-part du vendeur, fiche synthètique du syndic ;
- la taxe foncière ;
- les trois derniers procès verbaux d'assemblée. Il faut vérifier les travaux votés ou ceux en projet, autres problèmes soulevés ;
- le mesurage et les autres diagnostics.

7 Le mandat est obligatoire. En général c'est le vendeur qui accepte un mandat de vente. Mais si le vendeur ne veut pas se lier avec une agence et accepte de vous ouvrir sa porte pour faire visiter... vous devrez vous protéger en faisant signer à chaque candidat un mandat de recherche (accompagné d'un bon de visite). Le net vendeur sera précisé à travers une fourchette et les honoraires définis et payables par l'acquéreur. Le mandat de recherche est nécessaire pour prospecter et rechercher des biens :
- locaux de bureaux pour le compte d'une entreprise ;
- locaux industriels ;
- locaux commerciaux pour le compte d'une marque ou d'une enseigne ;
- une belle propriété pour un client ;
- des terrains pour construire...
- Il est à enregistrer au registre des mandats.

3 L'approche du client

Chaque client est un cas particulier. Source de revenu, il mérite toute notre attention et pour cela il faut être à l'écoute de ses attentes.

1 L'analyse du client

En établissant la « fiche client », le négociateur va s'efforcer de découvrir les motivations du client afin de bien cerner son besoin et, lors de la conclusion, pouvoir lui présenter ses propres arguments. Il existe quelques méthodes dont SONCAS, SABONE, PICASSO, AIDA.

S = sécurité	**S** = sécurité	**P** = pratique	**A** = attention
O = orgueil	**A** = affectivité	**I** = innovation	**I** = intérêt
N = nouveauté	**B** = bien-être	**C** = considération	**D** = désir
C = confort	**O** = orgueil	**A** = avidité	**A** = achat
A = argent	**N** = nouveauté	**S** = sécurité	
S = sympathie	**E** = économie	**S** = sentiment	
		O = orgueil	

Ce plan de découverte est établi soit en écoutant le client, soit par un questionnement structuré. Dans le cas d'un couple, il peut y avoir quelques divergences dont le négociateur tiendra compte pour donner satisfaction à chacun.

Dès le premier contact, le négociateur doit repérer le tempérament de son client parmi les quatre principaux :

- le bileux (énergique, logique, réfléchi) ;
- le nerveux (nerveux, dynamique, imaginatif) ;
- le lymphatique (passible, stable, conservateur) ;
- le sanguin (irritable, dynamique, sociable).

Lors de l'entretien, l'étude des gestes et attitudes aura une signification. C'est le paralangage.

La méthode SONCAS est la plus utilisée car tous les motifs d'achat peuvent être regroupés en 6 grandes catégories :

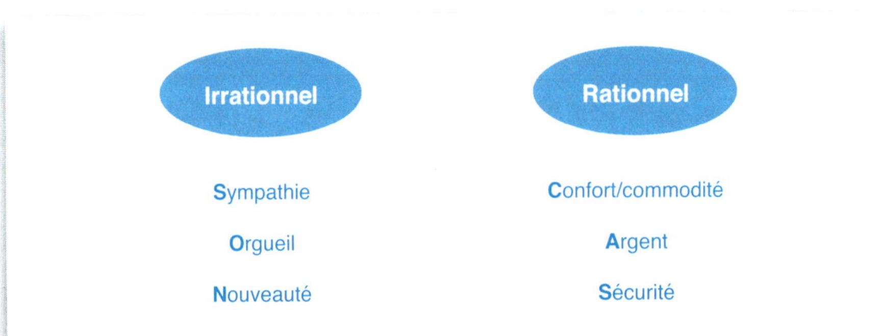

Lors du dialogue, dans chaque réponse du client, il y a un mélange de causes rationnelles et irrationnelles. Le négociateur doit donc les découvrir et sélectionner les plus importantes. Il saura ainsi QUOI vendre et COMMENT le vendre.

Il lui faut :

- trouver les critères chers au client ;
- chercher les équivalences complexes ;
- hiérarchiser les informations ;
- déterminer les avantages du logement qui seront les bases de son argumentation lors de la visite.

Le négociateur applique la technique de l'entonnoir, recevant beaucoup d'informations grâce à son habile questionnement. Il va noter les points essentiels du comportement des clients. Il pourra construire par la suite son argumentation de vente sur les éléments détectés.

EXEMPLE d'un entretien en agence et critères détectés

- Nous recherchons un immeuble de standing disponible immédiatement.
- Ma situation professionnelle a évolué et je ne peux décemment pas continuer à habiter là où nous sommes actuellement ; il nous faut un appartement d'avantage en adéquation avec mes nouvelles fonctions.
- Nous voulons changer de secteur parce que nous avons été cambriolés deux fois en quatre ans.
- Nous aimons la clarté, le soleil, la verdure…
- Il nous faudrait une grande salle de séjour pour recevoir.
- Nous recherchons un appartement style T4, facile à entretenir, avec une cuisine américaine pratique pour recevoir.
- Nous aimerions ne pas dépasser 300 000 €, mais nous voulons quelque chose de bien placé pour ne pas perdre d'argent en cas de revente.
- Avez-vous quelque chose de proche des commerces, avec un stationnement privé ?
- L'orgueil, le confort, la sécurité et l'argent seront les arguments à mettre en avant. Présenter un T4 au prix de 300 000 à 350 000 €, dans un bel immeuble bien exposé avec verdure, dans un secteur sécurisé.

2 L'argumentation du bien

Le négociateur doit connaître parfaitement les biens qu'il va proposer. L'établissement d'une fiche technique très détaillée permettra de répondre aux questions que le client ne manquera pas de poser.

Chaque bien possède des avantages à mettre en évidence ainsi que des inconvénients et le négociateur devra réfuter ou justifier les arguments énoncés.

3 Les objections

On distingue trois types d'objections :

L'objection vraie : le client souhaite des précisions, être conforté. Celui -ci désire poursuivre l'entretien.

L'objection prétexte ou alibi : le client manque d'intérêt, veut écourter l'entretien. Il y a une difficulté souvent inavouable face au négociateur.

L'objection réactive : le client résiste au négociateur pour ne pas trop subir son influence ou par peur d'être trompé.

4 La réponse aux objections

Les techniques sont bien connues des vendeurs :

- **l'addition :** c'est aligner les avantages du bien au client ;
- **la soustraction :** c'est faire ressortir des avantages qui seront perdus si le client ne traite pas maintenant ;
- **la multiplication :** on grossit les avantages procurés en les multipliant par la durée d'utilisation ;
- **le positionnement :** le prix est affirmé par rapport à d'autres biens ;
- **la relativité :** elle consiste à comparer et à valoriser les plus par rapport à la vente d'autres biens similaires.

5 La réfutation des objections

Le client objecte et peut prendre au dépourvu le négociateur non aguerri car une réponse ou un silence est attendu. Voici quelques exemples d'objections et leur technique de réfutation.

Technique de réfutation	Exemple d'objection	Exemple de réponse à l'objection
Oui et... Accepter la remarque et la reformuler sous un autre angle et poursuivant sur des arguments.	*« Cette pièce n'est pas très claire. »*	*« Oui vous avez raison, les arbres masquent un peu le soleil mais une lumière tamisée, ce n'est par forcément désagréable. »*
Boomerang Renvoyer au client son objection sous forme d'argument.	*« Deux emplacements de parking par appartement, c'est vraiment trop. »*	*« Si vous n'en avez pas l'utilité, vous pourrez toujours louer une des deux places ! »*
Affaiblissement Diminuer la force de l'objection.	*« Ce type de maison doit mal se vendre. »*	*« Tous les biens se vendent ; avec plus ou moins de difficulté, c'est vrai. »*
Compensation Éliminer une objection mineure en donnant des avantages importants.	*« Les volets roulants ne sont pas électriques. »*	*« En effet, il manque ce détail ; en revanche, la possibilité d'être en sécurité, volets fermés, n'a pas été oubliée. »*
Écran Montrer au client que son objection a été enregistrée et que la suite de l'argumentation y répondra.	Objection en début d'entretien : *« en regardant la maquette, j'ai l'impression que ce programme est mal conçu. »*	*« Ce n'est qu'une impression, donnez-moi le temps de vous expliquer chaque détail de la conception qui a été vraiment pensée. »*
Silence Ignorer l'objection.	*« Il n'y a pas de gardien dans l'immeuble. »*	
Anticipation de l'objection Devancer une objection certaine.		*« Je vois que vous êtes sceptique quant à la profondeur des placards, mais attendez de voir le dressing. »*

›››

Technique de réfutation	Exemple d'objection	Exemple de réponse à l'objection
Reformulation interrogative Reformuler l'objection en une question, de façon à avoir le temps de trouver une réponse.	*« Le parquet ne me semble pas très résistant. »*	*« Ah ? Qu'est-ce qui vous donne cette impression ? »*
Sélection Dans une série d'objections, choisir de répondre à celle qui favorise la meilleure réfutation.	*« Je n'aime pas bien la distribution, ni l'orientation ; de plus, la chambre est petite… »*	*« Justement, cette petite chambre qui n'est prévue que pour un enfant, ou pour en faire un bureau, permet d'avoir un superbe séjour qui est très vaste. »*
Diversion Pour écarter une objection, poser au client des questions auxquelles il répondra par « oui ».	*« C'est clair mais ce n'est pas tellement ensoleillé… »*	*« Avouez qu'une pièce surchauffée est invivable… Avouez qu'il y a suffisamment de lumière pour lire… »*
Témoignage Appuyer la réponse à l'objection par l'expérience d'autres clients.	*« Ce lotissement n'a pas l'air bien fréquenté… »*	*« Ah ? Ce n'est qu'une impression, Mme et M. Z, à qui j'ai vendu la maison « Dahlia », sont ravis ; allez les voir si vous voulez ! »*
Questionnement Demander au client d'expliquer son objection.	*« Je n'aime pas les salles de bains sans fenêtre… »*	*« Pouvez-vous m'expliquer pourquoi ? »*

6 La décision d'achat

La vente est comparable à une avenue coupée de feux de circulation à faire passer au vert. Chaque bien visité est une épreuve tant pour les clients qui découvrent que pour le négociateur qui suit sa stratégie.

En habitation, par exemple, il fera visiter trois biens à ses clients : le premier sera moyen, un peu en dessous du budget prévu ; le deuxième, au prix et de bonne présentation ; et le dernier, le plus beau avec soleil, vue, terrasse… et un peu plus cher.

Ayant suscité l'attention de ses clients puis l'intérêt pour ce logement (méthode AIDA), le négociateur doit être attentif à leur réaction : ils vont trouver leur bonheur et l'achat est en vue.

Souvent c'est le coup de cœur qui va produire son effet dans les 10 secondes. Si un couple visite, chacun va s'intéresser à son domaine, mettre les meubles en place… Dans un dernier sursaut, le ou les clients peuvent poser des questions pour se conforter, se rassurer car l'engagement est d'importance.

Le négociateur, à l'aide de sa fiche technique parfaitement remplie et de son savoir-faire, va renseigner ou réfuter les objections soulevées afin de faire passer au vert tous les feux.

Avec une fiche technique mal remplie, des questions restées sans réponse (feu rouge) empêcheraient la décision d'achat.

4 Les promesses

L'achat d'un terrain, d'un appartement neuf à achever ou existant, d'une maison passe par la signature d'un acte authentique par-devant notaire. Mais avant d'être propriétaire du bien, il faut établir un avant-contrat, appelé « **promesse** », qui va fixer l'accord des parties sur la nature du bien, le prix, les conditions de vente ou d'achat dont les clauses suspensives. Ces avant-contrats, suivant leur forme, peuvent engager les deux parties (vendeur/acquéreur) ou le vendeur seul (le promettant) ou l'acquéreur seul. Ils sont rédigés sous-seing privé ou par acte authentique.

1 L'avant-contrat sous-seing privé

Cet avant-contrat (promesse) est signé par les parties (vendeur/acquéreur) en agence ou chez un notaire sans revêtir la forme d'un acte authentique. L'acquéreur bénéficie d'un délai de rétractation. L'acte lui est notifié par lettre recommandée avec accusé de réception ou par tout autre moyen présentant des garanties équivalentes, pour la détermination de la date de réception ou de remise.

Le délai de 7 jours court à compter du lendemain de la première présentation de la lettre recommandée notifiant l'acte. S'il désire se rétracter, l'acquéreur doit le faire avant la fin des 7 jours dans les mêmes formes (art. 271-1 du nouveau Code de la construction et de l'habitation).

S'il a été conclu par un professionnel (agent immobilier) ayant reçu mandat pour prêter son concours à la vente, l'acquéreur peut verser entre ses mains une somme contre reçu (compte séquestre), puisqu'il dispose d'une garantie financière affectée à la couverture des fonds déposés. Si l'acquéreur exerce la faculté de rétractation, l'agent immobilier a 21 jours pour restituer les fonds. Le délai commence au lendemain de la réception de la rétractation.

2 L'avant-contrat sous forme authentique

Il s'agit d'une promesse (acte authentique) rédigée devant notaire. L'acquéreur bénéficie alors d'un délai de réflexion à compter de la première présentation de la notification ou de la remise du projet d'acte par lettre recommandée avec accusé de réception ou par tout autre moyen présentant des garanties équivalentes pour la détermination de la date de réception ou de remise. S'il désire se retirer du projet, l'acquéreur doit le faire avant la fin des 7 jours dans les mêmes formes. À noter qu'en aucun cas l'acte authentique ne peut être signé, ni aucune somme versée pendant ce délai de réflexion.

L'acte authentique offre plus de valeur (force probante, date certaine, force exécutoire). Entre les deux actes, c'est la forme qui varie. L'avant-contrat signé en agence peut se traiter dans l'heure de la décision d'achat et sans frais. S'il est signé chez le notaire, il faut prendre rendez-vous, il peut y avoir des frais de rédaction mais pendant ce délai, le client peut changer d'avis.

3 La forme des avant-contrats

Ces avant-contrats peuvent prendre la forme :

- d'une promesse synallagmatique de vente (appelé communément compromis) ;
- d'une promesse unilatérale de vente ;
- d'une promesse d'achat (plus rarement).

A La promesse synallagmatique de vente

Par cet acte signé sous-seing privé ou devant notaire, les parties au contrat s'engagent réciproquement : le vendeur à vendre et l'acquéreur à acheter un bien précis à un prix déterminé, dans des conditions instaurées d'un commun accord. Il est d'usage de verser une somme généralement fixée à 10 % du prix, qualifiée d'arrhes ou d'acompte. Une telle promesse vaut vente (sauf application des conditions suspensives). Le compromis comporte une clause prévoyant sa réitération par acte authentique : selon la rédaction de cette clause, l'acte authentique peut être une condition de validité de la vente. Si le compromis ne comporte pas la clause ci-dessus, la vente est parfaite (art. 1589) et le recours à l'acte authentique n'est imposé que par les formalités de publicité foncière.

B La promesse unilatérale de vente

Elle est peu pratiquée au sud de la Loire mais énormément au nord donc en région parisienne. La démarche est différente et ne manque pas d'intérêt pour le vendeur. Le propriétaire du bien, « le promettant », cède à l'éventuel acquéreur une offre de vente par laquelle il lui accorde la possibilité, pendant un délai clairement précisé, d'acquérir ce bien à un prix déterminé. S'il accepte la promesse de vente, l'éventuel acquéreur devient le « bénéficiaire » et il dispose alors d'un droit d'option lui permettant au plus tard à l'expiration du délai fixé d'acheter, c'est-à-dire de « lever l'option », ou de ne pas acheter.

À la signature de la promesse :

- le bénéficiaire dispose d'un délai de rétractation de 7 jours ;
- passé ce délai, il reste toujours la réalisation des clauses suspensives ;
- un versement est effectué (environ 10 %) ; si le bénéficiaire entend ne pas donner suite de son propre chef (hors des conditions suspensives non réalisées et du délai de rétractation), il perdra la somme versée considérée comme « indemnité d'immobilisation » au profit du promettant qui a immobilisé son bien pendant le délai d'option.

La promesse peut être conclue par acte authentique (devant notaire) ou sous-seing privé. La promesse de vente conclue sous-seing privé (entre les parties avec ou sans l'assistance d'un agent immobilier) doit obligatoirement, sous peine de nullité, être enregistrée dans les 10 jours de son acceptation à la conservation des hypothèques. Tant que le bénéficiaire n'a pas levé l'option ou n'a pas renoncé, le vendeur est engagé et ne peut pas vendre à quelqu'un d'autre. S'il décide toutefois de se rétracter, il devra verser des dommages et intérêts au bénéficiaire de la promesse.

Le bénéficiaire peut ne pas lever l'option, il en a tout à fait le droit. En ce cas il perd l'indemnité d'immobilisation éventuellement prévue à la promesse, sauf si la vente n'est pas conclue du fait de la réalisation de l'une des conditions suspensives prévues ou d'un événement indépendant de sa volonté. Le bénéficiaire lève l'option : la levée d'option est un engagement des deux parties dans les conditions prévues. Si l'acte est notarié, l'enregistrement n'est pas nécessaire.

REMARQUE

La promesse unilatérale de vente est nette et précise. Passé le délai d'option, le promettant récupère les droits sur son bien dont il peut disposer dès le lendemain au profit d'un autre bénéficiaire. Il peut percevoir une indemnité. Avec la promesse synallagmatique de vente, de nombreux litiges pouvant survenir, l'agent immobilier se trouve coincé entre ses clients et ne peut être juge et partie... Il va s'en remettre au tribunal qui tranchera... Dans combien de temps ? L'argent versé reste séquestré. Le vendeur ne peut récupérer son bien, la situation est bloquée. Compromis vaut vente... Quand tout va bien, ce qui n'est pas toujours le cas.

C La promesse unilatérale d'achat

Par cet acte seul le candidat acquéreur s'engage. Il s'agit en effet d'un acte par lequel lui seul s'oblige, pendant un délai fixé, à acquérir un bien précis à un prix qu'il propose. Le propriétaire n'est tenu à aucune obligation.

De ce fait, il est conseillé de ne s'engager que si l'on est sûr de son choix et pour un délai très bref afin de recouvrer rapidement sa liberté d'achat. Aucun versement de sa part n'est obligatoire d'autant que, comme pour l'offre d'achat, tout versement est interdit (loi SRU) sinon la promesse serait nulle. La promesse peut se faire par acte authentique ou sous-seing privé (sans obligation d'enregistrement).

Si le propriétaire ne veut pas donner suite à la promesse unilatérale d'achat, il en a le droit et n'est tenu à aucun dédommagement financier. S'il accepte cette promesse d'achat dans le délai fixé, les deux parties sont engagées dans les conditions prévues.

REMARQUE

L'offre est comme une OPA ou une bouteille à la mer. Les parties ne sont pas d'accord comme dans les autres promesses. Le prix offert est celui de l'acquéreur : peut-il convenir au propriétaire qui est encore plus loin d'être vendeur ? On risque de perdre du temps avec ce type de promesse en offrant d'acheter un bien qui n'est pas à la vente. Avec une rencontre, une négociation peut déboucher sur une promesse plus conventionnelle. C'est pourquoi la promesse unilatérale d'achat est très rarement usitée.

› POUR ALLER PLUS LOIN

Les clauses suspensives sont des clauses figurant dans les avant-contrats (promesse de vente, contrat de réservation...) ainsi que dans les contrats de construction de maisons individuelles et dans les demandes d'obtention de prêts. Les conditions suspensives posées par le bénéficiaire (acquéreur ou emprunteur) et mentionnées dans l'avant-contrat (ou la demande de prêt) empêchent l'exécution du contrat définitif, dès lors

›››

›››

qu'elles ne se réalisent pas dans le délai fixé. Si ces conditions ne sont pas remplies au moment de la signature de l'acte définitif, le candidat à l'accession est automatiquement libéré de l'engagement qu'il a pris et peut récupérer l'intégralité des sommes versées lors de la signature de l'avant-contrat (acompte ou indemnité d'immobilisation par exemple).

La clause de dédit est une réserve que vendeur et acquéreur acceptent de faire figurer dans une promesse, en toute liberté car cette clause n'est pas obligatoirement insérée dans tous les avant-contrats. Le dédit constitue la clause qui offre aux acquéreurs la faculté de ne pas exécuter leurs engagements d'acquérir pour une cause quelconque, indépendante des conditions suspensives et en abandonnant au vendeur une somme convenue.

La clause pénale selon l'article 1142 du Code civil précise que « toute obligation de faire ou de ne pas faire, se résout en dommages et intérêts, en cas d'inexécution de la part du débiteur ». Il sera tout aussi intéressant de lire les articles suivants sur les contrats, obligations et inexécutions. La clause pénale fixe les dommages et intérêts pour celui qui n'exécute pas son obligation. L'article 2047 stipule « *on peut ajouter à une transaction la stipulation d'une peine contre celui qui manquera de l'exécuter* ». La clause pénale ne doit pas être un enrichissement pour son bénéficiaire. Elle ne doit pas être disproportionnée et doit correspondre à l'indemnisation juste.

1 Offre d'achat
2 Ventes de biens et droits immobiliers sous conditions suspensives
3 Reçu
4 Registre répertoire

APPLICATIONS

1 ÉNONCÉ

Le contrat de vente :

1. **Expliquez les conditions générales de formation des contrats.**
2. **Indiquez les vices mentionnés par le Code civil qui peuvent mettre en cause la validité d'un contrat.**

SOLUTION

1 **Le contrat de vente**

Le Code civil définit le contrat comme une « *convention par laquelle une ou plusieurs personnes s'obligent, envers une ou plusieurs autres, à donner, à faire ou à ne pas faire quelque chose* ». Les quatre conditions à rappeler sont :
- l'objet (certain) ;
- la cause (licite) ;
- la capacité à contracter ;
- le consentement (offre, acceptation).

2 **Les vices**

Il ne s'agit pas ici de vices cachés ou apparents liés à la construction par exemple. Les vices liés au contrat qui peuvent mettre en cause la validité du contrat porteront :

- sur le défaut valable de consentement ;
- sur la capacité des cocontractants ;
- sur l'incertitude concernant l'objet.

2 ÉNONCÉ

M. Guy Saitout lit la promesse de vente qu'il vient de rédiger mais ses clients, M. et Mme Prudent, posent de nombreuses questions. À vous d'y répondre. Les promesses de vente :

1 **Expliquez la différence, les avantages et inconvénients entre la promesse de vente synallagmatique et la promesse de vente unilatérale.**

2 **Expliquez les mots relevés dans une promesse de vente :**
- **conditions suspensives ;**
- **jouissance ;**
- **état hypothécaire ;**
- **délai de rétractation ;**
- **servitude.**

SOLUTION

1 La promesse synallagmatique (ou compromis) de vente constitue l'engagement entre les parties. L'un, le vendeur, s'engage à vendre son bien à un prix convenu à un acquéreur désigné, sous réserves de clauses suspensives, un acompte est versé. Après un délai de rétractation imposé par la loi (loi SRU du 13 décembre 2000) en LR+AR, et dès la levée des conditions suspensives, on dit que la vente est parfaite.

La promesse unilatérale de vente : le promettant promet de vendre à un bénéficiaire désigné (et qui signera) son bien à un prix convenu. Le bénéficiaire n'est pas engagé à acheter. Une date butoir est fixée. Un versement est effectué par le bénéficiaire : ce n'est pas un acompte. Le délai de rétractation est toujours de 7 jours (loi SRU). Le bénéficiaire peut se retirer et son argent versé sera restitué pendant ce délai. Il n'a pas d'explications à fournir (LR+AR).

La promesse doit, sous peine de nullité, être enregistrée dans un délai de 10 jours pour lui donner force probante et date certaine.

Le bénéficiaire, passé ce délai, doit réaliser les clauses suspensives prévues (prêt, urbanisme…) dans la période indiquée et au final il lèvera l'option. La somme versée devient un acompte et nous irons vers la réitération par acte authentique devant notaire. Si de son fait il ne souhaite pas donner suite, il perd la somme versée qui sera l'indemnité compensatrice pour le promettant, de l'immobilisation de son bien. Par contre si le bénéficiaire, en toute bonne foi, n'a pas obtenu son prêt (ou l'un de ses prêts représentant au moins 10 % de leur montant total), la promesse sera annulée et son argent sera rendu.

Avantages et inconvénients :

▶ Promesse synallagmatique

Avantages : Accord des deux parties sur la chose et sur le prix. L'un s'engage à acheter et l'autre à vendre. À part les clauses suspensives à réaliser, on peut dire que la vente est parfaite.

Inconvénients : En cas de litige, le bien est « bloqué » en attendant la décision du tribunal. Le vendeur ne peut se retirer de la vente. Cette situation, dont le résultat est incertain, peut durer des mois !

▶ Promesse unilatérale

Avantages : Il est surtout pour le bénéficiaire qui ne s'engage pas à acheter… Le vendeur (promettant) a fixé une date butoir, ainsi passé ce délai, si l'option n'est pas levée, il peut récupérer son bien libéré de tout engagement et le reproposer à la vente.

En cas de non-levée de l'option pour une raison valable, il perçoit à titre d'indemnité les fonds versés.

Inconvénients : La vente n'est pas certaine, il y a l'aléa de la levée d'option.

2 Définitions

- **Conditions suspensives :** Clauses qui, si elles ne sont pas réalisées, annulent une promesse de vente. Exemple : non-obtention d'un prêt.
- **Jouissance :** C'est la date prévue de mise à disposition d'un bien, par le vendeur (à l'acquéreur) ou par le bailleur (au locataire) qui pourra l'utiliser pleinement.
- **État hypothécaire :** C'est un document fourni sur demande du notaire au conservateur des hypothèques afin de savoir si le bien à la vente est grevé d'hypothèque, son montant, le bénéficiaire. Le notaire, en cas de réponse positive, devra envisager de lever l'hypothèque (mainlevée).
- **Délai de rétractation :** Dans la promesse de vente, il est imposé par la loi SRU (13 décembre 2000). Il est de 7 jours. Il permet à l'acquéreur ou au bénéficiaire de se retirer de l'avant-contrat signé sans avoir à fournir d'explications, en récupérant la totalité des fonds versés. Il est signifié par LR+AR.
- **Servitude :** C'est une charge qui pèse sur un fonds servant au profit d'un fonds dominant. Exemple : droit de passage, servitude d'égout (passage enterré d'une canalisation), passage de lignes électriques, servitude de vue…

5 Le notaire

1 L'acte notarié

La vente est un contrat par lequel une partie (le vendeur) transmet la propriété d'une chose et s'engage à livrer celle-ci à une autre partie (l'acquéreur) qui s'oblige à lui en payer le prix. La vente est soumise aux conditions générales de formation des contrats. Le notaire est un partenaire logique de l'agence immobilière, puisque la vente d'un bien immobilier doit faire l'objet d'un acte authen tique, mais ce n'est pas sa seule fonction. La France est un pays directement inspiré du droit romain ou de la prose écrite alors que les pays anglo-saxons ont un droit qui repose sur le témoignage plutôt que sur l'écrit. La preuve des contrats est libre.

En France, la loi accorde une priorité à l'acte notarié. Le contenu et la date ne peuvent que très rarement être remis en cause. Le notaire garde l'original de l'acte en son étude et ne doit pas s'en séparer. Il peut en délivrer des copies. L'acte notarié a la même force qu'un jugement. Si l'engagement n'est pas respecté, le bénéficiaire peut faire saisir les biens de son débiteur sans avoir à obtenir au préalable une autorisation judiciaire. Le notaire est le personnage clé de la vente.

L'agent immobilier a pu établir la rencontre (la promesse de vente). Le notaire va en reprendre les éléments et préparer son acte. « Compromis vaut vente » : sans les conditions suspensives à lever et avec les clauses pénales prévues, une date et le nom du notaire chargé de la réitération ont été prévus dans la promesse.

L'agent immobilier lui a fait passer son dossier vente en temps utile, le plus complet possible... Le travail du notaire peut commencer :

- vérification de l'identité et de la capacité des parties ;
- le régime de la propriété, les titres, les servitudes ;
- la désignation du bien par rapport au cadastre ;
- les diagnostics ;
- en copropriété : règlement de copropriété, certificat de mesurage, désamiantage, note au syndic (charges dues) ;
- services des hypothèques : le lot est-il libre de toute inscription hypothécaire ?
- la déclaration d'intention d'aliéner : la commune souhaite-t-elle exercer son droit de préemption ?

L'acquéreur va-t-il payer :

- comptant : prévoir le virement aux chèques de banque certifiés ;
- à l'aide d'une partie comptant : idem ci-dessus ;
- à l'aide d'un crédit (prêts bancaires : hypothèques à préparer ou inscrire).

Le vendeur a-t-il encore une inscription sur son lot ?

Enfin, les situations ne sont pas toujours aussi simples. L'avant-contrat peut être le fait d'une succession qui se présente sous forme d'héritiers, d'une indivision nécessitant de collecter accords et signatures, procurations à distance parfois.

2 Le rôle du notaire

Le notaire est l'homme de l'art, le dernier maillon de la chaîne aboutissant à l'acte de vente, sa responsabilité peut être engagée en cas d'erreur. Il apporte en échange sa garantie.

A Rémunérations et frais

Les frais de notaire sont à prévoir lors d'une acquisition et ils peuvent paraître élevés. Il faut savoir que ces frais sont réglementés. Chaque document demandé fait l'objet d'un nombre d'unités de valeur dont le barème est strictement défini.

EXEMPLE

Demande d'une pièce d'État civil : 3 unités de valeur ; demande d'un certificat d'urbanisme : 15 unités de valeur ; copies d'actes sur papier libre : 0,1 unité de valeur la page. La valeur d'une unité de valeur est depuis le 17 février 2011 à 3,90 € hors taxes plus TVA.

Le notaire réclame une provision destinée à faire face aux frais qu'il va devoir engager pour demander des pièces administratives. Ses honoraires sont réglementés mais variables selon les départements depuis 2014. Ils sont composés :

- des émoluments d'un taux proportionnel avec un minimum de 20 unités de valeur à 3,90 € hors taxes soit 78 € hors taxes pour les actes reçus en minute (original de l'acte conservé par le notaire), et de 15 unités de valeur soit 58,50 € hors taxes pour les actes reçus en brevets (documents demandés : certificat d'urbanisme, note au syndic etc.).
- des éléments d'actes fixes qui ne font pas appel à une mention de capitaux.

Le notaire est également le percepteur car il reçoit des taxes à reverser à la commune, au département, à l'État. Si l'acquéreur achète à l'aide d'un prêt, un acte notarié sera établi, une hypothèque est mise en place (inscription), donc des frais supplémentaires non négligeables s'en suivront. Si le vendeur vend avant la fin de son remboursement, il sera établi une mainlevée et le prélèvement des sommes dues sur le prix de vente (frais que le vendeur supportera). Il faut savoir que l'inscription hypothécaire disparaît deux ans après le versement soldant le compte. Autrement dit, le vendeur peut ne plus avoir de dettes et devoir payer une mainlevée pendant cette période. On trouve maintenant, sans être fonctionnaire, des assurances, des mutuelles qui peuvent garantir le prêt sans passer par l'hypothèque, ce qui réduit les frais de ce poste.

Prix de vente en €	Détail de la provision		Pourcentage du prix compris entre
	Émoluments et debours	Taxes[1] comprises entre	
60 000 €	2 250 €	3 410 et 3 840 €	9,43 et 10,15 %
150 000 €	3 080 €	8 140 et 9 220 €	7,48 et 8,20 %
300 000 €	4 470 €	16 030 et 18 180 €	6,83 et 7,55 %
750 000 €	8 630 €	39 670 et 45 050 €	6,44 et 7,15 %
900 000 €	10 020 €	47 560 et 54 010 €	6,40 et 7,11 %

1. Le taux des droits de mutation varie selon le département de 5,09 % à 5,80 %.

B Le notaire et ses acquéreurs

Le notaire ne se contente pas de rédiger l'acte. Il va étudier la situation des acquéreurs et proposer des montages tels que la SCI, l'achat en indivision, en tontine... Selon le régime des acquéreurs : couple marié, concubins, pacsés, associés..., il étudiera les contrats de mariage, l'origine des fonds, établira les statuts des sociétés à créer, délivrera les copies et attestations nécessaires. La vente du bien n'est qu'un aspect de son activité.

Lors de la rédaction d'un acte, il doit conseiller et informer les parties afin de les éclairer sur les engagements qu'elles vont contracter. Toutes les précautions doivent être prises en amont afin d'éviter les litiges ultérieurs. Au cas où deux notaires concourent à l'acte, ils se complètent (double minute).

L'article 7 du règlement national des notaires le précise : «*confident nécessaire de ses clients, le notaire est tenu au secret professionnel*». Son personnel doit respecter la même discrétion (clercs, comptables, secrétaires...). Il n'est pas tenu de témoigner en justice au sujet de faits dont il aurait eu connaissance dans l'exercice de ses fonctions.

L'acte notarié présente trois avantages :

- **force probante :** les mentions contenues dans l'acte sont exactes, *a priori*, elles font foi par elles-mêmes et ne peuvent être contestées que par une procédure spéciale, longue et difficile (procédure d'inscription de faux, article 1319 du Code civil) ;
- **force exécutoire :** sur l'acte, il est prévu une formule solennelle identique à celle figurant sur un jugement. Si le débiteur ne remplit pas ses obligations, le détenteur de la copie exécutoire peut s'adresser directement à un huissier sans passer par le tribunal. Il peut en aller ainsi pour un simple bail consenti par acte notarié, par exemple. Le notaire remet une copie exécutoire au bailleur. Si le locataire ne paye pas son loyer, celui-ci peut recourir à un huissier pour engager une procédure de saisie (sur salaire, compte bancaire...), d'où économie de temps et frais moindres. En cas de bail sous-seing privé, il faudra engager une procédure devant le tribunal d'instance qui sera longue ;
- **date certaine :** la date figurant à l'acte ne peut être remise en cause que très difficilement (procédure d'inscription de faux). L'acte sous-seing privé n'acquiert date certaine vis-à-vis des tiers que du jour où il est enregistré (conservation des hypothèques) ou cas particuliers (décès d'un des signataires ou constat par un officier d'État civil ou jugement).

Le notaire a le monopole de certains actes :

- vente de biens immobiliers bâtis ;
- vente de terrains ;
- vente d'immeubles à construire ;
- vente à terme portant sur des locaux à usage d'habitation ;
- le contrat de location-accession ;
- les actes concernant les garanties hypothécaires ou mains levées;
- le nantissement sur le fonds de commerce.[1]

Certains actes doivent être publiés au bureau des hypothèques. Il concerne les biens ou droits immobiliers (publicité foncière, servitude, règlement de copropriété, constitution

1. L'intervention du notaire est également imposée dans le cadre des donations, donations-partages, contrats de mariage, changements de régime matrimonial, liquidations du régime matrimonial en cas de divorce, testaments authentiques, successions, actes de consentement préalable à la procréation médicale assistée, etc.

de sociétés, transmission de biens immobiliers, état de division, baux de plus de 12 ans, constitution d'un usufruit ou d'un droit d'usage portant sur une habitation...).

C Le notaire et la transaction

Par rapport à l'agent immobilier, le notaire peut être un partenaire dans sa fonction de rédacteur d'acte mais un concurrent en transaction. Certaines études emploient des négociateurs. Le notaire peut avoir une activité dans la transaction à condition qu'elle reste marginale, c'est-à-dire que les revenus de la transaction ne dépassent pas ceux générés par l'activité de conseil et de rédacteur (moins de 50 % des honoraires de l'étude). Le notaire ne peut afficher en vitrine ses offres comme un agent immobilier. Enfin ses honoraires suivent un barème et ne sont pas libres comme ceux de l'agent immobilier. Il met des annonces dans la presse sans ambiguïté avec le nom de l'étude. Dans l'étude, on trouve souvent des offres sur un panneau visible dans le hall d'entrée ou la salle d'attente.

D La double minute

Dans la pratique, si la promesse de vente se signe chez un notaire, ce sera chez le notaire désigné par le vendeur. Autre possibilité, le vendeur peut demander que son notaire l'assiste lors de l'avant-contrat établi à l'agence. L'agent immobilier fera son travail et acceptera les remarques faites par le notaire agissant comme conseiller de son client. Lors de la réitération, à l'acte définitif, c'est l'acquéreur qui choisit son notaire. Il peut choisir celui du vendeur (c'est à déconseiller). Le vendeur peut souhaiter, là encore, que son notaire soit présent. Les notaires du vendeur et de l'acquéreur vont travailler ensemble en **double minute**. Si le notaire du vendeur a dû engager des frais de déplacement, il sera défrayé par celui-ci à part.

L'acte sera dressé en deux exemplaires originaux. Chaque notaire en conserve un exemplaire. Les honoraires ne sont pas augmentés mais partagés entre les deux professionnels. Parfois l'acte est reçu avec la participation du second notaire (le fait est mentionné à la fin de l'acte) ou simplement en sa présence. Dans les deux cas, le notaire qui assiste son client ne signe pas l'acte.

REMARQUE

Il est souhaitable que l'acte authentique ne soit pas rédigé par le notaire du vendeur (surtout s'il a fait la promesse de vente) afin que le vendeur ne soit pas favorisé et qu'un autre regard soit porté sur la transaction.

Alors que dans les pays anglo-saxons chaque *sollicitor*, chaque *lawyer* vise à obtenir pour son client le maximum d'avantages au détriment de l'autre partie et son tarif est en rapport avec son habilité, en France les honoraires sont réglementés. Les notaires ne pouvant consentir librement de réduction sur les honoraires, la concurrence n'existe pas.

E L'observatoire

C'est le panorama des prix de vente ou de location des appartements ou maisons, et également des terrains. Ces prix sont extraits des ventes réalisées l'année précédant la parution. Pour Paris, il est donné des prix par arrondissement (neuf et ancien) et en province, pour les villes importantes ou recherchées. Le prix est souvent en euros au mètre carré. Les notaires éditent chaque année un observatoire des notaires par département, très fiable puisque toutes les ventes immobilières passent entre leurs mains. Les grands réseaux : FNAIM, ORPI, Century 21... ont des observatoires repris par la presse : *Le Point, L'Express, Le Particulier*... L'observatoire CLAMEUR (Connaître les loyers et analyser les marchés sur les espaces urbains et ruraux) est très suivi par la profession. À Paris, l'Olap (Observatoire des loyers de l'agglomération parisienne) est en charge de ces données.

APPLICATIONS

1 ÉNONCÉ

Jean Caisse, négociateur, accompagne ses clients chez le notaire avec sa facture d'honoraires. Le mandat indiquait un prix de vente de 265 000 € honoraires inclus d'un montant de 5 % TTC à charge du vendeur.

Votre travail consiste à rétablir les chiffres :

1 Montant net vendeur qui sera remis par le notaire.

2 Montant des honoraires HT, TVA 20 %, TTC figurant sur la facture.

SOLUTION

1 Le montant de 265 000 € comprend le net vendeur et la commission de 5 % TTC. C'est à dire que chaque fois que le vendeur perçoit 105 € il donne 5 € à l'agence.
Donc 265 000 / 105 × 100 = 252 381 € de prix de vente net de commission (arrondi).

2 La commission est de :
252 381 × 5 / 100 = 12 619 €
Vérification : 252 381 + 12 619 = 265 000 €
La facture :
le TTC est 12 619 €
le HT est 12 619 / 1,20 = 10 515,83 €
la TVA est 10 515,83 × 20 / 100 = 2 103,17 €
Soit :

HT	10 515,83 €
TVA	2 103,17 €
TTC	12 619 €

2 ÉNONCÉ

Ce n'est pas obligatoire, mais c'est une coutume courante : l'acquéreur remboursera au vendeur sa quote-part de taxe foncière au prorata du temps d'occupation. La taxe foncière est réclamée à celui qui occupe un bien, comme propriétaire, au 1er janvier.
Le décompte s'effectuera sur la base de l'année (365 jours). Pour éviter le piège de l'année bissextile (cas de devoirs) mettant en situation une année passée, nous vous conseillons de compter les jours en remontant au 31 décembre.
Admettons un montant pour l'année N de 1 200 € de taxe foncière, sachant que la vente s'effectue le 10 août (entrée en jouissance le même jour).

SOLUTION

Décompte : du 10 au 31 août	21 jours
Septembre	30
Octobre	31
Novembre	30
Décembre	31 soit au total 143 jours

L'acquéreur se verra réclamer : $\frac{1200 \times 143}{365} = 470{,}14€$

3 ÉNONCÉ

Mr Jean VEUTANT est un vendeur difficile. Il désire que le chiffre porté au mandat de vente soit net pour lui de 230 000 euros. Vos honoraires seront pris en charge par les acquéreurs.
Votre agence applique un tarif dégressif qui est le suivant :

– jusqu'à 100 000 €	8 % TTC
– de 100 000 € à 150 000 €	7 % TTC
– de 150 000 € à 200 000 €	6 % TTC
– au-dessus de 200 000 €	5 % TTC

Vous devez préparer la facture (indiquez les chiffres calculés pour votre secrétaire).

SOLUTION

- 100 000 € à 8 % = 8 000 €
- 50 000 € à 7 % = 3 500 €
- 50 000 € à 6 % = 3 000 €
- 30 000 € à 5 % = 1 500 € soit : 16 000 € TTC.

La facture indiquera: $\frac{16000}{1{,}20} = 13\,333{,}33$ € HT

dont TVA : 13 333,33 × 20 % = 2 666,66 €

Le bien sera affiché à la vente au prix de 246 000 €.

6 L'estimation

C'est le point délicat lors de l'établissement d'un mandat. Le vendeur attend votre chiffre ! Et pour l'avancer, il vous faut avoir une bonne connaissance du marché (vente ou location). Celui-ci est très fluctuant : il monte, il baisse. Il est fonction de plusieurs paramètres dont :

- **L'offre :** mise sur le marché de biens à vendre ou à louer.
- **La demande :** les candidats acquéreurs ou locataires sont-ils présents ou absents ? En petit nombre ou en nombre élevé dépassant l'offre ?
- **Le taux des prêts est-il favorable ou non ?** La fiscalité aide-t-elle l'investissement immobilier ?
- **Le pouvoir d'achat des ménages** permet-il un « disponible » pour régler les mensualités d'un emprunt ? Enfin, si les investisseurs peuvent faire fructifier plus facilement leur argent (bourse par exemple), pourquoi se compliquer l'existence avec des locataires, des frais d'entretien ou de gestion, des charges et taxe foncière… ?

Le marché peut être déséquilibré. Par exemple : l'immobilier d'habitation est monté en flèche (10 à 15 % l'an depuis 6 ans) alors que l'immobilier d'entreprise, bureaux et locaux commerciaux baissait ou stagnait (conjoncture économique défavorable et construction exagérée de bureaux). Le négociateur doit suivre de près son marché, noter les ventes et locations du secteur, se tenir informé auprès des confrères, lire la presse, suivre l'observatoire des notaires (qui analyse toutes les ventes immobilières en détail : âge, catégorie sociale, secteur, prix au mètre carré des terrains ou bâtiments).

Vous pouvez vous servir d'une ou deux des cinq méthodes principales d'évaluation.

1 Méthode par la valeur antérieure

Titre de propriété = date et prix d'achat (P) auquel il faut ajouter le coefficient d'érosion monétaire (C)

Prix réévalué = P × C

Même chose pour les travaux effectués.

ATTENTION

Cette méthode tient compte uniquement de la valeur intrinsèque du bien et non de l'évolution du secteur, du marché.

2 Méthode par le revenu (ou par la valeur locative)

L'investisseur souhaite un rapport locatif en pourcentage par rapport à son investissement. Estimer le loyer mensuel × 12 = revenu annuel. On peut rester sur ce revenu brut. Il est bon cependant de déduire la taxe foncière et les charges de copropriété (si c'est le cas) non récupérables par le bailleur. Nous pourrons proposer un revenu net :

$$\frac{\text{Revenu annuel} \times 100}{\text{Prix d'achat}} = \%$$

3 Méthode par la surface

Surface habitable × prix au m^2 (pour les appartements anciens).

Apprécier : la situation géographique, la valeur de l'immeuble, les prestations, la situation (étage, vue), l'âge, l'état du bien…

4 Méthode par comparaison

Comparaison avec des biens similaires vendus récemment dans le même secteur et possédant les mêmes caractéristiques (voir votre fichier vente).

C'est une méthode un peu arbitraire qui nécessite une bonne connaissance du marché.

5 Méthode de la valeur à neuf

Valeur à neuf du m^2 habitable pour le secteur concerné (V)

Surface pondérée (S)

Multiplication de la surface pondérée par le prix au mètre carré d'une construction neuve de qualité et de prestations équivalentes.

$$V \times S = \text{coût de la construction neuve}$$

Appliquer un coefficient de vétusté en fonction de l'âge, l'état d'entretien du bien à vendre.

Cette méthode suppose une bonne connaissance de la valeur du foncier et des coûts de construction. Elle ne tient pas compte du « caractère », du « cachet » propre, ni des effets de mode.

ATTENTION

Attention aux mètres carrés en neuf et aux mètres carrés en loi Carrez. Pour les fonds de commerce, l'estimation se fera en fonction du bail et du bilan. Ce sera plus difficile pour les pas-de-porte où les paramètres sont nombreux.

> **POUR ALLER PLUS LOIN**
>
> On assiste à des dérives selon certaines régions ou face à des produits d'exception. Un appartement ancien en ville pourra se vendre à un prix supérieur à un bien neuf en bordure de la ville.

On peut se rapprocher du juste prix en croisant deux méthodes :

- prix au mètre carré × surface
- loyer annuel / prix d'achat : on recherche, par le revenu, un capital qui rapporterait, net ou brut, un pourcentage de 6 à 8 %.

Toujours dans le cas d'un appartement situé dans un immeuble, il y aura lieu de tenir compte de paramètres :

- situation de l'immeuble : quartier, commodités, transports, écoles, commerces...
- état de l'immeuble : façades, toitures... travaux !
- situation de l'appartement : rez-de-chaussée, étage élevé, avec ou sans ascenseur, bruit, orientation, vue, terrasse...
- état et confort de l'appartement ;
- sa surface qu'il faudra bien connaître pour l'estimer et qui devra figurer dans la promesse de vente (ou dans les publicités).

APPLICATION

ÉNONCÉ

La méthode par le revenu (valeur locative)

Cette méthode est couramment employée car assez réaliste. On recherche le loyer qui pourrait être demandé pour ce bien, en l'état. Il faut avoir une connaissance des loyers pratiqués dans le secteur.

On considère que ce loyer annuel peut être assimilé à l'intérêt d'un capital placé. On peut estimer un taux de 8 % (brut) ou, en déduisant les charges de copropriété (non récupérables sur le locataire) et l'impôt foncier, prendre par exemple 6 %.

$$\text{La formule} : \frac{\text{Revenu locatif par an} \times 100}{\text{Taux}}$$

Le loyer est estimé à 800 €/mois soit 9 600 €/an.

Quel est le capital qui, placé à 6 %, rapporte 9 600 €/an ?

SOLUTION

L'estimation de ce bien sera :

$$\frac{9\,600 \times 100}{6} = 160\,000\text{ €}$$

7 Le financement de l'opération

Une opération immobilière représente un coût important et sera pour beaucoup d'acquéreurs l'achat le plus important de leur vie. Il sera nécessaire de bien s'informer sur le montant total de cet achat qui comprend, outre le prix de vente du bien, des frais, taxes et honoraires, intérêts d'emprunt, assurances, hypothèques, travaux éventuels. L'acquéreur doit « mûrir » son projet et souvent le préparer des années avant de le réaliser en commençant par la période d'épargne qui va constituer son apport personnel.

Dans un second temps, il commence à prospecter (salon de l'immobilier, agences immobilières, constructeurs, visites de maisons témoins…). Cette période lui permet de se fixer sur le bien envisagé, son coût et donc le budget à prévoir.

1 Le budget prévisionnel

Qu'il s'agisse de l'acquisition d'un terrain, d'un logement neuf construit ou à construire (vente en l'état futur d'achèvement, VEFA), d'une maison individuelle, d'un appartement existant en copropriété… il y aura toujours des frais additionnels dont l'importance n'est pas négligeable. Dressons une liste courante :

- À la signature de la promesse de vente, il est courant de verser 5 % à 10 % du montant de la transaction.
- Lors de la demande de prêt, le préteur (souvent une banque ou une société de caution mutuelle) pourra réclamer des frais de dossier. L'accord du prêt pourra déclencher des frais d'hypothèque ainsi que les frais du notaire chargé de rédiger l'acte.
- Le ou les prêts accordés vont coûter en intérêts qui seront inclus dans le montant de la mensualité.
- Le prêteur va exiger que l'acquéreur souscrive les assurances obligatoires (décès, invalidité). Faut-il souscrire d'autres assurances ? ou sur deux têtes pour un couple ?
- Le jour de la vente, chez le notaire, l'argent du montant de la vente sera sur le bureau : partie apport personnel, partie prêt. Le compte est bon ? pas certain !
- C'est l'acquéreur qui, sauf convention particulière (prix établi acte en main), réglera les frais de mutation, de publicité foncière, les honoraires du notaire, les émoluments du conservateur des hypothèques, les frais de timbres…
- Enfin, le remboursement de la taxe foncière au prorata temporis au vendeur (sauf accord contraire lors de la signature de la promesse de vente).
- On peut tirer un trait sauf si les honoraires d'agence sont prévus « à la charge de l'acquéreur ».

Trop souvent l'apport personnel sera fortement entamé, sinon absorbé, par l'ensemble de ces frais.

2 Une simulation des frais

Pour un appartement ancien acheté 300 000 € :

- Il faudra verser au compromis de 15 000 € à 30 000 € environ.
- À la signature de l'acte le notaire demandera 7 % du prix de vente soit 21 000 € environ.
- En cas d'hypothèque, il faudra compter 2 % du montant du prêt.
  Exemple : pour un prêt de 150 000 €, il sera de 3 000 € environ.
- L'assurance obligatoire décès invalidité : son montant est variable d'une compagnie à l'autre. Comptons 3,96 € pour 10 000 € empruntés soit, pour 150 000 €, 59,40 € par mois pour une tête qui viendront s'ajouter à la mensualité de remboursement.
- La taxe foncière : si son montant est de 1 200 € pour l'année et que l'achat a lieu le 20 juin, l'acquéreur remboursera:

$$\frac{1\,200 \times 195}{365} = 641€$$

  (soit 195 jours d'occupation sur l'année de 365 jours).
- Enfin si le prix de vente (donc l'acquisition) est « net vendeur » et que les honoraires de l'agence sont de 5 % TTC, l'acquéreur devra régler au moment de la vente la facture présentée par l'agence d'un montant de 225 000 × 5 % = 11 250 €.

3 Calcul de la mensualité de remboursement

L'acquéreur souhaite savoir s'il peut se lancer dans l'opération. Il a commencé l'établissement de son « plan de financement » (*cf.* fiche 9) en alignant d'un côté le coût total du projet et en regard le financement. En déduisant son apport personnel, il trouve le montant du prêt qui lui est nécessaire. Il existe des grilles permettant de déterminer, par un coefficient multiplicateur pour 1 000 € empruntés compte tenu du taux et de la durée de remboursement, le montant de la mensualité (en taux fixe), ou alors on applique la formule :

$$\frac{C \times T}{1-(1+T)^{-n}} = \text{mensualité}$$

C = capital emprunté

T = taux (à diviser par 12)

– n = exposant négatif en nombre de mois

Le montant de la mensualité est-il en rapport avec les revenus de l'emprunteur ?

4 Les critères de l'emprunteur

L'organisme financier va étudier le dossier de demande de prêt et considérer :

- le montant de l'opération et l'apport personnel (si la différence va correspondre au montant à emprunter) ;
- la capacité de remboursement ;
- la durée du prêt ;
- les sûretés à prendre (hypothèques) en tenant compte de la valeur du bien.

Le prêteur va considérer le risque. Si l'emprunteur apporte 30 % et demande 70 %, le prêteur regardera le dossier avec intérêt et passera à la seconde analyse : la capacité de remboursement. La mensualité ne doit pas dépasser 30 % des revenus, sinon il y a un danger de surendettement donc risque de difficulté à rembourser pour l'avenir.

L'organisme financier vérifiera qu'il n'y a pas d'autres crédits en cours (voiture, caravane, crédit à la consommation...) qui seront à déduire des revenus. La durée du prêt est actuellement limitée à 20 ans (25 ans exceptionnellement). Il risque d'être proposé un taux révisable.

5 L'offre de prêt

Elle répond à une procédure imposée par la loi ayant pour but de protéger l'emprunteur. Il ne peut accepter une offre de prêt si celle-ci n'est pas écrite et détaillée avec le calendrier complet des remboursements. L'offre est valable 1 mois, l'envoi est fait en recommandé, l'emprunteur ne peut y répondre avant 10 jours.

Mensualités pour 1 000 € de capital emprunté

Taux / Année	2,00 %	2,25 %	2,50 %	2,75 %	3,00 %	3,25 %	3,50 %	3,75 %	4,00 %	4,25 %	4,50 %	4,75 %	5,00 %	5,25 %	5,50 %	5,75 %	6,00 %	6,25 %	6,50 %
2	42,54026	42,65024	42,76039	42,87072	42,98121	43,09188	43,20272	43,31374	43,42492	43,53628	43,64781	43,75951	43,87139	43,96344	44,09566	44,20805	44,32061	44,4334	44,54625
3	28,64258	28,75185	28,86138	28,97116	29,08121	29,19152	29,30208	29,41290	29,52399	29,63533	29,74692	29,85878	29,97090	30,08327	30,19590	30,30879	30,42194	30,42194	0,64900
4	21,69512	21,80441	21,91403	22,02401	22,13433	22,24499	22,35600	22,46736	22,57905	22,69110	22,80349	22,91622	23,02929	23,14271	23,25648	23,37058	23,48503	23,59982	23,7195
5	17,52776	17,63734	17,74736	17,85781	17,96869	18,08000	18,19174	18,30392	18,41652	18,52956	18,64302	18,75691	18,87123	18,98598	19,10116	19,21677	19,33280	19,44926	19,56615
6	14,75044	14,86047	14,97102	15,08209	16,19368	15,30578	15,41840	15,53163	15,64518	15,75935	15,87403	15,98922	16,10493	16,22115	16,33789	16,45513	16,57289	16,69115	16,80993
7	12,76744	12,87800	12,98916	13,10093	13,21330	13,32627	13,43985	13,55403	13,66881	13,78418	13,90016	14,01674	14,13391	14,25168	14,37004	14,48900	14,60855	14,72870	14,84944
8	11,28087	11,39201	11,50384	11,61636	11,72957	11,84347	11,95805	12,07332	12,18928	12,30591	12,42323	12,54124	12,65992	12,77928	12,89932	13,02004	13,14143	13,26350	13,38623
9	10,12527	10,23703	10,34956	10,46266	10,67694	10,69179	10,80741	10,92381	11,04097	11,15890	11,27759	11,39705	11,51727	11,63826	11,76000	11,88250	12,00575	12,12976	12,25452
10	9,20135	9,31374	9,42699	9,54110	9,65607	9,77190	9,88859	10,00612	10,12451	10,24375	10,36384	10,48477	10,60655	10,72917	10,85263	10,97692	11,10205	11,22601	11,35480
11	8,44591	8,55895	8,67295	8,78788	8,90376	9,02058	9,13834	9,25704	9,37667	9,49723	9,61873	9,74115	9,86449	9,98875	10,11393	10,24003	10,36703	10,49495	10,62377
12	7,81684	7,93055	8,04529	8,16107	8,27767	8,39569	8,51454	8,63440	8,75528	8,87718	9,00008	9,12399	9,24890	9,37482	9,50172	9,62962	9,75850	9,88837	10,01921
13	7,28497	7,39936	7,51486	7,63148	7,74921	7,86805	7,98798	8,10902	8,23116	8,35439	8,47871	8,60411	8,73060	8,85816	8,98679	9,11648	9,24723	9,37904	9,51190
14	6,82948	6,94465	7,06082	7,17829	7,29695	7,41681	7,53784	7,66006	7,78346	7,90802	8,03376	8,16065	8,28871	8,41791	8,54826	8,67974	8,81236	8,94610	9,08096
15	6,43509	6,55085	6,66789	6,78622	6,90582	7,02669	7,14883	7,27222	7,39688	7,52278	7,64993	7,77832	7,90794	8,03878	8,17083	8,30410	8,43857	8,57423	8,71107
16	6,09034	6,20679	6,32461	6,44379	6,56434	6,68623	6,80947	6,93405	7,05996	7,18720	7,31576	7,44563	7,57681	7,70928	7,84304	7,97807	8,11438	8,25194	8,39075
17	5,78647	5,90362	6,02222	6,14226	6,26375	6,38666	6,51100	6,63676	6,76393	6,89251	7,02247	7,15383	7,28665	7,42064	7,55609	7,69288	7,83101	7,97045	8,11121
18	5,51667	5,63452	5,76390	5,87481	5,99723	6,12117	6,24661	6,37355	6,50198	6,63188	6,76325	6,89607	7,03034	7,16604	7,30316	7,44170	7,68162	7,72293	7,86561
19	5,27556	5,39411	5,51427	5,63604	5,75941	5,88437	6,01091	6,13903	6,26870	6,39993	6,53269	6,66698	6,80278	6,94008	7,07886	7,21912	7,36083	7,50398	7,64856
20	5,05883	5,17808	5,29903	5,42166	5,54598	5,67196	5,79960	5,92888	6,05980	6,19234	6,32649	6,46224	6,59956	6,73844	6,87887	7,02084	7,16431	7,30928	7,45573
21	4,86301	4,98296	5,10469	5,22819	5,35344	5,48044	5,60918	5,73963	5,87179	6,00564	6,14117	6,27836	6,41719	6,55764	6,69970	6,84335	6,98857	7,13534	7,28363
22	4,68523	4,80589	4,92840	5,05276	5,17896	5,30697	5,43680	5,56842	5,70181	5,83696	5,97386	6,11248	6,25281	6,39482	6,53849	6,68381	6,83074	6,97928	7,12939
23	4,52315	4,64451	4,76781	4,89303	5,02016	5,14919	5,28011	5,41288	5,54750	5,68395	5,82221	5,96225	6,10406	6,24761	6,39288	6,53984	6,68847	6,83875	6,99065
24	4,37481	4,49687	4,62095	4,74703	4,87510	6,00514	5,13714	5,27106	5,40691	5,54464	5,68425	5,82570	5,96898	6,11405	6,26089	6,40948	6,55978	6,71177	6,86543
25	4,23854	4,36131	4,48617	4,61311	4,74211	4,87316	5,00624	5,14131	5,27837	5,41738	5,55832	6,70117	5,84590	5,99248	6,14087	6,29106	6,44301	6,59669	6,75207

APPLICATIONS

1 ÉNONCÉ

M. et Mme Prudent signent une promesse synallagmatique de vente, sous condition de l'obtention d'un prêt (entre autres). L'opération avec les frais est de 260 000 €. L'apport personnel est de 100 000 €. Les revenus mensuels nets sont de :

Monsieur : 1 425 € sur 13 mois.

Madame : 1 300 € sur 12 mois.

Il y a encore pour 18 mois un crédit voiture de 200 €/mois. M. et Mme Prudent pensent obtenir un prêt à taux fixe et rembourser sur 20 ans. Leur banque peut offrir du 3,80 % hors assurance. L'assurance sur une tête s'élève à 3,96 € pour 10 000 € empruntés.

1 **Calculez le montant du disponible mensuel du couple et le pourcentage par rapport aux revenus.**

2 **Calculez la mensualité fixe de remboursement, hors assurance, sur la base de 20 ans et de 3,80 % à l'aide de la formule.**

3 **Indiquez le coût du crédit.**

4 **L'opération est-elle réalisable ainsi ? Indiquez le taux d'effort, assurance comprise sur deux têtes. Proposez une solution.**

SOLUTION

1 Les revenus du couple sont de : (1 425 × 13) + (1 300 × 12) = 18 525 + 15 600 = 34 125 €/an soit mensuellement : 34 125 / 12 = 2 843,75 €.

Le disponible 30 % est de 2 843,75 × 0,30 = 853,13 €

Il y a lieu de retirer les 200 € du crédit voiture, donc le disponible est de 653,13 €, soit 23 % des revenus.

2 La mensualité fixe sera pour un prêt de 160 000 € (260 000 – 100 000) au taux de 3,80 % fixe remboursable sur 20 ans (240 mois):

$$\frac{C \times T}{1-(1+T)^{-n}} = \text{mensualité}$$

$$\frac{160\,000 \times 0{,}003167}{1-(1{,}003167)^{-240}} = 952{,}79\text{ €}$$

3 Le coût du crédit : on rembourse 952,79 € pendant 240 mois soit : 952,79 × 240 = 228 669,57 €. Le prêt étant de 160 000 €, le coût du crédit est de 228 669,57 – 160 000 = 68 669,57 €

4 Telle quelle, l'opération ne semble pas réalisable car le taux d'effort est trop important : 952,79 / 2 843,75 × 100 = 33,5 % ; avec l'ajout des assurances sur deux têtes soit (3,96 € × 2) × 16 = 126,72 €, nous passons à (952,79 + 126,72) / 2 843,75 × 100 = 38 % (37,96 %). La banque ne retiendra pas ce dossier ainsi.

Autres solutions :

Allonger la durée du remboursement sur 25 ans. Si la banque maintient le taux de 3,80 %, il sera révisable ! Sinon, il sera un peu plus élevé. Restons sur cette base. La mensualité devient, sur 300 mois, 826,97 €. Rappelons que le disponible est de 653,13 €.

C'est l'assurance obligatoire qui dérègle l'équilibre. Sur une tête (63,36 €), nous passons à 890,33 € = 31,30 % de taux d'effort. Est-ce bien prudent ? En cas de décès, seule la moitié du crédit restant dû sera épongée. Le conjoint survivant pourra-t-il faire face ? D'autre part, si nous sommes en taux révisable, la mensualité risque de varier à la hausse…

M. et Mme Prudent vont avoir un refus de prêt sur 20 ans comme prévu à la promesse de vente. La clause suspensive n'étant pas levée, le compromis est annulé. Nous conseillons à ce couple d'envisager cet achat immobilier dans 18 mois lorsqu'ils auront purgé le crédit auto. L'apport personnel placé pendant ce temps sera augmenté des intérêts, le marché de l'immobilier orienté à la baisse sera plus favorable, les salaires seront peut-être augmentés. Qu'en sera-t-il des taux d'intérêts ?

2 ÉNONCÉ

Mr et Mme Lesage envisage un prêt de 180 000 €. Ils disposent d'un revenu mensuel de 3 600 € et n'ont aucun crédit en cours.

Sachant que la banque prend en compte un disponible de 30 %, que le taux fixe offert est de 3 %, ils vous demandent de trouver la mensualité acceptable dans le meilleur temps de remboursement.

Vous vous servez du tableau page 38.

SOLUTION

Le disponible mensuel est de 30 % soit : 36 000 × 30 % = 1 080 €.

En nous aidant de la grille du tableau :

Colonne 3 %, nous essayons 20 ans : nous avons 180 fois 1 000 € d'emprunt.

Le coefficient est : 5,54598 × 180 = 998,28 € par mois.

Essayons 18 ans : 5,99723 × 180 = 1 075,01 € par mois.

→ 18 ans sera le meilleur choix à proposer au couple Lesage.

8 Les différents prêts

Les prêts immobiliers permettent l'acquisition de biens : terrains à bâtir, résidence principale ou secondaire pour y habiter ou pour un investissement locatif que ce soit en neuf, à construire ou en vente en l'état futur d'achèvement (VEFA) ou pour réaliser des travaux (agrandissement, confort, économies d'énergies, entretien...). Ce sont des prêts à long terme pour la plupart (10 ans à 25 ans). L'offre est variée mais l'accès n'est pas possible à tous. Nous ne traitons pas ici des prêts à la consommation.

1 Les prêts aidés par l'État

Ce sont des prêts où l'État intervient en apportant une prime, une garantie ou sa caution.

A Le plan épargne logement réformé au 1er mars 2011

Il propose une phase d'épargne pendant une durée de 4 à 10 ans maximum. La durée de vie du plan est de 15 ans maximum pour utiliser ses droits à prêt ou retirer ses fonds. À l'ouverture, le versement initial doit être au minimum de 225 € et si les versements sont libres, ils ne doivent pas être inférieurs à 540 € par an. Le taux de rendement est fixé au départ. Le plafond du prêt varie selon les intérêts acquis et ne peut dépasser 92 000 €. La prime d'épargne est plafonnée à 1 525 € et n'est versée que lors de la réalisation du PEL. La durée du prêt varie de 2 à 15 ans. Le plafond de dépôt est de 61 200 €.

Les réformes sont les suivantes :

- le plafond de la prime tient compte des normes environnementales (1 525 € pour les logements « verts », 1 000 € pour les autres) ;
- la prime est accordée uniquement si le montant du PEL est de 5 000 € minimum ;
- le prêt est destiné uniquement à la résidence principale (achat ou travaux) ;
- les contributions sociales sont dorénavant prélevées chaque année et non plus à l'échéance du PEL.

Bases du PEL depuis 1998

Date de souscription	Taux du prêt	Taux de rendement
Du 09/06/1998 au 25/07/1999	4,60 %	4 % + prime
Du 26/07/1999 au 30/06/2000	4,31 %	3,60 % + prime
Du 01/07/2000 au 31/07/2003	4,97 %	4,50 % + prime
Du 01/08/2003 au 28/02/2011	4,20 %	3,50 % + prime 2,50 % sans prime
Du 01/03/2011 au 01/02/2015	4,20 %	2,50 % sans prime
Depuis le 01/02/2015	3,20 %	2 % sans prime

B Le compte épargne logement

Ce compte est plus souple que le PEL. Il est possible de placer ou retirer des sommes, mais il est moins attractif. Le versement initial est de 300 €. Les versements ultérieurs ne doivent pas être inférieurs à 75 € par an. Le plafond des dépôts est de 15 300 €. Le plafond du prêt est de 23 000 € dans la limite des intérêts acquis. La durée du prêt varie de 2 à 15 ans et la prime d'État, en cas d'emprunt, est limitée à 1 144 €. Depuis le 1er août 2013, le taux du prêt est de 2,25 % et le taux de rendement de 0,75 % + prime.

C Le prêt 1 % employeur (action logement)

Toutes les entreprises industrielles ou commerciales de plus de 20 salariés cotisent, ce qui permet entre autres la construction de logements sociaux, la caution, la garantie de loyer, le Pass-Foncier (depuis 2007). Il contribue à aider des ménages vers l'accession à la propriété ou à effectuer des travaux d'amélioration du logement. Le taux du prêt est très avantageux. La durée du remboursement peut être de 5 à 20 ans. Le montant du prêt ne doit pas dépasser 30 % du total de l'opération. Il varie selon la zone de 7 000 € à 25 000 €. Le prêt peut être accordé par l'employeur ou le centre collecteur auquel il adhère. En cas d'acquisition d'un logement ancien, celui-ci doit être classé au moins D sur le plan énergétique.

D Le prêt conventionné

L'État apporte sa garantie. Le PC est destiné à l'habitation principale de ménages à revenus modestes (composition, nombre d'actifs). Il tient compte de la zone et d'un prix plafond du m². Ce prêt dont le taux n'est pas attractif peut se conjuguer avec d'autres prêts. Son remboursement peut s'effectuer sur une durée de 5 à 35 ans.

E Le prêt à l'accession sociale (PAS)

Il se rapproche du PC. Il peut ouvrir droit à l'aide personnalisée au logement (APL). Il peut atteindre 90 % du logement à financer. L'acquéreur bénéficie de frais de notaire réduits (exonération de la taxe de publicité foncière). Pour un logement neuf, il peut être exonéré de taxe foncière (totale ou partielle) pendant 2 ans. Son apport doit être au moins de 10 %. Durée de remboursement de 5 à 35 ans. Ce prêt ne peut être complété par un prêt classique auprès d'une banque.

Prêt conventionné Taux du plafond du prêt depuis le 01/05/2015

Nature	Taux de préférence	Taux fixe				Taux révisable
		de 12 ans	De 12 à 15 ans	De 16 à 20 ans	+ de 20 ans	
PC	0,65 %	2,95 %	3,15 %	3,30 %	3,40 %	2,95 %
PAS	0,65 %	2,35 %	2,55 %	2,70 %	2,80 %	2,95 %

F Le prêt à taux zéro (PTZ+) en 2015

À compter du 1er janvier 2013, le **nouveau PTZ+** est en vigueur. Ce prêt est limité aux logements neufs ou réhabilités comme tels, respectant les normes de performances énergétiques de la RT2012. L'emprunteur doit en faire sa résidence principale et ne pas avoir été propriétaire de sa résidence principale depuis 2 ans. Le PTZ+ est accordé sous conditions de ressources. Il faut comparer les revenus de l'année N–2 des personnes qui vont occuper le logement, au coût de l'opération (hors frais de notaire) divisé par 10. Le plus élevé de ces deux montants ne doit pas dépasser les plafonds de ressources calculés en fonction de la zone géographique de la situation du bien et de la composition du ménage Les conditions d'attribution du PTZ+ sont resserées en 2014.

Double plafond de ressources et coût de l'opération

Nombre de personnes	Zone A	Zone B1	Zone B2	Zone C
1	36 000 €	26 000 €	24 000 €	22 000 €
2	50 400 €	36 400 €	33 600 €	30 200 €
3	61 200 €	44 200 €	40 800 €	37 400 €
4	72 000 €	52 000 €	48 000 €	44 000 €
5	82 800 €	59 800 €	55 200 €	50 600 €
6	93 600 €	67 600 €	62 400 €	57 200 €
7	104 400 €	75 400 €	69 600 €	63 800 €
8 et plus	115 200 €	83 200 €	76 800 €	70 400 €

EXEMPLE

Un couple marié avec deux enfants en zone B1 dispose d'un revenu en N–2 de 48 000 €. Il souhaite acheter un bien pour 350 000 €. Le montant des revenus ne doit pas dépasser 52 000 € et répondre aux conditions du tableau. Le coût de l'opération (350 000 € / 10 < 52 000 €) permet d'accorder le PTZ+.

1 • *Le calcul du montant du prêt*

Il ne peut excéder un pourcentage du prix de l'opération (hors frais d'achat) et un montant maximal, différents selon la zone géographique :

Zone A	Zone B1	Zone B2	Zone C
26 %	26 %	21 %	18 %

Montant maximal du prêt PTZ+

Nombre de personnes	Zone A	Zone B	Zone C	Zone D
1	39 000	35 100	23 100	18 000
2	54 600	49 140	32 340	25 200
3	66 300	59 800	39 270	30 600
4	78 000	70 200	46 200	36 000
5 et plus	89 700	80 860	53 130	41 400

EXEMPLE

Pour notre couple avec deux enfants en zone B1 avec un achat d'un montant de 350 000 €, le montant du prêt PTZ+ ne peut pas excéder 91 000 € (350 000 € × 26 %), mais le tableau plafonne le prêt à 70 200 €, ce que le ménage pourra donc obtenir.

Le PTZ+ est un prêt aidé et ne peut venir en complément d'autres prêts aidés ou classiques.

2 • Le remboursement

La durée de remboursement varie en fonction des revenus de l'emprunteur. Plus ils sont élevés, plus la durée sera courte (5 à 25 ans).

Coût maximal de l'opération

Le législateur a fixé un plafond pour chaque opération. En cas de dépassement, c'est ce montant qui est pris en compte dans le calcul du PTZ+.

Nombre de personnes	Zone A	Zone B	Zone C	Zone D
1	150 000	135 000	110 000	100 000
2	210 000	189 000	154 000	140 000
3	255 000	230 000	187 000	170 000
4	300 000	270 000	220 000	200 000
5 et plus	345 000	311 000	253 000	230 000

EXEMPLE

En reprenant l'exemple précédent adapté à cette nouvelle disposition, notre couple marié + 2 enfants est plafonné à 270 000 € en zone B1.

Le calcul sera : 270 000 € × 26 % = 70 200 € ce qui représente exactement le plafond du prêt auquel il a droit.

Le plan de financement va ajouter tous les prêts les uns aux autres, qui peuvent avoir des durées de remboursement différentes. Le prêteur, la banque, va lister les montants à rembourser et « lisser » la mensualité afin de permettre à l'emprunteur de rester dans le cadre des 33 % de taux d'effort.

REMARQUE

Il existe toujours un PTZ étendu jusqu'au 31 décembre 2017 permettant la réhabilitation de logements anciens.

2 Les prêts classiques

A Le prêt bancaire

Libre et non aidé par l'État, il s'agit souvent du prêt principal pour l'acquisition d'un bien immobilier (terrain, résidence principale ou secondaire…) ou pour des travaux. Selon le dossier, l'apport personnel, le montant et la durée de remboursement, l'organisme prêteur proposera un taux (fixe ou révisable). L'acquéreur a intérêt à « faire son marché » en déposant son dossier dans plusieurs banques. Il pourra comparer les offres (TEG) et choisir le meilleur coût.

Exemple : pour un prêt de 100 000 € à 3,25 % sur 20 ans, la mensualité sera de 567,20 €. Si une autre banque propose 3 %, la mensualité devient 554,60 €, soit une économie de 12,60 € et au total 3 024 €.

Les banques proposent de plus en plus un taux mixte avec au départ des années en taux fixe, puis des années en taux variable capé 1 ou 2 (c'est-à-dire ne pouvant varier de plus de 1 % ou 2 %).

B Le prêt relais

C'est un prêt bancaire de courte durée (2 ans – 3 ans au maximum actuellement) permettant à l'acquéreur d'un bien de réaliser son opération en attendant la conclusion d'un autre bien mis en vente. Il y a un risque : c'est la mévente du bien au terme du contrat. L'emprunteur (le vendeur) va souvent ne régler que les intérêts ou même le capital et les intérêts à la vente. La banque peut avancer jusqu'à 70 % de la valeur estimée. Les taux de ce type de prêt varient de 5 à 7 %. Le prêt peut être en franchise totale et à la vente la banque prélèvera le capital prêté plus les intérêts (*in fine*). En franchise partielle, le vendeur/emprunteur règle les intérêts et l'assurance chaque mois.

C Le prêt rechargeable

L'ordonnance du 23 mars 2006 réforme les hypothèques en permettant à l'emprunteur en cours de remboursement de pouvoir « recharger » son hypothèque, c'est-à-dire d'obtenir un second prêt en offrant la même garantie dans le cadre du disponible de l'acte constitutif. Le taux de ce prêt sera différent de celui du prêt initial et fera l'objet d'un acte notarié.

D Le prêt viager

Il peut se rapprocher de la vente en viager sauf que le vendeur ne va pas rechercher un acquéreur qui espérera réaliser une bonne affaire (aléa de la durée de vie du vendeur). Le vendeur, qui souhaite compléter sa retraite ou s'offrir un peu plus de confort ou de distractions, va s'adresser à une banque. Le bien sera estimé avec une décote de 30 à 50 % pour tenir compte des aléas du marché. La personne qui ne pourrait obtenir un prêt compte tenu de son âge trouvera ici la solution (acte notarié). Au décès, les éventuels héritiers peuvent rembourser la banque s'ils veulent conserver le bien ; sinon, la banque vend le bien, se règle (capital + intérêts) et le solde sera remis aux héritiers.

E Les prêts d'organismes divers

- **Les prêts aux fonctionnaires** (ils n'ont pas accès au 1 % employeur) et aux agents des entreprises publiques.
- **Les prêts des collectivités territoriales :** il s'agit de petits montants (1 500 à 12 200 €) destinés à compléter des prêts sociaux dont le montant et le taux varient d'un département à l'autre.
- **Prêt Paris Logement** offre sans intérêts 24 200 € pour une personne seule, 39 900 € pour les couples.
- **Les prêts des caisses de retraite** dont les montants varient de 3 000 à 15 000 € avec un taux de 3 à 5 % en moyenne et une durée de remboursement de 5 ou 10 ans.

Dans le logement social on trouve :

- le prêt locatif social (PLS) ;
- le prêt locatif intermédiaire (PLI) ;
- le prêt social de location-accession (PSLA).

APPLICATION

ÉNONCÉ

Un couple marié, 1 enfant, veut acquérir un logement à Lyon d'une valeur de 250 000 € (hors frais de notaire) en neuf.

Revenu N–2 : 44 200 €.

À l'aide des différents tableaux pages 43 et 44, indiquez le montant du prêt PTZ.

SOLUTION

Tableau p. 43 en zone B1. Le couple est-il éligible à ce prêt ?
Plafond de ressources : 44 200 €.
Donc le couple à accès au PTZ+.
Tableau p. 44 Coût maximal de l'opération en zone B1 : pour 3 personnes : 230 000 €
230 000 € 26 % = 59 800 €.
Tableau 3. Montant du prêt plafonné à 60 840 €.

9 Le plan de financement

Lorsque des acquéreurs potentiels sont sur le point de conclure une opération immobilière avec le concours d'un apport personnel et de divers prêts, il devient nécessaire de dresser un plan de financement. Celui-ci va indiquer sur le « projet » le coût total de l'opération et en regard le « financement », les deux totaux étant identiques. L'agent immobilier a intérêt à le composer afin de faire prendre conscience à l'acquéreur du bilan de l'opération. La seconde phase permet de constater si, par rapport aux revenus, l'échéance de remboursement des emprunts est du domaine du raisonnable ou non. Inutile de perdre son temps avec des candidats qui ne pourraient financer leur « rêve ». Le projet sera rejeté par les banques (temps perdus en visite, promesses de ventes qui n'aboutissent pas, etc.).

1 L'analyse du projet

Celui-ci comprend sans omission ou complaisance le coût total de l'opération :

- prix principal ;
- frais de notaire ;
- frais d'hypothèque ;
- remboursement partiel de la taxe foncière (si c'est le cas) ;
- paiement d'honoraires (s'ils sont à la charge de l'acquéreur) ;
- assurances obligatoires ou autres ;
- éventuellement des travaux.

Ce projet a un coût total. Dans la colonne « financement », il y a lieu d'aligner :

- apport personnel (argent placé) ;
- comptes sur livret (PEL, CEL [capital + prime d'État]) ;
- produit de la vente d'un bien…

Et on arrive à la partie des emprunts comprenant les droits à prêts (PEL, CEL), les PTZ+, le 1 % action logement… et au nécessaire emprunt bancaire bouclant l'opération.

2 Le projet est-il réalisable ?

A Le « reste à vivre » ou « disponible »

En prenant les revenus du candidat (célibataire ou couple), le prêteur va estimer qu'un disponible possible est de 30 à 33 %.

> EXEMPLE
>
> **Revenus annuels d'un couple 36 000 €, soit 3 000 € par mois. Le disponible est de 1 000 €. Mais ce disponible est-il réel ou déjà entamé par des crédits (voiture, caravane, bateau ou des crédits à la consommation) ?**

B Le taux d'effort

Il suffit de totaliser les divers emprunts et d'appliquer la formule :

$$\frac{\text{Emprunts}}{\text{Revenus}} \times 100 = \text{taux d'effort mensuel en \%}$$

Exemple : $\frac{1\ 000\ €}{3\ 000\ €} \times 100 = 33\ \%$

EXEMPLE 1

Notre couple emprunte 150 000 € au taux de 4 % remboursables sur 20 ans en appliquant la formule :

$$\frac{C \times T}{1-(1+T)^{-n}} = \text{mensualité constante}$$

Nous voyons que cette mensualité hors assurance se monte à : 908,97 € / 3 000 = 30 % hors assurances.

EXEMPLE 2

un couple emprunte 180 000 € à 4 % sur 20 ans et ne gagne que 2 500 € par mois (pas d'autres crédits).
Son « reste à vivre » = 1/3 de 2 500 € = 833,33 €. La mensualité constante est de : 1 090,76 €
Le taux d'effort devient : 1 090,76/ 2 500 = 44 %
Le dossier sera rejeté car, s'il était pris en compte, le couple irait tout droit au surendettement.
L'allongement du crédit ne changera pas le problème. En admettant le même taux (il risque d'augmenter ou de passer en taux variable), la mensualité devient 950, 11 € sur 25 ans.
Il faut ajouter l'assurance obligatoire décès invalidité (1 tête, 2 têtes).
Les revenus ne permettent pas de donner une suite favorable au dossier (le taux d'effort est de 38 %).

C L'amortissement

Il convient de dresser un tableau d'amortissement de l'emprunt mois par mois (ici, pour les 3 premiers mois).

Période	Capital dû	Intérêt 4 %	Capital remboursé	Intérêts payés	Mensualité constante
1	180 000	0,00333/mois	491,36	599,40	1 090,76
2	179 508,64	0,00333	493	597,76	1 090,76
3	179 015,64	0,00333	494,64	596,12	1 090,76

D Le différé

Certains prêts (PTZ) offrent une possibilité de remboursement différé dans certaines conditions. L'emprunteur pourra ainsi être soulagé de ces différés qui n'interviendront que dans plusieurs années.

Client: M. & Mme

Opération envisagée :

Montant de l'opération :

Acquisition **Frais (estimation)**	
Total	

Financement :

Sources de financement	Montants
1. Apport personnel **2.** .... ***Total :***	

Échéancier de remboursement des prêts : pour chaque prêt, indiquer le montant des mensualités, assurance comprise, à rembourser, année par année.

Prêts	Année 1	Année 2	Année 3	....	....	....					
Prêt n° 1 **Prêt n° 2** **Prêt n° 3** .... **Total.........**											

Prêts	....	....									
Prêt n° 1 **Prêt n° 2** **Prêt n° 3** .... **Total.........**											

APPLICATION

ÉNONCÉ

Vous êtes au service transaction et vous avez affiché en vitrine de votre agence un joli 3 p+c, salle de bains, de 80 m² avec cave et parking en sous-sol au prix de vente de 230 000 €, dans une résidence de qualité.

Un jeune couple pousse la porte de votre agence après lecture de cette publicité. Il désirerait visiter ce bijou mais vous, très professionnel, souhaitez d'abord faire l'analyse financière afin de juger s'il est en mesure d'acquérir. Les époux Stouffle répondent à vos questions et vous notez les informations reçues :

Revenus annuels nets : Monsieur : 22 000 €, Madame : 18 000 €

Apport personnel : 90 000 €

Crédit en cours : voiture : restent à régler 18 mensualités de 300 €

Vous savez par ailleurs que :

- les frais d'agence sont à la charge du vendeur ;
- les frais de notaire sont de 6,5 % du prix ;
- les frais d'hypothèque sont de 2 % du montant du prêt.

Le taux pratiqué par la banque sera lié à l'apport personnel ainsi :

Pourcentage d'apport	Taux
de 0 à 5 %	3,65 %
de 5 à 15 %	3,50 %
de 15 à 25 %	3,25 %
+ de 25 %	3,10 %

La banque n'acceptera pas une durée de remboursement supérieure à 20 ans, ni un taux d'effort de plus de 30 % des revenus. Elle impose par ailleurs l'assurance décès invalidité (3,96 € pour 10 000 € empruntés/mois)

1 Calculez la mensualité de remboursement assurance comprise pour un prêt d'une durée maximum en vous servant de la formule[1] :

$$\frac{C \times T}{1-(1+T)^{-n}}$$

2 Dressez les trois premières lignes du tableau de l'échéancier d'après le modèle :

Capital restant dû	Intérêts payés	Capital remboursé	Mensualité constante	Échéance mensuelle assurance comprise

3 Concluez : la situation financière des époux Stouffle vous permet-elle de programmer une visite en vue de la vente de cet appartement ?

1. Expliquée à la fiche 7, *C Calcul de la mensualité de remboursement.*

SOLUTION

Les époux Stouffle

Il faut mettre au net tous les renseignements fournis avant de répondre :

Prix de l'appartement	230 000 €
Frais de notaire 6,5 %	(+) 14 950 €
Apport personnel à déduire	(–) 90 000 €
À emprunter hors hypothèque	154 950 €

Somme totale à emprunter (S) = à emprunter hors hypothèque (E) + hypothèque (H) = E + 2 % de S

S = E / (1 – 2 %) = 154 950 / (1 – 2 %) = 158 112,24

H = 158 112,24 × 2 % = 3 162,24 €

Somme totale à emprunter = 154 950 + 3 162,24 = 158 112,24 €.

Cherchons le taux offert :

Apport 90 000 € pour un achat de 248 112, 24 € (230 000 + 14 950 + 3 162,24)

soit : 90 000 / 248 112,24 × 100 = 36,3 %.

La banque va prendre en compte cet apport en pratiquant un taux de **3,10 %**.

1 Nous pouvons rechercher la mensualité sachant que le montant du prêt est de 158 112,24 € à 3,10 % sur 20 ans.

La formule est donnée :

C : 158 112,24 €

T : 3,10 % par an soit 0,00258 par mois (T / 100 / 12)

N : 240 mois

$$M = \frac{C \times T}{1-(1+T)^{-n}}$$ = 884,50 € par mois.

L'assurance est de 3,96 € pour 10 000 € empruntés. Cette assurance est obligatoire : 3,96 × 158 112,24 / 10 000 = 62,61 €/mois.

La mensualité assurance comprise est de 884,50 + 62,61 = 947,11 €

2 Dressons les trois premières lignes de l'échéancier

	Capital restant dû	Intérêts payés	Capital remboursé	Mensualité constante	Échéance mensuelle assurance comprise
1	158 112,24	407,93	476,57	884,50	947,11
2	157 635,67	406,70	477,80	884,50	947,11
3	157 157,87	405,47	479,03	884,50	947,11

Détails des calculs :

Ligne 1 : 158 112,24 × 0,00258 = 407,93 € (intérêts) : comme la mensualité constante est de 884,50 €, en déduisant les intérêts payés, on trouve le capital remboursé :

884,50 – 407,93 = 476,57 (capital remboursé).

Ligne 2 : 158 112,24 moins le capital remboursé (476,57) = 157 635,67 qui multipliés par 0,00258 donnent 406,70 € d'intérêts...
Ligne 3 : 157 635,67 moins le capital remboursé (477,80) = 157 157, 87 qui multipliés par 0,00258 donnent 405,47 € d'intérêts.

Au début on paye beaucoup d'intérêts et on rembourse peu de capital.
Chaque mois les intérêts baissent et le capital remboursé augmente. En fin de période, nous remboursons beau coup de capital et payons peu d'intérêts.

3 L'affaire est-elle réalisable ? La banque ne dépassera pas 30 % en taux d'effort.
Voyons les revenus du ménage :
Revenus : 22 000 + 18 000 par an = 40 000 € soit par mois 40 000 / 12 = 3 333,33 €.
Il faut tenir compte du crédit pour la voiture, car il reste 18 mensualités de 300 €. Le disponible des époux Stouffle est de 3 333,33 – 300 = 3 033,33 €.
Le taux d'effort est de : 947,11 / 3 033,33 = 31,11 %.

Conclusion : il est inutile d'effectuer la visite, le dossier sera rejeté par la banque. Le couple doit :
- avoir terminé le remboursement de la voiture ;
- augmenter l'apport personnel (économiser) ;
- espérer une baisse des taux (ce qui est le cas depuis) ;
- allonger la durée de crédit (25 ans) et trouver une banque moins rigide.

10 Les sûretés et les garanties à la construction

Une sûreté est une garantie accordée à un créancier pour assurer sa créance. Il existe deux types de sûreté : **personnelle et réelle.**

1 Les sûretés personnelles

Elles font intervenir une caution, tierce personne physique ou morale, qui s'engagera à rembourser le prêteur à la place de l'emprunteur défaillant. La caution est un contrat écrit.

En dehors des personnes physiques (rares), on trouvera surtout des sociétés de caution, des mutuelles (filiales d'un groupe, d'un établissement de crédit ou une mutuelle des fonctionnaires).

A Le cautionnement

Le cautionnement est un contrat par lequel une personne se porte garant du paiement de la dette d'un débiteur principal. Le débiteur principal peut être :

- un emprunteur ;
- un locataire.

Dans ce cas, c'est donc une personne qui garantit de payer le créancier (banque ou propriétaire) à la place du débiteur principal. Le contrat doit remplir toutes les conditions de validité des contrats (capacité, consentement, objet, cause).

D'après l'article 2013 du Code civil, « le cautionnement ne peut excéder ce qui est dû par le débiteur, ni être contracté sous des conditions plus onéreuses ». Dans le contrat de cautionnement, on impose à la personne qui se porte caution d'écrire de sa main qu'elle a conscience de l'engagement pris. Le cautionnement donne au créancier un droit de poursuite auprès de la caution. Le cautionnaire a de son côté un droit de recours contre le débiteur principal s'il doit payer à sa place.

La caution étant un acte sous-seing privé, à la différence de l'hypothèque, elle ne nécessite pas de mainlevée. Il y a cependant un formalisme à respecter, sous peine de nullité (contenir les mentions obligatoires écrites de la main de la caution).

La société de caution s'engage pendant toute la durée du prêt à rembourser l'établissement de crédit en cas de défaillance de l'emprunteur. Si celle-ci doit payer à la place de l'emprunteur, elle aura la possibilité de se retourner contre lui pour organiser la vente du bien ou, au pire, procéder à une saisie et vendre pour se rembourser.

B Les types de caution

On distingue :

- **la caution simple** qui permet à la caution de demander à l'établissement de crédit de diriger ses poursuites en priorité contre l'emprunteur et, suivant le cas, contre chacune des cautions au prorata de leur part de dette ;
- **la caution solidaire** qui permet la poursuite simultanée du débiteur et des cautions pour la totalité de la dette.

C Coût d'un cautionnement

Le coût est moins élevé que la mise en place d'une hypothèque (compter 1 % à 2 % du montant du prêt). Au déblocage des fonds, seront à payer des frais de dossier, une contribution à un fonds mutuel de garantie et une commission fixe. S'il n'y a pas d'incident, l'emprunteur se verra rembourser, en fin de crédit, une somme d'environ 75 %.

EXEMPLE de tarification de « crédit logement »

- Commission de caution : elle se monte à 0,50 % du montant du prêt pour les prêts PEL et prêts relais, 76 € à 460 € pour les autres prêts. Cette somme est versée par l'emprunteur lors de la mise en place du prêt ;
- Contribution au fonds mutuel de garantie (FMG) : versée également à la mise en place du prêt, elle est de 1,50 % (prêt PEL ou prêt relais). Pour les autres prêts, la tarification est dégressive en fonction du montant du prêt (mais sera remboursable à environ 75 %) ;
  Le barème :

Commission de caution

Montant du prêt	Commission de caution
– de 15 200 €	76 €
De 15 000 € à 92 000 €	Montant × 0,50 %
+ de 92 000 €	460 €
Prêts PEL et prêts relais	Montant × 0,50 %

Calcul de la participation au FMG

Montant du prêt (M)	FMG
– de 30 400 €	M × 2,50 %
De 30 400 € à 46 000 €	(M – 30 400) × 1 % + 760 €
De 46 000 € à 92 000 €	(M – 46 000) × 0,8 % + 910 €
+ de 92 000 €	(M – 92 000) × 1,4 % + 1 278 €
Prêts PEL et prêts relais	Montant × 1,50 %

2 Les sûretés réelles

Ce sont des garanties qui portent sur des biens, qu'il s'agisse d'un bien meuble ou immeuble.

A Les sûretés mobilières

Il existe deux sûretés mobilières :

- **le gage :** qui porte sur des biens corporels (voiture, machine…). C'est une garantie qui peut être avec ou sans dépossession. Le gage nécessite de faire une inscription auprès d'une administration (souvent la préfecture) ;
- **le nantissement :** qui porte sur des biens incorporels (parts de société, fonds de commerce…). C'est une garantie sans dépossession qui doit être inscrite au tribunal de commerce et publiée au BODACC (Bulletin officiel des annonces civiles et commerciales). Il donne au créancier le droit de rétention, c'est-à-dire de récupérer le bien en cas de défaut de paiement. Le créancier peut choisir de vendre le bien qu'il saisit, afin de récupérer l'argent qui lui est dû.

B Les sûretés immobilières

La garantie porte sur un bien immobilier de n'importe quelle nature (terrain, maison, appartement…). Il s'agit de l'*hypothèque ou du privilège de prêteur de deniers* (PPD). Ce sont des garanties sans dépossession qui nécessitent de rédiger un acte authentique et d'inscrire la garantie au fichier hypothécaire. Elles permettent au créancier de récupérer le bien immobilier qu'il finance dans le cas où l'emprunteur ne rembourse pas son prêt. Le créancier choisit souvent de mettre en vente le bien saisi, il s'agit alors d'une vente aux enchères.

Ces deux garanties donnent au créancier le droit de préférence, c'est-à-dire le droit d'être payé sur le prix de vente, et le droit de suite, le droit de se faire payer par le nouveau propriétaire lorsque le bien est transmis. Pour éviter que l'acquéreur soit responsable des dettes du vendeur, le notaire fait un acte de mainlevée pour supprimer l'inscription hypothécaire. La mainlevée est possible dans la mesure où le prix de vente permet de couvrir le montant de la dette.

3 Les garanties à la construction

A 1 an de garantie de parfait achèvement

L'entrepreneur est tenu d'intervenir en réparation s'il y a des désordres apparents.

B 2 ans de garantie de bon fonctionnement

Assurance relative aux équipements dissociables de l'ouvrage (électricité, plomberie).

C 10 ans de garantie décennale

Dommages dus à la solidité de l'ouvrage, affectant la solidité des équipements indissociables, rendant impropre l'ouvrage à sa destination.

D Assurance de responsabilité

Souscrite par le constructeur intervenant pour le maître d'ouvrage, elle couvre la garantie décennale.

E Assurance dommages-ouvrage

Souscrite par le maître d'ouvrage, elle couvre les frais de recherche et travaux de réparation de nature décennale (elle débute à l'expiration de la garantie de parfait achèvement).

APPLICATIONS

1 ÉNONCÉ

Pour le financement de votre maison, vous avez souscrit un PEL dont le prêt est d'un montant de 20 000 € ainsi qu'un prêt bancaire classique de 100 000 €, tous deux garantis par un crédit logement.
Voici à titre d'exemple les conditions de l'un de ces organismes : crédit caution.
Tarif : une commission de caution de 0,50 % du montant du prêt pour les PEL et les prêts relais, et de 76 € à 460 € pour les autres prêts. Cette somme est ver sée, une fois pour toutes, à la mise en place du prêt. Elle est de 1,5 % (PEL et prêt relais). Pour les autres prêts, le barème est dégressif en fonction du mon tant du prêt, mais sera remboursable à hauteur d'environ 75 %.
Faites le calcul du montant des frais en vous servant du tableau p. 50.

SOLUTION

Pour un PEL : commission : M × 0,5 % soit 20 000 × 0,5 % = 100 €
Contribution FMG : M × 1,5 % soit 20 000 × 1,5 % = 300 €
Pour le prêt bancaire : + de 92 000 € : forfait 460 €
Participation FMG : (100 000 – 92 000) × 1,4 % + 1 278 € = 1 390 €
Au total : (100 + 300) + (460 + 1 390) = 2 250 €

2 ÉNONCÉ

La société civile immobilière (SCI) Villa Lilas, gérée par M. Russel, entreprit la construction d'un immeuble, sous la maîtrise d'œuvre de M. Beffroy, architecte.
En janvier 2015, la SCI a vendu un lot en l'état futur d'achèvement aux époux Dufresne par un acte passé devant le notaire Barau. Il s'agit du lot n° 6 correspondant à un appartement de type 4 au dernier étage du bâtiment comprenant une entrée, cuisine, salle de séjour avec parquet donnant sur une terrasse, des rangements, trois chambres, une salle de bains avec baignoire, un WC, et une salle d'eau avec douche et WC, pour un prix de 225 000 €. Les documents contractuels indiquaient que des équipements de marque seraient fournis. La banque Paribas a délivré une garantie financière d'achèvement des travaux.
Lors de la livraison, les Dufresne constatent que certains éléments annoncés sont absents : la salle d'eau ne comporte pas de douche, il manque un placard. Par ailleurs, dans le salon, le parquet a été remplacé par de la moquette

1 **Dans un développement structuré, présentez les garanties spécifiques à cette construction.**
2 **De quels moyens légaux les époux Dufresne disposent-ils pour obtenir réparation des désagréments constatés ?**

SOLUTION

1 Les garanties

- Garanties spécifiques : garanties d'*achèvement* des travaux, extrinsèque (fournie par un financier) ou intrinsèque (assurée par le promoteur), qui assure à l'acheteur que, quoi qu'il arrive, le logement lui sera livré ou la garantie de remboursement des sommes versées qui dédommage l'acheteur si le promoteur est défaillant.
- Garanties de *surface* et de *consistance* de chaque pièce et dégagement (en cas de différence avec la surface et la consistance figurant dans le contrat de réservation, l'acquéreur peut renoncer à l'achat si cet écart diminue de plus de 10 % la valeur du logement).
- Assurance dommages ouvrage et garanties légales de parfait achèvement, de bon fonctionnement et décennale à compter du PV de réception ; (garantie de bonne isolation phonique pendant un an après entrée dans les lieux).

2 Obligation de délivrance du vendeur (ici la SCI)

Obligation d'édifier un immeuble dans un certain délai et conformément aux prévisions du contrat. Le vendeur est responsable du *défaut de conformité*, de la chose livrée par rapport à la chose promise (sauf cas de force majeure).

Ne pas confondre avec les vices apparents.

En l'espèce, l'immeuble livré ne correspond pas à celui promis (absence d'éléments annoncés aux contrats et éléments non conformes). Les époux Dufresne doivent dénoncer à la SCI ces défauts de conformité dans le PV de livraison et peuvent consigner le solde du prix. Ils peuvent agir sur le fondement de la garantie de parfait achèvement et peuvent demander une réparation financière (impossibilité de réaliser les travaux) ou une réparation en nature.

11 Les diagnostics et les classements énergétiques

1 Les diagnostics

Depuis le 1er novembre 2007, les diagnostics obligatoires sont réunis en un seul document : le dossier de diagnostic technique. À la charge du vendeur, le DDT est à fournir au stade de la promesse de vente, à défaut à l'acte définitif, à chaque mutation d'un lot de copropriété ou d'une maison individuelle. À la charge du bailleur pour certains, à fournir à son locataire à la signature du bail.

À ce jour au nombre de 9, d'autres diagnostics sont à venir.

1 **Amiante :** copropriété : vendeur pour les parties privatives
Syndic pour les parties communes
Maison individuelle : PC délivré avant le 1er juillet 1997
Date : depuis le 1er septembre 2002 – validité permanente
Lois : art. L. 1334-13 et R. 1334-14 et suivants du CSP – décret 2002-839 du 3 mai 2002 arrêté du 22 août 2002.

2 **Assainissement :** tout logement en maison individuelle ou en immeuble collectif non relié au réseau d'égouts collectif
Copropriété ou maison : bailleur ou vendeur
Date : à partir du 1er janvier 2011 pour les constructions antérieures au 31 décembre 2002 et au 10e anniversaire pour les autres – validité 10 ans
Lois : art. 54 loi 2006-1772 du 30 décembre 2006

3 **Électricité :** copropriété : vendeur parties privatives seules
Maison individuelle : installation réalisée depuis plus de 15 ans
Date : depuis le 1er novembre 2007 – durée de validité 3 ans
Lois : art L. 134-7 du CCH

4 **Gaz :** copropriété : vendeur parties privatives seules
Maison individuelle : installation intérieure au gaz naturel réalisée depuis plus de 15 ans.
Date : depuis le 1er novembre 2007 – validité 3 ans
Lois : art. L. 134-6 du CCH – décret 2006-1147 du 14 septembre 2006

5 **Performance énergétique :** copropriété et maison individuelle
Vendeur ou bailleur : parties privatives seules
Si chauffage collectif : audit énergétique (loi Grenelle 2)
Date : depuis le 1er novembre 2006 vente d'un bien ancien, depuis le 1er juillet 2007 vente d'immeuble neuf ou location
Validité 10 ans
Lois : art. L. 134-1 et suivants du CCH – décret 2006-1147 du 14 septembre 2006

6 **Plomb dans les peintures :** copropriété : vendeur ou bailleur parties privatives/ parties communes (syndic)

Maison individuelle : vendeur ou bailleur : PC délivré avant le 1er janvier 1949

Date : depuis le 27 avril 2006 parties privatives, depuis le 12 août 2008 – parties communes et location – validité 1 an (sauf diagnostic antérieur négatif), location : 6 ans

Lois : art. L. 134-1 et suivants et R. 1334 – 1 et suivants du CSP – décret 2006-274 du 25 avril 2006, arrêté du 25 avril 2006

7 **Risques majeurs :** copropriété et maison individuelle situées dans une zone sismique ou exposées aux risques naturels ou technologiques couverts par un PPRN ou PPRT prescrit ou approuvé – vendeur ou bailleur (à demander en mairie ou préfecture)

Date : depuis le 1er juin 2006 – validité 6 mois

Lois : art. L. 125-5 et R. 125-23 et suivants du CE – décret 2005-134 du 15 février 2005

8 **Superficie privative :** tout lot de copropriété de plus de 8 m^2 (garage et cave exclus) – vendeur

Date : depuis le 19 juin 1997 – validité permanente

Lois : loi Carrez n° 96-1107 du 18 décembre 1996 – décret 97-532 du 23 mai 1997

Sanctions : absence d'indication de superficie à l'acte authentique – nullité de la vente – acquéreur : un mois pour agir

Si la superficie réelle est inférieure de plus de 5 % à celle certifiée (1 an pour agir), l'acquéreur peut demander une diminution du prix.

Location : le bailleur doit indiquer la surface habitable.

9 **Termites :** copropriété et maison individuelle : parties privatives seules : vendeur. Si le bien est situé dans une zone à risques délimitée par arrêté préfectoral ou municipal.

Date : en fonction de la date d'entrée en vigueur de l'arrêté – validité 6 mois

Lois : art. L. 133-4 et suivants – R. 133-1 et suivants du CCH – décret 2000-613 du 3 juillet 2000 et décret 2006 – 1114 du 5 septembre 2006

2 La performance énergétique du logement

Depuis le 1er janvier 2011, la loi Grenelle 2 impose sur les offres de vente ou de location que la consommation énergétique soit précisée par une lettre de A à G. Il est certain qu'une annonce indiquant une performance énergétique très énergivore (G), d'un logement mal isolé, ne devrait pas attirer l'attention des candidats à l'achat ou à la location. Le vendeur ou le bailleur aura intérêt soit à faire des travaux, soit à accepter un prix très attractif. Au 1er janvier 2013, la RT 2012 (Réglementation thermique) impose une réglementation à la construction des bâtiments.

Logement neuf ayant obtenu le label BBC-Effinergie	A	< 50 kWh/m²/an
Logement construit selon la réglementation thermique 2010	B	DE 51 A 90 kWh/m²/an
Logement construit selon la réglementation thermique 2005	C D	DE 91 A 150 kWh/m²/an DE 151 A 230 kWh/m²/an
Logement ancien, énergivore à très énergivore	E F G	DE 231 A 330 kWh/m²/an DE 331 A 450 kWh/m²/an DE 450 kWh/m²/an

3 Le coût de l'énergie

Le coût de la facture de chauffage par ménage est en moyenne de 900 €/an. Il peut varier de 250 € (logement classé BBC) à 1800 € (logement classé G). Il faut savoir que 19 % des logements sont classés en C, 31 % en D et 22 % en E.

4 Le label BBC-Effinergie

Cette labellisation ne concerne que les bâtiments neufs (BBC = bâtiment à basse consommation). Ce label implique un surcoût de construction (+10 %) qui rend plus élevé le prix de vente mais qui peut être compensé par des avantages fiscaux (Duflot, Pinel, PTZ+).

La consommation énergétique primaire (chauffage, refroidissement, eau chaude, éclairage) est strictement limité à 50 kWh/m²/an. Il n'est pas tenu compte de la consommation issue de l'électroménager et des appareils audiovisuels.

Le législateur a également modulé ce critère selon les zones géographiques et l'altitude de la construction par la formule 50 kWh × (a + b) :

- Ainsi a est de 1,1 en Bretagne, 1,3 dans le Nord et l'Est, 0,9 dans le Sud-Ouest, 1,2 en Rhône-Alpes et Centre et 0,8 pour les départements bordant la Méditerranée et la Corse.
- La valeur du coefficient b est de 0,1 de 400 à 800 m et 0,2 au-dessus de 800 m. La revente et la location sont plus aisées du fait du label. L'acquéreur devra faire preuve de prudence lors de l'achat en VEFA (non construit) car rien ne dit que le programme terminé recevra le label. De même les plaquettes publicitaires des promoteurs indiquant « niveau BBC » ne donneront pas droit aux avantages fiscaux.

Le client acquéreur en VEFA peut faire insérer une clause dans l'acte de vente, le protégeant en cas de refus de label, son achat étant motivé par l'économie d'impôt offerte par le régime Scellier par exemple.

12 Le domicile principal

L'article 102 du Code civil ainsi que le décret du 2 novembre 1995 nous indiquent que l'habitation principale est le logement occupé habituellement par son propriétaire ou un locataire pendant au moins huit mois par an. C'est l'adresse qui sera donnée pour l'établissement des documents administratifs (carte d'identité, carte grise, passeport, permis de conduire, carte d'électeur...) et pour la vie courante. Cette domiciliation permet de recevoir tous documents et factures, courriers divers, impôts, et c'est à cette adresse que l'on pourra exercer des poursuites, saisies... Nous pouvons avoir d'autres domiciliations bancaires, professionnelles, commerciales ou résidence secondaire. Il n'y a qu'un domicile principal que l'on peut changer à condition d'en faire la déclaration (en cas de mutation par exemple).

1 L'habitation principale et la vente

En cas de vente de l'habitation d'un couple, le mandat de vente, la promesse, l'acte authentique seront signés par les deux conjoints (ou pacsés).

Si l'un des deux est le seul propriétaire (héritage par exemple de Monsieur), le mandat sera bien à son nom mais l'article 215 du Code civil impose que l'autre époux signe le mandat, promesse, acte au motif que, s'agissant de la résidence de la famille, l'un ne peut vendre sans l'accord de l'autre.

2 L'habitation principale et l'achat

En cas d'acquisition d'un logement destiné à l'habitation principale, les acquéreurs vont bénéficier de prêts tels que le PTZ+, le 1 % action logement, des prêts conventionnés... ce qui permet d'accéder à des aides (APL, ALF) ou des prêts subventionnés ANAH.

Certaines communes offrent des PTZ+ locaux (Amiens, Annecy, Arras, Caen, Nice, Orléans, Paris, Toulouse...) aux jeunes ménages pour favoriser l'acquisition en centre-ville (40 à 100 % du PTZ+ de base).

3 L'habitation principale et la fiscalité

En cas de revente, l'habitation principale est exonérée de la taxe sur les plus-values.

Elle bénéficie d'une exonération totale ou partielle de la taxe foncière pendant 2 ans pouvant aller jusqu'à 15 ans en cas de prêt social de location-accession.

Une TVA réduite à 7 % est appliquée dans certains cas.

Une exonération de la taxe de publicité foncière peut aussi s'appliquer (notaire : frais réduits).

4 L'habitation principale du locataire

Le locataire est protégé par son bail (souvent en loi de 1989). Il peut donner congé mais son bailleur ne peut mettre un terme au bail – qui se reconduit tacitement – que pour des motifs prévus par la loi (vente, reprise « personnelle » du logement, motifs graves dont l'insalubrité). Parce que c'est son habitation principale, le locataire bénéficie d'un droit de préemption.

APPLICATION

ÉNONCÉ

Mr et Mme Ralebol viennent à l'agence vous demander conseil. Ils possèdent une maison avec terrain dans un lotissement côté et bien exposé. C'est leur résidence principale.

Vous venez de vendre un lot identique au prix de 500 000 €.

Pressés de vendre, vous découvrez vite une profonde mésentente dans le couple… Vous avez raison, la demande de divorce est demandée. Le tribunal doit se prononcer sous 2 mois. Plusieurs solutions vous sont soumises :

- vendre la maison ;
- que Monsieur la garde comme résidence principale en demandant la jouissance exclusive, Madame recevrait une somme en échange, qui lui permettrait de refaire sa vie avec Mr Folamour.

Expliquez les conséquences en cas de vente rapide ou après le divorce et le partage.

SOLUTION

Si la vente est rapide (avant le prononcé du divorce), c'est la résidence principale (au regard de la loi) et le bien n'est pas assujetti à la taxation sur les plus-values.

Après le divorce, la situation change :

Mr conserve la jouissance du logement, c'est sa résidence principale. Pas de plus-value sur le partage mais ce n'est plus la résidence principale de Mme (future Folamour), elle payera la taxe sur la plus-value sur sa part.

Son ex-mari devenant le seul propriétaire pourra réfléchir sur son devenir, et s'il vend par la suite, il ne réglera pas de taxe sur la plus-value (résidence principale)

13 Acheter

L'achat d'un bien immobilier peut présenter des particularités ou des difficultés suivant les cas :

- acheter un logement à deux sans être mariés ;
- acheter en viager ;
- acheter aux enchères ;
- acheter un lot en copropriété
- acheter sur plan la VEFA.

1 Acheter un logement à deux sans être mariés

La loi encadre bien l'acquisition d'un logement par un couple marié et protège le conjoint moins favorisé. Les époux légitimes possèdent un droit de jouissance commun sur le logement et les meubles. Si le bien n'appartient qu'à l'un des conjoints (héritage, remariage...), la loi impose l'accord de l'autre pour vendre (art. 215 du Code civil) du fait qu'il s'agit de l'habitation principale du couple. Rien de semblable dans l'union libre. Le concubin qui n'est pas propriétaire est hébergé par l'autre.

Si les deux concubins participent à l'achat du logement, l'acquisition peut se faire selon plusieurs formules à mettre au point avec le notaire :

- en indivision ;
- à travers une SCI (société civile immobilière) ;
- en tontine ;
- en concluant un pacs.

Étudions les avantages et les inconvénients des différentes formules :

A L'achat en indivision

Un bien est *indivis* lorsque deux (ou plusieurs personnes) possèdent sur ce bien un droit qui n'est pas matériellement divisé. L'indivision peut être égalitaire (50 %/50 %) ou d'une autre proportion (80 %/20 % par exemple). L'essentiel est que la répartition indiquée dans l'acte soit la réalité du financement afin d'éviter les contestations ultérieures. L'administration fiscale pourrait l'assimiler à une donation déguisée au profit de l'autre (avec un redressement du fisc qui réclamerait « un droit de donation » de 60 % sur les sommes données et une action en révocation de la donation de la part du donateur).

L'avantage de l'indivision est que l'on ne peut être contraint d'y demeurer ; chacun peut demander le partage (art. 815 Code civil), mais ce peut être un inconvénient si l'un des deux s'oppose au partage.

En cas de décès du concubin, sa part rentrera dans la succession. Le survivant ne pourra recueillir la part du défunt que si celui-ci lui a légué cette dernière, mais il peut y avoir des droits réservataires d'éventuels enfants. Pour la part transmise entre concubins, les droits de succession sont de 60 %.

Un notaire pourra établir entre eux une « convention d'indivision » (art. 1873-1 à 1873-15 Code civil) dont la durée fixe (5 ans au maximum renouvelable d'un commun accord) ou à une durée indéterminée. On peut prévoir qu'en cas de décès de l'un des indivisaires, sa quote-part sera attribuée par préférence à l'autre, le survivant. Celui-ci devra payer cette quote-part aux héritiers du concubin décédé, si celui-ci ne lui a pas légué.

B L'achat par l'intermédiaire d'une SCI

Avant d'acquérir, les concubins peuvent constituer une SCI. C'est la SCI qui se portera acquéreur du bien avec les fonds apportés par les associés ou à l'aide d'un emprunt. Les associés possèdent des parts sociales en proportion de leur participation au capital. Chacun est responsable des dettes du passif social selon leur quote-part d'apport.

Comparée à l'indivision, la SCI présente de réels avantages et quelques inconvénients :

- la durée de vie de la SCI est plus longue puisqu'elle peut être de 99 ans ;
- il n'est pas permis à un associé d'exiger la cessation de la société a tout moment ;
- en cas de décès (sauf legs en faveur du survivant), les parts tomberont dans la succession et appartiendront aux héritiers, mais ceux-ci ne seront pas en mesure de dissoudre la SCI si le survivant dispose de la moitié des parts. Il pourra empêcher la dissolution, donc la vente… encore faut-il avoir la majorité !

La difficulté survient lorsqu'il y a mésentente pour dissoudre à l'amiable par anticipation ; les héritiers se trouvant prisonniers de la SCI.

Le notaire pourra préciser dans les statuts que la SCI sera dissoute de plein droit avec le décès de l'un des concubins. Le logement sera vendu et le prix partagé entre les ayants droit. Une difficulté peut survenir si l'usufruit au survivant n'est pas prévu. Il pourra être établi une acquisition croisée, chacun détenant des parts en nue-propriété et en usufruit lors d'un échange ultérieur entre les associés.

REMARQUE

- La constitution d'une SCI occasionne des frais ; il faut tenir une comptabilité et des assemblées.
- En habitation principale, les associés ne bénéficient pas d'avantages fiscaux.

C L'achat en tontine

Lors de l'acquisition, les concubins peuvent faire insérer dans l'acte « un pacte tontinier » ou des clauses d'accroissement. Le survivant deviendra le seul propriétaire du bien avec effet rétroactif au jour d'acquisition. C'est le but de la tontine. Les héritiers n'ont aucun droit à faire valoir. Dès l'acquisition, le bien est réputé être la propriété du dernier vivant, mais l'inconvénient est qu'en droit la tontine n'est pas une indivision. De ce fait, en cas de désaccord, il n'est pas possible de provoquer le partage, d'exiger la vente, d'en partager le prix en se fondant sur l'art. 815 du Code civil.

L'un des concubins ne peut céder ses droits qui sont subordonnés à l'hypothèse de la survie par rapport à l'autre. Pour en sortir, il faut l'accord unanime pour vendre et répartir le prix.

Pour l'administration fiscale, depuis 1980, la tontine est une donation. Selon l'art. 754 du CGI, le survivant recueille, sans l'avoir payée, une part qui est donc transmise à titre gratuit entre personnes sans liens de parenté... d'où un droit à payer de 60 %.

D L'achat en étant pacsés

Le Pacte civil de solidarité a été adopté le 15 novembre 1999.

Les concubins ont intérêt à conclure un Pacs. Ils trouveront, en effet, des avantages sur le plan fiscal, social et successoral, quoiqu'avec de nouvelles obligations :

- la transmission de biens par donation ou héritage avec une taxation moins lourde que pour les concubins ;
- l'imposition commune des revenus (qui n'est pas toujours un avantage) ;
- l'acquisition de droits sociaux et une meilleure protection en cas de rupture (séparation ou décès).

En contrepartie, ils se doivent une aide matérielle mutuelle et répondront ensemble des dettes contractées pour les besoins de la vie courante.

Si le couple est en location (en loi de 1989) en cas de rupture ou décès, le bail se poursuit au profit du partenaire pacsé.

Sur le plan immobilier :

- si le bien est acheté par les deux partenaires, il se trouve *indivis*. La gestion (location, vente, entretien, assurances) est réalisée avec l'accord des deux personnes ;
- si le bien immobilier appartient à l'un des membres du couple (propriété exclusive, le pacs ne le rend pas *indivis*) ;
- en cas de séparation, les biens sont partagés ; en cas de décès de l'un des membres, ils sont partagés entre le survivant et les héritiers du défunt en deux moitiés égales. Mais le survivant peut demander l'attribution préférentielle des biens appartenant au disparu, avantage par rapport au concubin qui peut se trouver chassé du logement (indivision avec les héritiers).

Lors de signature du Pacs, il s'agit d'être vigilant. Le régime d'indivision automatique des biens peut ne pas convenir. Il peut être utile de faire des réserves en stipulant que chacun restera propriétaire de ses biens (comme dans le régime matrimonial de séparation des biens). Le notaire sera de bon conseil

La fiscalité est la suivante depuis la loi TEPA du 22 août 2007 :

- le signataire d'un Pacs bénéficie d'un abattement sur le bien donné ou légué par son compagnon de 80 724 euros, ensuite la taxation est la même que pour les époux suivant un barème par tranches au taux de 5 % à 45 % ;
- la loi ne rend pas les signataires d'un Pacs héritiers l'un de l'autre (à moins de le prévoir dans le pacte ou par testament).

2 Acheter en viager

Le viager représente environ 1 % des transactions.

L'acquéreur (le débit rentier) peut se loger rapidement si le viager est libre mais peut attendre des années pour occuper le bien si le viager est occupé par le vendeur (le crédit rentier).

C'est l'art. 1968 et suivants du Code civil qui fixe la nature de ce contrat aléatoire dans lequel deux personnes s'engagent sans être sûres des avantages et inconvénients qu'ils peuvent en tirer car tout dépend d'un événement incertain : la date du décès du vendeur.

Le vendeur peut être seul (1 tête) ou un couple (2 têtes). Le fait de vendre en viager va permettre au vendeur, le plus souvent de rester chez lui tout en percevant un « bouquet » à la signature et une « rente » chaque mois. Si le vendeur a de petites ressources (retraite modeste), il va pouvoir profiter d'une amélioration de ses revenus sa vie durant.

A L'estimation du bien

Le contrat va définir le prix de vente comme il serait fixé pour un bien similaire offert sur le marché. Ce sont les modalités de paiement qui vont varier selon des critères :

- la valeur du bien à ce jour ;
- le droit de jouissance (usufruit au profit du vendeur, viager occupé) ou viager libre ;
- l'espérance de vie du vendeur ;
- l'âge du vendeur (1 ou 2 têtes) ;
- le taux de rendement du bien.

B Le contrat

À la signature du contrat, la durée de vie du vendeur doit être incertaine. La prestation de l'une des parties dépend dans son existence ou dans son étendue d'un événement incertain : chacun des contractants court une chance de gain ou un risque de perte (art. 1104 Code civil). C'est bien le hasard qui est maître du contrat. Il faut qu'il y ait « aléa » sinon le contrat est frappé de nullité. Il n'y a pas d'aléa si l'acquéreur (par exemple un médecin, une infirmière ou un proche) est informé que le crédirentier est atteint d'une maladie grave le condamnant à court terme ; dans ce cas le débit rentier serait certain de ne pas avoir à verser la rente très longtemps.

Selon l'art. 1975 du Code civil, la nullité du contrat est encourue lorsque trois conditions sont réunies :

- le crédit rentier est atteint de maladie au jour du contrat ;
- le décès survient dans les 20 jours de l'acte de vente ou du compromis ;
- le décès est dû à la maladie dont le crédit rentier était atteint.

C La nullité des contrats

En règle générale, le signataire d'une promesse de vente viagère ou d'un mandat de vente en viager de son bien, ne peut pas se rétracter. Cependant la loi Hamon (art. L. 121-21 du Code de la consommation) permet au propriétaire, s'il est démarché à domicile, de se rétracter dans un délai de 14 jours.

La vente peut être annulée en cas de défaut de paiement de la rente par le débirentier (art. 1978 et 1184 du Code civil). L'acte de vente peut prévoir une clause résolutoire automatique.

D Le paiement de la rente

Le crédirentier prend une garantie sur le bien vendu pour s'assurer du paiement régulier de la rente. C'est le privilège du vendeur (inscription à la conservation des hypothèques). Si le débirentier manque à ses obligations, le crédirentier peut reprendre son bien.

Le montant de la rente viagère est indexé et révisé chaque année selon un indice prévu à l'acte, le plus souvent c'est un arrêté ministériel qui fixe la majoration (1,3 % pour 2014).

Le montant de la rente ne doit pas être dérisoire car la vente pourrait être assimilée à une donation (le fisc veille), la vente pourrait être annulée. Le bien ne doit pas rapporter à l'acheteur plus qu'il ne lui coûte (cas d'un viager libre mis en location par l'acquéreur à un montant de loyer supérieur à celui de la rente).

E La propriété effective

C'est l'aléa pendant un temps non défini qui se terminera avec le décès du vendeur ; l'acquéreur est condamné à tenir la longueur et éventuellement ses héritiers à la suite, car on trouve de plus en plus de centenaires ! Dans ce cas l'acquéreur aura payé très cher le bien immobilier, il est gagnant si le décès survient plus vite qu'estimé par les tables de mortalités ayant servies de base lors de l'établissement du contrat de vente. En 2014, l'espérance de vie est de 78,7 ans pour les hommes et 85 ans pour les femmes.

F Les charges

Si le viager est libre, l'acquéreur bénéficiant de l'usufruit, assumera les charges courantes d'entretien, les impôts locaux. Le vendeur garde les charges imposées par l'art. 606 du Code civil (gros travaux, ravalement, toiture, chaudière, etc.) et la taxe foncière.

La rente perçue par le crédirentier est à déclarer dans ses revenus. L'impôt sera modulé suivant son âge.

3 Acheter aux enchères

On ne pense pas toujours à cette forme particulière d'achat. Le bien immobilier peut faire l'objet d'une vente volontaire (à la demande des héritiers, par exemple) ou d'une vente forcée décidée par le tribunal sur poursuites engagées par une banque, le trésor public, le syndicat d'une copropriété… Il s'agit le plus souvent, d'un propriétaire qui n'a pu faire face au remboursement de ses emprunts, au paiement de ses impôts, a ses charges de copropriété cumulées depuis quelques années. L'origine peut être autre : dépôt de bilan et liquidation judiciaire, décès sans héritiers, vente des domaines, etc.

L'acquéreur éventuel est informé par un affichage sur le bien à vendre, panneaux réservés à cet effet, journal d'annonces légales, dans les études d'huissiers, d'avocats, de notaires… La date de la vente est fixée ainsi que l'heure et le lieu (à la barre du tribunal de grandes instances pour les saisies judiciaires) Un cahier des charges est déposé et sa consultation est possible au lieu fixé. Des heures de visites sont prévues ; le prix de départ est indiqué. Les frais seront en sus du prix de l'adjudication, à la charge de l'acquéreur.

Les acquéreurs éventuels doivent :

- consulter le cahier des charges au greffe du TGI ;
- visiter le bien pour se rendre compte de sa consistance, de son état car dans ce type de vente, il n'y a pas de diagnostics à l'appui ;
- prendre contact avec un avocat qui les représentera à la vente (avocat obligatoire) ;
- remettre a cet avocat un chèque bancaire certifié (chèque de consignation pour enchérir dont le montant est fixé par l'affichage) et convenir des limites à ne pas dépasser a l'enchère.

L'acquéreur peut assister aux enchères, dans la salle (les avocats étant devant) et en suivre l'évolution ; il pourra, par signes discrets, donner de nouvelles consignes à son avocat afin de poursuivre ou stopper son enchère.

La vente à la criée s'effectue selon un rituel :

Les conditions de la vente sont annoncées par l'avocat poursuivant. Un huissier de justice, après approbation du Président du tribunal, allume un premier feu (une petite bougie), les enchères démarrent. À l'extinction du premier feu, une seconde bougie est allumée, puis une troisième et dernière viendra clore les enchères. À l'extinction de cette dernière, l'huissier confirmera le montant de la dernière enchère ; l'avocat qui l'a tenue va la confirmer. Il n'est pas tenu de donner, a ce moment, le nom de l'acquéreur publiquement.

Par la suite l'acquéreur devra régler le solde. Il recevra le texte du jugement et le compte rendu de la vente qui vaudra titre de propriété.

Fait-on de bonnes affaires ?

Oui et non. Il peut y avoir peu de candidats sur un bien particulier (par exemple un terrain bordant la propriété d'un acquéreur). Si un bien part a un prix trop bas, des acquéreurs potentiels absents à la vente, mais lisant dans la presse le compte rendu de la vente, peuvent se manifester et proposer un prix plus élevé d'au moins 10 % et une nouvelle vente sera organisée sur « fol enchère ». Il peut y avoir sur une vente, plusieurs candidats qui se piquent au jeu, ne veulent pas abandonner la partie, les enchères montent et le gagnant risque d'avoir largement payé le prix du bien.

4 Acheter un lot en copropriété

La loi oblige à fournir plus d'information à l'acquéreur :

- L. 721-1 et 721-2 du nouveau Code de la construction et de l'habitation (état de la copropriété) ;
- Art. 14-1 de la loi du 10 juillet 1965 (charges, budget) ;
- Art. 29-1 A et 29 -1 de la même loi (procédure d'alerte) et l'art. 615-6 du Code de la construction et de l'habitation ;
- Loi ALUR ;
- L. 731-1 et 731-2 (diagnostics, travaux) ;
- Art. 8-2 nouveau de la loi du 10 juillet 1965 (fiche syndic).

Le futur acquéreur doit être pleinement au courant des conséquences d'acheter en copropriété, des suites financières et de l'état de la copropriété.

Dès la promesse de vente, voici les informations et documents à fournir à l'acquéreur :

A Informations

- Le lot est soumis au statut de la copropriété.
- Le nombre de lots.
- Le montant moyen annuel de la quote-part à la charge du vendeur, du budget prévisionnel correspondant aux dépenses courantes.
- L'existence de procédures d'alerte ou de redressement éventuels engagés contre le syndicat des copropriétaires.

B Documents à fournir

Le dossier des diagnostics techniques doit être annexé à la promesse de vente ou a défaut à l'acte authentique de vente.

1 Les documents concernant l'organisation de l'immeuble :
  - la fiche synthétique de la copropriété établie par le syndic contenant les données financières et techniques de l'immeuble ;

REMARQUE

Le contenu de cette fiche sera fixé par décret. Le syndic doit la mettre à jour chaque année et la tenir à la disposition des copropriétaires ; le défaut de réalisation de cette fiche est un motif de révocation du syndic (art. 8-2 nouveau de la loi de 1965).

  - le règlement de copropriété et l'état de division ainsi que les actes les modifiant ;
  - les procès-verbaux des trois dernières assemblées générales.

2 Les documents relatifs à la situation financière de la copropriété et du propriétaire vendeur du lot :
  - le montant des charges courantes du budget prévisionnel ;
  - le montant des charges hors budget (des deux années précédentes) ;
  - les sommes pouvant rester dues par le vendeur ;
  - les sommes qui seront dues par l'acquéreur au syndicat ;
  - l'état global des impayés de charges au sein du syndicat et de la dette auprès des fournisseurs ;
  - le montant du fonds de travaux rattaché au lot principal vendu et le montant de la dernière cotisation au fonds, versé par le vendeur.

3 Le carnet d'entretien.

4 Une attestation comportant la mention de la surface de la partie privative (loi carrez) et la surface habitable du lot acquis.

5 Une notice d'information relative aux droits et obligations des copropriétaires ainsi qu'au fonctionnement des instances du syndicat (à fixer par décret).

6 Le cas échéant, le diagnostic technique global (art. 731-1 du Code de la construction et de l'habitation) et le plan pluriannuel de travaux (art. 731-2 du Code de la construction et de l'habitation).

Il sera sage, dès la prise du mandat de vente, de demander le certificat d'urbanisme informatif sur le lot à vendre (il est gratuit) car il permet d'informer l'acquéreur de toute difficulté pouvant survenir alors que si le notaire doit le demander (payant pour l'acquéreur), il peut y avoir des déconvenues au moment de la vente, voire son annulation.

C Sanctions

À défaut d'annexion à la promesse de vente ou a l'acte authentique (en cas de défaut de promesse) de ces documents, l'acquéreur peut se contenter de reconnaître qu'il a reçu le règlement de copropriété, l'état descriptif de division, le carnet d'entretien… mais si les documents mentionnés ci-dessus en 1., 2., 3., ne sont pas annexés à la promesse, le délai de rétractation ou de réflexion de 7 jours ne court qu'à compter du lendemain de la communication de ces documents.

5 Acheter sur plan ou en VEFA (vente en l'état futur d'achèvement)

C'est la formule courante proposée par les promoteurs. Il s'agit d'un contrat de vente d'immeubles à construire, à usage d'habitation ou à usage professionnel, ainsi que du terrain sur lequel sera réalisée la construction par lequel l'acquéreur devient immédiatement propriétaire du sol et des constructions déjà réalisées et propriétaire des constructions à venir au fur et à mesure de l'avancement des travaux.

Les parties signent deux contrats :

- **le contrat de réservation** (ou contrat préliminaire), il remplace le compromis ;
- **l'acte authentique.**

A Le contrat de réservation

Il peut être sous-seing privé (fait par les promoteurs) ou authentique.

Ce contrat permet à l'acheteur de réserver (mettre une option) un terrain et de s'engager sur un projet de construction.

Sous peine de nullité, doivent être précisés :

- la surface habitable ;
- le nombre de pièces principales ;
- la liste des pièces de service, des dépendances et dégagements ;
- la situation dans l'immeuble ou le lotissement ;
- la qualité de la construction au moyen d'une note technique sommaire (nature et qualité des matériaux, éléments d'équipements et éléments collectifs) ;
- le prix prévisionnel de la vente et les modalités de révision ;
- la date à laquelle le contrat de vente définitif pourra être conclu ;
- les prêts que le promoteur déclare faire obtenir à l'acquéreur (montant, conditions, nom du prêteur) ;
- les conditions légales relatives au dépôt de garantie.

1 • Le prix

Au stade du contrat de réservation, la loi permet au promoteur de fixer un prix de vente seulement prévisionnel et de prévoir une clause de révision.

Lorsque le prix est prévisionnel, il peut être majoré d'au maximum 5 % au stade du contrat définitif de vente.

En ce qui concerne la révision, elle ne peut dépasser 70 % de la variation de l'indice BT 01 (indice Insee).

Au moment de la signature du contrat de réservation, l'acquéreur verse un dépôt de garantie.

2 • Le montant du dépôt de garantie

Il varie en fonction de la date de livraison :

- 5 % si la construction est livrée dans un délai d'un an ;
- 2 % si la livraison a lieu dans les deux ans ;
- pas de dépôt de garantie si la livraison est prévue au-delà de deux ans.

L'acquéreur a un délai de rétractation de 7 jours, après la signature du contrat de réservation. C'est la loi Neiertz de 1989. Le dépôt de garantie est versé sur le compte spécial ouvert au nom de l'acquéreur dans une banque.

La loi a prévu limitativement les cas de remboursement du dépôt de garantie :

- si le vendeur ne respecte pas la date de signature du contrat définitif ;
- si le prix de vente est supérieur au moins de 5 % au prix prévisionnel révisé ;
- si le montant des prêts, que le vendeur s'est engagé à faire obtenir à l'acquéreur, est inférieur de 10 % à ce qui était prévu dans le contrat de réservation ;
- si le logement tel qu'il est décrit dans le contrat de vente ne correspond pas à la description du contrat de réservation, ces changements diminuant de 10 % la valeur du logement ;
- si l'un des équipements n'est pas fourni.

3 • Les modalités de paiement du prix

Le contrat doit préciser le prix total à payer et les modalités de paiement du prix.

Si le vendeur bénéficie de la garantie d'un organisme extérieur pour l'achèvement des travaux (garantie extrinsèque), les versements ne doivent pas dépasser :

- 35 % du prix total à l'achèvement des fondations ;
- 70 % à la mise hors d'eau ;
- 95 % à l'achèvement des travaux ;
- le solde 5 % est versé le jour de la livraison sauf s'il y a des réserves.

Si le vendeur ne bénéficie pas de la garantie d'un organisme extérieur pour l'achèvement des travaux, les versements ne doivent pas dépasser, dans le cas de l'acquisition d'une maison individuelle :

- 20 % du prix total à l'achèvement des fondations ;
- 45 % à la mise hors d'eau ;
- 85 % à l'achèvement de la maison ;
- 15 % solde à régler à la livraison.

B L'acte authentique

La vente est concrétisée par la signature de l'acte authentique qui reprend les mêmes caractéristiques que le contrat de réservation.

L'acte authentique peut être signé à deux moments différents :

- avant le commencement des travaux, si le promoteur vendeur a une garantie d'achèvement de travaux extrinsèque ;
- après achèvement des fondations, si le vendeur a une garantie intrinsèque.

1 • Les garanties d'achèvement

Le vendeur est tenu de garantir l'achèvement des travaux.

Il existe deux garanties différentes (au choix) :

- garantie extrinsèque : c'est un établissement financier qui assurera l'achèvement des travaux en cas de difficulté du promoteur. Il s'agit d'une sorte d'assurance que le promoteur souscrit auprès d'une banque. Au 01/01/2015, il est mis fin à cette garantie pour pallier aux faillites des promoteurs et protéger les investisseurs en VEFA.
- garantie intrinsèque : aucun d'organisme financier ne garantit l'achèvement. C'est le promoteur qui se porte garant. L'opération est suffisamment avancée, sur le plan des travaux (mise hors d'eau) ou sur le plan financier (nombreuses ventes déjà effectuées) pour être un gage de garantie en elle-même.

2 • La garantie de remboursement

Si elle est prévue au contrat, elle prend la forme d'un cautionnement solidaire par lequel un organisme financier, une société d'assurance s'engage à rembourser les versements effectués par l'acquéreur en cas de résolution amiable ou judiciaire de la vente pour cause de défaut d'achèvement.

3 • Les garanties après livraison

- Garantie des vices apparents (parfait achèvement)

Ce sont des défauts visibles qui surviennent après la remise des clés. La garantie court pendant un an. Le promoteur doit remettre en état, à ses frais, les défauts de construction apparents.

- Garantie des vices cachés (garantie décennale)

Ce sont des défauts de construction qui ne se voient pas lors de la remise des clés, mais qui apparaissent après.

Le promoteur assume les vices cachés pendant 10 ans à compter de la remise des clés.

- Garantie sur l'isolation phonique

L'isolation phonique doit répondre aux normes en vigueur. Le vendeur doit faire des travaux si celle-ci n'est pas conforme. La garantie est ouverte pendant un an.

- Garantie biennale

Elle garantit le bon fonctionnement de tous les équipements (fenêtres, portes...) pendant deux ans après la réception des travaux (et non de la livraison du logement)

- L'assurance « dommages-ouvrage »

Elle est souscrite par le promoteur mais payée par l'acquéreur. Elle garantit les dommages qui relèvent de la garantie décennale avant que la responsabilité du promoteur ne soit établie.

L'acquéreur demandera une attestation de toutes ces assurances au promoteur.

APPLICATION

ÉNONCÉ

La SCI « villa les Fresnes » a vendu à Mr et Mme Martin un lot en VEFA. Le lot n° 6 correspond à un appartement de type 4 comprenant : une entrée, une cuisine, un séjour avec parquet, 3 chambres, une salle de bains, un WC et une salle d'eau avec douche et WC. Les documents contractuels indiquaient que des équipements de marque seraient fournis. La BNP a délivré une garantie d'achèvement des travaux.

À la livraison, les époux Martin constatent que la salle d'eau ne comporte pas de douche, il manque un placard, dans le salon le parquet est remplacé par de la moquette.

Dans un développement structuré, expliquez :

1 Les garanties spécifiques attachées à la VEFA.

2 De quels moyens légaux, les époux Martin disposent-ils pour obtenir réparation des désordres constatés ?

SOLUTION

1 Les garanties spécifiques :

- garanties d'achèvement des travaux extrinsèque (fournie par un financier) qui assure à l'acheteur que, quoi qu'il arrive, le logement lui sera livré ou la garantie de remboursement des sommes versées qui dédommage l'acheteur si le promoteur est défaillant ;
- les garanties de surface et de consistance de chaque pièce et dégagement (en cas de différence avec celles figurant dans le contrat de réservation), l'acquéreur peut renoncer à l'achat si cet écart diminue de plus de 10 % la valeur du logement ;
- l'assurance dommages-ouvrage et garanties légales de parfait achèvement, de bon fonctionnement et décennale à compter du PV de réception ; garantie de bonne isolation phonique pendant un an après l'entrée dans les lieux.

2 Obligation de délivrance du vendeur (ici la SCI) : obligation d'édifier un immeuble dans un certain délai et conformément aux prévisions du contrat. Le vendeur est responsable du défaut de conformité de la chose livrée par rapport à la chose promise (sauf cas de force majeure).

14 La fiscalité immobilière

La fiscalité fonctionne a plein à tous les niveaux a l'occasion de :

- l'achat d'un terrain, d'une maison, d'un appartement (neuf ou ancien) ;
- la location d'un bien (taxes) ;
- la revente d'un bien (plus-values) ;
- la possession d'un bien (taxes, impôts, ISF, taxes sur les locaux vacants) ;
- la mutation par héritage ou mutation ;

Cependant il est possible de bénéficier d'avantages fiscaux : baisse de la TVA dans certains cas, déductions sur les revenus, amortissement. La fiscalité est complexe et varie chaque année.

1 Fiscalité de la résidence principale ou secondaire

Les impôts sont au nombre de cinq :

- la taxe d'habitation ;
- la taxe foncière sur les propriétés bâties ;
- la taxe d'enlèvement des ordures ménagères (TEOM) ;
- la taxe de balayage ;
- la taxe régionale ou taxe spéciale d'équipement.

Les propriétaires de terrains doivent payer une taxe foncière sur les propriétés non bâties.

A La taxe d'habitation

Elle est due par tout occupant d'un logement (propriétaire, locataire, usufruitier, occupant d'un logement de fonction) au 1er janvier de l'année d'imposition. Si l'appartement change d'occupant en cours d'année, le suivant n'en subit pas la charge. Les bénéficiaires du RSA sont exonérés.

REMARQUE

Si le bailleur ne veut pas être recherché pour le paiement de cette taxe en place d'un locataire, il doit signaler aux services fiscaux, sa nouvelle adresse par courrier avec récépissé de la déclaration. En cas de déménagement « à la cloche de bois », le bailleur ou son mandataire doivent prévenir les services fiscaux dans les trois mois.

B La taxe foncière

Elle est due par tous les propriétaires au 1er janvier pour l'année entière. En cas de mutation d'un lot en cours d'année, l'avant-contrat de vente prévoit souvent le partage de cette taxe avec le nouvel acquéreur au *prorata temporis*.

Des exonérations existent :

- dépendant de la situation du propriétaire (s'il reçoit l'allocation du fonds de solidarité (FSL) ou une allocation aux adultes handicapés ; si âgé de plus de 75 ans, ses revenus sont inférieurs à un certain plafond) ;
- dépendant du logement :
  - exonération de 2 ans pour un immeuble neuf à compter du 1er janvier suivant la fin des travaux ;
  - exonération de 10 ans pour un logement acheté à l'aide du prêt pour l'accession à la propriété (PAP) dont le montant représente la moitié du coût du logement ;
  - exonération de 15 ou 25 ans dans le cadre de constructions HLM. D'autre part certaines communes, régions, certains départements peuvent exonérer totalement ou partiellement des bâtiments ;
  - si le logement est vide (non loué depuis plus de trois mois) le bailleur peut demander un dégrèvement.

C La taxe d'enlèvement des ordures ménagères (TEOM)

C'est une redevance pour service rendu et ne fait l'objet d'aucune réduction ou exonération. Chaque commune organise le financement de ce ramassage, soit par les ressources du budget communal, soit par redevance ou par taxe fiscale. Elle fait partie des charges récupérables par le bailleur sur son locataire.

D La taxe de balayage

Elle est due par tous les riverains d'une voie publique au prorata de sa longueur de façade lorsque la commune pratique cette taxe.

E La taxe régionale et la taxe spéciale d'équipement

Elles financent les équipements ou les investissements de certaines régions. Elles bénéficient des mêmes exonérations que la taxe d'habitation et ne sont pas récupérables sur le locataire.

2 L'impôt sur la fortune (ISF)

Il s'agit de la fiscalité touchant les résidences principales ou secondaires et tout bien immobilier dont ceux mis en location. Ce patrimoine est évalué par le déclarant. L'estimation est à faire chaque année selon la valeur vénale au 1er janvier. Le déclarant va chercher à minimiser la valeur de ses biens. Les services fiscaux tiennent à jour les fichiers des ventes et mutations effectuées dans chaque ville, par quartier, par rue. Il n'est pas aisé de sous-estimer un bien ; l'administration, si elle admet une différence de 10 %, peut notifier un redressement. Si le bien est occupé par ses propriétaires, une décote de 30 % est admise sur la valeur vénale nue.

Fraction de la valeur taxable du patrimoine
Tarifs applicables en pourcentage et en euros au 1er janvier 2015

Fraction de la valeur taxable	Pourcentage
Jusqu'à 800 000 €	0 %
De 800 000 € à 1 300 000 €	0,50 %
De 1 300 000 € à ≤ 2 570 000 €	0,70 %
De 2 570 000 € à ≤ 5 000 000 €	1 %
De 5 000 000 € à ≤ 10 000 000 €	1,25 %
Supérieure à 10 000 000 €	1,50 %

EXEMPLE

Pour un patrimoine de 2 000 000 €, le déclarant sera redevable de 7 400 € se décomposant ainsi :

Jusqu'à 800 000 €	0 %
De 800 000 € à 1 300 000 €	0,50 % soit 2 500 €
De 1 300 000 € à 2 000 000 €	0,70 % soit 4 900 €

3 Fiscalité du logement mis en location

Les revenus issus de la location immobilière peuvent subir une imposition différente selon le cas où le choix du bailleur propriétaire.

A Régime du micro-foncier – location vide

Si le montant des loyers bruts ne dépasse pas 15 000 €, ce régime fait bénéficier le bailleur d'une réduction de 30 %. Il est donc imposé sur 70 % de ses revenus fonciers. Ce régime est étendu aux SCI & SCIP (loi de finances 2004 – déclaration modèle CERFA 2042) Le bailleur peut changer de régime chaque année.

B Régime du réel – location vide

Si le montant des loyers bruts dépasse 15 000 €, le bailleur passe obligatoirement sous ce régime. Il pourra déduire les charges supportées pour leur montant réel et justifié : dépenses d'entretien et de réparation, améliorations, provisions pour charges de copropriété, frais de gestion, primes d'assurances et de garantie de paiement des loyers, taxe foncière, taxe annexe, intérêts d'emprunt et frais annexes.

La déduction maximale est de 10 700 €. En cas de dépassement, le déficit sera reporté sur l'année suivante. Déclaration modèle CERFA 2044. Le bailleur ne peut changer de régime avant trois ans.

C Régime des BIC – location meublée

Le loueur de meublé est classé en deux catégories :

- loueur de meublé non professionnel (LMNP) ;
- loueur de meublé professionnel (LMP) – Loi de finances 2012.

1 • Le LMNP

Le LMNP doit tirer des loyers perçus moins de 32 600 € ou supérieur à 32 600 € mais inférieur à 50 % des autres recettes du foyer fiscal, (76 300 € pour les gîtes ruraux et locations saisonnières).

Le micro-BIC s'applique alors de plein droit. Un abattement forfaitaire est appliqué sur les loyers de 50 % (71 % pour les gîtes ruraux et locations saisonnières). Une nouvelle déduction de 5 % du prix de revient des logements est offerte aux LMNP qui investissent dans des résidences pour personnes âgées, étudiants, handicapés, résidences de tourisme avec classement. Cette réduction d'impôt est plafonnée à 25 000 €.

Le réel-BIC. Il n'y a ici aucun abattement sur les loyers perçus. Les frais réels sont déduits. En cas de déficit le report est possible pendant 10 ans (cas de l'amortissement du bien).

2 • Le LMP

Il possède plus de trois biens meublés ou dépasse les recettes locatives fixées au LMNP ou les revenus de ses loyers dépassent les 50 % de ses recettes du foyer fiscal.

Le loueur de meublé professionnel est :

- inscrit au registre du commerce et des sociétés ;
- il est imposé au réel-BIC ;
- il déduit les charges (travaux, intérêts d'emprunt…) des loyers perçus ;
- Il peut amortir le logement su 33 ans et les meubles sur 5 ou 10 ans et reporter ses déficits sur son revenu global sans limitation.

4 La plus-value et la fiscalité lors de la vente

A La plus-value

La plus-value est le bénéfice réalisé par le vendeur à l'occasion de la vente d'un bien immobilier (terrains à bâtir compris).

Depuis le 1er janvier 2013, la fiscalité est passée à 34,5 % (19 % taux du prélèvement fiscal + 15,5 % taux des prélèvements sociaux).

L'habitation principale est exonérée en cas de revente. La résidence secondaire peut être exonérée si le produit de la vente sert à financer l'achat de la résidence principale dans les 2 ans (art. 150 du CGI).

La plus-value est exonérée d'impôt sur le revenu au bout de 22 ans. L'abattement pour durée de détention est de 0 % pendant les 5 premières années, puis de 6 % de la 6e à la 22e année. Pour les prélèvements sociaux, l'abattement pour durée de détention est de 0 % pendant les 5 premières années, puis de 1,65 % de la 6e à la 21e année, puis de 1,60 % pour la 22e année et de 9 % de la 23e à la 30e année.

Tableaux des abattements cumulés

Durée en années	Impôt sur le revenu (en %)	Prélèvements sociaux (en %)	Durée en années	Impôt sur le revenu (en %)	Prélèvements sociaux (en %)
0 à 5 ans	0	0	18 à 19	78	21,45
6 à 7	6	1,65	19 à 20	84	23,10
7 à 8	12	3,30	20 à 21	90	24,75
8 à 9	18	4,95	21 à 22	96	26,40
9 à 10	24	6,60	22 à 23	100	28
10 à 11	30	8,25	23 à 24		37
11 à 12	36	9,90	24 à 25		46
12 à 13	42	11,55	25 à 26		55
13 à 14	48	13,20	26 à 27		64
14 à 15	54	14,85	27 à 28		73
15 à 16	60	16,50	28 à 29		82
16 à 17	66	18,15	29 à 30		91
17 à 18	72	19,80	Au-delà de 30		100

B Détermination du bénéfice

Le prix d'acquisition est à majorer de certaines dépenses :

- frais d'acquisition à justifier sur facture ou évalués forfaitairement à 7,5 % ;
- travaux sur le bien : construction, reconstruction, agrandissement, rénovation, frais de voierie (réseaux et distribution pour un terrain à bâtir) réalisés par des professionnels et à justifier sur factures, Ces travaux ne doivent pas avoir fait l'objet de déductions fiscales antérieures, Un forfait de 15 % peut être déduit du prix d'achat (au choix du vendeur de prendre la solution la plus avantageuse),
- Le prix de vente est à minorer de certains frais :
- les commissions d'agence si elles sont à la charge du vendeur ;
- les coûts des diagnostics ;
- les frais de mainlevée d'hypothèque,

Du prix de vente minoré, on déduit le prix d'acquisition majoré et il ressort le bénéfice réel.

EXEMPLE

Un logement acheté en 2000, au prix de 160 000 € va être revendu 340 000 €.
Quel est le montant de la plus-value retenue à la vente en 2014 ? (pas de factures)

Le prix d'acquisition est majoré des forfaits :
160 000 € × 7,5 % = 12 000 €
160 000 € × 15 % = 24 000 €
Soit : 160 000 + 12 000 + 24,000 = 196 000 €
Supposons le montant des frais de vente à 40 000 € (340 000 – 40 000 = 300 000 €)
La plus-value retenue est de : 300,000 – 196,000 = 104 000 €
Si la cession est réalisée en 2014, soit 14 ans de durée de détention, l'IR sera de 48 % d'abattement et les prélèvements sociaux de 13,20 % (voir tableau)

Soit 104 000 × 48 % = 54 080 € × 19 % =	10 275 €
104 000 × 13,20 % = 13 728 € × 15,5 % =	13 992 €
Total prélevé par le notaire	24 267 €

Ce prélèvement vient s'ajouter aux droits d'enregistrement sur les ventes (voir fiche 5-Le notaire) et à la surtaxe de 2 % (54 080 × 2 % = 1 082 €).

15 La défiscalisation Loi Pinel

Différentes niches fiscales existent pour permettre au contribuable chargé en impôt, d'échapper en tout ou partie à l'impôt sur les revenus.

L'objectif du gouvernement est de relancer la construction, de favoriser la réhabilitation de logements anciens, de développer les résidences de tourisme ou pour étudiants et personnes âgées, de sauvegarder le patrimoine architectural, d'effectuer des travaux d'économie d'énergie.

1 La loi Pinel

Elle remplace la loi Duflot. Cette nouvelle incitation fiscale est mise en place par Sylvia Pinel, ministre du logement, en vue de relancer la construction de logements neufs. Les avantages fiscaux qui en découlent intéressent des investisseurs dont les règles sont les suivantes :

- acquérir un logement neuf ou en VEFA avant le 31 décembre 2016 dont la destination est la mise en location.
- le taux de réduction de l'impôt est fonction de la durée de location (formulaire CERFA 2042).

Durée de location	Taux de réduction de l'impôt
Loi Pinel 6 ans	12 % (2 % par an)
9 ans	18 % (2 % par an)
12 ans	21 % (2 % par an × 9 ans, puis 1 % les 3 dernières années)

Ce dispositif génère jusqu'à 6 000 € de réduction d'impôt par an avec un total de 63 000 €.

A Les conditions d'accès

- La construction est destinée à la location.
- Le bien loué doit être construit dans une zone éligible au dispositif fiscal Pinel (zones A bis, A, B1, B2).
- La réduction d'impôt ne peut être cumulée avec les réductions d'autres régimes :
  - (loi Duflot, Scellier, Censi-Bouvard, Malraux, monuments historiques) ;
  - l'investisseur bailleur devra respecter les plafonds de loyers selon les zones.

B Les zones éligibles en loi Pinel

Zones	Communes concernées
Zone A bis	Paris et première couronne
Zone A	2e couronne parisienne et Lyon, Marseille, Nice, Lille
Zone B1	Les grandes agglomérations françaises de plus de 250 000 habitants et Toulouse
Zone B2	Les villes moyennes entre 50 000 et 250 000 habitants
Zone C	Le reste du territoire non éligibles, sauf dérogation

C Plafonds de loyers mensuel en €/m2 – loi Pinel

Zone A bis	Zone A	Zone B1	Zone B2
16,72	12,42	10	8,69

Les plafonds de loyers sont diminués ou majorés selon la surface habitable.

Un coefficient multiplicateur est appliqué selon la formule : $0{,}7 + \dfrac{19}{\text{surface habitable}}$

Le résultat est arrondi à la 2e décimale la plus proche et ne peut excéder 12.

EXEMPLE

Un deux pièces de 50 m² situé en Zone B1. Le plafond de loyer est de 10 € le m².
Le loyer sera ainsi pondéré :
$0{,}7 + 19/50 = 1{,}08$ soit $10 \times 1{,}08 = 10{,}80$ €/m²
Le loyer mensuel sera de $50 \times 10{,}80 = 540$ €

D Les locataires

Il est possible de louer aux ascendants et descendants.

E Les acquéreurs

Les SCI, SCPI, indivisaires peuvent bénéficier des avantages fiscaux dans la limite de leur cote part du prix de revient.

F Autres déductions liées à la loi Pinel

- La taxe foncière (en partie exonérée les deux premières années) est déductible des revenus fonciers.
- Les frais de gestion, par une société de gestion immobilière, sont déductibles dans la limite des loyers annuels.
- En cas de prêt bancaire, les intérêts d'emprunt sont déductibles dans la même limite.

G La loi Pinel en outremer

Comme la loi Duflot qui précédait la loi Pinel, elle s'applique en outremer (loi de finances pour 2015).

2 Le crédit d'impôt développement durable (CIDD)

Jusqu'au 31 décembre 2015, il est accordé aux propriétaires occupants (et non aux propriétaires bailleurs), aux locataires ou simples occupants d'une résidence principale. Les exclusions du régime CIDD concernent les équipements de production d'électricité (panneaux photovoltaïques ainsi que les équipements de récupération ou de traitement des eaux pluviales).

A Les taux

- 15 % si, sur la liste de l'article 200 *quarter* du CGI, le contribuable ne réalise qu'une dépense ;
- 25 % à condition de réaliser au moins deux types de travaux de la liste. Ces travaux doivent revêtir une certaine importance :
  - l'isolation d'une fenêtre n'est pas suffisante, il faut que ce soit au moins 50 % des fenêtres du logement ;
  - l'isolation des murs… 50 % de la surface totale ;
  - la toiture sera isolée en totalité.

B Le plafond des dépenses

Le calcul est effectué sur la base de dépenses (coût des matériaux et main-d'œuvre) plafonnées à : 8 000 € TTC pour une personne seule, 16 000 € TTC pour un couple + 400 € par personne à charge. Les dépenses peuvent être étalées sur 2 ans mais le CIDD ne sera obtenu qu'à la fin des travaux.

3 L'éco – PTZ

Ce prêt à taux zéro est d'un maximum de 30 000 € remboursable en général sur 10 ans. Il est prorogé jusqu'au 31 décembre 2015. Le logement doit être la résidence principale du propriétaire ou loué a des locataires. Il n'y a pas de conditions de ressources. Les travaux (un bouquet de deux travaux d'économie d'énergie) doivent être réalisés par des professionnels habilités reconnus garants de l'environnement (RGE).

16 Investir

1 Le régime Duflot

Le dispositif Duflot remplace le régime Scellier depuis le 1er janvier 2013 jusqu'au 31 décembre 2016. Il concerne les logements neufs ou en VEFA ou lourdement réhabilités. L'investisseur qui fait construire doit achever les travaux dans les 30 mois de l'obtention du PC. Au sein d'un même immeuble comportant au moins 5 logements, la part éligible en Duflot est limitée à 80 %.

A Législation

- Art. 80 loi de finances pour 2013 n° 2012-1509 du 29/12/2012.
- Décret n° 2012-1532 du 29/12/2012.
- Arrêté du 29/12/2012.

B La réduction d'impôt

La réduction d'impôt sur le revenu est fixée à 18 % du prix d'acquisition, majoré éventuellement du coût des travaux en cas de réhabilitation ou de transformation de locaux.

En outremer elle est portée à 29 %.

Un plafonnement dans une double limite établie ainsi :

- 5 500 €/m² habitable ;
- un budget global de 300 000 € ; l'investisseur dans ce cadre peut acquérir plus d'un logement par an ;
- l'investisseur peut recommencer une autre opération l'année suivante.

L'avantage fiscal est réparti sur 9 ans.

> EXEMPLE
>
> Un investisseur achète un logement de 2 pièces : 40 m² habitables, pour 300 000 €.
> Il ne pourra pas faire valoir ce montant car 300 000 €/40 m² = 7 500 € le m². Il ne peut dépasser 5 500 € par m².
> La réduction sera appliquée sur :
> 5 500 € × 40 m² = 220 000 €, donc : 220 000 × 18 % = 39 600 €/9 années = 4 400 €.

C Règles à respecter

1 • Engagement de location

- Le logement loué nu est destiné à l'habitation principale du locataire.
- La location doit être tenue pendant 9 ans (avec un même ou des locataires successifs).
- La location doit intervenir dans les 12 mois suivants l'achèvement des travaux ou l'acquisition du logement.

2 • *Performance énergétique (sauf Mayotte) :*

- Pour les constructions nouvelles :
  - respect de la RT 2012.
- Pour les constructions existantes réhabilitées :

Il s'agit de l'obtention d'un label :

- HPE : (haute performance énergétique) ;
- HPE : rénovation ;
- BBC : (bâtiment basse consommation) ;
- BBC : rénovation 2009.

Ou du respect d'au moins 2 exigences sur 4, précisées par arrêté ministériel.

D Le locataire

- L'investisseur ne peut prendre comme locataire, un membre de son foyer fiscal (ascendant ou descendant) ou d'une SCI.
- Le logement doit être situé dans une zone éligible au régime Duflot.
- Les loyers sont plafonnés en fonction de la situation du logement, zone, surface. Il y a lieu de respecter un plafond de ressources en fonction de la composition du ménage (voir Partie 3 – Fiche 34 *Fixer le loyer en 2015*).

2 Le régime Malraux

A Immeubles concernés

Les immeubles bâtis doivent être situés dans une zone protégée, secteur sauvegardé, quartier ancien dégradé figurant sur une liste fixée par décret, ancienne zone de protection du patrimoine architectural urbain paysagé (ZPPAUP) ; aires de mise en valeur de l'architecture et du patrimoine (AMVAP).

B Contribuables

Le contribuable doit résider en France et procéder à la restauration d'un immeuble situé en zone protégée. Le contribuable peut être une SCPI si 65 % de la souscription, au moins, sert à la réalisation de dépenses éligibles au dispositif et si au moins 30 % sert à l'acquisition de l'immeuble.

Le régime « Malraux nouveau » concerne les programmes dont le PC ou la déclaration de travaux est postérieur au 1er janvier 2009.

C Les travaux

Ils portent sur la restauration totale du bien (intérieur et extérieur). Une restauration partielle est exclue sauf si certaines parties de l'immeuble ne sont pas concernées et ne demandent pas d'intervention.

D La fiscalité

La réduction d'impôt sur le revenu est de :

- 22 % des dépenses de restauration effectuées en zone ZPPAUP ou AMVAP ;
- 30 % si le bien est en secteur sauvegardé ou en quartier ancien dégradé.

La réduction est calculée sur le montant des dépenses annuelles affectées à la restauration durant 4 ans maximum dans la limite de 100 000 €/an. Selon la situation du bien, l'allégement de la facture fiscale peut se monter à 88 000 € ou 120 000 €. Cette réduction est calculée sur les dépenses à compter de la date de délivrance du PC ou de la fin du délai d'opposition de la déclaration de travaux. Le délai peut être prolongé en cas de force majeure ou découverte archéologique.

Dans le calcul de la réduction d'impôt, on tient compte des dépenses d'entretien et de réparations, primes d'assurances, les dépenses d'amélioration des locaux d'habitation, les impositions, les frais de gestion du bien.

REMARQUE

En copropriété : la fraction des provisions pour travaux effectivement utilisée par le syndic, les frais d'adhésion a une association foncière urbaine (AFU), les travaux imposés par l'administration sont répartis au prorata des millièmes.

84

EXEMPLE

Un investisseur particulier achète un bien en secteur sauvegardé (un appartement) 150 000 €.
Le montant des travaux est de 240 000 €. (soit 60 000 €/an secteur sauvegardé).
La première année la réduction d'impôt est de : 60 000 € × 30 % = 18 000 €. Il aura la même réduction pour les années N+1, N+2, N+3. Ce particulier bénéficie d'une économie fiscale de 72 000 € (18 000 × 4 ans) pour un investissement de 150 000 € + 168 000 € reliquat de travaux.

E La location

Le particulier doit louer son bien nu pendant 9 ans. Il ne peut louer à un membre de son foyer fiscal (ascendants ou descendants ; idem si le logement est la propriété d'une SCPI).

3 Le régime Censi-Bouvard

La loi de finances pour 2013 a prolongé le dispositif Censi-Bouvard (appelé aussi LMNP Scellier) jusqu'au 31 décembre 2016.

A Les conditions

Le contribuable est domicilié en France ; il doit acquérir avant le 31 décembre 2016 une chambre, un studio, un appartement dans une résidence avec services. L'achat concerne un logement neuf ou en VEFA, ou ancien de moins de 15 ans ayant fait l'objet d'une réhabilitation. La résidence peut être en service pour personnes âgées, handicapées, dépendantes (EHPAD) ou non, pour étudiants, résidence de tourisme classée, hôtelière ou d'affaires.

B La réduction d'impôt

La réduction d'impôt en Censi-Bouvard est prise en compte dans le plafonnement des niches fiscales fixé à 10 000 €/an. Cette réduction d'impôt sur le revenu est fixée à 11 % du prix de revient dans la limite de 300 000 €.

Le prix de revient correspond au prix d'acquisition auquel sont rajoutés les frais de notaire et éventuellement le coût des travaux de réhabilitation. La réduction d'impôt est étalée sur 9 ans (par 1/9e).

EXEMPLE

Sur un prix de revient plafond de 300 000 € on obtient : 300 000 € × 11% = 33 000 € = 3 666 € par an. Elle est accordée dans l'année d'achèvement des travaux ou de son acquisition, si elle est postérieure. Le plafond de 300 000 € peut être atteint avec une ou plusieurs acquisitions la même année. Si une année, la réduction d'impôt dépasse le montant de l'impôt sur le revenu, le solde de réduction peut être reporté sur l'impôt pendant les 6 années suivantes à condition que le logement soit encore en location l'année de l'utilisation du report de la réserve.

C Récupération de la TVA

Le dispositif permet en plus du bonus fiscal de récupérer la TVA ; l'investisseur achète le bien hors taxe et économise 20 % du prix à condition de respecter trois conditions :

- certains services doivent être assurés, au moins trois sur quatre : petit-déjeuner, nettoyage régulier des locaux, fourniture du linge de maison, accueil de la clientèle.
- les loyers perçus sont soumis à la TVA ;
- l'investisseur doit avoir le statut de LMNP et les loyers perçus sont imposables dans la catégorie des BIC (bénéfices industriels et commerciaux).

REMARQUE

Dans la pratique, la TVA est récupérée dans les 6 mois qui suivent la mise en exploitation de la résidence. Souvent le promoteur fait l'avance de ce remboursement.

EXEMPLE

Un particulier investit dans une résidence de tourisme. L'appartement est d'un montant de 250 000 € HT (la TVA est de 20 %) La réduction d'impôt est de : 250 000 € × 11% = 27 500 € sur 9 ans soit 3 055 €/an. Le montant de la TVA est de : 250 000 € × 20 % = 50 000 €. Le total des avantages fiscaux est de 77 500 €.

D Règles à respecter

1 • L'engagement de location

Loué meublé par un bail commercial d'une durée au moins de 9 ans à l'exploitant de la résidence (qui va lui-même sous-louer le bien) ; la location commence dans le mois suivant la fin des travaux ou de l'acquisition.

- l'investisseur doit avoir le statut de LMNP (il n'est pas inscrit au registre du commerce au titre de cette activité) ;

- ses recettes locatives ne dépassent pas 23 000 €/an et ne doivent pas dépasser 50 % de ses revenus globaux ;
- les loyers perçus entrent dans le régime des BIC (bénéfices industriels et commerciaux) et non dans celui des revenus fonciers.

Le contribuable fait sa déclaration annuelle des revenus perçus en Censi-Bouvard en régime micro-BIC ou en régime réel selon le montant des recettes. Le régime micro-BIC s'applique automatiquement si les recettes sont inférieures à 32 600 € avec le bénéfice de 50 % sur les loyers (abattement de charges). Au-delà de 32 600 € c'est le régime du réel simplifié qui s'applique. Le régime du réel normal s'applique pour des recettes supérieures à 234 000 €

E Plafonnement des niches fiscales

Le contribuable doit choisir entre :

- la niche fiscale dont le plafond est de 10 000 € ;
- l'amortissement en LMNP ; (art. 77, loi de finances pour 2013 n° 2012-1509 du 29/12/2012).

17 La revente à moins de 5 ans et les plus-values

Les appartements ou les maisons individuelles construits ou achevés depuis moins de 5 ans répondaient, en cas de revente dans ce délai, au régime particulier concernant les frais de mutation. On considérait donc :

- un bien de moins de 5 ans (régime de la TVA) ;
- un bien de plus de 5 ans (régime des droits de mutation).

Pour des raisons commmunautaires, ces règles sont abrogées depuis le 31 décembre 2012.

1 Les règles en 2015

Dès le 1er janvier 2013, l'article 64 de la loi de finances rectificative change la règle applicable aux personnes qui vendent un immeuble neuf (logement) acquis auparavant en VEFA.

Ces ventes étaient, en 2012, soumises au régime de la TVA (19,6 %), car il était considéré qu'un immeuble était comme neuf pendant les cinq premières années après sa construction en cas de revente. En 2015, un logement acheté en VEFA, revendu dans les 5 ans est soumis à la TVA.

2 La revente

Si le vendeur revend son bien avant les 5 ans (après la date d'achèvement), il n'est plus soumis à la TVA mais aux droits d'enregistrement normaux, ceci est valable pour les maisons et les logements rénovés.

3 La plus-value et la fiscalité lors de la vente

A La plus-value

La plus-value est le bénéfice réalisé par le vendeur à l'occasion de la vente d'un bien immobilier (terrains à bâtir compris).

Depuis le 1er janvier 2013, la fiscalité est passée à 34,5 % (19 % taux du prélèvement fiscal + 15,5 % des prélèvements sociaux).

L'habitation principale est exonérée en cas de revente. La résidence secondaire peut être exonérée si le produit de la vente sert à financer l'achat de la résidence principale dans les 2 ans (art. 150 du CGI).

La plus-value est exonérée d'impôt sur le revenu au bout de 22 ans. L'abattement pour durée de détention est de 0 % pendant les cinq premières années, puis de 6 % de 6e à la 22e année.

Pour les prélèvements sociaux, l'abattement pour durée de détention est de 0 % pendant les cinq premières années, puis de 1,65 % de la 6e à la 21e année, puis de 1,60 % pour la 22e année et de 9 % de la 23e à la 30e année.

Tableau des abattements cumulés

Durée en années	Impôt sur le revenu (en %)	Prélèvements sociaux (en %)
0 à 5	0	0
6 à 7	6	1,65
7 à 8	12	3,30
8 à 9	18	4,95
9 à 10	24	6,60
10 à 11	30	8,25
11 à 12	36	9,90
12 à 13	42	11,55
13 à 14	48	13,20
14 à 15	54	14,85
15 à 16	60	16,50
16 à 17	66	18,15
17 à 18	72	19,80

Durée en années	Impôt sur le revenu (en %)	Prélèvements sociaux (en %)
18 à 19	78	21,45
19 à 20	84	23,10
20 à 21	90	24,75
21 à 22	96	26,40
22 à 23	100	28,
23 à 24		37
24 à 25		46
25 à 26		55
26 à 27		64
27 à 28		73
28 à 29		82
29 à 30		91
Au-delà de 30		100

B Détermination du bénéfice

1 • *Le prix d'acquisition est à majorer de certaines dépenses*

- Frais d'acquisition à justifier sur facture ou évalués forfaitairement à 7,5 %.
- Travaux sur le bien : construction, reconstruction, agrandissement, rénovation, frais de voirie (réseaux et distribution pour un terrain à bâtir) réalisés par des professionnels et à justifier sur factures. Ces travaux ne doivent pas avoir fait l'objet de déductions fiscales antérieures. Un forfait de 15 % peut être déduit du prix d'achat (au choix du vendeur de prendre la solution la plus avantageuse).

2 • *Le prix de vente est à minorer de certains frais*

- Les commissions d'agence, si elles sont à la charge du vendeur.
- Les coûts des diagnostics.
- Les frais mainlevées d'hypothèque.

REMARQUE

Du prix de vente minoré, on déduit le prix d'acquisition majoré et il ressort le bénéfice réel.

APPLICATION

ÉNONCÉ

Un logement acheté en 2000, au prix de 160 000 € va être revendu 340 000 €.
Quel est le montant de la plus-value retenue à la vente en 2014 ? (Pas de factures)

SOLUTION

Le prix d'acquisition est majoré des forfaits :
160 000 € × 7,5 % = 12 000 €
160 000 € × 15 % = 24 000 €
Soit : 160 000 € + 12 000 € + 24 000 € = 196 000 €
Supposons le montant des frais de vente à 40 000 € (340 000 – 40 000 = 300 000 €).
La plus-value retenue est de 300 000 – 196 000 = 104 000 €.
Si la cession est réalisée en 2014, soit 14 ans de durée de détention, l'IR sera de 48 % d'abattement et les prélèvements sociaux de 13,20 % (voir tableau ci-dessus).

Soit 104 000 × 48 % = 54 080 € × 19 %	= 10 275 €
104 000 × 13,20 % = 13 728 € × 15,5 %	= 13 992 €
Total prélevé par e notaire :	= 24 267 €

Ce prélèvement vient s'ajouter aux droits d'enregistrement sur les ventes (voir Fiche 5 *Le notaire*) et à la surtaxe de 2 % (54 080 × 2 % = 1 082 €).

4 La surtaxe

La loi de finances rectificative pour 2012 vient d'instaurer une surtaxe pour les plus-values imposables de plus de 50 000 € variant de 2 % à 6 %.

Plus-value comprise entre 50 000 € et 100 000 €	2 %
Plus-value comprise entre 100 000 € et 150 000 €	3 %
Plus-value comprise entre 150 000 € et 200 000 €	4 %
Plus-value comprise entre 200 000 € et 250 000 €	5 %
Plus-value au-delà de 250 000 €	6 %

Cette surtaxe ne s'applique pas sur résidences principales.

Cette somme sera retenue par le notaire sur le prix de vente et fera l'objet d'un chèque qu'il déposera à conservation des hypothèques en même temps que l'acte de vente.

À NOTER

- La durée de détention se calcule par périodes de 12 mois depuis la date d'acquisition jusqu'à la date de cession.
- Il n'est pas tenu compte de l'inflation : un bien acquis en francs est converti en euros (1 € = 6,55957 francs).
- Si des travaux sont effectués et, en leur temps, déduits des revenus fonciers, le vendeur ne peut les déduire une seconde fois pour leurs montants réels, mais il profite malgré tout du forfait de 15 %.
- Sont exonérés les biens d'une valeur inférieure à 15 000 € par quote-part, soit 30 000 € par couple.

APPLICATIONS

1 ÉNONCÉ

M. et Mme Lefebvre font l'acquisition à Lyon d'un appartement pour une somme de 1 640 000 F en mars 1998.

Lorsqu'il est revendu en décembre 2012 au prix de 650 000 €, les vendeurs vous demandent comment ils doivent convertir en euros le prix d'achat ?

SOLUTION

Il n'est plus tenu compte de l'inflation. La conversion d'un bien acheté en francs s'effectue quelle que soit la date d'acquisition du bien, suivant la règle : 1 euro = 6,55957 francs.

Le prix d'achat de l'appartement est donc valorisé à : $\frac{1\,640\,000}{6{,}55957}$ = 250 000 € (résultat arrondi).

2 ÉNONCÉ

M. Jean Aymard a acheté un appartement le 15/01/2001 au prix de 200 000 €.

Il a réglé des frais au notaire lors de l'acquisition, mais n'a pas de justificatifs. Il a effectué des travaux pour un montant de 10 000 € et possède des factures.

Il revend ce bien 450 000 € le 01/10/2015 net de frais (agence, diagnostics…).

Indiquez le montant qui sera retenu au titre des impôts et taxes sur la plus-value.

SOLUTION

Sachant que la durée de détention se calcule par périodes de 12 mois (de la date d'acquisition à la date de cession), nous comptons 14 périodes du 05/05/2000 au 15/01/2015. L'abattement à appliquer à la plus-value est donc de 54 % (6 % × 9 de la 6e à la 14e année).

Prix d'acquisition

200 000 = 15 000 (7,5 % de frais de notaire) + 30 000 (forfait travaux 30 %, plus intéressant que les factures) = 245 000 €.

Plus-value

450 000 – 245 000 = 205 000 €

Abattement pour la durée de détention

Soit 54 % : 205 000 × 54 % = – 110 700 € soit une plus-value nette imposable de 94 300 €.

Prélèvements sociaux

(14,85 % soit 30 443 €, donc une plus-value nette imposable de 174 557 €.

Taxation

94 300 taxable à 19 % = 17 917 €

174 557 taxable à 15,5 % = 27 056 €

Surtaxe sur le montant des plus-values IR (depuis le 01/01/2013) 94 300 × 2 % = 1 886 €

Total à payer : 17 917 + 27 056 + 1 886 = 46 859 €

3 ÉNONCÉ

Monsieur Gripsou est un investisseur exigeant une rentabilité de 6 % net.

Vous disposez dans votre agence d'un appartement de 80 m2 avec cave et garage, bien situé en centre-ville dont voici les données :

Les honoraires sont payés par le vendeur, les travaux de remise en état sont d'un montant de 10 000 €, les frais de notaire s'élèvent à 8 %. Les charges de copropriété sont de 1 100 €/an (dont 800 € récupérables sur le locataire). Taxe foncière : 800 €/an.

Dans cette immeuble le prix de location est de 13 €/m2. Le prix de vente est 210 000 €.Vos honoraires de gestion sont de 6 % sur les encaissements.

Pouvez-vous intéresser Monsieur Gripsou ?

SOLUTION

Prix de revient

210 000 + 10 000 (travaux) + 16800 (frais de notaire : 8 % de 210 000) + 800 (taxe foncière) + 1 100 (charges copropriété) = 238 700 €

Recettes

Loyer (13 × 80 × 12) 12 480 + 800 (charges récupérables) = 13 280 €

Rentabilité : $\frac{13\,280}{238\,700} = 5{,}65\%$

L'affaire est tendue et vous ne pouvez inclure votre gestion de 6 % TTC sur 13 280 € = 796,80 €

Votre proposition et arguments de vente :

- les frais de notaire n'existent que la 1re année.
- nous vous offrons les frais de gestion la 1re année.
- nous proposons de louer à part le garage (en centre-ville 60 €/mois).

Rentabilité 1re année

- Prix de revient : 238 700 €
- Recette : 13 280 + 720 (location garage) = 14 000
- Rentabilité : 14 000 €/238 700 = 5,865 %

Rentabilité 2e année

Prix de revient : 238 700 – 16 800 (frais de notaire) = 221 900 €

Recette : 14 000 (+ IRL éventuel) – 840 (6 % frais de gestion) = 13 160 €

Rentabilité : $\frac{13\,160}{221\,900}$ = 5,93 % soit très proche des 6 %.

Pour clore cette affaire, proposer à Monsieur Gripsou de faire une offre d'achat à 200 000 €.

18 Le fonds de commerce

Une esquisse de définition juridique de la notion du fonds de commerce apparaît avec la loi du 17 mars 1909.

L'article 9 précise les éléments composant le fonds de commerce, soit les éléments **corporels** et les éléments **incorporels**.

Fonds de commerce

Éléments incorporels

- Clientèle achalandage
- Enseigne
- Droit au bail
- Nom commercial
- Droit de propriété industrielle
- Marques de fabrique
- Brevets

Éléments corporels

- Marchandises
- Matériel et outillage
- Agencements
- Mobiliers

A Les éléments incorporels

Éléments	Contenu	Protection
Clientèle achalandage	▸ Emprise des personnes qui ont l'habitude de fréquenter le fonds. ▸ Clientèle de passage attirée par la situation du fonds	Action de concurrence déloyale (dommages et intérêts, cessation des agissements)
Enseigne	Signe extérieur qui individualise le fonds : ▸ nom de la personne ▸ appellation de fantaisie ▸ emblème	
Nom commercial	Nom sous lequel le commerce est exercé, individualise le fonds : ▸ nom patronymique ▸ dénomination sociale ▸ dénomination de fantaisie	▸ Action en concurrence déloyale ▸ Action en protection du nom

›››

›››

Éléments	Contenu	Protection
Droit au bail	Lorsque le commerçant n'est pas propriétaire des locaux mais juste locataire, droit au renouvellement du bail	Dommages et intérêts en cas de refus de renouvellement du bail
Droit de la propriété industrielle	Brevet, marque de fabrique.	▸ Action pénale en contrefaçon ▸ Action en concurrence déloyale

B Les éléments corporels

Il s'agit du matériel et de l'outillage, du mobilier, des agencements.

Les marchandises sont exclues du nantissement (hypothèque) du fonds de commerce.

Le fonds de commerce est un ensemble de biens de natures diverses qu'un commerçant, personne physique ou morale, affecte à une exploitation commerciale.

1 L'exploitation du fonds de commerce

Le fonds de commerce est un instrument économique fondamental et son exploitation peut revêtir plusieurs formes :

- **exploitation directe** : le propriétaire du fonds l'exploite en nom propre ;
- **la gérance salariée** : le propriétaire du fonds de commerce peut confier l'administration du fonds à un tiers, le gérant salarié. Celui-ci est rémunéré et travaille pour le compte et aux risques et périls du propriétaire du fonds, il n'a pas le statut de commerçant ;
- **la gérance mandataire** : exploitation indirecte et confiée à un gérant mandataire sous différentes possibilités ;
- **la location-gérance** : mode très répandu, il s'agit de la pratique de la gérance libre. Le locataire gérant exploite le fonds de commerce qu'il a pris en bail à ses risques et périls, moyennant le versement d'une redevance périodique (forfaitaire) fixe ou variable ;
- **en société** (EURL, SNC, SARL, SA...) : comme la plupart des biens, le fonds de commerce peut faire l'objet d'un apport en société. Le droit du fonds de commerce est particulièrement vaste et omniprésent dans le monde des affaires. Il nourrit de nombreux contentieux qui s'avèrent tout de suite complexes et mettent souvent en jeux des sommes importantes.

2 La propriété commerciale

Nous étudierons le bail commercial en détail, au fil des lois de 1901, 1909, 1911, 1926, 1935, 1953. Les commerçants ont obtenu différentes protections, dont le droit au renouvellement du bail arrivé à échéance. On dit couramment que le locataire a acquis la propriété commerciale. Ce terme explique le conflit dans le statut des baux commerciaux entre deux propriétaires :

- la propriété incorporelle du fonds de commerce ;
- la propriété immobilière du local où s'exploite le fonds.

A Protection du fonds de commerce contre le bailleur des locaux : le droit au renouvellement du bail

1 • Les conditions

Il faut un bail conforme à la législation, c'est-à-dire un local à usage commercial, industriel ou artisanal.

Dans les durées :

- indéterminée, c'est un bail verbal ;
- déterminée, c'est un bail écrit d'au moins 9 ans.

La détermination des lieux doit être précisée (destination du bail).

Le loyer révisable précise s'il s'agit de :

- révision légale ;
- révision contractuelle.

Le preneur français propriétaire du fonds doit être immatriculé au Registre des commerces et des sociétés (RCS).

L'activité doit être exercée durant les 3 années précédant l'expiration du bail.

2 • Effet du refus de renouvellement

- Le refus injustifié : pour cela on attribue des dommages et intérêts au locataire pour la valeur du fonds de commerce + frais de déménagement et souvent une indemnité d'éviction.
- Le refus justifié : aucune indemnité, le locataire peut être attaqué pour des griefs graves.
- Le propriétaire souhaite reprendre son commerce, il va devoir reloger son locataire et payer des indemnités.

B Protection du fonds de commerce contre la concurrence déloyale

1 • Condition d'exercice de l'action en concurrence déloyale

- La faute :
  - dénigrement du concurrent et de ses produits ;
  - désorganisation interne de l'entreprise du concurrent ;
  - atteinte au nom commercial ;
  - atteinte à l'enseigne.
- Les préjudices :
  - matériel : perte de clientèle ;
  - moral : atteinte à la réputation commerciale ;
- Lien de causalité entre la faute et le préjudice.

2 • Effet de l'action

On verse des dommages et intérêts qui compensent le préjudice, on demande la cessation des agissements fautifs, l'affichage de la décision judiciaire est rendu public.

3 Singularité du régime français

Il y a donc deux propriétaires :

- le propriétaire des murs : le bailleur a signé un bail avec un locataire et encaisse un loyer ;
- le locataire : en signant le bail et pour autant qu'il respecte les conditions et règle son loyer, il est devenu titulaire dans les murs de la propriété commerciale, c'est le propriétaire du fonds de commerce.

EXEMPLE

En Allemagne, il y a une liberté contractuelle qui n'assure aucune protection particulière et les commerçants achètent leurs murs. Dans d'autres pays, il y a des contrats de location avec une durée minimum garantie ou un droit au renouvellement pendant une période limitée ou un droit à une indemnité généralement forfaitaire. Aucun pays n'a poussé aussi loin la protection du locataire en place que la France. Il n'est donc pas étonnant qu'avec le vent de libéralisme qui souffle dans le monde, nous nous posions la question du devenir de la propriété commerciale du locataire face au droit international ou au droit communautaire. Les défenseurs soutiennent le contraire, car le régime français favorise les commerçants en place. Il n'est pas discriminatoire car tous les citoyens de l'Union européenne en bénéficient. S'ils alourdissent l'investissement de ceux qui veulent s'installer en France (pas-de-porte), c'est un handicap pour les entreprises installées en France, mais ce n'est pas un avantage faussant le commerce entre membres. L'article 222 du traité de Rome indique que les régimes de la propriété dans les États membres relèvent de la seule compétence des autorités nationales. La propriété commerciale restera un plan purement français. On note de plus en plus que les grandes enseignes internationales ne veulent pas payer un gros pas-de-porte et les centres commerciaux proposent un loyer indexé sur le chiffre d'affaires. Ce système compatible avec les centres commerciaux présente des inconvénients pour le bailleur en ville.

IMPORTANT

Un fonds de commerce est un bien mobilier et non immobilier. De ce fait, la vente peut s'effectuer sans le concours d'un notaire.

19 L'estimation du fonds de commerce

1 Estimation d'après le chiffre d'affaires

Elle se conçoit pour un certain type de commerce et le chiffre d'affaires peut être constitué de commissions.

> EXEMPLE
>
> Dans le cas d'un tabac, on sait que ce n'est pas le chiffre d'affaires (vente de tabac, timbres postes ou fiscaux, loto, jeux...) mais les commissions perçues qui font l'objet d'une ligne au bilan. Par ailleurs, il vend du divers (enveloppes, photos, bonbons...).
>
> Si nous avons un chiffre d'affaires avec une bonne marge, nous admettons au bilan des commissions de 70 000 € et des ventes diverses 35 000 € HT. Il est courant de retenir 3 fois les commissions et 50 % du chiffre d'affaires.
>
> Le fonds sera estimé 70 000 × 3 = 210 000 €
>
> 35 000 × 50 % = 17 500 €
>
> Valeur du fonds = 227 500 €

Les pharmacies qui sont des monopoles sur leur marché se négocient 4 fois le chiffre d'affaires ; il en est de même pour les régies immobilières. Il y a des pratiques pour les bars (recette par jour) ou les boulangeries (quintal farine). Sauf les exploitations citées, il ne convient pas de pratiquer ce genre d'estimation à partir du CA.

Combien d'entreprises font du chiffre d'affaires en vendant au rabais de 30 % à 70 %, voire à prix coûtant, les marchandises : elles sont en difficultés, n'arrivent plus à payer les charges. Les dirigeants ne prennent plus de salaire et le bilan est négatif.

Vendre de telles entreprises au chiffre d'affaires n'est pas réaliste, elles sont au bord du dépôt de bilan. L'entreprise doit réaliser des bénéfices et c'est sur la reconstitution de celui-ci que doit être faite l'estimation.

2 L'estimation d'après le bénéfice reconstitué

Sur le compte de résultat, nous repérons les lignes :

- bénéfices ou pertes ;
- charges financières ;
- dotations aux amortissements.

Nous totalisons ces trois éléments et trouvons un bénéfice qui, selon la technicité du commerce, sera multiplié par un coefficient de 1,5 à 4 : ce dernier donnera le prix de vente.

S'agit-il d'une entreprise en nom propre ? Si l'entreprise comprend du personnel, restera-t-il ? Mais il faut obligatoirement l'intégrer dans le bénéfice reconstitué. Si l'entreprise est une SARL, le salaire du dirigeant est-il fort ou faible ? S'il est fort, il entraîne une diminution du bénéfice.

Faut-il ne reprendre que le fonds de commerce ou les parts de la société ? On estime toujours le fonds de commerce seul. Si on veut valoriser la société, on pratique ainsi :

Prix du fonds + Actif – Passif

Si la société se poursuit, il y a changement de gérant qui, en prenant ses fonctions, trouvera une activité, un actif et une dette. On prend toujours trois bilans car il est obligatoire à la vente de noter le chiffre d'affaires et les bénéfices des trois dernières années. Dans le prix de vente, le fonds de commerce est vendu avec tous ses éléments sauf le stock qui peut être repris en totalité ou non. Il convient également de faire attention aux produits obsolètes. Il faut enfin examiner les locaux et leur conformité, l'outillage et son état, l'état général du commerce (travaux à envisager) et le bail (élément très important).

A Quelques précautions à prendre

Le mandat sera signé par le ou les propriétaires du fonds de commerce ; en société, le gérant ou le PDG est chargé d'exploiter la société et non de la vendre (délibération des associés).

Le bail est un élément capital à lire de près. Le bailleur ne peut s'interposer dans la vente du fonds de commerce, cependant, il peut être convoqué à la vente et aura un exemplaire de l'acte. Le bail commercial va se reconduire, mais le bailleur n'est pas tenu de renouveler le bail à un locataire de moins de 3 ans dans les lieux. Il faudra vérifier que nous ne sommes pas entre la 6e et la 9e année du bail, sinon il faudra soit attendre le renouvellement du bail pour vendre, soit obtenir du bailleur une promesse écrite et formelle qu'il renouvellera bien le bail à échéance. La vente d'un fonds de commerce se concrétise comme une vente immobilière (mandat, promesse et acte) mais, comme il s'agit d'une vente mobilière, elle peut se faire sans notaire. Une publicité sera insérée dans un journal d'annonces légales et, s'il y a des créances, elles seront notifiées uniquement par exploit d'huissier. Il faudra aussi vérifier que le bail correspond à l'activité du commerce et développer une activité annexe sans problème avec la destination du bail.

B Cas particulier

Le commerçant vendeur est propriétaire des murs, dans ce cas il faut envisager deux solutions :

- il vend les murs et le fonds de commerce, qui seront estimés séparément ;
- il garde les murs et propose un bail neuf : attention, s'il y a lieu de tenir compte d'un bail donc d'un loyer et des charges, il convient d'augmenter les dépenses du bilan et donc de réduire le bénéfice.

Il arrive très souvent en ville de trouver des affaires dont le bilan n'est pas bon, mais dont le prix de l'emplacement vaut beaucoup plus et est donc facile à vendre : on envisagera alors une cession de droit au bail.

3 Le droit d'entrée

On peut rencontrer des locaux libres de toute occupation : le locataire ayant donné congé ou déposé le bilan, le bailleur a récupéré son local. On peut trouver des locaux dans un bâtiment neuf, dans ce cas le bailleur cherche un locataire.

Si le local est bien situé, dans un secteur recherché, le bailleur va préciser dans son annonce « *pas-de-porte, droit d'entrée et loyer* ».

Il entend conférer la propriété commerciale en échange d'une somme compensatrice de ce droit. Le locataire payera son loyer et pourra conduire l'activité prévue au bail et vendre son fonds.

Le droit d'entrée se limite à une zone de commercialité certaine.

En s'éloignant de l'hyper-centre, ce droit d'entrée disparaît au profit d'une demande unique de loyer.

APPLICATION

ÉNONCÉ

Je loue un terrain nu à un vendeur de voitures d'occasion. Il se sert de ce terrain comme parc d'exposition des véhicules à vendre et une grande caravane lui fait office de bureau.

1 **Dois-je lui établir un bail commercial ?**

Je loue un terrain à un vendeur de caravanes et camping-cars d'occasion. Avec mon autorisation, il a goudronné une partie du terrain d'exposition et édifié un bureau et un petit atelier.

2 **Dois lui établir un bail commercial ?**

Etienne exploite un fonds de commerce de pâtisserie dans les locaux loués à Monsieur Durand, son bailleur. Son ami, Éric, le sollicite pour lui sous-louer une partie des locaux assez vastes, pour y exercer une activité de boulangerie.

3 **Le peut-il, le bail est à destination « Pâtisserie » ?**

SOLUTION

1 L'art. 1, 2e alinéa de la loi de 1953 prévoit que les terrains nus ne peuvent faire l'objet d'un bail commercial que si trois conditions sont réunies :

- que des constructions y aient été édifiées soit avant ou après la conclusion du bail ;
- que ces constructions aient un usage commercial, industriel ou artisanal ;
- qu'elles aient été dressées ou exploitées avec le consentement du bailleur.

La réponse est donc négative.

2 Ici la réponse est positive car il réunit les trois conditions ci-dessus. S'il avait goudronné sans construire, il ne pourrait se prévaloir du bail commercial

3 D'après le statut, le preneur ne peut sous-louer tout ou partie du local sauf si une clause du bail l'y autorise ou avec l'accord du bailleur :

- le preneur qui sous-loue irrégulièrement encourt la résiliation du bail ;
- si la sous-location est autorisée, le locataire principal doit impérativement faire participer le bailleur à la conclusion du sous-bail. (art. 21 du décret du 30 septembre 1953).

20 Le loyer et les charges en bail commercial

Le bail commercial dans le cadre du statut des baux commerciaux est soumis aux articles L 145-1 et suivants du Code du commerce. Le loyer et les charges peuvent faire l'objet d'âpres négociations entre le preneur (locataire) et le propriétaire des murs (bailleur). Selon l'emplacement, la destination du bail, le montant payé ou non en droit d'entrée, le loyer peut être variable. Le bailleur pourrait toutefois se retrouver devant un tribunal s'il dépassait le loyer de référence du secteur.

1 La surface pondérée

Dans un local commercial (un magasin), il y a des parties différentes dont il faut tenir compte :

- les vitrines (exposition, appel des produits, visibilité...) ;
- la surface commerciale qui peut se décomposer en :
  - partie visible du trottoir ;
  - partie centrale active ;
  - arrière ;
  - mezzanine ou étage (moins fréquenté) ;
  - bureau ;
  - réserve ;
  - annexes (WC, cour, cave...).

Chaque partie est utile, mais le m² commercial n'a pas la même valeur : nous allons donc considérer ces surfaces réelles et leur appliquer un coefficient multiplicateur afin de les pondérer.

Le total donnera la surface utile pondérée qui, affectée d'un prix au m² de référence du secteur, donnera le loyer qui doit être payé.

EXEMPLE

Surface derrière une vitrine sur 3 m² :
Magasin partie active = S × 1,2 (coefficient)
Arrière du magasin = S × 1
Mezzanine ou 1er étage = S × 0,9
Grenier = S × 0,2
Local arrière (réserve) = S × 0,6
Couloir = S × 0,2
Cave = S × 0,2

2 La valeur locative

Le décret de 1953 article 23-1 stipule que le montant du loyer des baux à renouveler ou à réviser doit correspondre à la valeur locative. Le législateur laisse entendre que la mission du juge chargé de fixer le loyer, à défaut d'accord des parties à l'amiable, est de rechercher les prix pratiqués sur le marché.

En régime d'économie libérale, la valeur locative résulte de l'offre et de la demande, il y a donc lieu d'observer le marché et de s'en rapprocher pour fixer le loyer du local en cause.

Cette valeur varie énormément d'une ville à l'autre et d'un quartier du centre-ville à un autre. Notre métier consiste à noter toutes les informations entendues, lues sur un bail ou sur l'observatoire édité par les notaires, la FNAIM ou les argumentaires des enseignes professionnelles comme ceux de leurs sites commerciaux.

Chaque fois que nous réalisons des ventes ou des estimations ou que nous avons un bail commercial, il faut noter les informations.

EXEMPLE

Un pas-de-porte se négocie sur la base d'un droit d'entrée de 400 000 € et d'un loyer de 275 €/ m² et pondéré par an. Il y a environ 80 m² pondérés et les éléments suivants permettront d'évaluer le loyer :
275 × 80 = 22 000 € / an soit 1 833,33 € / mois, mais nous devons tenir compte d'un droit d'entrée pour une valeur de 10 % du prix payé et le ramener au prix du m².
(400 000 × 10 / 100) / 80 = 500 € de droit d'entrée
La valeur locative sera de 1 833,33 + 500 = 2 333,33 € du m² / an.

Il faudra tenir compte du bail et de ses clauses :

- qui prend en charge la taxe foncière ?
- faut-il envisager des gros travaux ?
- la destination du bail est-elle large ou étroite ?
- quelle durée reste à courir ?

EXEMPLE

Grenoble a une valeur supérieure en valeur locative en centre-ville. Il en est de même pour Lyon, Cannes, Avignon ou Annecy. Elle était très élevée dans l'hyper-centre et presque nulle à 300 et 400 mètres du centre : il s'ensuit une surenchère des emplacements car les grandes enseignes devront payer le prix fort si elles veulent être présentes. Il y a danger pour le bailleur s'il dépasse la valeur locative. En cas de litiges, le locataire ira devant le juge qui tranchera sur la base d'une moyenne de la valeur locative des commerces alentours.

3 Le loyer et son indexation

Le loyer est libre et sera débattu entre locataire et bailleur.

S'il s'agit d'un pas-de-porte :

- Un locataire cède son droit au bail à un preneur qui n'est pas intéressé par le fonds de commerce mais seulement par l'un des éléments : le bail. Il y aura changement de destination et, pour pouvoir céder son bail, il faut l'autorisation du bailleur... qui accédera à ses demandes moyennant une augmentation du loyer et/ou d'un accommodement des charges et taxes.
- Si le locataire est candidat à un local commercial libre de toute occupation appelé « pas-de-porte », le bailleur va peut-être lui proposer un bail neuf dont le loyer va conférer à son locataire « la propriété commerciale ». Si l'emplacement est très commerçant, un « droit d'entrée » sera demandé. Le loyer demandé ne peut dépasser

le loyer (m²/an) de référence du secteur. En effet, en cas de non-paiement d'un droit d'entrée, le bailleur pourrait proposer un loyer élevé. Le locataire pourrait accepter (économie du droit d'entrée) et, dès le terme de la première période triennale, citer le bailleur devant la juridiction compétente, qui ramènera le loyer à un juste montant et ordonnera la restitution du trop-perçu. Le loyer de référence est variable selon les secteurs, rues, emplacements, zones commerciales ou non...

L'indexation : les loyers des baux commerciaux étaient indexés sur l'indice du coût de la construction (ICC). Cet indice s'est envolé, entraînant une hausse des loyers de plus de 32 % entre 2000 et 2006. Par ailleurs, quel rapport établir entre, d'une part, le coût des matériaux et de la main-d'œuvre dans la construction et, d'autre part, le pouvoir d'achat ?

Le décret du 4 novembre 2008 crée l'indice des loyers commerciaux (ILC) qui intègre des indices publiés par l'INSEE :

- l'IPC (indice des prix à la consommation) – 50 % ;
- l'ICC (indice du coût de la construction) – 25 % ;
- l'ICAV (indice du chiffre d'affaires du commerce de détail en valeur) – 25 %.

L'ILC s'applique depuis le 10 novembre 2008 aux nouveaux baux pour autant que les parties optent pour cet indice. Ils peuvent toujours choisir l'ICC.

Indice trimestriel des loyers commerciaux

Année	1er trimestre	2e trimestre	3e trimestre	4e trimestre
2007		97,45	98,07	98,90
2008	100	101,20	102,46	103,01
2009	102,73	102,05	101,21	101,07
2010	101,36	101,83	102,36	102,92
2011	103,64	104,44	105,31	106,28
2012	107,01	107,65	108,17	108,34
2013	108,53	108,50	108,47	108,46
2014	108,50	108,50	108,52	108,47
2015				

Indice du coût de la construction – base 100 créée en 1953

Année	1er trim.	JO	2e trim.	JO	3e trim	JO	4e trim	JO
2000	1 083	13/07/00	1 089	13/10/00	1 093	12/01/01	1 127	13/04/01
2001	1 125	13/07/01	1 139	12/10/01	1 145	11/01/02	1 140	12/04/02
2002	1 159	12/07/02	1 163	15/10/02	1 170	10/01/03	1 172	11/04/03
2003	1 183	16/07/03	1 202	14/10/03	1 203	14/01/04	1 214	09/04/04
2004	1 225	09/07/04	1 267	15/10/04	1 272	12/01/05	1 269	08/04/05
2005	1 270	08/07/05	1 276	14/10/05	1 278	10/01/06	1 332	12/04/06
2006	1 362	11/07/06	1 366	13/10/06	1 381	12/01/07	1 406	06/04/07
2007	1 385	06/07/07	1 435	12/10/07	1 443	09/01/08	1 474	04/04/08
2008	1 497	20/07/08	1 562	10/10/08	1 594	09/01/09	1 523	10/04/09
2009	1 503	10/07/09	1 498	14/10/09	1 502	08/01/10	1 507	11/04/10
2010	1 508	20/07/10	1 517	10/10/10	1 520	09/01/11	1 533	10/04/11
2011	1 554	19/07/11	1 593	09/10/11	1 624	08/01/12	1 638	08/04/12
2012	1 617	08/07/12	1 666	07/10/12	1 648	06/01/13	1 639	09/04/13
2013	1 646	11/07/13	1 637	08/10/13	1 612	10/01/14	1 615	06/04/14
2014	1 648	20/04/14	1 621	19/09/14	1 627	20/12/14	1 625	15/03/15
2015								

EXEMPLE

Un bail commercial dans le cadre du statut (3/6/9 ans) est signé le 15 novembre 2008. Le loyer de base HT mensuel est de 1 000 €. À la révision du loyer au 15 novembre 2009, nous avons :

Si le loyer est indexé sur l'ICC : au 15 novembre 2008, l'indice ICC connu était celui du 2e trimestre 2008, soit 1 562. En 2009 le loyer révisé est :

1 000 × 1 498 / 1 562 = 959,03 €

Point de droit : que précise le bail ? Le loyer sera-t-il révisé à la hausse ? Le montant reste identique en 2009, sinon la baisse s'applique. À noter que cet état de fait est rare.

Si le choix, lors de la création du bail, s'est porté sur l'ILC, l'indice de départ est 101,2 (toujours le dernier connu soit au 2e trimestre 2008). La révision donne au 15 novembre 2009 :

1 000 × 102,05 / 101,2 = 1 008,40 € HT

En 2012, sans autres augmentations que celles des indices, la révision au 15 novembre est :

- avec l'ICC : 1066,58 € (indice ICC 1666) ;
- avec l'ILC : 1063,74 € (indice ILC 107,65).

4 Les charges

Indépendamment de la TVA qui s'applique sur le loyer, le locataire commerçant devra assumer les contributions et charges de ville, de police, de voirie (enseignes, licences, terrasses, nettoyage et enlèvement des ordures…).

Les charges peuvent faire l'objet d'un accord entre les parties (clauses particulières). En copropriété, des bailleurs s'en tiennent à la récupération des charges locatives. D'autres bailleurs effectuent un pourcentage forfaitaire du loyer (3 % par exemple). À chaque révision du loyer, le montant des charges est automatiquement révisé. Le bailleur n'a pas à faire la reddition des comptes à la fin de chaque exercice.

5 Le bail commercial : nouvelle réglementation

A Législation

La loi Pinel du 18 juin 2014 (n° 2014-626) comprend 73 articles dont 21 consacrés aux baux commerciaux.

a) Le locataire dans le cadre d'un bail classique de 9 ans pouvait donner congé à chaque période triennale. Cette clause du bail est désormais interdite. (art. L. 145-4 du C. com.)

b) Obligation d'établir un état des lieux d'entrée et de sortie, également en cas de cession d'un droit au bail. Les baux dérogatoires sont concernés. En cas de mésentente entre les parties, il sera établi par un huissier à frais partagés (propriétaire bailleur/locataire), art. L. 145-40 du C. com.

c) Faculté de donner congé par lettre recommandée (LR + AR)

Avant la réforme, le congé donné par le bailleur ou le locataire était obligatoirement délivré par exploit d'huissier. Il peut s'effectuer à présent par LR + AR. Ce principe n'offre pas la même sécurité juridique (cas de non retrait de la lettre). La remise par voie d'huissier est à privilégier (art. L. 145-9 du C. com.) ;

d) Modalités de la cession du bail : depuis le 1er décembre 2014, la loi autorise la déspécialisation totale ou partielle du bail, au besoin par le tribunal en vue de permettre le développement du commerce en difficulté ;

e) Élargissement des compétences de la commission de conciliation

En cas de différents entre le bailleur et son locataire à propos d'un local commercial, la commission départementale de conciliation peut être saisie. Sa compétence ne se cantonne plus à la détermination des loyers, elle est élargie désormais aux litiges concernant la révision triennale des loyers (mais non à l'indexation) ainsi que ceux portant sur les charges et les travaux (art. 10 de la loi modifiant l'article L. 145-35 du C. com.). En cas de difficulté, c'est le TGI qui tranchera.

f) Sanction d'une clause du bail contraire à une règle d'ordre public (à laquelle il est impossible de déroger)

Cet article concerne les charges et taxes mises à la charge du locataire, des clauses abusives, la clause de solidarité est limitée (art. 21 applicable depuis le 1er septembre 2014).

g) Allongement à 3 ans de la durée maximale du bail dérogatoire

Cette mesure favorise le locataire démarrant une nouvelle activité et le bailleur qui veut tester celui-ci avant de conclure un bail de 9 ans. D'autre part, si le bailleur omet de mettre en demeure de quitter les lieux à son locataire au terme du bail, il bénéficie d'un mois pour se « rattraper ». Les parties ne peuvent également pas conclure un nouveau bail dérogatoire pour exploiter le même fonds dans les mêmes locaux. (art. 145-5 du C. com.).

h) Nouveaux indices de référence pour le calcul du loyer

Le loyer est plafonné en révision triennale et au renouvellement du bail. L'ICC sera remplacé dans l'avenir.

Les baux en cours ne sont pas revus pour autant. La réforme Pinel impose les indices ILC (instaurés par la Loi de modernisation de l'économie du 4 août 2008) et l'ILAT pour les activités tertiaires (instaurés par la Loi de simplification et d'aménagement de la qualité du droit du 17 mai 2011), art. L. 145-34 et L. 145-38 du C. com.

i) Limitation de la hausse des loyers en cas de déplafonnement : le déplafonnement des loyers est possible dans 4 cas :
  - la révision conventionnelle par le jeu de la clause d'échelle mobile qui ferait varier le loyer de plus de 25 % par rapport à celui d'origine. (art. L. 145-39 du C. com.) ;
  - la modification matérielle des facteurs locaux de commercialité constatée à l'expiration de la première période triennale du bail (art. L. 145-38 du C. com.). Il faudrait que la valeur locative augmente de plus de 10 %, dopant le Chiffres d'affaires du commerçant. (suppression de commerces concurrents ou arrivée d'une enseigne locomotive.
  - au renouvellement du bail, le déplafonnement peut être de droit si le bail a été conclu dès l'origine pour plus de 9 ans (centres commerciaux, par exemple).
  - en cas de modification notable des conditions du bail.

j) Information sur les charges, taxes et travaux à délivrer au locataire

Désirant mettre fin a une dérive des bailleurs concernant la répartition, souvent abusive, des charges en se rapprochant de celles des baux d'habitation, la loi veut mettre fin aux procédés mettant a la charge du locataire toutes les charges et taxes (art. 606, charges de copropriété, assurance de l'immeuble, etc. ; (art. L. 45-40-2 du C. com.).

k) Limitation des charges, taxes et travaux récupérables que le bailleur peut imputer sur son locataire. (décret n° 2014-1317 du 3 novembre 2014 pour effet au 6 novembre 2014).

l) Droit de préemption du locataire en cas de cession du local commercial. (art. 21 et 145-46-1 du C. com.). Le bailleur doit faire une offre d'achat en bonne et due forme à son locataire, sauf cas de vente en bloc de l'immeuble.

6 Un nouvel indice : l'ILAT

Avec le bail professionnel, d'une durée de 6 ans, réservé aux professions libérales ou aux activités tertiaires (immeubles de bureaux, plateformes logistiques, activités industrielles, bureaux-boutiques tels que les agences de voyages, d'intérim, immobilières…), celles-ci avaient leur loyer indexé sur l'ICC comme avec le bail commercial.

Pour cette catégorie d'activité, le titulaire d'un bail professionnel pourra maintenant opter soit pour l'ICC, soit pour l'ILAT lors de sa création ou de son renouvellement. L'ILAT est né de la loi du 17 mai 2011 (2011-525) et de son décret d'application (2011-2028) du 29 décembre 2011.

Il est composé ainsi :

- 50 % de l'indice des prix de la consommation (hors tabac et hors loyer) ;
- 25 % de l'indice du coût de la construction (ICC) ;
- 25 % de l'indice d'évolution du produit intérieur brut en valeur.

Indice trimestriel des loyers des activités tertiaires (base de référence 100 au premier trimestre 2010)

Année	1er trimestre	Évolution annuelle	2e trimestre	Évolution annuelle	3e trimestre	Évolution annuelle	4e trimestre	Évolution annuelle
2010	100	– 0,96 %	100,41	– 0,08	100,84	+ 0,98	101,31	+ 1,55
2011	101,96	+ 1,96 %	102,74	+ 2,32	103,64	+ 2,78	104,60	+ 3,25
2012	105,31	+ 3,29 %	106	+ 3,17	106,46	+ 2,72	106,73	+ 2,04
2013	107,09	+ 1,694	107,18	+ 1,11	107,16	+ 0,66	107,26	+ 0,50
2014	107,38	+ 0,27	107,44	+ 0,24	107,62	+ 0,43	107,80	+ 0,50
2015								

Source : Insee. L'évolution annuelle est T/(T - 4) en %.

@ **Bail commercial**

APPLICATIONS

1 ÉNONCÉ

Vous avez en gestion un local commercial dont le bail est soumis au statut des baux commerciaux. M. Jean Vend est locataire. Son bail est signé le 1er juin 2007, avec une révision annuelle. Le loyer initial est de 920 € HT + TVA /mois. Le dépôt de garantie correspond à 3 mois de loyer. Vous avez pris à l'époque le dernier indice ICC connu. Vous disposez du tableau ICC.

N.B. : la TVA était de 19,6 %. Elle est passée à 20 % le 01/01/2014.

1 **Quelle somme M. Jean Vend a versée à la signature du bail initial au titre du loyer et du dépôt de garantie TTC ? Nous ne tenons pas compte des provisions sur charges ou autres taxes. M. Jean Vend règle son loyer chaque mois, au 1er jour du mois d'avance.**

2 **Quel est l'indice ICC inscrit dans le bail ?**

3 **Nous sommes à quelques jours de la révision au 1er juin 2014. Vous envoyez l'appel de fonds correspondant : loyer + réajustement du dépôt de garantie. Indiquez la somme réclamée.**

SOLUTION

1 M. Jean Vend a payé au 1er juin 2007 :

920 €	loyer de juin
2 760 €	dépôt de garantie (3 mois de loyer)
3 680 € HT	+ TVA 19,6% = 4 401,28 € TTC

2 Indice ICC : 1 406 ; 4e trimestre : 2006 paru le 16 avril 2007.

3 Au 1er juin 2014 : le loyer étant révisé chaque année selon les indices du 4e trimestre, nous pouvons le résumer ainsi :

ICC 4e trimestre 2013 paru le 9 avril 2013 : 1 406

$$\frac{920 \times 1615}{1406} = 1056,75 \text{ € HT}$$

Il nous faut savoir quel était le loyer en 2013 pour réajuster le dépôt de garantie :

$$\frac{920 \times 1639}{1406} = 1072,46 \text{ €}$$

L'année précédente, le montant du dépôt de garantie réajusté chaque année pour correspondre à 3 mois de loyer était de 3 217,38 € (1 072,46 × 3)

Cette année : 3 × 1 056,75 = 3 170,25 €

Montant de l'appel de loyer + réajustement du dépôt de garantie :

1 056,75 + (3 170,25 – 3 217,38) = 1 014,62 € HT

1 009,62 + 1,20 TVA = 1 211,44 € TTC

Nous sommes dans le cas d'une baisse des indices.

2 ÉNONCÉ

M. Jean Vend exploite un fonds de commerce dont le bail fixe la destination « chaussures hommes, femmes, enfants ».

Il souhaiterait étendre son activité en vendant des accessoires : sacs, ceintures et ajouter quelques robes.

1 **Comment doit-il s'y prendre pour présenter cette demande ?**

2 **En qualité de mandataire du bailleur, proposer des suggestions de réponse (ne pas faire de courriers) au propriétaire des murs qui va venir vous rencontrer pour en discuter.**

SOLUTION

1 M. Jean Vend doit faire sa demande d'extension du bail par exploit d'huissier.

2 Suggestions :

Le bailleur peut refuser l'extension surtout s'il désire protéger l'activité d'un autre commerce de l'immeuble ou encore s'il est lui-même propriétaire d'un commerce similaire dans le secteur.

L'intérêt de l'agence est d'autoriser cette extension. Le commerçant va augmenter son chiffre d'affaires, pourra payer plus facilement son loyer. L'agence percevra alors de meilleurs honoraires de gestion… si en échange il y a une compensation de loyer (en hausse évidemment).

Cette extension vaut une compensation financière. On pensera naturellement à une augmentation de loyer. Mais le loyer est-il au juste des références du quartier ? S'il est déjà élevé, le bailleur risque, une fois l'accord donné, d'avoir une action du locataire auprès du tribunal en révision à la baisse. Si le loyer est en dessous du seuil de référence, il convient de l'ajuster.

Si le loyer ne peut être touché, on peut se retourner vers un allégement des charges du propriétaire-bailleur : augmenter les charges si elles sont forfaitisées dans le bail en pourcentage du loyer ou encore mettre à la charge du locataire la taxe foncière (ou la moitié), les gros travaux (art. 606 du Code civil) ce qui est risqué car contraire au décret (voir k) p. 103).

3 ÉNONCÉ

1 Rappelez les éléments constitutifs d'un fonds de commerce.

2 Pour le locataire, quels sont les avantages offerts par le bail commercial dans le cadre du statut ?

SOLUTION

1 Les éléments constitutifs d'un fonds de commerce sont :

- les éléments corporels : matériels, outillage, agencements, stocks de marchandises ;
- les biens incorporels : clientèle (achalandage), enseigne, droit au bail, nom commercial, droits, brevets, licences, marques de fabrique.

2 On relèvera : la propriété commerciale, un bail de 9 ans, le droit au renouvellement, le plafonnement du loyer, une révision limitée aux indices, une protection du locataire (pas de congé du bailleur sans indemnité), la possibilité de vendre librement son fonds.

4 ÉNONCÉ

Monsieur Malin exploite un fonds de commerce de disques qui marche moyennement.

Il est difficile de vendre un tel fonds dans cette destination, mais par contre l'emplacement est intéressant. Monsieur Malin pense céder son « droit au bail », mais son bail l'interdit.

Qu'importe… Il trouve Monsieur Imbert très intéressé pour créer une librairie. Monsieur Malin lui cède son fonds de commerce (le bailleur ne peut s'y opposer) à un prix convenu.

Monsieur Imbert fait des travaux et ouvre sa librairie.

Le bailleur peut-il réagir ?

SOLUTION

Oui, le bailleur pourra s'opposer à la cession car elle n'est autorisée que s'il y a une véritable succession dans le fonds de commerce, ce qui n'est pas le cas ici.

Il aura l'appui du tribunal car le cédant a cherché à frauder la loi.

Monsieur Malin aurait dû demander à son bailleur une déspécialisation plénière qui n'avait aucun motif légitime et sérieux de s'y opposer.

La nouvelle activité « Librairie » obtenue, il pouvait vendre son fonds à Monsieur Imbert qui n'avait plus rien à craindre du bailleur, celui-ci ne pouvant s'opposer à la vente.

21 La cession d'un droit au bail

Le fonds de commerce peut être difficile à vendre, être sur le déclin ou nécessiter une grande technique : sa valeur d'après le bilan est alors inférieure à ce que l'on peut obtenir de l'emplacement.

1 La vente du pas-de-porte s'impose

S'il est facile d'estimer un fonds de commerce, l'estimation d'un droit au bail dépend de deux facteurs indépendants du vendeur :

- l'accord et les conditions du bailleur ;
- le prix qu'une enseigne est prête à payer pour se trouver à cet emplacement. Plus l'emplacement est intéressant, plus le prix est élevé.

A L'accord du bailleur

Il est écrit dans le bail que sa cession ne peut se faire sans l'accord exprès du bailleur. Il ne sera donc pas possible de donner un prix au vendeur sans avoir rencontré au préalable le bailleur ou son mandataire, et connaître ses conditions.

- La démarche consiste à :
  - prendre une copie du bail ;
  - prendre connaissance du règlement de copropriété, le cas échéant ;
  - observer les commerces en place dans l'immeuble et le voisinage ;
  - réfléchir à ce que l'on pourrait implanter ;
  - selon les cas, lister les commerces interdits du fait de la législation ou du règlement de copropriété ;
  - mesurer les locaux principaux et annexes et en dresser un plan ;
  - s'informer sur la valeur locative au m^2/an du secteur ;
  - prendre rendez-vous avec le bailleur (l'informer de votre position de mandataire et but de votre demande, afin de lui expliquer les différentes possibilités à mettre en œuvre tout en restant professionnel sur les limites à ne pas dépasser).
- Le bailleur peut autoriser la vente sous certaines options :
  - augmenter le loyer (difficile en cours de bail) ;
  - demander une autre destination au bail avec augmentation de loyer ;
  - demander un pourcentage du prix de la cession ;
  - faire ajouter l'affectation de taxe foncière sur son locataire.

Si le bailleur est dans sa dernière période triennale, en échange de la promesse de renouvellement, il peut y avoir des prétentions. La solution pourra être de proposer un nouveau bail. Dans la lettre arrêtant ces conditions, le négociateur pourra déterminer la valeur du pas-de-porte ; le vendeur devra les accepter.

B La prise de mandat

C'est seulement après ce travail que le négociateur peut prendre le mandat fixant le prix et les honoraires. Compte tenu de sa notoriété et de son travail, il peut présenter un mandat exclusif. Sinon le négociateur conservera pour lui la lettre du bailleur et ne fera pas part des conditions obtenues au locataire vendeur. Si l'emplacement est intéressant, il sera vendu rapidement.

2 La recherche de l'acquéreur

L'agence spécialisée est sollicitée en permanence par des enseignes qui souhaitent s'installer dans cette ville.

L'agence est démarchée par des responsables du développement, un fichier est constitué.

ATTENTION

Il convient de rester méfiant cependant, envers certains prospecteurs qui recherchent pour un groupe comprenant plusieurs enseignes.

Ils vous laissent leur carte de visite et, si vous faites visiter des locaux, vous pouvez vous faire doubler facilement sans avoir d'arguments solides pour attaquer.

Il faut travailler en confiance, ce qui vous oblige à la discrétion professionnelle.

Le négociateur doit se tenir informé par la lecture des journaux et revues économiques, être abonné, posséder des annuaires comme celui de « L'enseigne » ou « La franchise », aller dans les salons spécialisés dont celui de la franchise.

REMARQUE

Le mandat exclusif s'impose mais n'empêche pas la signature de mandats de recherche et de bons de visites.

Partie 2

LES TECHNIQUES DU BÂTIMENT

22 Construire

Si acheter un logement en copropriété est relativement aisé, de nombreux futurs propriétaires se tournent vers la construction d'une maison individuelle. La démarche complexe demande des connaissances pratiques, techniques, administratives permettant d'élaborer des dossiers, d'échanger avec les partenaires du projet de son élaboration à sa réalisation et d'en apprendre le langage.

1 Le terrain

Le choix du terrain est capital car avant d'imaginer la construction, il faut se poser les questions de l'implantation : environnement, proximité du travail, des écoles, des commerces, des transports...

S'agit-il d'un lotissement ? Dans ce cas l'acquéreur va trouver un terrain dont la surface est précise (plan du lotissement, bornage, prix, construction possible) et les réseaux installés en limite de propriété.

S'agit-il d'une parcelle indépendante ? Une enquête préalable sera à mener :

- sur la qualité du sol, sa nature géologique. Est-il inondable ? une enquête de voisinage s'impose ;
- en mairie : cadastre indiquant la superficie de la parcelle, le propriétaire du terrain, le PLU (plan local d'urbanisme), le COS (coefficient d'occupation des sols).

Le futur acquéreur saura si son terrain est constructible. Il demandera le « certificat d'urbanisme » (CU) qui lui indiquera entre autre, le type de construction qu'il pourra réaliser et la surface constructible ;

- auprès des administrations : Il est nécessaire de savoir s'il peut se raccorder aux différents réseaux (eau, électricité, gaz, téléphone, tout à l'égout etc.) et à quelles conditions (travaux, coûts) ;
- les servitudes : y a-t-il des servitudes liées à ce terrain (passage, égout, canalisations enterrées, eaux...) ou des problèmes de mitoyenneté ?

2 PLU et COS

Le Plan Local d'Urbanisme est étudié par la commune sous la conduite du maire. Il tient compte du « schéma de cohérence territorial » imposé par l'état, la région, le département, les projets ou conseils des CCI, SNCF, EDF... Le PLU a été présenté aux administrés, expliqué, débattu en conseil municipal et adopté.

La commune est divisée en zones. Certaines zones urbaines sont suffisamment équipées pour recevoir des constructions nouvelles (zones Ua, Ub, Uc, etc.) d'autres sont peu équipées, à protéger ou à risque (zones Na, Nb, Nc, etc.). Chaque zone a ses règles à respecter dont le COS...

Le COS est le nombre de mètres carrés de surface de plancher pouvant être construit par mètre carré de terrain. Le COS est la densité maximale admise.

EXEMPLE

Un terrain de 800 m^2 avec un COS de 0,5 permet de construire 400 m^2.
La surface de plancher de la construction s'entend de la somme des surfaces de plancher closes et couvertes, sous une hauteur de plafond supérieure à 1,80 m, calculée à partir du nu intérieur des façades du bâtiment (art. L. 112-1 du Code de l'urbanisme).
Ainsi il ne sera pas tenu compte :
- des surfaces au-dessous de 1,80 m de plafond ;
- de l'épaisseur des murs de façade (mais les murs et cloisons intérieurs sont comptabilisés) ;
- des escaliers, vides et trémies (mais l'espace sous l'escalier est à compter au-dessus de 1,80 m) ;
- des combles sauf s'ils sont aménageables (à + de 1,80 m) ;
- des balcons, terrasses, toits terrasses etc.. ;
- des caves, celliers desservis par une partie commune en copropriété, mais à compter en maison individuelle même en sous-sol ;
- des garages, stationnements, rampes d'accès (couvertes ou non).

La délivrance du « permis de construire » tient compte également de « l'emprise au sol » (projection verticale du volume de la construction, tous débords et surplombs inclus (art. R. 420-1 du CU)).

3 L'achat du terrain

A L'avant-contrat

Il sera établi en prenant toutes les précautions d'usage en insérant les clauses suspensives permettant à l'acquéreur de se dégager en cas, par exemple, du refus de permis de construire ou de l'accord de prêt. Un dépôt de garantie de l'ordre de 10 % est à verser à la signature et sera rendu si les clauses suspensives ne sont pas levées.

À ce niveau, l'acquéreur a calculé l'investissement nécessaire pour réaliser l'ensemble de son opération (achat du terrain, frais de notaire, réseaux, construction, frais de dossier, architecte, frais bancaires, assurances, travaux annexes et de finitions, raccordements...).

B L'acte notarié

L'acte de vente s'effectue obligatoirement par devant notaire (particuliers ou lotisseurs). Celui-ci aura pour tâche de :

- vérifier les identités et les capacités des parties à vendre et à acquérir ;
- vérifier les titres de propriété ;
- s'informer sur la situation hypothécaire et les servitudes pesant sur le terrain ;
- purger les éventuels droits de préemption ou d'hypothèque ;
- demander le certificat d'urbanisme (ou prendre celui reçu de l'acquéreur) afin de connaître les règles à observer pour la construction, l'existence et les prévisions d'équipements publics, les limitations éventuelles du droit de propriété.

Selon le vendeur et l'acquéreur, il y aura des droits à régler ou de la TVA.

23 Le permis de construire

Le Permis de Construire (PC) est un acte administratif permettant, préalablement à une construction, de constater si le projet répond aux règles générales qui s'imposent (sécurité, urbanisme, hygiène, construction, esthétique, servitudes administratives) et qui sont applicables sur la parcelle considérée. Les articles R. 421-1 et suivants, R. 422-2 du Code de l'urbanisme. fixent l'exigence du permis de construire ainsi :

« Quiconque désire entreprendre ou implanter une construction à usage d'habitation ou non, même ne comportant pas de fondations, doit au préalable obtenir un permis de construire sous réserve des dispositions des articles L. 422-1 à 5 ».

Source : Article L. 421-1 du Code de l'urbanisme.

Une grande réforme (1er octobre 2007) simplifie le nombre de formulaires et fixe les autorisations à demander (3 régimes).

1 La demande de permis

La demande de permis de construire et le dossier qui l'accompagne sont à envoyer à la mairie de la commune. Ce dépôt s'effectue contre décharge ou en envoi recommandé.

La demande est constituée par une liasse de six exemplaires (dont le dernier est conservé par le demandeur) et le dossier joint (à tirer en 4 exemplaires pour l'administration). Il sera bon d'en tirer quelques exemplaires supplémentaires pour l'acquéreur, l'architecte ou le constructeur, les entreprises.

En principe, dans les 15 jours, le demandeur recevra un accusé de réception du dossier, indiquant la date de la notification de la décision, (en général dans les 2 mois si le dossier est complet). Si, sur le terrain, il est prévu de démolir une construction quelconque, le permis de construire et de démolir seront réunis sur le même document.

2 La réforme de 2007

Les autorisations à demander varient selon les travaux (art. R. 421-1 à 17 du Code de l'urbanisme) :

Permis de construire (PC) ; Déclaration de travaux (DT) ; Déclaration préalable (DP).

Projet envisagé	Formalité
Abri de jardin	▸ Aucune en dessous de 2 m² de surface et de 12 m de hauteur ▸ DP au-dessus, que le terrain soit nu ou bâti
Arbres (coupe et abattage)	DP si espace boisé classé ou prescription dans le PLU (ou POS)
Barbecue	Aucune en dessous de 2 m² d'emprise au sol et de 12 m de hauteur
Clôture	▸ DP en site protégé, secteur sauvegardé, si décision municipale ▸ Aucune en dehors de ces cas
Combles (aménagement sans modification d'ouverture)	DP si plus de 10 m² de surface plancher
Éolienne	▸ Aucune si moins de 12 m de hauteur ▸ PC au-dessus ou secteur sauvegardé ou site classé
Fenêtres (ouvertures)	DP
Garage (construction)	▸ DP en dessous de 20 m² de surface ▸ PC au-dessus
Grange agricole (transformée en habitation)	▸ PC en cas de changement de destination et travaux modifiant les structures porteuses ou la façade ▸ DP en cas de changement de destination sans travaux ci-dessus
Murs	▸ Aucune si hauteur < de 2 m (murs de clôture) et pour les murs de soutènement ▸ DP au-delà de 2 m de hauteur
Pergola	▸ Aucune en dessous de 2 m² et de 12 m de hauteur ▸ DT au-delà
Piscine extérieure (non couverte)	▸ Aucune pour bassin – de 10 m² ▸ DP de 10 à 100 m² ▸ PC au-dessus ou un bassin couvert dont la couverture dépasse 1,80 m de hauteur
Panneaux solaires	DP
Ravalement	DP
Surélévation	PC
Terrain de tennis	Aucune
Terrasse	▸ DP en dessous de 20 m² de surface ▸ PC au-delà
Véranda	▸ Aucune si moins de 2 m² de surface ▸ DP jusqu'à 20 m² de surface ▸ PC au-delà

115

3 Le formalisme

Dans les 15 jours du dépôt du dossier, un affichage en mairie informera le public de la demande du PC et restera le temps de l'instruction.

Le PC, une fois accordé, sera affiché en mairie mais sur le terrain, un panneau de 0,80 m minimum de côté sera implanté et indiquera :

- le numéro du permis de construire ;
- la date de délivrance ;
- le nom du bénéficiaire ;
- la superficie du terrain ;
- la surface de plancher autorisé (SHON : surfaces hors œuvre net) ;
- l'adresse de la mairie où l'on peut consulter le dossier.

Cet affichage permet le recours des tiers dans un délai de 2 mois.

Les travaux peuvent commencer. Le maître d'ouvrage doit envoyer une « déclaration d'ouverture de chantier » en 3 exemplaires (art. R. 421-40 du Code de l'urbanisme) formulaire CERFA 46-0394.

- Les travaux doivent commencer dans un délai de 3 ans après la délivrance du P.C. (et non plus 2 ans depuis le décret n° 2014-1661 du 29.12.2014) Ce délai est prorogeable d'un an, à défaut le PC serait périmé.
- À la fin des travaux, dans les 30 jours et par LR avec AR, une lettre de « déclaration de fin de travaux » doit être envoyée à la mairie (art. R. 460-1 du Code de l'urbanisme) formulaire CERFA 46-0395.
- Le « certificat de conformité » est envoyé dans les 3 mois (dans le silence l'accord est tacite).

4 Comment construire ?

Le projet peut être conduit :

- construction ou travaux effectués par soi-même ;
- à l'aide d'un architecte.

Il est d'un recours obligatoire au-dessus de 170 m² de surface de plancher.

Par contre, il peut remplir une mission pleine : concevoir les plans, le projet des travaux, les devis, les entreprises, le suivi du chantier, la coordination de travaux, la réception. L'architecte apporte sa garantie de la bonne exécution des travaux, du respect des lois, de la qualité des travaux exécutés. Il est rémunéré par le maître d'ouvrage (le propriétaire).

L'architecte peut n'être sollicité que pour l'établissement du dossier de demande du PC, l'établissement des plans à l'aide d'un constructeur.

L'acquéreur (maître d'ouvrage) signe un contrat avec un constructeur (maître d'œuvre) qui prendra en charge l'ensemble des prestations. L'avantage, pour l'acquéreur est de n'avoir qu'un seul interlocuteur. 67 % de la construction de maisons individuelles passent par cette formule. Le contrat signé entre les deux parties est très détaillé (le CCMI).

5 LE CCMI – Contrat de construction de maisons individuelles

Le constructeur étudie les désirs de ses clients, établit les plans, s'occupe des formalités administratives et propose un contrat très détaillé, (loi du 19/12/1990 Code civil L. 78-12 du 04/01/1978 art. 1792, art. R 231-1 et suivants et 232-1 et suivants du CCH), portant sur les engagements pris, les assurances, les fournitures, les matériaux employés, le prix. Il fait son affaire éventuellement des sous-traitants.

L'acquéreur n'a encore rien versé pour toute cette partie et n'effectuera son premier règlement qu'à la signature du contrat de réservation (maximum 3 % sur un compte bloqué).

Les appels de fonds pendant la construction sont faits sur la base du prix global forfaitaire convenu ou avec une révision réglementée :

- 15 % à l'ouverture du chantier (y compris le dépôt de garantie) ;
- 25 % à l'achèvement des fondations ;
- 40 % à l'achèvement des murs ;
- 60 % à la mise hors d'eau (toiture posée) ;
- 75 % à la mise hors d'air (portes et fenêtres posées) et achèvement des cloisons ;
- 95 % à l'achèvement des travaux d'équipement (menuiseries, chauffage, plomberie, sanitaire) ;
- le solde de 5 %, à la réception conforme des travaux.

6 Assurances et garanties

Le client, maître d'ouvrage, doit impérativement contracter une assurance « dommage ouvrage » avant l'ouverture du chantier. Il se trouvera assuré pendant 10 ans contre les désordres portant atteinte aux éléments fondamentaux de la construction.

L'entreprise (le constructeur) est tenue à la « garantie décennale », en outre, elle est tenue aux garanties de « parfait achèvement » (1 an) et de « bon fonctionnement » (2 ans).

24 Lire un plan

Dans l'établissement du permis de construire, il doit être joint divers plans (de masse, de situation, des façades…) et le plan de la construction. Ce plan doit permettre à l'acquéreur d'imaginer, avec précision, la future construction. Il va donner son accord et signer le plan. Un plan, en cas de revente, peut permettre à un négociateur de saisir l'orientation de chaque pièce, la surface… encore faut-il savoir lire un plan.

1 La cotation

Les cotes sont exprimées en centimètres jusqu'à 99 cm puis en mètre au-delà. Ainsi une cloison est cotée 5, un mur 30, une porte 95. La largeur d'un couloir sera de 1,00, une fenêtre sera notée par exemple 1,20 × 1,30 (1,20 étant la largeur et 1,30 sa hauteur). Ces dimensions sont portées sur les lignes de cotes (ou d'attaches) entre deux flèches ou deux points.

Le sens d'ouverture des portes et fenêtres est indiqué par un arc de cercle (poussant droit ou poussant gauche ; tirant droit ou tirant gauche). On peut avoir des coulissants. La cote peut partir des murs, d'axes de portes ou de fenêtres.

A La cotation des niveaux

L'architecte va définir un niveau zéro arbitrairement (0,000 entouré d'un cercle). Les niveaux intérieurs peuvent être affectés d'un signe – ou +. Sur le plan joint, nous avons la maison de plain-pied au niveau zéro (0,000), le balcon se trouve à –5 cm en dessous, le garage à – 80 cm et le terrain extérieur à – 85 cm. L'eau de pluies ne peut pénétrer dans le garage (le terrain est à un niveau inférieur de 5 cm) ou du balcon dans la maison (même écart).

B L'échelle d'un plan

Le plan peut être coté ou non. Si les dimensions ne sont pas indiquées, l'architecte aura prévu d'indiquer dans un cartouche, des indications : titres, références, lieu, date, échelle, etc.

- Un plan de situation sera d'une échelle de 1/5 000 ou 1/25 000 ;
- Un plan de masse : 1/55 ;
- Un plan de maison : 1/100 ;
- Un plan détaillé : 1/50.

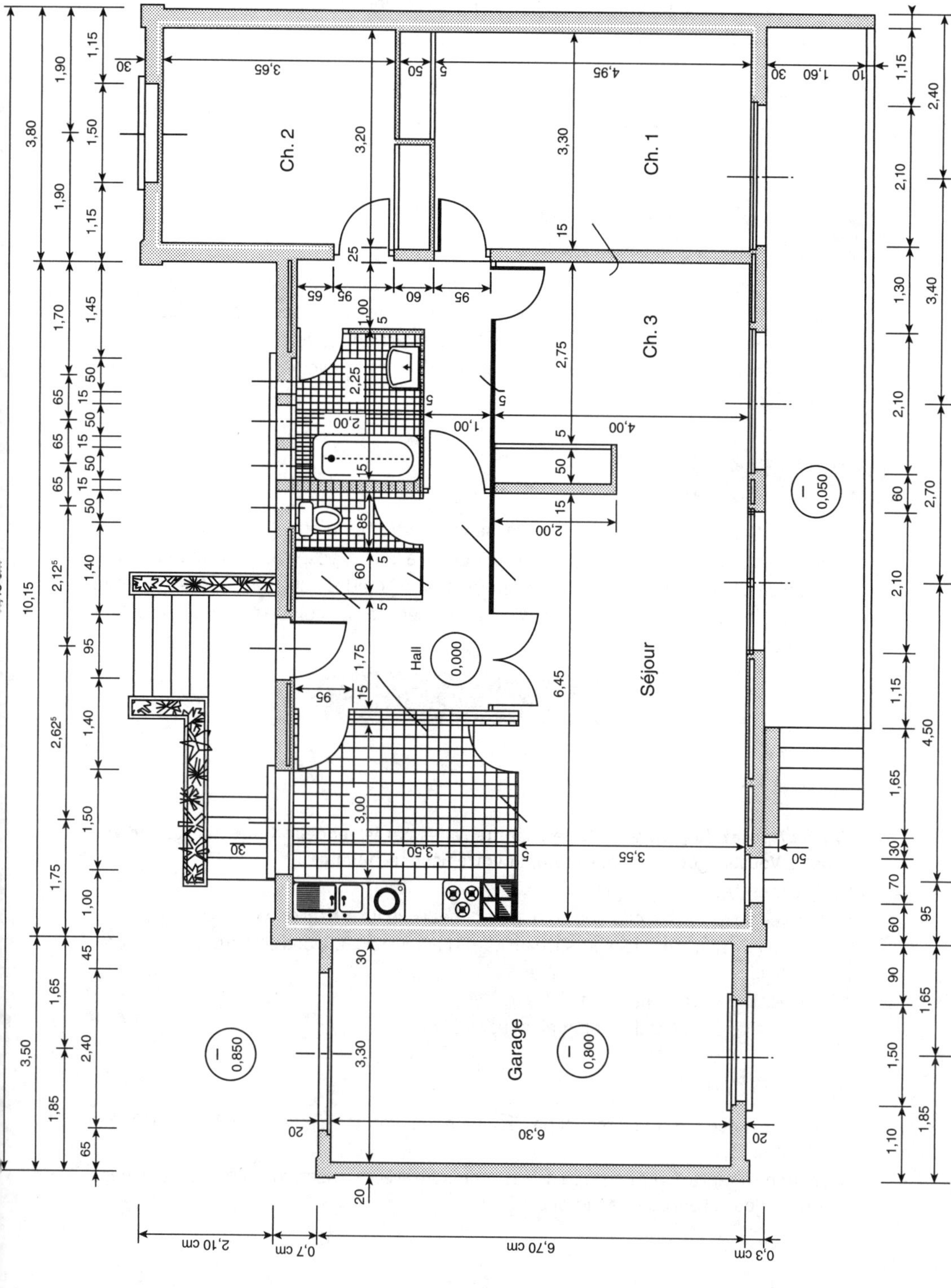
Ch. 2
Ch. 1
Ch. 3
Séjour
Hall
0,000
0,050
Garage
0,800
0,850

C'est afin de disposer de plans exploitables que 1 cm représente en réalité :

- 1/50 = 1 cm de plan représente en réalité 0,50 mètre ;
- 1/100 = 1 cm pour 100 cm, soit 1 mètre
- 1/500 = 1 cm pour 5 mètres ;
- 1/5 000 = 1 cm pour 50 mètres ;
- 1/25 000 = 1 cm pour 250 mètres.

2 Coupes et élévations

Le plan ne permet pas de comprendre la construction dans son ensemble (hauteur sous plafonds, sous-sol, cave, combles, toiture…). Il sera nécessaire d'opérer, sur le dessin, une trace en pointillé indiquant une coupe de la construction. Cette coupe dessinée à côté du plan général, nous donnera en élévation, les détails complémentaires. On peut avoir plusieurs coupes.

3 L'orientation

Un plan est toujours orienté par une flèche et la lettre N indiquant le nord. L'architecte veillera à disposer la maison de telle sorte que la façade exposée au nord (partie froide, défaut d'ensoleillement, vent…) ne comporte pas de grandes ouvertures. Ce sera un mur aveugle, le côté garage ou au pire des pièces de services ne comportant que de petites ouvertures.

APPLICATION

ÉNONCÉ

Vous disposez du plan coté de ce chapitre remis par le vendeur d'une maison individuelle. Vous, négociateur, allez remplir votre fiche technique.

1 Quelle est l'échelle de ce plan.
2 L'entrée du garage est orientée nord-est, donnez l'orientation du séjour.
3 Calculez la surface de plancher sachant que la hauteur sous plafond est partout supérieure à 1,80 m.
4 Donnez la surface du garage et des terrasses.
5 Décrivez les éléments de confort pièce par pièce.

SOLUTION

1 L'échelle est de 1/100. En prenant un décimètre vous constatez que 1 cm = 1 mètre (17,45 m = 17,45 cm).
2 L'entrée du garage (coté perron, à ne pas confondre avec la fenêtre côté terrasse) étant nord-est, le séjour à l'opposé est sud-ouest.

3 La surface de plancher est de 100 mètres carrés arrondis (100,433 m²) dont ainsi décomposée :

– hall d'entrée : 1,90 × 3,05	= 5,795
– placard : 0,70 × 2,05	= 1,435
	= 1,60
– Retour : 1,60 × 1,00	= 10,29
– cuisine : (3,00 × 3,55) – 0,6 × 0,6 gaine)	= 24,547
– séjour : (3,55 × 3,15) + (3,30 × 4,05)	
– chambre 3 : (3,30 × 4,05)	= 13,365
– chambre 1 : (3,45 × 4,95) + (0,60 × 1,60) + (0,15 × 0,95)	= 18,179
– chambre 2 : (3,65 × 3,20) + (0,60 × 1,75) + (0,25 × 0,95)	= 13,01
– couloir nuit : (3,40 × 1,05) + (1,05 × 2,00)	= 5,67
– salle de bains : 2 × 2,40	= 4,80
– WC : 0,85 × 2,05	= 1,742

REMARQUE

La surface de plancher (L. 112-1 du CU et le décret 2011-2054 du 29 décembre 2011) comprend l'épaisseur des cloisons et des murs intérieurs et doivent être comptabilisées.

4 **Surface du garage : 3,30 × 6,30 = 20,79 m²**

Surface du perron : 3,00 × 1,00 = 3,00 m² (on ne compte pas les marches)

Surface de la terrasse : 10,50 × 1,60 = 16,80 m²

5 **Le négociateur pourra noter, sur sa fiche technique :**

- Hall : 1 placard penderie
- Cuisine : sol carrelé, 1 fenêtre, 2 portes dont un accès séjour, évier 2 bacs un égouttoir, installation pour lave-vaisselle et arrivée gaz
- Hall : 1 placard penderie
- WC : sol carrelé, WC à dosseret, 1 fenestron
- Salle de bains : sol carrelé, 1 baignoire, 1 lavabo, 3 fenestrons
- Couloir coin nuit
- Chambre 2 : 1 fenêtre 2 vantaux, 1 placard penderie
- Chambre 1 : 1 baie coulissante, 2 vantaux donnant sur la terrasse, 1 placard penderie
- Chambre 3 : communique avec le séjour (peut faire office également de salon ou de salle à manger), 1 baie coulissante 2 vantaux donnant sur la terrasse, 1 placard penderie
- Séjour : double porte d'accès du hall, 1 baie coulissante, 2 vantaux donnant sur la terrasse, 1 fenestron.

REMARQUE

Tous les murs du logement sont doublés de l'intérieur d'une contre cloison y compris le mur mitoyen avec le garage (épaisseur totale 30). On trouve des murs de refend (murs porteurs intérieurs de 15 d'épaisseur (cuisine/hall, ch.2/couloir, ch.1/ch.3, salle de bains/WC, placard ch.3/séjour). Le plan ne nous permet pas de donner la composition du sol des pièces non carrelées.

25 Le gros œuvre

Sous ce vocable, il faut englober toute la structure du bâtiment à construire : étude du sol, fondations, murs, charpente, toiture. La mise hors d'eau de la construction vient clôturer cette partie. L'entreprise signale cette étape en accrochant un « bouquet » à la cheminée sur la toiture. Le client (maître d'œuvre) doit comprendre le message... offrir un repas aux participants ou un pot de l'amitié. C'est la tradition ! L'équipe va partir et céder la place aux entreprises du second œuvre.

1 Les fondations

La profondeur des fondations dépendent de la nature du sol, de l'altitude (gel) et doivent supporter le poids de la construction. En maison individuelle, elle varie de 0,50 m à 1,00 m.

- la pelleteuse va donc creuser la tranchée à la profondeur indiquée ;
- au fond de la fouille, il sera coulé une couche de béton. C'est le « béton de propreté » ;
- sur ce béton, il sera coulé une « semelle » rectangulaire en béton armé ;
- le mur de fondation sera construit (béton armé ou parpaings pleins) dépassant le niveau du sol ;
- un « chaînage » en béton est coulé ;
- à l'intérieur de ce chaînage, le sol sera recouvert de pierres sèches, puis on coulera le plancher bas avec disposition d'un treillis d'armature ;
- coté extérieur, avant de remblayer la tranchée, il est disposé tout le tour du bâtiment un « caniveau béton ou un drain » destiné à collecter et évacuer les eaux d'infiltration. Le mur de fondation est protégé sur toute sa hauteur par un « enduit étanche » ;
- la tranchée peut alors être comblée par un remblai. Les fondations sont protégées contre l'humidité, le gel. Le drain évacue l'eau vers l'extérieur.

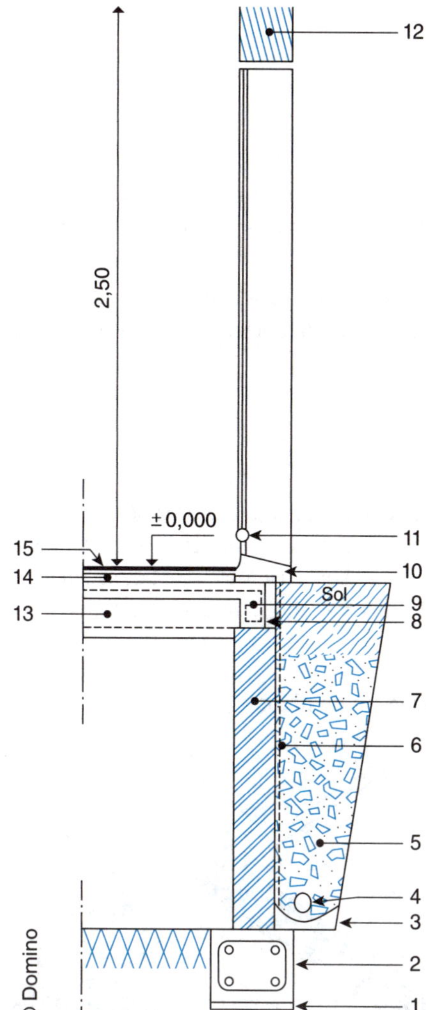

Nomenclature

Rep.	Désignation
1	Béton de propreté
2	Semelle en béton armé
3	Caniveau béton
4	Drain
5	Remblai gravier 10 × 40 et terre
6	Enduit étanche
7	Mur de soubassement
8	Planelle béton de rive
9	Chaînage béton armé
10	Seuil
11	Porte-fenêtre PVC
12	Linteau
13	Dalle en béton armé
14	Chape
15	Carrelage

2 Les murs

L'architecte doit calculer l'épaisseur et la qualité des matériaux.

Le mur est porteur. Il doit supporter le poids de la construction et faire face à des contraintes : poids de la neige, effets du vent, bonne isolation thermique en été comme en hiver. On peut trouver des murs à l'intérieur d'une maison (murs porteurs). Les séparations dans un logement étant des « cloisons ». On distinguera les murs « de façade », les murs de côté « pignons », les murs porteurs intérieurs « de refend » et les murs « d'échiffre » (porteurs d'un escalier).

Les murs peuvent être :

- en béton banché ;
- en béton cellulaire ;
- en pierre (calcaire, granit, grés, roche, pierre marbrière…) ;
- en briques pleines ou creuses, type « monomur » ;
- en blocs ou parpaing.

Les matériaux les plus employés sont les parpaings (20 ou 15 cm les agglomérés creux, les briques G de 25 à 35 cm) comportant de 17 à 19 rangées d'alvéoles (économie d'énergie –réglementation thermique).

Les murs sont protégés à l'extérieur par un enduit ou un revêtement. À l'intérieur, l'isolation est assurée par une contre cloison (cloison de doublage) ou par des plaques de placoplâtre avec isolant.

3 La dalle

La dalle sera le plancher en béton d'un niveau de la construction (rez-de-chaussée ou étage). Des poutrelles préfabriquées en T s'appuient sur les murs extérieurs. Les entrevous reposent sur les poutrelles. Un treillis soudé est posé sur l'ensemble et le béton coulé, puis lissé, pourra recevoir un revêtement de sol (parquet, carrelage, moquette, etc.).

Poutre plate appuyée sur un pignon

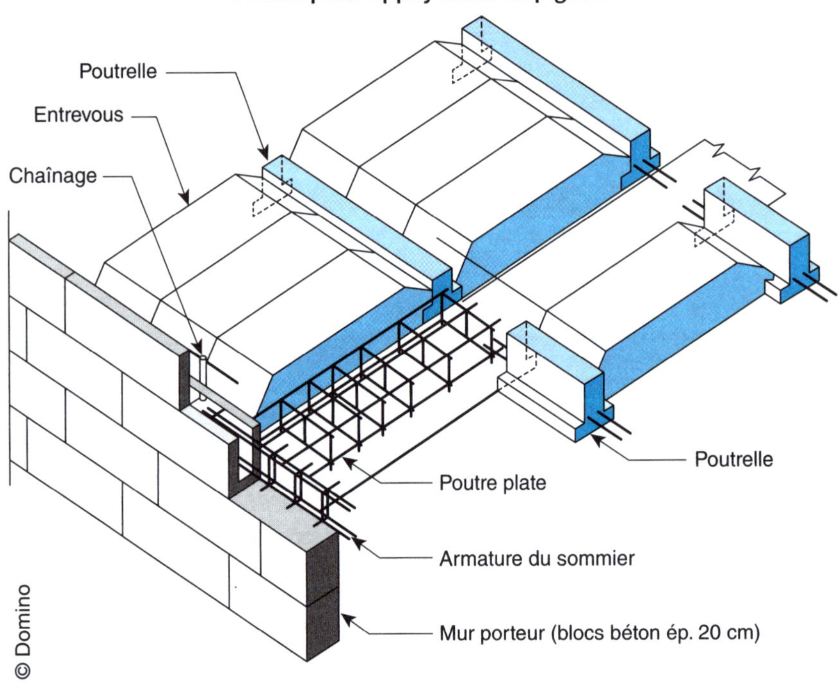

Schéma d'ensemble de la mise en œuvre d'un plancher classique à poutrelles

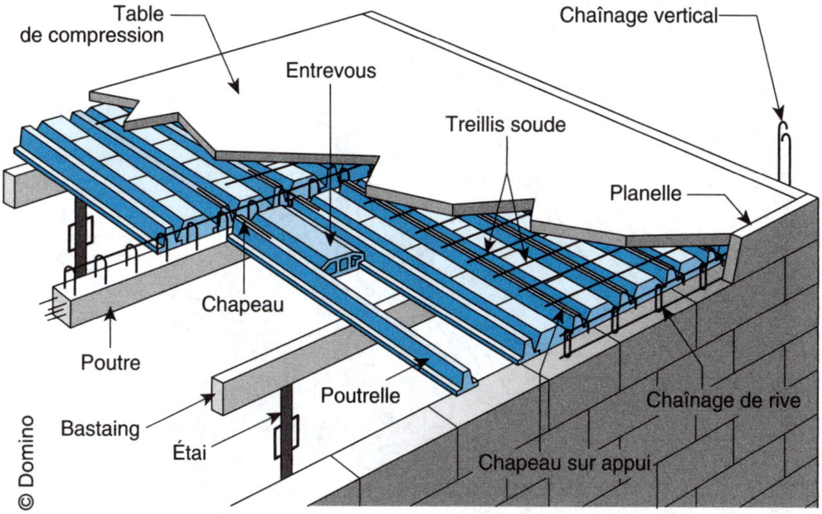

4 La charpente

C'est une structure s'appuyant sur les murs porteurs qui supportera le poids de la « couverture » (ardoises tuiles...) mais aussi le poids de la neige, l'hiver, ainsi que les contraintes du vent.

La charpente peut être métallique (entrepôts, usines, grandes surfaces, ateliers, garages...). Nous restons dans la maison individuelle ou dans le cadre d'immeubles ne comportant pas de toits terrasse. La charpente en bois est un jeu de construction qui peut être décoratif ; elle suit le type de toiture. Elle peut être préfabriquée en usine et livrée sur le chantier. La « fermette » est réalisée à partir de planches d'au moins 32 mm. d'épaisseur. L'espace entre deux fermettes est en général de 0,60 m. Le comble est souvent inhabitable.

La charpente classique est l'ouvrage de charpentiers qualifiés qui vont la réaliser et l'ajuster sur place selon le plan dressé. Le comble pourra être rendu habitable avec l'entrait retroussé.

Le plan ci-après indique la terminologie.

La charpente

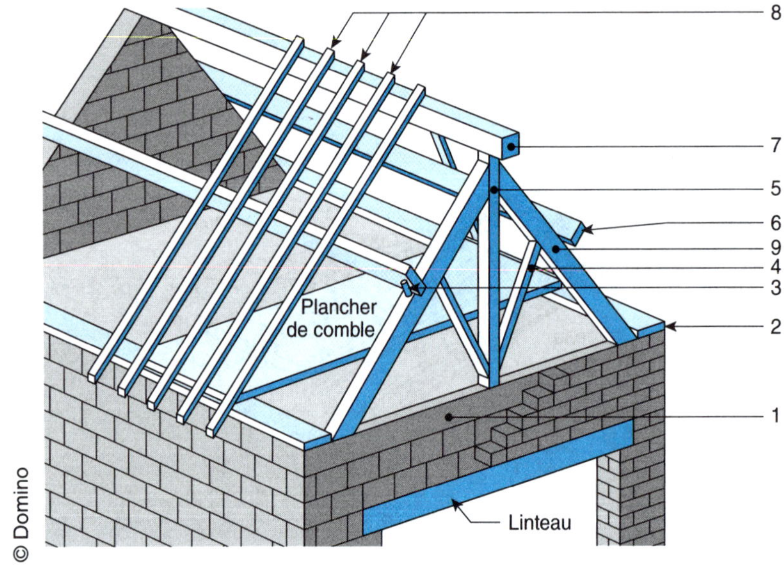

1 Entrait
2 Pannes sablière
3 Échantignole
4 Contre-fiche
5 Poinçon
6 Panne intermédiaire
7 Panne faîtière
8 Chevron
9 Arbalétrier

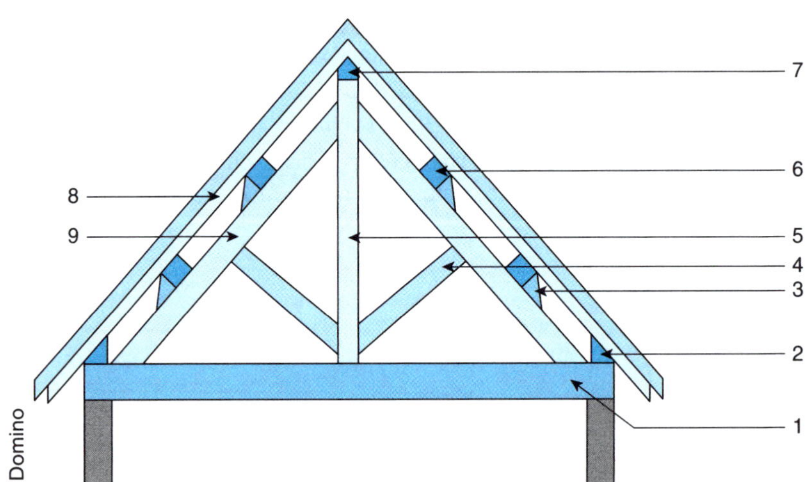

5 La toiture

Sur les chevrons on peut disposer des plaques d'isolation thermique. Une feuille de polyane ou de feutre asphalté assurera l'étanchéité à l'eau ; elle est tenue par des tasseaux. Les tuiles, ardoises, bardeaux, lauzes, sont retenues ou fixés sur les tasseaux. L'étanchéité doit être parfaite. La toiture peut recevoir des lucarnes, fenêtres de toit ou supporter des panneaux solaires. Tous les matériaux employés répondent aux normes NF et DTU.

La toiture peut avoir des formes variées. Les croquis ci-après indiquent les principaux termes utilisés.

Toiture : détail d'un versant

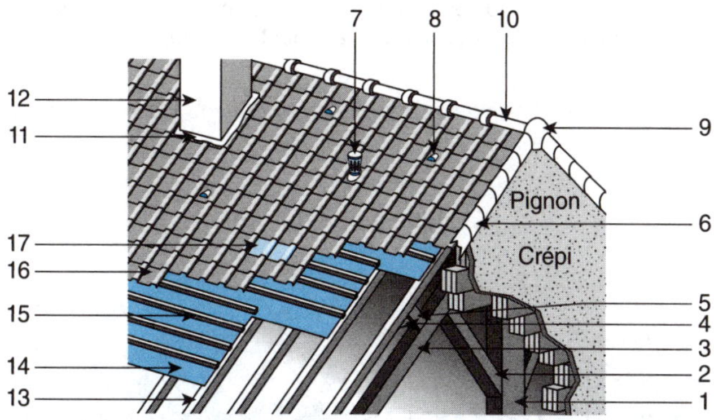

© Domino

Rep.	Désignation
1	Poinçon
2	Contre-fiche
3	Arbalétrier
4	Échantignole
5	Panne intermédiaire
6	Tuile de rive
7	Mitre
8	Chatière
9	Faitière d'about

Rep.	Désignation
10	Faitière
11	Solin
12	Cheminée
13	Chevron
14	Polyane ou Feutre asphalté
15	Tasseau
16	Tuile (ici Romane rouge droite)
17	Tuile de verre

Types de toitures

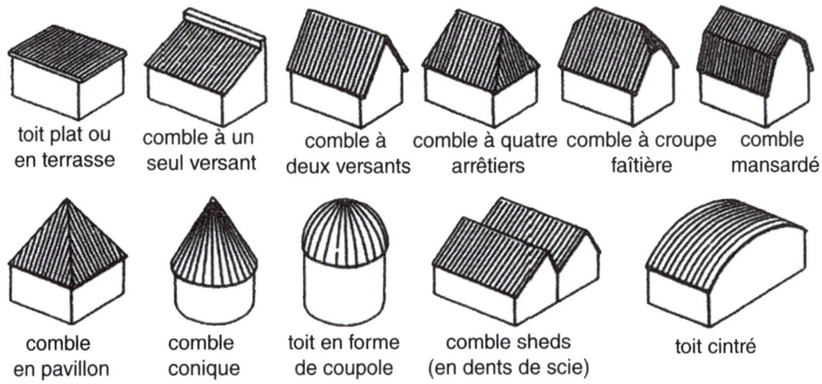

Lexique d'une toiture

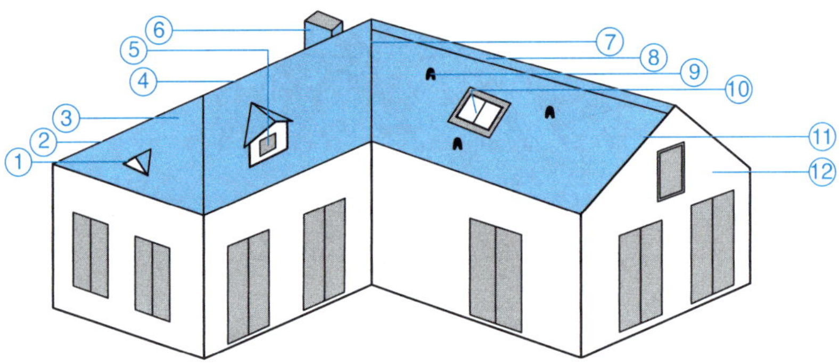

1 Outeau
2 Arêtier
3 Croupe
4 Faîtage
5 Lucarne
6 Souche de la cheminée
7 Noue
8 Chatière
9 Fenêtre de toit
10 Versant
11 Rive
12 Pignon

26 L'isolation thermique

Que ce soit dans le cadre de l'habitation neuve ou ancienne, l'acquéreur recherchera :

- le confort (bien être) ;
- l'économie d'énergie (économie financière).

C'est le premier choc pétrolier (1973) qui a fait prendre conscience de la nécessité d'intervenir dans la construction existante (isolation) ou à venir (règles de construction). La « chasse aux gaspis » est ouverte. Le maître mot est « isolation », puis les pouvoirs publics élaborent des « réglementations thermiques » débouchant, après des réunions de travaux sur le sujet au « Grenelle de l'Environnement ».

1 La réglementation thermique 2012

Cette réglementation succède à la RT 2005 en étant beaucoup plus rigoureuse pour les constructions neuves (PC déposés après le 1er janvier 2013) en attendant la RT 2020.

La consommation d'énergie doit être inférieure à 50 kWh.ep/m²/an dans les bâtiments à usage d'habitation, de bureaux, d'enseignement, ou liés à la petite enfance (alors que la RT 2005 était de 150 kWh.ep/m²/an).

La consommation (en kilowatt heure d'énergie primaire par m² et par an) comprend : l'éclairage, le chauffage, la production d'eau chaude sanitaire, la ventilation et la climatisation. Elle ne comprend pas les éléments de confort (électroménager, télévision, radio…).

C'est l'immeuble qui doit répondre aux normes. L'acquéreur ou l'utilisateur aura intérêt à choisir un logement bien exposé, donc plus économique.

Le classement énergétique

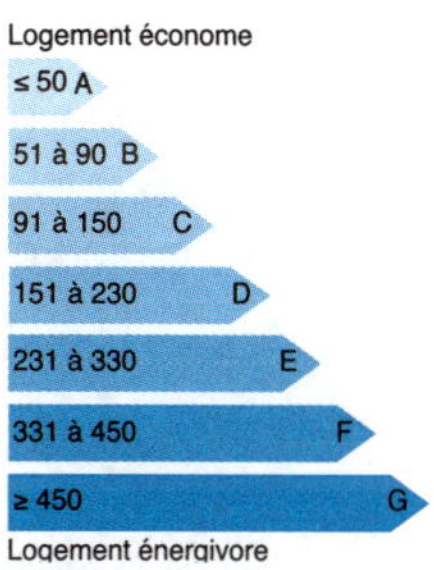

En fonction de sa performance énergétique, exprimée en kWh/m².an : c'est l'étiquette énergie. L'échelle est côtés de A, pour les logements les plus sobres, à G, pour les plus énergivores. La moyenne du parc immobilier français se situe autour de 240 kWh/m²/an (classe E).

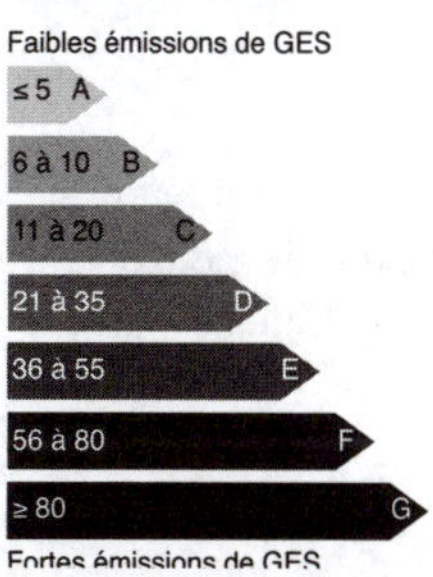

En fonction de ses émissions de gaz à effet de serre, exprimées en kg d'équivalent CO_2/m².an : c'est l'étiquette climat. L'échelle est également cotée de A, pour les logements faiblement émetteurs, à G, pour les logements fortement émetteurs.

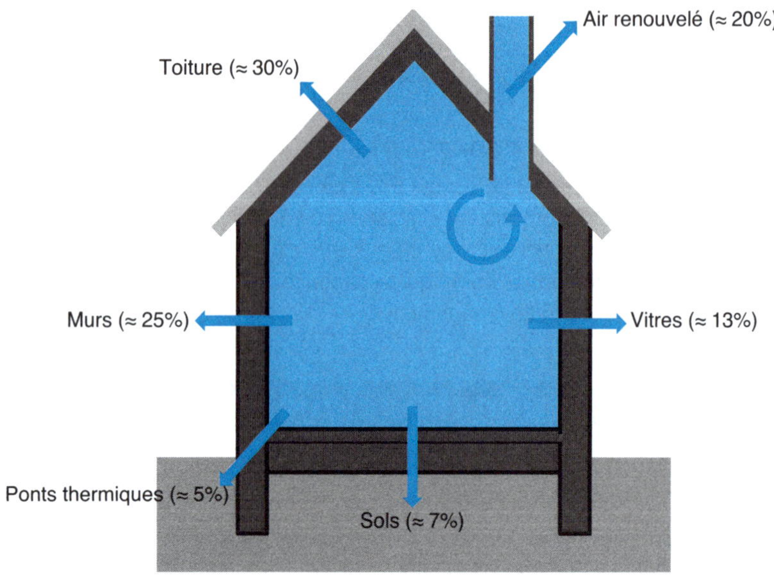

Pertes de chaleur d'une maison traditionnelle (pourcentages indicatifs pour une maison individuelle non isolée).

A Le classement

Tous les logements neufs ou anciens sont classés selon une étiquette énergétique (de A à G), *cf.* Fiche 11 *Les diagnostics et les classements énergétiques*.

Le calcul dépend de trois coefficients :

- le Bbiomax qui fixe une exigence d'efficacité énergétique ;
- le Cepmax qui fixe la consommation maximale d'énergie primaire à moins de 50 kWh. ep/m^2/an en moyenne de la zone géographique ;
- la TIC (température intérieure conventionnelle) qui impose des règles de confort d'été (terrasses végétalisées, protections solaires…).

EXEMPLE

Après 5 jours consécutifs de grosses chaleurs, la TIC ne doit pas dépasser 33.

B Les zones

La France est divisée en zones climatiques (3 d'hiver et 4 d'été) afin de pondérer du nord au sud, le coefficient de 50 kWh.ep/m^2.an.On applique un coefficient de 0,8 (zone H 3) à 1,3 (zone H 1). Un second coefficient est appliqué en fonction de l'altitude :

- 0 de 0 à 400 mètres ;
- 0,1 de 400 à 800 mètres ;
- 0,2 au-dessus de 800 mètres.

> EXEMPLE
> Une commune située en zone H 1 et à 600 mètres d'altitude voit construire un immeuble classé BBC ; la formule de correction est la suivante :
> 50 kwh.ep/m²/an × (1,3 + 0,1) = 70 kwh.ep.m².an

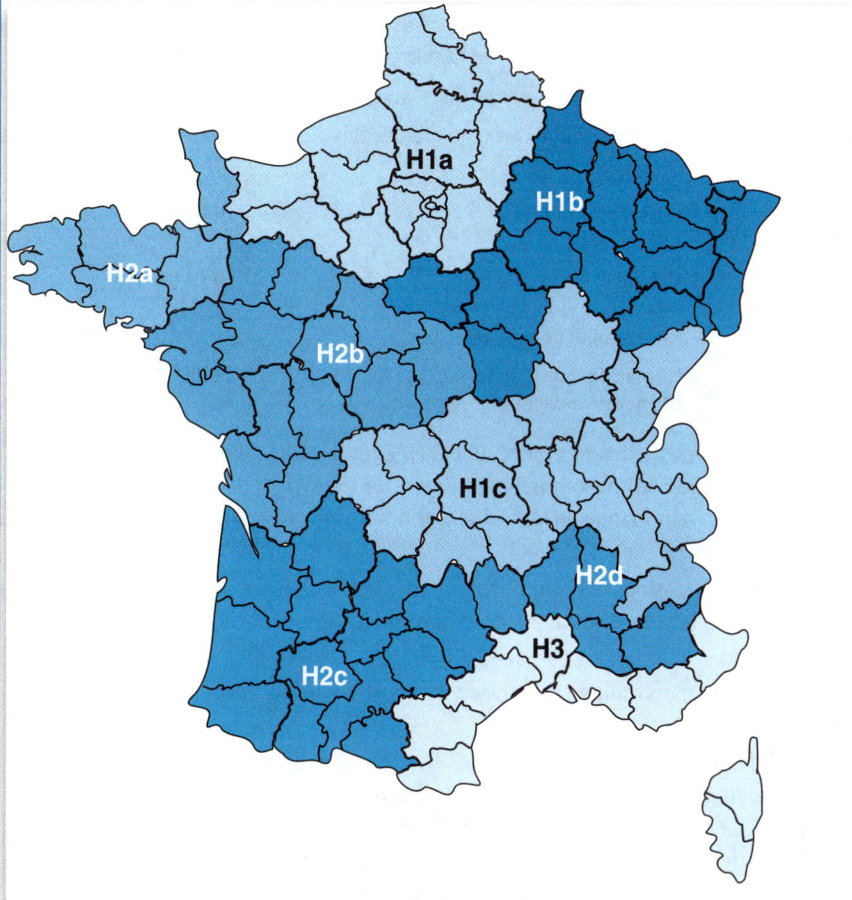

C Moyens mis en œuvre

Pour arriver au bon résultat, il est nécessaire d'employer des équipements performants : pompes à chaleur, chaudière à bois, triple vitrage, ventilation double flux, chauffe-eau solaire, panneaux solaires…

Le constructeur doit obligatoirement suivre des dispositifs techniques :

- l'exposition du bâtiment doit lutter contre le bruit (3 classes sont définies) ;
- le recours aux énergies renouvelables
- l'étanchéité à l'air du bâtiment ;
- l'isolation thermique sera très soignée afin d'éviter les « ponts thermiques » ;
- l'éclairage naturel fait l'objet d'une contrainte : la surface des baies et fenêtres ne doit pas dépasser 1/6e de la surface habitable.

La RT 2020 verra la standardisation des bâtiments « à énergie positive » qui produiront plus d'énergie qu'ils n'en consomment.

2 Les labels

Tout label est volontaire et indissociable d'une certification (une maison ne peut être labellisée si elle n'est pas certifiée).

Le COFRAC (Comité Français d'Accréditation) est le seul organisme habilité à accréditer des organismes certificateurs qui sont au nombre de trois : Promotelec, Cerqual, Céquami.

On trouve ensuite les certifications et marques, puis les labels réglementaires en la matière.

Chaque marque peut afficher l'un des cinq labels réglementaires (exemple : NF logement HPE).

Promotelec	Label performance NF logement	HPE
Cerqual	Habitat et environnement Qualitel NF logement démarche HQE	HPE ENR
Cequami	NF maison individuelle NF maison individuelle démarche HQE	TPHE ENR BBC

En rénovation, il existe d'autres labels (label HPE rénovation, label Effinergie rénovation) avec une estimation de consommation primaire de 150 kWh pour le premier et de 80 kWh pour le second. Dans la maison individuelle, on trouvera : NF maison rénovée ou NFHQE (haute qualité énergétique).

Il est également possible, avec autorisation de la copropriété et de la mairie du fait de la modification de façade, d'installer une deuxième fenêtre en façade, (souvent un coulissant).

- Les coffres de volets roulants : s'ils ne sont pas extérieurs peuvent être traités par la pose d'isolants.
- La ventilation dont le rôle est :
  - d'introduire de l'air de l'extérieur (pas le froid) ;
  - d'évacuer l'air intérieur pollué (pas la chaleur) ;
  - d'éviter les risques d'intoxication dus au monoxyde de carbone ;
  - de réduire les condensations qui dégradent le bâti.

On pourra poser des entrées d'air dans l'ouvrant haut ou le dormant des fenêtres, ou la pose de ventilations conçues pour laisser passer l'air mais pas le bruit.

A Contre les bruits aériens intérieurs

L'effet de masse joue un rôle important : plus c'est lourd, plus ça isole.

- **Les parois simples :**

Elles sont d'une structure homogène, composées d'un seul matériau : béton, parpaings, briques, béton cellulaire, carreaux de plâtre.

- **Les parois doubles :**

Elles sont constituées par deux éléments indépendants (plaques de plâtre, briques désolidarisées) séparées par une lame d'air ou un isolant (laine de verre ou de roche généralement).

▶ **Les parois complexes :**
C'est l'association d'une paroi simple et d'un doublage acoustique (laine minérale, polystyrène expansé élastifié…). Il existe des complexes de doublage à coller pour l'intérieur, sur des murs droits et en bon état ou des doublages sur ossature métallique à appliquer sur des murs ou plafonds.

▶ **Les contre cloisons maçonnées ou désolidarisées :**
La contre cloison est en briques, carreaux de plâtre, blocs de béton cellulaire. Une séparation en élastomère de 5 mm est posée entre les deux cloisons.

B Contre les bruits de choc

- **Le revêtement de sol** sera constitué d'une moquette épaisse, dalles souples, parquets flottants.
- **Les chapes flottantes :** un support de désolidarisation de quelques millimètres associé a une chape béton de quelques centimètres recevra un revêtement au choix.
- **Les dalles flottantes :** ce système associe isolation acoustique et thermique incompressible sur une dalle béton. En rénovation, sa mise en œuvre est difficile et entraîne des contraintes (surcharges sur les planchers, relèvement des seuils de porte).
- **L'isolation des plafonds :** il est possible de coller un complexe de doublage (dalles) mais le résultat est médiocre. Un plafond suspendu est préférable. Il est constitué de plaques de plâtre vissées à une structure métallique, le vide est comblé par de la laine minérale.

C Contre les bruits d'équipement

- **Les équipements individuels :**
  - Sous les lave-linge et lave-vaisselle, il suffit souvent de placer des patins (feutre ou caoutchouc) pour éviter la transmission de vibrations. Pour les baignoires métalliques, on peut les désolidariser du mur en glissant une bande adhérente viscoélastique.
  - En robinetterie, il est vendu des appareils « qualité acoustique » comportant un indice (DS) en décibels. Plus l'indice est élevé, plus le robinet est silencieux. Il existe des robinetteries de chasse d'eau acoustiques.
- **Les équipements collectifs :** bruits de canalisation : ils sont le fait de plusieurs composants : tuyaux (en cuivre, acier, plastique), à la pression de la distribution, aux fixations (colliers de serrage).
- **Bruits des ascenseurs :** l'occupant mitoyen d'une gaine d'ascenseur peut réaliser une isolation de la paroi chez lui. Pour les autres bruits, c'est la copropriété qui peut faire régler la fermeture des portes ou faire placer le moteur sur des coussinets.

27 L'isolation acoustique

Le bruit est un ensemble de variations de la pression de l'air audibles par l'homme. Le niveau sonore est exprimé en « décibels » et indique l'intensité du bruit ou d'un son par rapport à une échelle de référence allant de 10 à 120 décibels (du calme au seuil de douleurs).

Toutes les opérations de construction sont soumises à la « nouvelle réglementation acoustique » (NRA) pour les permis de construire délivrés depuis le 1er janvier 2013. Deux nouvelles normes européennes sont utilisées ainsi que des nouveaux indices permettant l'évaluation de la performance acoustique des produits et ouvrages pour les bruits intérieurs (conversations, téléviseurs…) ou extérieurs (circulation routière, trains, avions…). Le constructeur doit fournir une attestation;

1 Classification des bruits

- **Bruits aériens extérieurs :** trafic routier, ferroviaire, aérien, etc.
- **Bruits aériens intérieurs (bruits roses) :**
  - conversations, téléviseurs ;
  - chaînes hi-fi, radio, etc.
- **Bruits d'impact :** chocs sur le plancher.
- **Bruits d'équipement :** ascenseur, robinetterie, vidange, lave-linge, lave-vaisselle, ventilation mécanique, installation de chauffage ou de climatisation, conditionnement d'air.

Échelle des bruits

Niveau des décibels	Effet perçu	Sources	S'exprimer
10 à 40	Bruits légers	Désert, vent dans les feuilles, appartement calme	Conversation basse
40 à 60	Bruits gênants	Bureau calme, conversation	Conversation normale
60 à 80	Bruits fatigants	Salle de classe très animée, télévision	Conversation difficile, forte
80 à 100	Bruits dangereux	Automobile (klaxon), passage d'un train, musique forte	Conversation en criant
100 à 120	Seuil de la douleur		Conversation impossible

2 Travaux d'amélioration dans l'ancien

A Contre les bruits aériens extérieurs:

- **Fenêtres :** il faut distinguer la structure et le vitrage.
  - Si l'air passe… le bruit passe. On pourra colmater par des joints (mousse, métalliques, silicone…) les passages d'air, si la structure est en bon état.
  - Le vitrage simple peut être remplacé par un vitrage épais, mais si l'on veut réaliser en même temps des économies d'énergie, on lui préférera un double vitrage asymétrique (exemple : 08/10/14) ou mieux, remplacer la fenêtre avec un vitrage 10/10/14 – certification Acotherm (AC2).

Il est également possible, avec l'autorisation de la copropriété et de la mairie (du fait de la modification de façade), d'installer une deuxième fenêtre en façade (souvent un coulissant).

- **Les coffres de volets roulants :** s'ils ne sont pas extérieurs, peuvent être traités par la pose d'isolants.
- **La ventilation :** son rôle est :
  - d'introduire de l'air de l'extérieur (pas le froid) ;
  - d'évacuer l'air intérieur pollué (pas la chaleur) ;
  - d'éviter les risques d'intoxication dus au monoxyde de carbone ;
  - de réduire les condensations qui dégradent le bâti.

On pourra poser des entrées d'air dans l'ouvrant haut ou le dormant des fenêtres, ou encore la pose de ventilations conçues pour laisser passer l'air mais pas le bruit.

B Contre les bruits aériens intérieurs

L'effet de masse joue un rôle important : « *plus c'est lourd, plus ça isole* ».

- **Les parois simples :** elles sont d'une structure homogène, composées d'un seul matériau (béton, parpaings, briques, béton cellulaire, carreaux de plâtre).
- **Les parois doubles :** elles sont constituées par deux éléments indépendants (plaques de plâtre, briques désolidarisées) séparées par une lame d'air ou un isolant (laine de verre ou de roche généralement).
- **Les parois complexes :** c'est l'association d'une paroi simple et d'un doublage acoustique (laine minérale, polystyrène expansé, élastifié…). Il existe des complexes de doublage à coller pour l'intérieur, sur des murs droits et en bon état ou des doublages sur ossature métallique à appliquer sur des murs ou plafonds.
- **Les contre-cloisons maçonnées ou désolidarisées :** la contre cloison est en briques, carreaux de plâtre, blocs de béton cellulaire. Une séparation en élastomère de 5 m/m^2 est posée entre les deux cloisons.

C Contre les bruits de choc

- **Le revêtement de sol** sera constitué d'une moquette épaisse, dalle souple, parquets flottants.
- **Les chapes flottantes :** un support de désolidarisation de quelques millimètres associé à une chape béton de quelques centimètres recevra un revêtement au choix.
- **Les dalles flottantes :** ce système associe isolation acoustique et thermique incompressible sur une dalle béton. En rénovation, sa mise en œuvre est difficile et entraîne des contraintes (surcharge sur les planchers, relèvement des seuils de porte).

▸ **L'isolation des plafonds :** il est possible de coller un complexe de doublage (dalles) mais le résultat est médiocre. Un plafond suspendu est préférable. Il est constitué de plaques de plâtre vissées à une structure métallique, le vide est comblé par de la laine minérale.

D Contre les bruits d'équipement

▸ **Les équipements individuels :** sous les lave-linge et lave-vaisselle, il suffit souvent de placer des patins (feutre ou caoutchouc) pour éviter la transmission de vibrations. Pour les baignoires, il est vendu des appareils « qualité acoustique » comportant un indice (DS) indiqué en décibels. Plus l'indice est élevé plus le robinet est silencieux. Il existe des robinetteries de chasse d'eau acoustique.

▸ **Les équipements collectifs :**
- Bruits de canalisation : ils sont le fait de plusieurs composants : tuyaux (en cuivre, acier, PVC), à la pression de la distribution, aux fixations (colliers de serrage).
- Bruits des ascenseurs : l'occupant mitoyen d'une gaine d'ascenseur peut réaliser une isolation de la paroi, chez lui. Pour les autres bruits, c'est la copropriété qui peut faire régler la fermeture des portes ou faire placer le moteur sur des coussinets.

28 Le second œuvre

Le gros œuvre est terminé, la maison est « hors d'eau ». Les corps de métiers vont se succéder et souvent se chevaucher car il faut prévoir le passage des canalisations (eau, électricité…) avant la pose des parquets ou carrelages.

Nous verrons défiler les plâtriers ou poseurs de cloisons, les menuisiers, les plombiers, les électriciens, les carreleurs, les poseurs de revêtement de sol, les peintres.

Au dehors, il reste à fixer les gouttières et descentes d'eau pluviale, à raccorder les arrivées de gaz, eau, électricité, l'évacuation des eaux usées aux canalisations extérieures (tranchées, raccordement à des coffrets spécifiques ou aux égouts).

1 Les cloisons

Les cloisons assurent la séparation entre les pièces. Elles sont de deux types :

- les éléments hourdés ou collés. C'est le cas des briques, carreaux de plâtre ou en béton cellulaire qui sont assemblés au plâtre, ciment colle ou mortier de ciment ;
- les cloisons sèches constituées de panneaux préfabriqués prêts ont la pose, d'une hauteur de 2,50 m facile à poser.

Il s'agit souvent de deux plaques de plâtre réunies entre elles par un réseau alvéolaire cartonné. Le panneau est fixé au sol et au plafond à l'aide de réglettes bois. La pose terminée, le professionnel n'aura plus qu'à jointer les bords. Il pourra peindre ou coller du papier peint directement. Les bords sont amincis à cet effet. (BA 13 veut dire : bords amincis de 13 m/m).

Ce type de cloison est économique en main-d'œuvre, mais attention si l'on doit accrocher un cumulus ou des éléments de cuisine.

On trouve des plaques de plâtre de trois couleurs : Blanc (usage courant), à Rose (réservé aux pièces humides, salle de bains par exemple), Vert (plus résistantes à un grand passage).

2 Les fermetures

A Les portes

Le commerce propose de nombreux modèles :

- **portes extérieures :** portes d'entrées principales ;
- **portes de service :** cellier, caves, réserves ;
- **portes d'intérieur vitrées ou pleines,** situées dans l'habitation ;
- **portes de garage :** battantes, pliantes, coulissantes, basculantes.

Toutes les portes peuvent être en bois, PVC, métalliques, blindées avec, éventuellement, des qualités techniques (sécurité, iso phonique, isotherme…).

B Commander une porte

La porte comprend « le dormant », partie fixe dont le cadre est fixé aux murs ou cloisons et « la porte », partie mobile. L'ensemble constitue « le bloc porte ».

À la commande il convient d'indiquer la largeur de la porte seule (le vendeur ajoutera 8 cm pour le bloc porte), la hauteur est souvent standard (2,04 m), le vendeur ajoutera la traverse haute. L'important est d'expliquer le sens de l'ouverture désiré (poussant ou tirant, droit ou gauche).

La serrurerie est à préciser surtout pour les portes extérieures (renfort de paumelles, serrure 3 ou 5 points, la poignée et son niveau de sécurité). Les portes situées à l'intérieur sont plus légères car elles jouent moins un rôle sécuritaire mais assurent la séparation des pièces (intimité) ou l'éclairage d'un hall en étant vitrées. De nombreux labels protègent les portes et serrures.

C Les fenêtres

La fenêtre isolante est en bois, aluminium, PVC, métallique. Elle doit répondre à des normes NF et au classement AEV :

- A = perméabilité a l'air (A de 1 à 4)
- E = étanchéité a l'eau (E de 1 à 9)
- V = résistance au vent (V de 1 à 5)

EXEMPLE

Une fenêtre exposée sera A3 E6 V3. Les deux croquis suivants indiquent la terminologie courante :

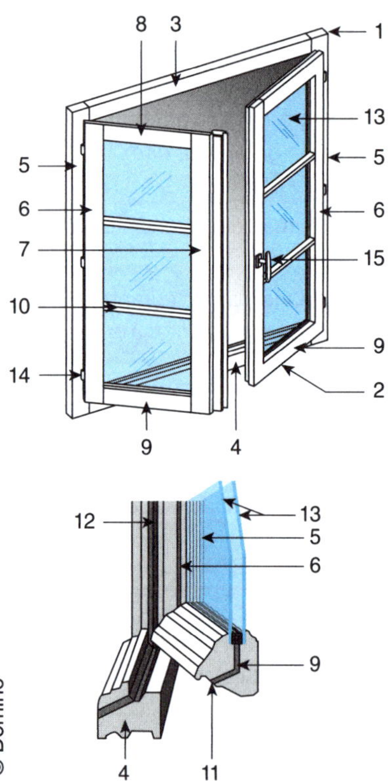

© Domino

Ref.	Désignation
1	Le cadre dormant
2	Le cadre ouvrant
3	La traverse haute dormante
4	La pièce d'appui
5	Les montants dormants
6	Les montants ouvrants
7	Le montant de battement
8	La traverse haute ouvrante
9	La traverse basse ouvrante
10	Les petits bois
11	Le jet d'eau
12	Les parcloses
13	Le double vitrage
14	Les paumelles ou les fiches
15	La poignée

1 • Le vitrage

Le simple vitrage n'est plus compatible avec la RT 2012. En construction neuve ou en travaux de rénovation, on ne trouvera que le double ou triple vitrage.

Le double vitrage peut remplir deux fonctions :

- **thermique** en réduisant les déperditions de chaleur et l'effet de paroi froide ;
- **phonique** car selon sa composition, il réduit considérablement les bruits extérieurs.

Le double vitrage est souvent composé de deux vitres de 4 m/m d'épaisseur séparées par une lame d'air de 8 à 12 m/m. (désignation 4-8-4 pour un espace d'air de 8 m/m). Si l'on souhaite atténuer les bruits venant de l'extérieur, une vitre plus épaisse (6 à 8 m/m) sera placée côté rue et une de 4 m/m à l'intérieur avec une lame d'air de 12 m/m (exemple : 4 -12- 8).

Il y a de nombreux type de verre pouvant résister aux chocs (effractions) ou utilisés dans la structure de rampes d'escaliers (STADIP de St-Gobain), ou feuilletés. Le verre triplex est un verre sécurisé (vitrine de bijouterie).

D Les fermetures extérieures

Elles servent à la fois de sécurité, à obscurcir une pièce, d'isolation au froid, à la chaleur, au vent.

Sous ce vocable on trouve :

- les volets battants : en bois ou PVC, pleins ou persiennes, à barres et écharpes pouvant être de style : provençal, dauphinois, niçois…
- les persiennes composées d'éléments se repliant sur eux-mêmes de chaque côté de la fenêtre ou porte-fenêtre peuvent être en acier, en bois, en PVC ;
- la jalousie est une forme de persienne dont les éléments se replient en accordéon en coulissant sur un rail haut et bas (souvent en PVC).
- le volet roulant, en fort développement, se compose d'un caisson qui reçoit le tablier enroulé et d'un tablier composé de lames (simples ou doubles en aluminium et doubles en PVC). Les lames peuvent être teintées (blanc, gris, beige, marron, faux bois…). Il existe en rénovation des tabliers en bois dont les lames sont agrafées.

La manœuvre peut être exercée par sangle, manivelle, électrique, à tirage direct.

3 Plomberie – sanitaire

Le professionnel doit prévoir, dès la construction d'une maison individuelle, les passages de tout le système d'adduction d'eau, les évacuations, la distribution aux appareils. Il est muni de plans précis indiquant les appareils sanitaires à desservir et leurs emplacements. Toutes les canalisations sont calibrées en fonction de leur rôle et répondent a des normes (DTU). Il peut, suivant le cas, s'occuper du chauffage, du circuit gaz, de la zinguerie en toiture, des gouttières et collecte des eaux pluviales, des eaux usées… Il possède de solides connaissances et un outillage spécialisé. Le terme de « plombier » est impropre car l'emploi des tuyaux de plomb est interdit. Il emploie de façon courante le cuivre, le PVC, l'acier.

A Eau froide – eau chaude

Tous les appareils ne fonctionnent pas en même temps, des abaques permettent à l'installateur de savoir le diamètre intérieur d'un tuyau en fonction de l'appareil et de sa desserte. L'eau froide est distribuée à tous les appareils : chaudière ou cumulus, lavabo, douche ou baignoire, WC, évier, lave-linge, lave-vaisselle, éventuellement a des robinets extérieurs (garage, arrosage…). Certains appareils nécessitent une arrivée d'eau chaude (lavabo, évier, douche, baignoire…). Le technicien devra suivre l'avancement du chantier pour placer ses canalisations.

B Les appareils sanitaires

Le commerce offre une grande variété d'appareils :

- les éviers peuvent être en inox, en grés, en porcelaine, en résine, avec un ou deux bacs et ou deux égouttoirs, à poser ou à encastrer dans un meuble ;
- les lavabos, lave-mains, vasques, sont sur colonne, à fixer, à encastrer ;
- les baignoires en matériaux divers, sont droites, d'angle avec éventuellement une balnéothérapie ;
- les douches (bacs à douche) posées, encastrées, d'angle, sont également remplacées par des cabines de douche ;
- le WC est en grés, porcelaine et souvent à dosseret ;
- le cumulus électrique, s'il y a lieu, doit avoir une capacité calculée en fonction des besoins de la famille. Il peut être mixte (électrique et solaire).

C La robinetterie

C'est le « mitigeur » qui est le plus posé. Le réglage s'effectue par l'orientation de la manette unique. La température souhaitée est obtenue sans gaspillage. Le mitigeur est recommandé pour les éviers, lavabos, baignoires ou douches.

Le « mélangeur » possède deux robinets séparant les commandes d'eau chaude et froide.

Les autres appareils sont alimentés en eau froide (donc un seul robinet) car les lave-linge ou lave-vaisselle chauffent leur eau. La chaudière ou le cumulus produisent l'eau chaude

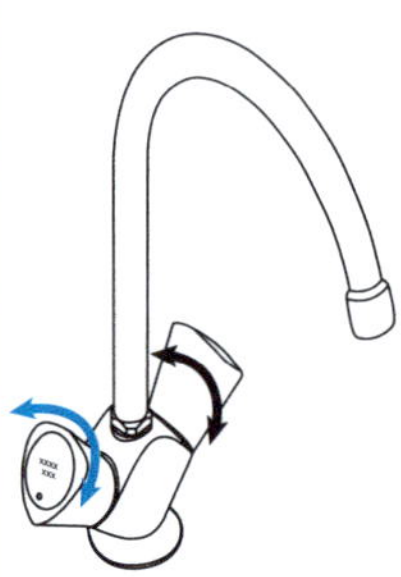

Le mélangeur

Les commandes d'eau chaude et d'eau froide sont séparées.

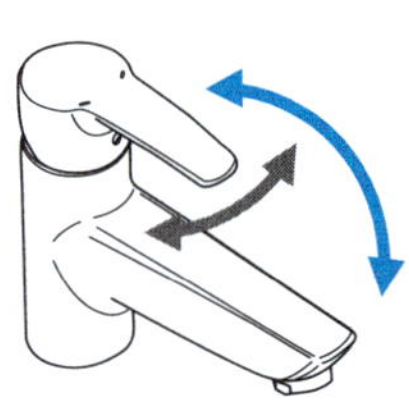

Le mitigeur

Le réglage se fait par orientation de la manette unique. La température souhaitée est obtenue sans gaspillage.

Mitigeur thermostatique

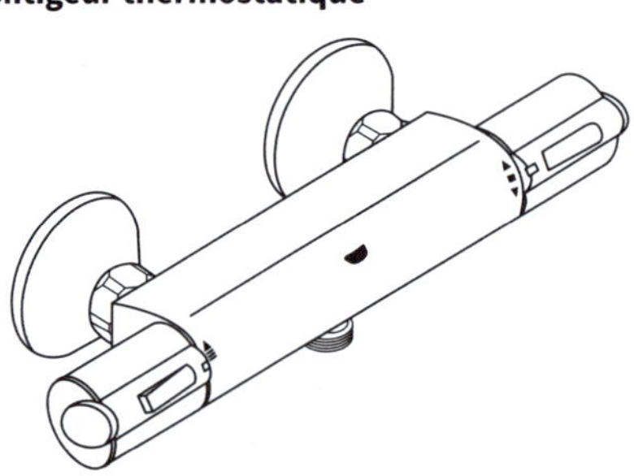

Il offre un préréglage constant et quasi-immédiat de la température et protège ainsi les enfants contre les risques de brûlure.

Livré d'origine avec clapet anti-retour et filtre, un système d'arrêt automatique se met en marche en cas de coupure d'eau. Certains mitigeurs thermostatiques sont coordonnés aux robinets pour lavabos.

D Les évacuations

On distingue les « eaux pluviales » les « eaux usées » (évacuation des lavabos, éviers, douches ou baignoires) et les « eaux-vannes » (WC).

La réglementation fixe, à cet endroit, le nombre d'égouts existants (collecteurs principaux auxquels il faudra se raccorder). Les eaux usées (EU) sont souvent séparées des eaux-vannes (EV). Faute de « tout à l'égout » à proximité, le constructeur devra prévoir une « fosse septique ». Le maître d'ouvrage pourra récupérer « l'eau de pluie » (EP) dans une citerne. Cette eau non potable servira à arroser le jardin, laver la voiture.

Chaque appareil sanitaire possède un siphon pour empêcher la remontée des mauvaises odeurs.

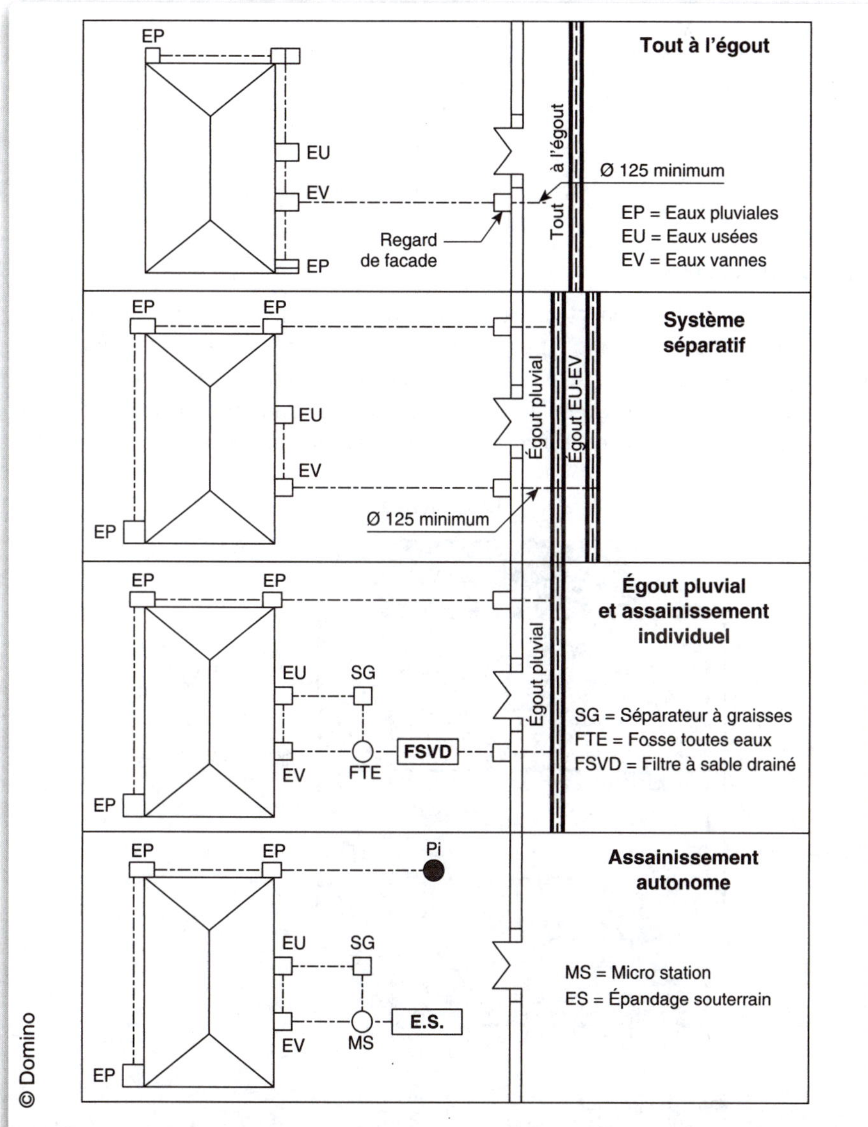

Les éléments d'une gouttière en PVC

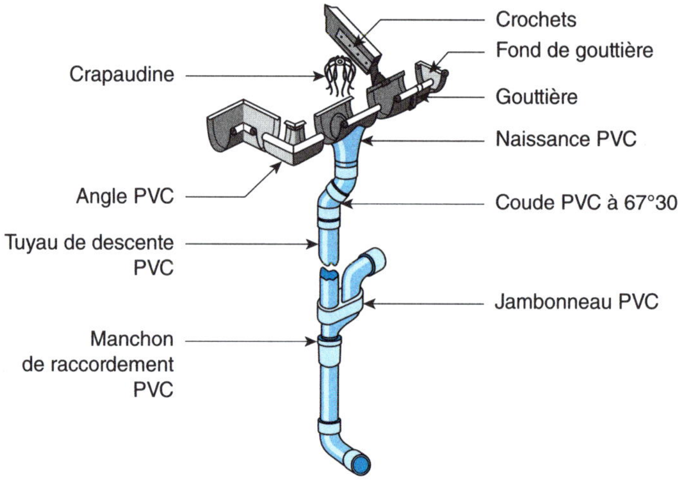

E L'électricité

En considérant l'installation intérieure, le travail de l'électricien commence au compteur posé par EDF. Il est situé dans la gaine technique située sur le palier dans un immeuble (gaine technique logement). En maison individuelle, EDF fournit un caisson permettant le relevé du compteur de l'extérieur (en limite de propriété). Le propriétaire aura à sa charge la tranchée, la fourniture et pose du câble (du caisson au tableau général dans la maison).

La tranchée

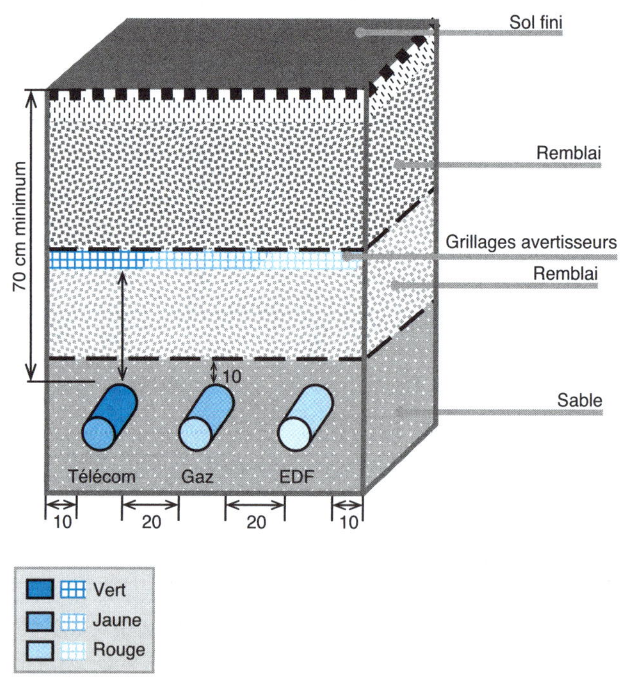

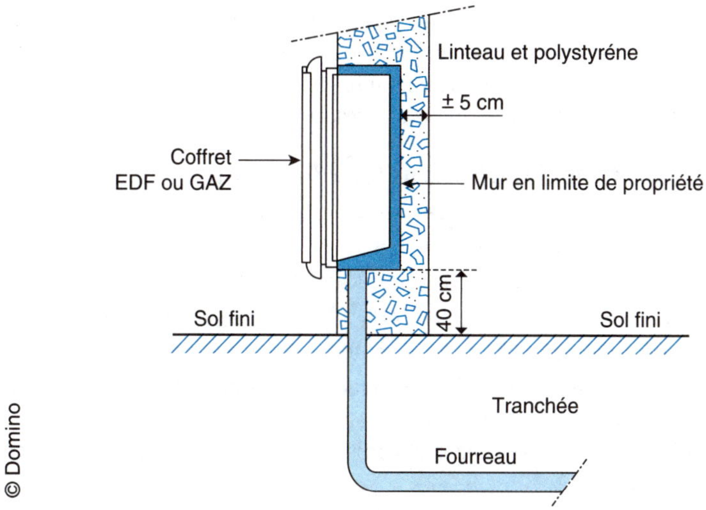

Le tableau électrique comprend un disjoncteur de branchement (permet la coupure générale de l'installation), des interrupteurs ou disjoncteurs différentiels, des disjoncteurs divisionnaires qui protègent l'éclairage de certaines pièces ou des appareils tels que lave-linge, lave-vaisselle, cuisinière électrique, congélateur, un réseau de prises de courant ou de convecteurs.

1 • La puissance nécessaire

- 3 kWh : éclairage, cumulus, frigo, aspirateur, lave-linge ou lave-vaisselle ;
- 6 à 9 kWh : éclairage, cumulus, frigo, aspirateur, lave-linge et lave-vaisselle, cuisinière ;
- 9 à 36 kWh : idem ci-dessus + le chauffage.

2 • Le confort PROMOTELEC

Les règles à respecter :

- la protection différentielle ;
- la section en mm^2 des fils de cuivre
- le nombre minimal de foyer lumineux fixes et de prises de courant (bipolaire + terre) de 16 ampères dont une de 32 ampères en cuisine (au droit de la cuisinière électrique) ;
- le nombre de points lumineux et de prises de courant est ainsi réparti :
  - séjour : 1 foyer lumineux + 5 prises de courant espacées de 3 mètres tout le tour de la pièce ;
  - chambres : 1 foyer lumineux + 3 prises de courant ;
  - Cuisine : 2 foyers lumineux + 3 prises de courant + 2 prises de courant pour circuits spécialisés (frigo, lave vaisselle…) + 1 prise de courant 32 ampères (ou boite de jonction) pour la cuisinière ou plaques de cuisson ;
  - salle d'eau : 2 foyers lumineux + 1 ou 2 prises de courant avec des règles de sécurité strictes ;
  - entrée 1 foyer lumineux + 1 prise de courant ;
  - WC : 1 foyer lumineux
  - Lave-linge : 1 prise de courant (circuit spécialisé avec protection différentielle).

Le circuit de terre est constitué par un câble en cuivre nu posé en boucle à fond de fouille ou par un ou plusieurs piquets cuivre enfouis dans le sol. Il aboutit au tableau général sous une borne vissée destinée a recevoir les fils de terre de toutes les prises de courant et appareils. Les fils de terre sont en cuivre gainé de deux couleurs (vert et jaune) afin d'être facilement distingués des autres conducteurs (phase en rouge, neutre en bleu et fil de terre). La terre évacue les pertes de courant vers l'extérieur et dans le sol.

3 • Règles de sécurité applicables dans les salles d'eau

La salle de bain est une pièce où il faut être prudent avec les installations électriques car la conductibilité du corps humain augmente fortement lorsqu'il se trouve en contact avec l'eau. C'est pourquoi la norme officielle NF C 15 100 impose trois règles essentielles :

1 Tous les circuits électriques alimentant la salle de bain doivent être protégés par un disjoncteur ou un interrupteur différentiel à haute sensibilité (30 mA).

2 Une liaison équipotentielle (un câble électrique) doit relier à la terre les éléments conducteurs situés dans la salle de bains (canalisations métalliques d'alimentation et d'évacuation d'eau, de chauffage, de gaz, corps des appareils sanitaires métalliques, huisseries métalliques, etc.).

3 La pièce est divisée en quatre volumes ; chaque volume est déterminé par sa proximité avec une baignoire ou un receveur de douche (voir ci-dessous).

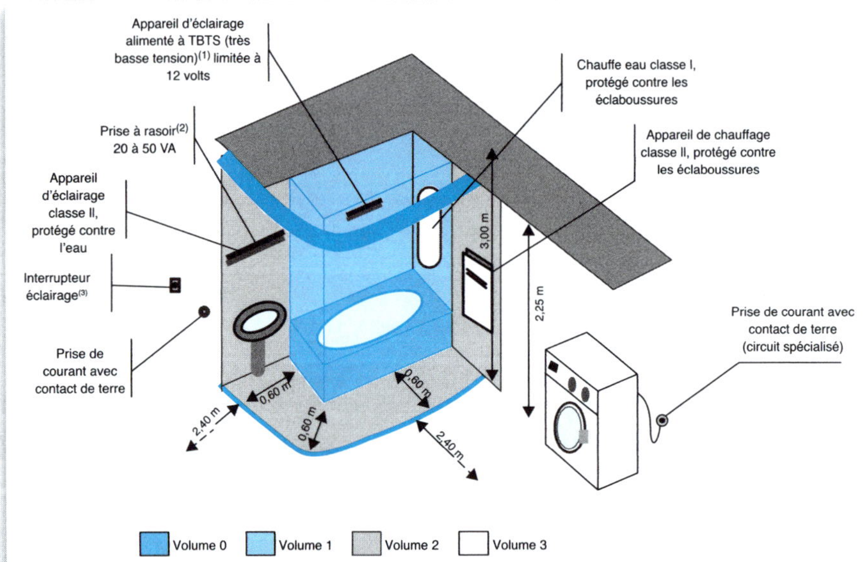

Volume 0 Toute installation électrique est interdire sauf en très basse tension.

Volume 1 Possibilité d'installer un chauffe-eau instantané ou à accumulation.

Volume 2 Passibilité d'installer des prises pour rasoir électrique, des appareils d'éclairage et de chauffage classe I (symbolisés par un double carré figurant sur la double isolation), protégés contre les projections (pictogramme représentant une goutte d'eau dans un triangle).

Volume 3 Passibilité d'installer des prises, des interrupteurs er d'appareils de classe I (matériel comportant une isolation principale et raccordés à la terre.

1. *Le transformateur (conforme à la norme NF EN 60742) est place en dehors des volumes 0, 1 et 2.*
2. *Alimentée par un transformateur de séparation de circuit (conforme à la norme NE EN 60742°.*
3. *L'appareillage domestique est admis dans le volume 3.*
4. *Espace situé sous la baignoire hors volumes 0, 1, 2 et 3 si la trappe peut être ouverte seulement à l'aide s'un outil. Note : tous les circuits, excepté celui alimentant le chauffe-eau, doivent être protégés par un ou plusieurs dispositifs différentiels haute sensibilité (DRHS 30 mA).*

REMARQUE

Dans les volumes 1 et 2, les appareils installés à demeure doivent être raccordés directement et non par l'intermédiaire d'une prise de courant.

F Le chauffage

Le chauffage permet de compenser les déperditions de chaleur et d'assurer un confort dans le logement ou l'habitation individuelle. Le chauffage en immeuble peut être collectif (chaudière produisant l'eau chaude sanitaire et le chauffage central). L'alimentation de la chaufferie peut faire appel à différentes énergies (charbon, bois, gaz, fioul, chauffage urbain, électricité, solaire...).

Le logement peut posséder son chauffage individuel. La chaudière murale gaz produit le chauffage et la production d'eau chaude sanitaire. Les corps de chauffe sont des radiateurs en fonte, fonte d'aluminium, panneaux acier. La chaudière peut être au sol en cas de production plus importante.

Le prix de l'énergie nécessite de rechercher les moyens les plus variés de chauffage économique.

En maison individuelle le choix est vaste à partir d'une bonne isolation :

- le bois si la situation de la maison est favorable :
  - poêle à bois alimenté par des bûches, plaquettes, granulés ou pellets ;
  - chaudière bois à combustion verticale, horizontale, inversée (éventuellement à tirage forcé) ;
  - l'insert est un foyer fermé qui est d'un bon rendement (80 %) et peut diffuser la chaleur dans d'autres pièces à l'étage.
- le fioul : nécessite une cuve de stockage ;
- le gaz : alimente une chaudière murale ou au sol qui peut être à condensation, à micro-accumulation. Son branchement d'évacuation peut se raccorder à une cheminée ou à défaut, être à ventouse (pour les murales) ;
- le charbon est plus rarement employé ;
- l'électricité se présente sous différents types d'applications : les convecteurs, les panneaux radiants ou rayonnants, les accumulateurs, les planchers chauffants, les plafonds rayonnants ;
- La pompe à chaleur (PAC), le solaire, la géothermie sont les techniques qui font appel aux énergies renouvelables.

La « régulation » permet d'avoir une température désirée à tout moment de la journée, de la nuit, certains jours de la semaine.

La régulation peut posséder une sonde extérieure qui déclenchera la mise en route du chauffage en cas de baisse de la température et l'arrêtera en cas de hausse (les minima et maxima sont à fixer). Elle peut prévoir des périodes de baisse du chauffage dans la journée (la famille est au travail, les enfants à l'école) mais le mercredi, le week-end peuvent être exclus. Sur les radiateurs à eau, on peut disposer un robinet thermostatique réglant la température pièce par pièce (exemple : 20° dans le séjour, 17° dans les chambres, 22° dans la salle de bains). Enfin la régulation, pour les appareils électriques 'est programmée par les thermostats disposés sur les convecteurs. Le pilotage par téléphone permet de commander la mise en route du chauffage à distance (très pratique pour les résidences secondaires).

Plan de chauffage de la maison individuelle (fiche 24)

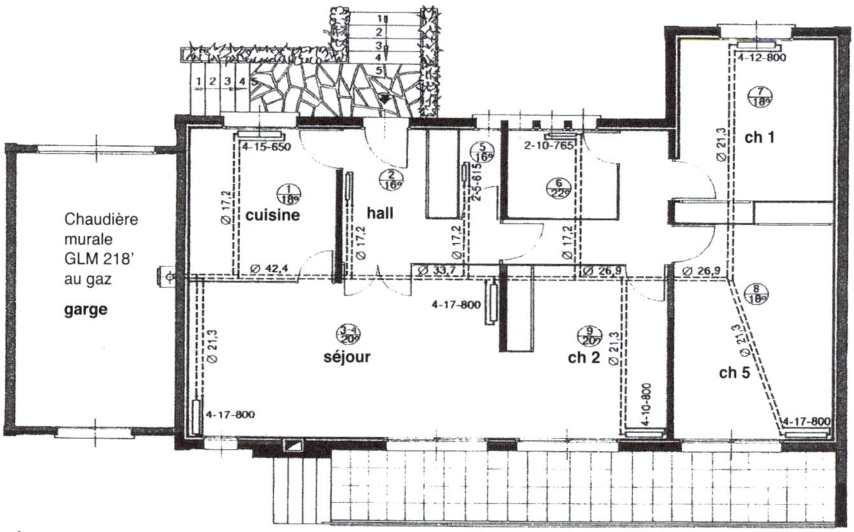

LÉGENDE

——— Canalisation en plinthe

– – – – Canalisation en vide sanitaire

EXPLICATIONS

- La chaudière murale est dans le garage ;
- Les symboles de température : Cuisine 1/18°, hall 1/16°, Séjour 1/20° et salle de bains 1/22°.
- Les radiateurs sont des radiateurs en fonte, la désignation étant la suivante :
  - cuisine : 4-15-650 se traduit ainsi : 4 colonnes (largeur), 15 éléments (longueur) et 650 soit 0,65 m de hauteur ;
  - salle de bains : 2 colonnes, 10 éléments, hauteur 0,765 (soit 2-10-765)
- Les canalisations isolées passent en sous-sol.

EXEMPLE d'une installation avec production d'eau chaude sanitaire
Chauffage central – Gaz

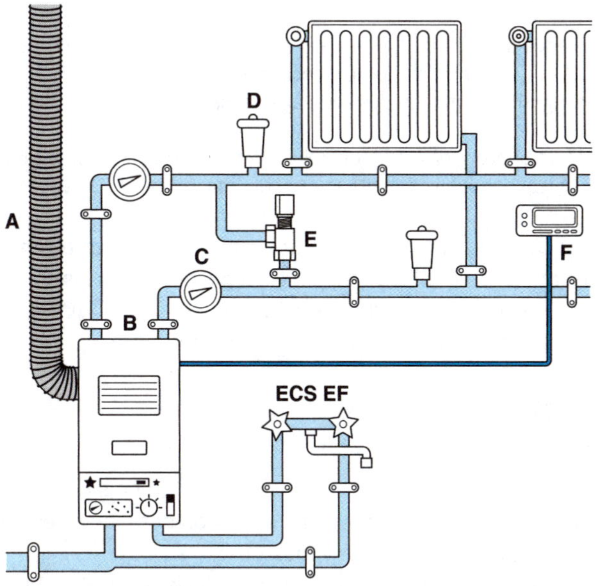

A Évacuation des fumées par la cheminée
B Eau chaude vers le circuit « chauffage »
C Manomètre
D Purgeur automatique de l'installation
E Soupape différentielle
F Thermostat d'ambiance

G Revêtements

1 • Carrelages et faïences

Nous disposons d'une vaste gamme de produits suivant leur utilisation et la situation de l'immeuble (ville, campagne, bord de mer, montagne) :

Pour les balcons et terrasses, on utilisera des « grés cérame » antidérapants.

Les normes UPEC

Le classement des carrelages

La norme UPEC est le classement de durabilité en fonction du lieu d'utilisation. Les carrelages sont classés en groupes selon leur test d'usure.

- Groupe 2 Salle de bains et usage privé modéré.
- Groupe 3 : Salle de bains, chambre et usage privé normal.
- Groupe 4 : Séjour, entrée, cuisine (sauf brillants) et usage privé fréquent.
- Groupe 5 : Passage très intense.

›››

〉〉〉

Tous les accès directs avec l'extérieur doivent êtres protégés par un paillasson.
Le classement « antiglissant » R9 à R13 est effectué en fonction de la rugosité de leur surface pour l'utilisation de chaussures
Le classement « antidérapant » de A à C est effectué pour l'utilisation pieds nus, normes P61-515.
Vous trouverez ces coefficients dans les références concernées.
Du fait de leur rugosité, l'entretien des carrelages antiglissants est plus difficile que celui d'un carrelage ordinaire.
Les classements supérieurs à R11 ont plus particulièrement réservé pour une utilisation industrielle car leur entretien nécessite souvent des machines spéciales.

Les faïences qui sont toujours émaillées, trouvent toujours leur utilisation courante en revêtement des murs d'une salle d'eau, par exemple ou d'une cuisine. Dans ces applications, il faudra respecter le « cahier des prescriptions techniques » (CPT), notamment en ce qui concerne l'étanchéité sous carrelage (emploi de mortier colle).

2 • Les parquets

On distingue :

- les parquets traditionnels sont constitués de lames de bois d'une épaisseur de 23 à 25 m/m clouées sur des lambourdes. La disposition des lames peu former des motifs esthétiques dont quelques exemples ci-dessous :
- les parquets collés sont constitués de lames de bois de 8 à 14 m/m d'épaisseur constituant des motifs à coller directement sur la chape en béton ;
- les parquets flottants dont la pose est délicate (normes DTU 51611). Les parquets sont livrés d'usine, finis et vernis. Il reste à les coller en rainure ou à les clipser.

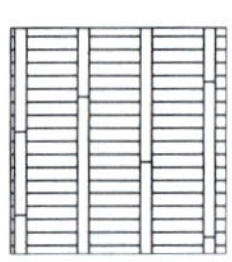
Pose en échelle

Pose en pointe de Hongrie

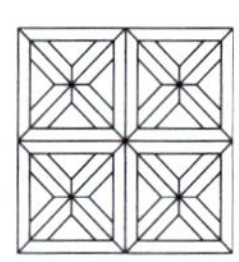
Pose Renaissance

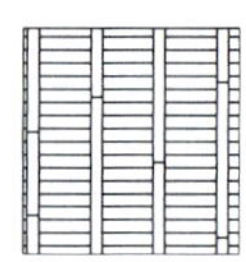
Pose à l'anglaise

Pose en vannerie

Pose à bâtons rompus

Pose en coupe de pierre

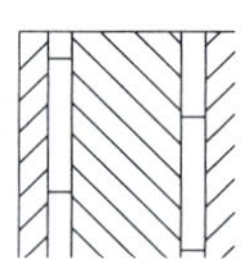
Pose en fougères

Pose en damier

3 • Les moquettes

Ce marché est en baisse. On trouve la moquette en rouleau (laine, touffetée, aiguilletée…) avec différents traitement suivant sa destination. La moquette peut se présenter sous forme de dalles posées sans collage (boutiques, bureaux…).

4 • Autres revêtements

- Le linoléum, le gerflex…
- Les dalles en gerflex autocollantes (30 × 30 cm)

Les normes UPEC

Le classement UPEC

Le premier classement UPEC a vu le jour en 1959, dans le souci d'exprimer simplement l'adéquation d'un revêtement de sol à un local déterminé.

Les locaux, comme les revêtements, sont caractérisés par l'association de 4 lettres :
U – usure due à la marche ;
P – poinçonnement par le martèlement des talons, la pression des pieds du mobilier ;
E – eau utilisée pour l'entretien des locaux ;
C – chimique : résistance aux produits d'entretien couramment employés.

Chaque lettre est affectée d'un indice (ou indice intermédiaire avec la lettre S) qui correspond soit à la sévérité d'usage, Soit au degré de résistance. D'où les correspondances suivantes :

- U_1 – usage privatif faible (non utilisé pour le bâtiment) ;
- U_2 – usage privatif, trafic normal ;
- U_{25} – usage privatif, trafic intense ;
- U_3 – usage collectif, trafic normal ;
- U_4 – usage collectif, trafic intense ;
- P_1 – mobilier fixe et trafic pédestre (non utilisé pour le bâtiment) ;
- P_2 – mobilier fixe et trafic normal ;
- P_3 – mobilier mobile (sièges à roulettes, chariots).

Remarque :
Ces deux lettres concernent l'utilisation du revêtement, alors que les deux suivantes sont orientées sur l'entretien.

- E_0 – présence d'eau accidentelle, entretien et nettoyage à sec ;
- E_1 – présence d'eau occasionnelle, entretien à sec, nettoyage humide ;
- E_2 – présence d'eau courante, entretien et nettoyage humides ;
- E_3 – présence d'eau souvent prolongée, entretien et nettoyage à grande eau ;
- C_0 – contact exceptionnel avec les produits ménagers ;
- C_1 – contact occasionnel avec les produits ménagers ;
- C_2 – contact courant avec les produits ménagers ;

Le classement UPEC est délivré sous forme d'avis technique par le CSTB. Au niveau européen, une directive unique de spécification propose le classement « GWS » dont la correspondance avec le classement UPEC est la suivante :

$G_1 \Leftrightarrow U_2P_2$
$G_2 \Leftrightarrow U_{2S}P_2$
$G_3 \Leftrightarrow U_3P_2$
$G_4 \Leftrightarrow U_2P_2$
$G_5 \Leftrightarrow U_4P_3$

29 Escaliers et ascenseurs

L'escalier permet d'accéder à ou aux étages supérieurs. Il doit répondre à des normes concernant :

- la dimension des emmarchements (exemple : au moins 0,80 m pour la maison individuelle et 1,20 m pour l'immeuble collectif) ;
- la dimension des marches : hauteur et giron ;
- le palier, l'échappée (1,90 m minimum de hauteur libre au-dessus des têtes), la ligne de foulée (toutes les marches ont le même giron), le balancement, les marches de départ et d'arrivée doivent être droites.

1 Principaux types d'escaliers

Si les escaliers droits sont les plus courants, allant d'un palier à l'autre, on trouve les escaliers balancés (pas de demi-palier) en tournants ; ils permettent une économie de place ainsi que les escaliers hélicoïdaux (escaliers de secours ou en boutique : magasin/réserve).

2 La préfabrication

L'escalier est souvent préfabriqué :

- en bois et monté sur place dans la maison individuelle ;
- en béton livré sur chantier par éléments à assembler.

Nomenclature d'un escalier bois
Escalier ¼ tournant

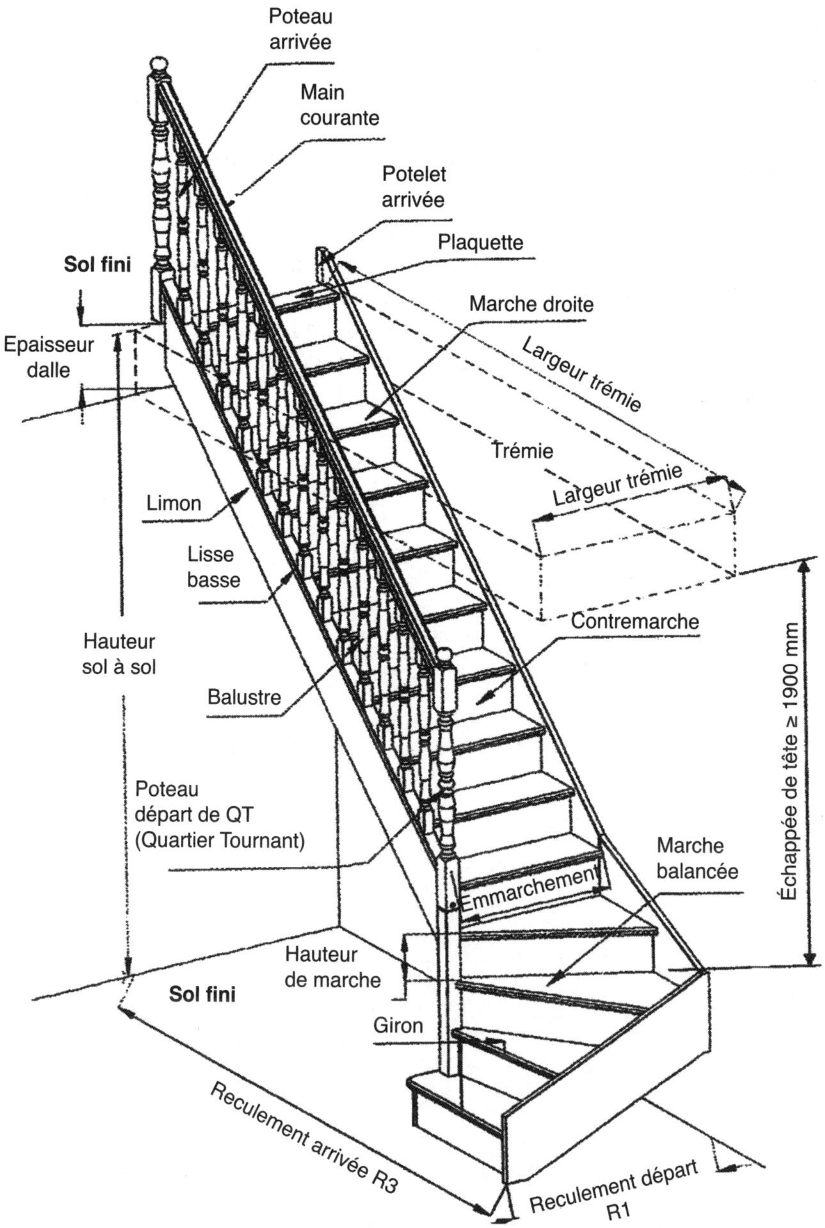

3 L'ascenseur

Au-dessus de 4 étages, l'ascenseur est obligatoire. Il permet la construction d'immeubles en hauteur et valorise les logements en étages élevés. Il y en aura plusieurs dans les immeubles de grande hauteur.

De nombreux accidents imposent une révision du parc :

- La loi urbanisme et habitat du 2 juillet 2003 impose des travaux de mise en sécurité pour tous les ascenseurs installés avant le 27 juillet 2000 (décret 2004-964 du 9 septembre 2004).
- Un échéancier répartit les travaux à réaliser en trois tranches (loi Boutin) :
  - avant le 31/12/2010 ;
  - avant le 03/07/2013, repoussée au 03/07/2016 ;
  - avant le 03/07/2018. Cette dernière tranche est en partie supprimée (décret n° 2014-1230 du 21/10/2014 du CCH). Elle ne comprend plus qu'une exigence concernant l'installation d'un dispositif de protection contre la vitesse excessive de certains appareils, la ministre du logement ayant suspendu l'obligation d'installer un variateur de fréquence (mai 2013).

Nomenclature d'un ascenseur

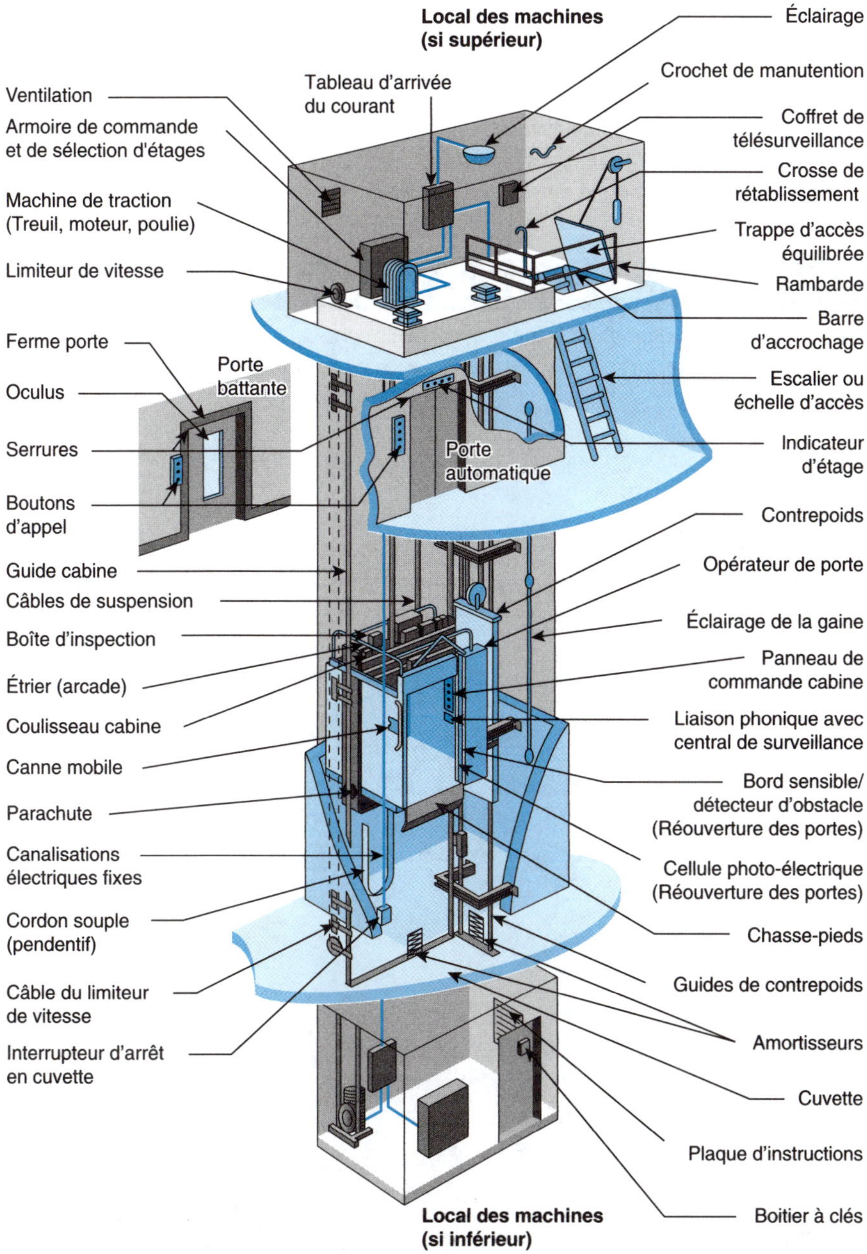

30 Les énergies renouvelables

Sous ce vocable, nous englobons tout ce qui peut nous permettre d'économiser l'énergie (électricité, fioul, gaz…) en utilisant d'autres énergies non polluantes et souvent gratuites, qui se renouvelle sans réduire notre stock d'origine.

1 Les différentes énergies renouvelables

- Le bois (il se produit plus de bois que nous en consommons)
- Le solaire
- La géothermie
- Le vent
- La biomasse
- L'eau

2 Le solaire

Le soleil brille partout même si son rayonnement est différent entre le nord et le midi de la France. Il faudra prévoir plus de capteurs et un appoint. La carte indique la puissance du gisement solaire en kWh/m²/an.

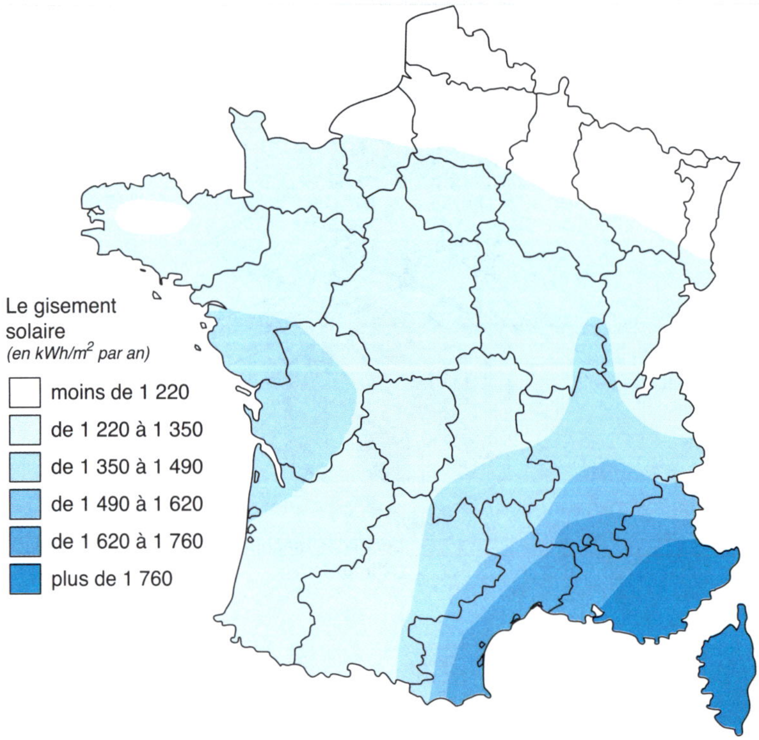

Source : Agence de l'environnement et de la maîtrise de l'énergie (ADEME).

Les capteurs solaires vont utiliser une énergie abondante, gratuite, non polluante, aisément transformable et utilisable dans le chauffage, la production d'eau chaude sanitaire, la climatisation, la production d'électricité.

3 La géothermie

L'énergie utilisée se trouve dans le sol extérieur (calories captées dans le sol). Ces capteurs sont soit horizontaux, soit verticaux :

- la surface des capteurs horizontaux est de 1,5 à 2 fois la surface habitable à chauffer ;
- les capteurs verticaux sont enfoncés à au moins 50 mètres.

Le liquide antigel circule dans les canalisations en permanence, prend au passage la chaleur du sol et la redistribue dans le circuit chauffage de la maison en passant par une PAC (pompe à chaleur géothermique eau/eau).

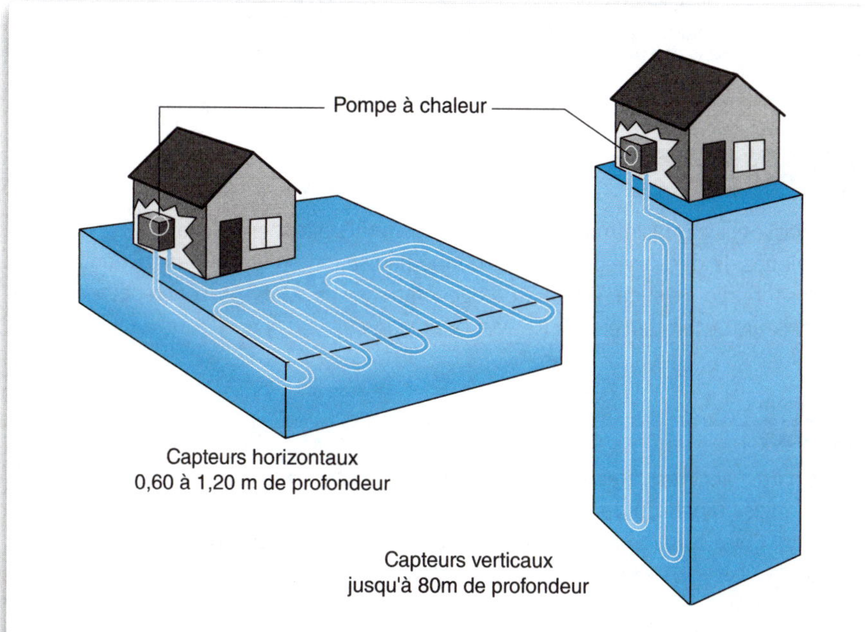

4 Le vent

L'éolienne utilise l'énergie du vent pour produire de l'électricité. En maison individuelle, elle peut être un complément du solaire ou à la fourniture EDF. Le mat d'une hauteur de 12 à 18 mètres (permis de construire au-dessus de 12 mètres) peut être basculé en cas de grand vent. L'installation avec onduleur, régulateur, câblage, fondations et haubanages coûte environ 35 000 €.

Par contre, dans les régions ventées (vallée du Rhône, Languedoc-Roussillon, Normandie...), on trouve des ensembles dont les mats sont d'une hauteur de 120 à 140 mètres. Chaque machine produit 2 mW (coût environ 2 millions d'euros). On peut les implanter *offshore* (Port la Nouvelle dans l'Aude a 71 machines). L'éolien est en développement en

France mais les installations, si elles rapportent une taxe professionnelle à la commune, département, région, rencontrent souvent une forte opposition des riverains.

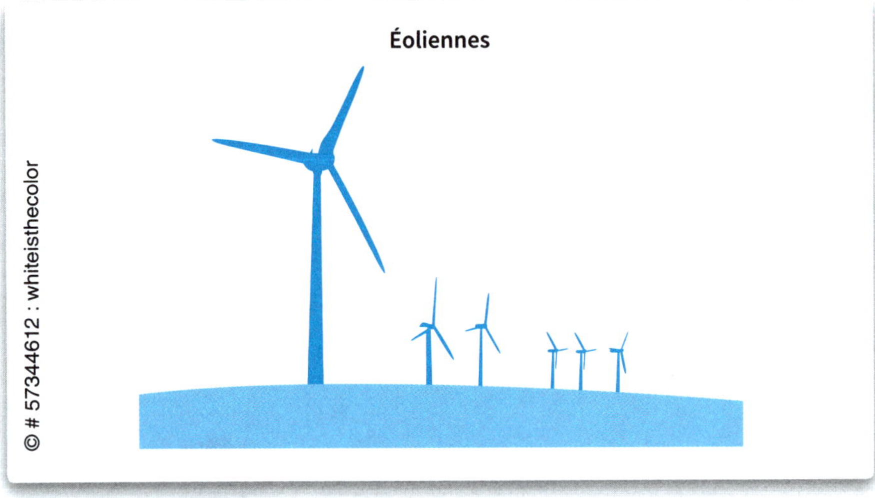

5 La biomasse

La biomasse est la transformation des déchets naturels, agricoles, ménagers, agroalimentaires, biogaz de décharge ou produits de méthanisation en chaleur en alimentant des centrales thermiques et de l'électricité (cogénération). Les DOM-TOM couvrent une grande partie de leurs besoins en électricité avec ce principe.

6 L'eau

Pour le particulier, il est rare de pouvoir installer une microcentrale en justifiant d'un « droit d'eau » (ancien moulin, propriété bordée par une rivière ou un torrent) afin de produire son électricité. Cette solution est coûteuse. L'hydrolienne utilise l'énergie de la mer (marées, vagues).

7 Production et revente

Le marché du photovoltaïque (production d'électricité privée et revente à l'EDF) est en plein développement. Certaines grandes surfaces de toitures (entrepôts, hangars agricoles), ou centrales au sol sont couvertes de panneaux photovoltaïques. L'électricité produite est utilisée sur place et le surplus revendu à EDF. Ce marché est aidé financièrement (ADEME, commune, crédit d'impôt...) et soutenu par le Grenelle de l'environnement dont l'objectif est d'installer 5 400 mW pour 2020.

Partie 3

LA GESTION LOCATIVE

31 La recherche d'un bien

Il faut sans cesse rechercher des biens à louer afin d'augmenter son portefeuille locatif ou pour compenser son érosion. En effet à chaque congé, le bailleur doit être informé de la disponibilité de son bien et il peut prendre la décision de l'occuper, de le vendre ou de le relouer.

En cas de vente, l'agence peut espérer des honoraires de négociation mais ce sera une perte de revenus mensuels pour la régie. Au décès du bailleur, les héritiers peuvent souhaiter vendre et se partager le montant de la vente.

1 Le régisseur

Le régisseur sera souvent occupé par la mise en place des locataires, l'administration et la gestion des lots, les états des lieux, les rédactions de baux, la relance des impayés, les travaux divers. Il a souvent plus un rôle d'administrateur que de prospecteur. Pour chaque lot qu'il gère, il doit détenir un **mandat de gestion** (durée 10 ans) qui est enregistré au **registre des mandats de gestion.**

2 La prospection

Hélas, trop souvent dans les agences, les services « vente » et « régie » sont cloisonnés. Le négociateur vend des biens à des investisseurs en omettant de proposer la gestion de ces acquisitions par l'agence. L'agence doit proposer ses services (vente, administration de biens) :

- sur le papier commercial et tous les documents émis par l'agence ;
- sur la page d'accueil de son site internet ;
- sur son enseigne et en vitrine ;
- à chaque vente effectuée à un investisseur, l'agent immobilier enverra une circulaire pour lui faire des propositions de gestion de son bien avec une offre commerciale à la clé (réduction ou gratuité des honoraires la 1re année).

Les rapports étroits du régisseur avec ses mandants sont importants. L'envoi d'acompte au cours de l'année et la reddition des comptes en fin d'exercice ne sont pas suffisants. Lors de la réception de convocation aux AG, lors de la sortie de nouvelles lois intéressant les bailleurs, lors de petits travaux chez le locataire… il y a lieu d'expliquer, d'informer ou de justifier l'action menée, l'important étant d'affirmer son professionnalisme.

Un bailleur content de son agence ne manquera pas de le faire savoir à ses amis qui peuvent avoir des problèmes avec leur gestionnaire et souhaiter en changer. Votre porte est grande ouverte.

Les cartes réponses mises dans les boîtes aux lettres doivent comporter une ouverture sur la régie car ces missives peuvent toucher quelqu'un qui veut vendre, acheter, louer, ou mettre en gestion.

Les annonces passées dans la presse (gratuite ou revues d'annonces) seront groupées sous un bandeau indiquant les coordonnées de l'agence et ses différents secteurs d'activité dont la régie.

3 La concurrence

Elle est importante :

- le bailleur entend gérer lui-même son ou ses biens car il estime que la gestion par agence est onéreuse (2/3 des cas selon l'Insee) ;
- les marchands de listes qui proposent aux bailleurs de leur trouver des locataires, sans bourse déliée. C'est le candidat locataire qui réglera sous forme d'abonnement ;
- les revues de particulier à particulier…

Oui mais,

Le bailleur connaît-il les lois ? Est-il capable de bien remplir un bail, de choisir le bon locataire, de faire l'état des lieux… ?

Les lois sont compliquées, à l'avantage des agences car la rédaction d'un bail d'habitation, d'un bail pour un meublé, d'un bail professionnel, d'un bail commercial ou de locaux annexes n'est pas un travail d'amateur…

Les indexations variées : IRL, ILC, ICC , ILAT… sont à suivre avec attention, les charges (provisions sur charges), les loyers et relances ou remises à niveau sont l'affaire de professionnels. Un bail mal rédigé peut être source de litiges entre le locataire et le bailleur.

Enfin, l'agence doit faire comprendre au bailleur l'importance du travail à effectuer sur le lot en gestion. Les honoraires sont justifiés (dont TVA 20 %). Tous ces frais sont déductibles fiscalement des revenus fonciers.

4 Le rachat de régies

Des opérations de grande envergure ont eu lieu et ont permis à des banques d'acheter de grosses chaînes d'agences immobilières et de promoteurs. La banque est en effet la première intéressée lors d'une vente pour répondre au besoin de crédit.

De petites agences se sont vu proposer une somme relativement intéressante pour la vente de leur portefeuille régie (4 fois le montant du CA annuel). C'est une solution, pour l'agence acquéreur, qui permet de grossir le nombre de biens à gérer. Bien entendu, cela suppose de faire signer de nouveaux mandats de gestion et donc de se faire adopter par les bailleurs. Il est bon de repérer les agences dont les dirigeants sont proches de la retraite.

@ **Mandat de gestion locative**
Registre des mandats « gestion location »
Mandats de location

32 La recherche d'un locataire

Pour le régisseur, la recherche d'un locataire est toujours une action délicate.

Il connaît l'immeuble dans lequel se trouve le bien à louer. Il doit mettre en place un locataire qui ne posera pas de problème et s'intégrera facilement dans le tissu existant et en conformité avec le règlement de copropriété, si c'est le cas.

Le propriétaire peut donner des « consignes » souvent contraires à la législation en vigueur. Le régisseur souhaite mettre en place le locataire qui restera, réglera régulièrement son loyer, se fera oublier de son service (pas d'appels intempestifs si un disjoncteur se déclenche) et entretiendra son bien comme il convient. Bref le locataire idéal est rare !

1 La législation

Il n'est plus possible de louer en habitation un logement qui ne soit pas décent (loi SRU du 13/12/2000 et décret d'application du 30/01/2002). Le régisseur doit visiter le bien avant de le prendre en gestion, avec le bailleur. Il indiquera les éventuels travaux à effectuer et les équipements à vérifier pour permettre la location.

Les textes suivants sont à relire :

- loi ENL du 13.07.2006 ;
- loi de modernisation sociale du 17.01.2002 ;
- loi DALO (droit au logement opposable) du 5.03.2007.

Ces textes font ressortir le droit au logement pour chacun (secteur privé ou social), un logement décent. Enfin l'attention est attirée sur la « discrimination » :

- directives européennes et Code pénal français art. 225-1 en 2001 ;
- modification de la loi de 1989 (art. 1 al. 2 et 3) interdisant au bailleur la discrimination dans le choix de son locataire. La HALDE (Haute Autorité de lutte contre les discriminations et pour l'égalité) veille et demande des sanctions. Ses pouvoirs sont renforcés par la loi Perben en 2004 et la loi pour l'égalité des chances en 2006.

2 L'offre locative

L'offre est abondante dans le secteur privé mais dans le social la demande la dépasse largement et nécessite, pour ceux dont le dossier est accepté, un temps d'attente de plusieurs mois ou années suivant les villes.

Le loyer varie d'une commune à l'autre, c'est la loi du marché. Dans certains cas, le bailleur doit respecter un plafond de ressources et de loyer (Borloo ancien social, très social, Scellier, Scellier intermédiaire, Duflot, Pinel) ou le plafonnement des loyers (loi ALUR).

3 Le dossier du candidat

L'agent propose au candidat intéressé par un bien en location de remplir un imprimé (questionnaire) permettant de concrétiser sa demande et de fournir des renseignements :

- identité, composition du foyer ;
- emploi et ressources ;
- domicile actuel ;
- des justificatifs (carte d'identité, fiches de paie ou déclaration d'imposition, quittances de loyer, relevé d'identité bancaire...) sont à produire et le régisseur ou son secrétariat prendra connaissance des originaux et en fera des copies (se méfier des dossiers de photocopies préparés à l'avance !).

4 Les ressources

Lors du tri des dossiers, le régisseur va rechercher les ratios (loyers/revenus) en souhaitant rester en deçà de 30 %. Ainsi va s'opérer la première sélection.

> EXEMPLE
>
> M. et Mme Dupin, mariés, avec 1 enfant, postulent pour un T4 dont le loyer est de 800 €/ mois ; la provision sur charges est de 28 €. Les salaires sont :
> M. : 20 000 €/an dont 13e mois ;
> Mme : 18 500 €/an sur 12 mois.
> Le revenu mensuel est de :
>
> $$\frac{38\,500}{12} = 3\,208 \text{ € (arrondi)}$$
>
> Le ratio est :
>
> $$\frac{800 + 28}{3208} = 25{,}80\,\%$$
>
> La candidature peut être retenue.

5 L'emploi stable

C'est le problème souvent posé. Il n'est pas toujours aisé de trouver des locataires fonctionnaires ou en CDI avec une antériorité de plusieurs années chez le même employeur et un avenir estimé serein !

Parmi les dossiers compatibles avec le ratio, une seconde sélection s'opère sur ce critère d'emploi.

6 La garantie des loyers impayés

Le bailleur qui désire sécuriser le paiement de ses loyers dispose de 3 garanties :

- la caution solidaire ;
- la garantie des loyers impayés (GLI) ;
- la garantie des risques locatifs (GRL).

La caution est la solution courante à condition que le garant offre toutes les garanties de solvabilité.

La GLI sera souscrite par le bailleur auprès d'un assureur, d'une banque, d'un professionnel de l'immobilier. D'un coût de 2 à 4 % du montant des loyers, elle couvre les mêmes risques que la GRL, mais l'étendue des garanties varie selon les contrats.

La GRL propose un socle de 3 garanties :

- les impayés de loyers et frais de contentieux avec un plafond de 70 000 € sur toute la durée du contrat ;
- les dégradations avec un plafond de 7 700 € (3 500 € en meublé).

Coût de ce contrat : 2,5 à 3 % des loyers selon les assureurs.

La GUL (garantie universelle des loyers) imposée par la loi ALUR remplacera la GRL à partir du 1er janvier 2016, pour les baux signés à compter de cette date ou les renouvellements. Elle est optionnelle (le bailleur coche une case sur le bail). Elle est gratuite. Le cumul GUL et caution est interdit sauf si le locataire est un apprenti ou un étudiant.

7 La signature du bail

Les locataires retenus sont convoqués pour la signature du bail (voir Fiche 44 *Le bail social*) qui sera établi avec le plus grand soin. Les documents annexes seront joints :

- les décrets du 26/08/2007 concernant les réparations locatives et les charges locatives ;
- les diagnostics ;
- la copie du règlement de copropriété ou règlement intérieur ;
- l'état des lieux effectué avant la remise des clés et l'attestation d'assurance (obligatoire) ;
- le barème de vétusté (remis par certaines agences) qui évite les litiges au départ ;
- l'acte de caution, si c'est le cas.

5 Contrat de location ou de colocation de logement nu
6 Liste entretien et réparations locatives et charges récupérables
7 État des lieux
8 Engagement de caution solidaire

APPLICATION

ÉNONCÉ

Un logement situé 15 place Kleber, 67000 Strasbourg sera libre au 1er janvier 2015. Vous avez effectué les visites et parmi les nombreux dossiers reçus vous en avez sélectionné un, celui de M. et Mme Dubail pour lequel vous disposez des meilleures garanties.
La date de signature du bail suivie de l'état des lieux est fixée au 28 décembre 2014 à 14 heures en vos bureaux.
Votre fiche de candidature donne entre autres indications :
M. Dubail Stéphane, Mme Dubail Alice
Revenus du couple : 2 200 € mensuels
Le loyer est de 700 € mensuels (dont 100 € de provisions sur charges). Le père de Stéphane, M. Robert Dubail, sera caution.
L'agence prend 300 € TTC d'honoraires (état des lieux, rédaction du bail).
Le dépôt de garantie demandé est conforme à la législation en cours. Le T3 loué nu, loi de 1989, est en parfait état.
En qualité d'assistant(e) régie de l'agence Alsace immo, 25 avenue du Rhin, 67000 Strasbourg, vous êtes chargé(e) de préparer la lettre d'acceptation que vous devez envoyer à ce candidat locataire. Vous lui annoncerez que son dossier est retenu, la date et l'heure de signature du bail, que l'état des lieux suivra. Vous indiquerez le montant qui sera à régler et le(s) document(s) à fournir.

SOLUTION

Papier à l'en-tête de l'agence

M. et Mme Dubail
……………………………
……………………………

Objet : location 15 place Kleber
Réf. : bailleur/N°…

Strasbourg, le …. décembre 2014

Madame, Monsieur,

Après examen de votre dossier de candidature, nous avons le plaisir de vous annoncer que celui-ci a été retenu. Si la date vous convient, nous fixons le rendez-vous de signature du bail le lundi 29 décembre à 14 heures en nos bureaux. Votre présence et celle de M. Dubail Robert, votre cautionnaire, est indispensable. Vous voudrez bien prévoir de nous régler par chèque le montant suivant : 1 600 € correspondant à :

Dépôt de garantie	600 €
Loyer + provision sur charges octobre	700 €
Honoraires d'agence	300 €
	1 600 €

Nous ferons l'état des lieux ensuite et vous demanderons, en échange des clés, une attestation d'assurance multirisques habitation.

Dans cette attente, nous vous prions de croire, Madame, Monsieur, à l'expression de nos sentiments distingués.

Le régisseur

33 La location nue Baux en loi du 6 juillet 1989 modifiée

1 Loi ALUR

- Les loyers suivent la progression de l'IRL (indice de révision des loyers), sauf en cas exceptionnel de travaux d'envergure ou la réévaluation du loyer pourra être supérieure à la progression de l'IRL.
- Mise en location ou relocation :
- Le loyer ne pourra pas excéder des maxima fixés annuellement par arrêtés préfectoraux.

En pratique le bailleur dispose de trois loyers :

- un loyer de référence ;
- un loyer minoré (inférieur de 30 % au maximum du loyer de référence) ;
- un loyer majoré (supérieur de 20 % au maximum du loyer de référence).

Le bailleur pourra appliquer ce loyer majoré sans justificatif.

Lorsque le loyer est inférieur au loyer minoré, il peut le réévaluer au-delà de l'IRL.

Le bailleur peut déplafonner le loyer en demandant à son locataire un complément exceptionnel, si le logement offre des caractéristiques remarquables (vaste terrasse, vue exceptionnelle...).

Ces dispositions concernent les baux signés dans les « zones tendues » (28 zones tendues : agglomérations de + de 50 000 habitants dont Ajaccio, Annecy, Bordeaux, Genève/Annemasse, Lille, Lyon, Nice, Paris, St-Nazaire, Thonon, Toulon, Toulouse...). Pour les baux antérieurs à la loi ALUR, le plafonnement devra être respecté lors du renouvellement (d'où baisse possible pour certains loyers).

- Références de loyers : observatoire clameur, par exemple.
- Règles de fixation des loyers : loi ALUR art. 17-1, 17-2 et 18.

2 Les honoraires de location

Le propriétaire donnant a un professionnel, la charge de mettre en place un locataire (recherche, état des lieux, bail, visites) réglera pratiquement la quasi-totalité des honoraires.

Pourront être partagés entre le bailleur et le locataire, les honoraires afférents à l'organisation des visites, réalisation de l'état des lieux, rédaction du bail après examen du dossier locataire.

Afin d'éviter les dérives, **la loi prévoit un plafonnement des frais imputés au locataire sur la base du m² de surface habitable et la situation géographique du logement**.

3 Le bail

La loi ALUR impose le recours à un nouveau contrat type fixé par décret pour tous les baux soumis à la loi de 1989. Il sera plus informatif envers le locataire.

Les mentions obligatoires portent sur :

- le nom ou dénomination du bailleur (domicile, siège social) et éventuellement ceux de son mandataire ;
- le nom et dénomination du locataire ;
- date de prise d'effet et durée ;
- la consistance, destination, surface habitable du local loué ;

REMARQUE

Si le locataire constate une différence de plus de 1/20e entre la surface habitable telle que définie au CCH et celle figurant sur le bail, il pourra demander une réduction de loyer proportionnelle.

- la désignation des locaux, équipements à usage privatif dont le locataire a l'usage exclusif ;
- la désignation des équipements et accessoires de l'immeuble dont l'usage est commun ;
- la désignation des équipements d'accès aux technologies de l'information et de la communication ;
- le loyer et garanties de paiement : montant du loyer, modalités de paiement, règles de révision, le loyer de référence et le loyer de référence majoré correspondant à la catégorie de logement définie par l'état dans le département dans les zones où l'arrêté mentionné à l'art. 17-1 s'applique ;
- le montant et la date de versement du dernier loyer payé par le précédent locataire dès lors qu'il a quitté le logement moins de 18 mois avant la signature du bail ;
- la nature et le montant des travaux effectués dans le logement depuis la fin du dernier contrat de location ou de son dernier renouvellement ;
- le montant du dépôt de garantie, s'il est prévu ;
- le renoncement éventuel au bénéfice de la GUL.

165

En annexe

Une notice d'information précisant les droits et devoirs des locataires et des bailleurs, les voies de conciliation et de recours qui leur sont ouvertes pour régler les litiges et les droits ainsi que les effets de la mise en œuvre de la GUL.

Dans les copropriétés, il faudra joindre les extraits du règlement de copropriété (destination de l'immeuble, jouissance et usage des parties communes et privatives, détail de la quote-part pour le lot loué des différentes catégories de charges).

@ **Notice d'information relative aux droits et obligations des locataires et des bailleurs**

BON À SAVOIR

Si le bail ne comporte pas les informations concernant la surface habitable, le loyer de référence, le dernier loyer acquitté par le précédent locataire ; le nouveau locataire peut dans un délai d'un mois, à compter de la date de prise d'effet du bail, mettre en demeure le bailleur de porter ces informations au bail.

Sans réponse du bailleur après un mois ou refus, le locataire peut saisir, dans un délai de trois mois à compter de la mise en demeure, la juridiction compétente afin d'obtenir, le cas échéant, la diminution du loyer.

4 Les honoraires dus par le locataire

Depuis le 15 septembre 2014, les honoraires payés par le locataire lors d'une location ne pourront excéder ceux payés par le bailleur et seront inférieurs ou égaux à un plafond fixé d'après la zone du bien et sa surface habitable. Ils sont de :

- 12 € /m^2 habitable en zone A bis (Paris, proche couronne et zones très tendues) ;
- 10 €/m^2 habitable en zone A et zones tendues ;
- 8 €/m^2 habitable pour le reste du territoire ;
- En outre, pour les frais d'état des lieux, le plafond sur tout le territoire ne devra pas dépasser 3 €/m^2 habitable.

Ces plafonds seront révisés le 1er janvier de chaque année en fonction de la variation annuelle du dernier indice publié.

EXEMPLE

Location d'un appartement de 60 m^2 habitables à Lyon (zone tendue) 10 €/m^2.
Les frais d'agence sont ainsi plafonnés :
– 60 $m^2 \times 10$ € = 600 €
– 60 $m^2 \times 3$ € = 180 € (état des lieux)
Total : 780 €
Soit 50 % bailleur et 50 % locataire, soit 390 € chacun.
Hors des quatre prestations (visite du logement, constitution du dossier, rédaction du bail, état des lieux), les autres frais liés à la mise en location, sont à la charge du bailleur.

34 Fixer le loyer en 2015

Dans les logements loués nus, le bailleur peut librement fixer le montant du loyer ; sauf dans de nombreux cas. La loi du marché n'est pas le seul critère, il y a lieu d'en respecter d'autres : encadrement des loyers en zones tendues, plafonds de ressources et de loyers pour les logements issus d'investissements défiscalisant locatifs.

1 L'encadrement des loyers (loi ALUR du 27 mars 2014)

Dans les « zones tendues », soit 28 agglomérations de communes fixées par la loi (art. 17 et 18), l'encadrement des loyers s'effectuera progressivement afin de laisser le temps aux agglomérations de se doter d'un « observatoire des loyers ».

NOTONS CEPENDANT

- l'encadrement des loyers n'est pas applicable pour les baux en cours, au moment de l'entrée en vigueur de la loi ;
- il ne s'appliquera qu'au moment du renouvellement du bail arrivé à son échéance ou lors de la conclusion d'un nouveau bail ;
- il ne concerne pas les baux en cours qui feront d'une tacite reconduction après l'entrée en vigueur de la loi.

2 Plafonds de loyers et de ressources des locataires pour les baux issus de l'investissement locatif

Plafond des loyers pour les baux conclus en 2015 en €/m²

Zones	Borloo neuf	Robien recentré	Robien classique	Besson neuf	Borloo ancien, intermédiaire et Besson ancien	Borloo ancien social Convention ANAH	
						Signée avant 2012	Signée au 01/01/2012
A	18,49	23,11	23,11	16,56	18,48	6,67 (9,98)	6,62 (9,91)
B1	12,86	16,07		14,66			
B			16,07		12,08	6,06 (8,24)	6,02 (8,19)
B2	10,50	13,43		11,32			
C	7,70	9,62	11,57	10,69	8,75	5,45 (6,44) dérogatoire	5,40 (6,38)

Zones	Scellier métropole investissements				Duflot - Pinel
	Avant 2011 secteur		À compter du 01/01/2011		
	Libre	Intermédiaire	Libre	Intermédiaire	
A	23,11	18,49	17,04	13,63	16,82
A bis			22,97	18,38	12,49
B1	16,07	12,86	13,75	11	10,06
B2	13,13	10,50	11,21	8,97	8,74
C			7,80	6,24	

Plafonds de ressources du locataire
Baux conclus ou reconduits en 2015

1 • *Régimes Scellier et Borloo neuf*

Composition du foyer locataire	Scellier intermédiaire métropole - Borloo neuf			
	Zone A	Zone B1	Zone B2	Zone C
Personne seule	46 807	34 769	31 871	31 656
Couple	69 953	51 057	46 803	42 547
Personne seule ou couple :				
+ pers à charge	84 088	61 122	56 029	50 935
+ 2 pers à charge	100 724	73 972	67 809	61 644
+ 3 pers à charge	119 239	86 280	79 587	72 349
+ 4 pers à charge	134 174	97 933	89 774	81 612
Majoration par pers à charge	14 956	11 124	10 198	9 270

168

2 • *Régimes Besson neuf et ancien – Borloo ancien (secteur social)*

Composition du foyer locataire	Besson neuf et ancien Borloo ancien et intermédiaire			Borloo ancien (secteur social)		
	Zone A	Zone B	Zone C	Zone A	Zone B	Zone C
Personne seule	46 807	36 176	31 656	23 127	23 127	20 107
Couple	69 953	48 307	42 547	34 565	34 565	26 851
Personne seule ou couple :						
+ 1 pers à charge	84 088	58 092	50 935	45 311	41 550	32 291
+ 2 pers à charge	100 724	70 127	61 644	54 098	49 769	38 982
+ 3 pers à charge	119 239	82 494	72 349	64 365	58 917	45 858
+ 4 pers à charge	134 174	92 968	81 612	72 429	66 300	51 682
Majoration par pers à charge	14 956	10 369	9 270	8 070	7 388	5 765

3 • Régime Duflot – Pinel + Borloo ancien intermédiaire

Composition du foyer locataire	Zone A bis	Zone A	Zone B1	Zone B2
Personne seule	36 971	36 971	30 133	27 120
Couple	55 254	55 254	40 241	36 216
Personne seule ou couple :				
+ 1 pers à charge	72 433	66 420	48 393	43 554
+ 2 pers à charge	86 479	79 558	58 421	52 579
+ 3 pers à charge	102 893	94 183	68 725	61 853
+ 4 pers à charge	115 782	105 985	77 453	69 707
Majoration par pers à charge	12 900	11 809	8 641	7 775

4 • Détermination des zones (sauf Duflot)

- Zone A : Paris + région parisienne (petite et deuxième couronnes), Cote d'azur limitée a la bande littorale Hyères-Menton, le pays Genevois Français.
- Zone B1 : Grande couronne de Paris, pourtour de la Cote d'azur, agglomérations de plus de 250 000 habitants (Aix en Provence, Marseille, Lyon, Lille, Toulouse, Bordeaux, Nantes, Toulon, Douai, Strasbourg, Grenoble, Rouen, Valenciennes, Nancy, Metz, Tours, St-Étienne, Montpellier, Rennes, Orléans, Béthune, Clermont-Ferrand, Avignon) + Annecy, Bayonne, Chambéry, Cluses, La Rochelle, St-Malo, + la Corse et départements d'Outre-Mer.
- Zone B2 : agglomérations de + de 50 000 habitants (mais de moins de 250 000 habitants) + limite de l'Île-de-France.
- Zone C : Le reste du territoire.

Avec le régime Duflot, il est créé une zone A bis (extraite de la zone A) qui comprend : Paris, 9 communes des Yvelines (78), 34 communes des Hauts-de-Seine (92), 8 communes de Seine-St-Denis (93), 17 communes du Val-de-Marne (94) ; (arrêté du 22 décembre 2010).

3 Le loyer libre

En dehors des cas vus en 1 et 2, le bailleur peut fixer librement son loyer.

Le locataire attend de son bailleur la mise à disposition d'un logement décent conforme à la législation (loi SRU et son décret d'application). Le prix m² de loyer habitable a tout intérêt à correspondre au prix moyen du marché, si le bailleur veut garder son locataire et éviter une vacance prolongée entre deux locations.

Le loyer subira, chaque année, les modalités de révision de l'indice INSEE de l'IRL publiés chaque trimestre. L'indice s'applique aux locaux d'habitation principale (ou à usage mixte) et aux locaux loués accessoirement au local principal par le même bailleur (garage, place de stationnement privé, jardin privatif, etc.).

REMARQUE

L'IRL s'applique également aux locations meublées (loi du 05/03/2007 art. 41 du Code de la construction et de l'habitation ; art. L. 632-1), mais pas aux locations saisonnières.

A La révision du loyer

Elle intervient chaque année au terme du contrat (date anniversaire). Depuis le 1er février 2008, l'IRL est publié avec un trimestre de décalage. À la signature du bail on prendra le dernier indice connu. L'augmentation du loyer ne peut être supérieure à la variation de cet indice (sauf travaux d'amélioration ou si le loyer est notoirement sous-évalué). On révisera en prenant l'indice IRL du même trimestre que celui de la signature du bail, l'année suivante.

APPLICATION

ÉNONCÉ

Un bail est signé le 1er octobre 2008-révision annuelle (indice IRL – Loyer hors charges : 480 €/mois. Nous sommes le 31 août 2014. Quel est le montant du loyer acquitté par le locataire en août ?

SOLUTION

Lors de la signature du bail le dernier indice connu est celui du 2e trimestre 2008, paru le 17/07/2008 (le suivant ne sortira que le 21 novembre) ; il est 116,07.

La dernière révision date du 1er octobre 2013 (la suivante sera le 1er octobre 2014) avec l'indice du 2e trimestre 2013 qui est 124,44. Le loyer actuel est :

$$\frac{480 \times 124,44}{116,07} = 506,34\,€$$

Tableau des valeurs de l'IRL (base 100 au 4e trimestre 1998)

Année	1er trim	JO	2e trim	JO	3e trim	JO	4e trim	JO
2007	113,07	14/02,08	113,37	14/02/08	113,68	14/02/08	114,30	14/02/08
2008	115,12	19,04,08	116,07	17/02/08	117,03	21/11/08	117,54	17/01/09
2009	117,70	17,04,09	117,59	25/07/09	117,41	16/10/09	117,47	17/01/10
2010	117,81	16,04,10	118,26	22/07/10	118,70	16/10/10	119,17	16/01/11
2011	119,69	16,04,11	120,31	22/07/11	120,95	15/10/11	121,68	15/01/12
2012	122,37	18,04,12	122,96	17/07/12	123,55	13/10/12	123,97	12/01/13
2013	124,25	14,04,13	124,44	16/07/13	124,66	23/10/13	124,83	17/01/14
2014	125	18/04/14	125,15	25/07/14	125,24	22/10/14	125,29	17/01/15
2015	125,19	17/04/15						
2016								

35 Loi de 1948

1 Habitation en loi de 1948

Après la Seconde Guerre mondiale, la difficulté de trouver un logement était telle que le gouvernement a bloqué les loyers et classé les logements suivant des critères de confort, d'ensoleillement, de situation (surface corrigée).

Il reste environ 250 000 logements classés en loi de 1948. Les loyers sont toujours réglementés et leur montant est révisé en fonction, non pas de l'indice IRL, mais de la parution d'un décret. Le dernier décret publié au 1er juillet 2014 donne le tableau suivant.

Loi de 1948
Majoration des loyers à compter du 1er juillet 2014 (en €)

Catégorie	Valeur locative mensuelle par m² de surface corrigée			
	Agglomération parisienne		Hors agglomération parisienne	
	Pour les 10 premiers m²	Pour chaque m² suivant	Pour les 10 premiers m²	Pour chaque m² suivant
II A	12,03	7,13	3,83	5,85
II B	8,28	4,48	6,78	3,68
II C	6,34	3,38	5,18	2,79
III A	3,83	2,06	3,15	1,74
III B	2,28	1,19	1,19	0,97
IV	0,26	0,12	0,26	0,12

EXEMPLE

Un appartement de 80 m² en loi de 1948, en catégorie II B, situé à Lyon aura un loyer de :
$(6,78 \times 10) + (3,68 \times 70) = 325,40$ €

2 Sortie de la loi de 1948

Pour les catégories II B et II C, un dispositif permet une sortie progressive sur 8 ans (loi du 23 décembre 1986 dite loi Méhaignerie) en revalorisant le loyer par huitaine. Il y a des conditions pour donner congé et proposer un nouveau bail :

- le locataire doit avoir moins de 70 ans ;
- le locataire ne doit pas percevoir moins de 1,5 fois le SMIC.

Ci-dessous le tableau des ressources à prendre en compte en 2015. Les montants sont révisés chaque année sur la base de l'indice de l'Insee du coût de la construction (ICC) du 2e trimestre.

Ressources à prendre en compte en 2015

Composition de la famille	Île de France	Autres régions
1 personne	38 944 €	29 208 €
2 personnes	47 524 €	35 643 €
3 personnes	56 105 €	42 079 €
4 personnes	64 686 €	48 515 €
Par personne supplémentaire	8 580 €	6 435 €

Le bailleur (ou son régisseur) a intérêt à demander chaque année à son locataire la copie de son imposition. Le nouveau bail sera établi dans le cadre de la loi du 6 juillet 1989. Le contrat de location sera d'une durée de 8 ans avec un loyer basé sur les références de loyer de l'immeuble ou du voisinage. La différence de loyer sera divisée en huitième et réévaluée avec le loyer de base de l'IRL chaque année.

À NOTER

Si le locataire a fait des travaux, à ses frais, de confort (installation de chauffage, d'une salle de bain, de l'eau chaude sanitaire…), ces installations deviennent « immeubles par destination ». Elles valorisent le loyer, mais le bailleur devra en assumer l'entretien.

36 L'habitation principale meublée

Les locations meublées constituant la résidence principale (environ 7 % du parc locatif en métropole) sont encadrées par la loi ALUR.

1 Le régime

Comme les locations nues, les locations meublées, habitations principales, sont soumises aux mêmes obligations :

- bail type écrit ;
- état des lieux et inventaire détaillé du mobilier ;
- dossier des diagnostics techniques ;
- clauses réputées non écrites ;
- rémunération des intermédiaires ;
- obligation des parties ;
- règles de prescription ;
- modalité du congé.

2 La durée de location

La durée de location est d'au moins 1 an (9 mois pour les étudiants). Il n'est pas possible de reconduire le bail s'il est d'une durée inférieure à un an (tacite reconduction).

3 Le dépôt de garantie

Le dépôt de garantie est ici limité à 2 mois (et non un mois comme dans le nu) pour tenir compte de la valeur des meubles et équipements.

4 Les charges

Les charges peuvent être réglées comme dans la location nue (provision mensuelle et régularisation annuelle) ou au forfait sans régularisation. Ce forfait ne doit pas être disproportionné par rapport aux charges réelles.

5 Le loyer

Il peut être encadré par le Préfet dans les zones tendues (un coefficient majore le loyer de référence du secteur).

6 Le congé

Le locataire peut donner congé à tout moment avec un préavis d'un mois. Le bailleur ne peut donner un congé motivé qu'à chaque date anniversaire du bail avec un préavis de 3 mois (et non six, comme en location nue).

9 Contrat de location ou de colocation de logement meublé en résidence principale

APPLICATION

ÉNONCÉ

Expliquez :

1 Quittance et reçu.

2 Arrhes et acompte.

3 À quoi sert le dépôt de garantie et pourquoi est-il différent en habitation nue et meublée ?

4 Clauses résolutoires.

5 Clauses pénales en donnant des exemples liés au bail d'habitation.

SOLUTION

1 Quittance (du latin *quitus*). Le loyer est entièrement payé, on délivre une « quittance » (preuve d'un paiement complet).

Reçu : document attestant d'un versement partiel (dans un loyer : versement d'un acompte).

2 Arrhes : somme d'argent qu'une partie remet à l'autre au moment de la conclusion d'un contrat. Selon la volonté des parties, les arrhes peuvent constituer un acompte sur le prix ou un mode de dédit.

3 Acompte : c'est un versement sur une somme due.

4 Le dépôt de garantie : il n'est pas obligatoire. Il est prévu pour garantir l'exécution des obligations locatives par le locataire.

En bail d'habitation nue, il est d'un mois de loyer (non révisable dans le temps). En bail meublé il est de deux mois afin de garantir le mobilier mis à disposition.

5 Clauses résolutoires :

Article 1183 : « *La condition résolutoire est celle qui, lorsqu'elle s'accomplit, opère la révocation de l'obligation, et qui remet les choses au même état que si l'obligation n'avait pas existée. Elle ne suspend pas l'exécution de l'obligation, elle oblige seulement le créancier a restituer ce qu'il a reçu dans le cas où l'événement prévu par la condition arrive* ».

On trouve cette clause dans un bail par exemple :

- défaut d'assurance
- non-paiement du loyer
- non-paiement du dépôt de garantie ;
- défaut d'inscription au R.C. ou R.M. dans un bail commercial (si cette clause est prévue).

6 Clauses pénales :

Article 1226 « *La clause pénale est celle par laquelle une personne, pour assurer l'exécution d'une convention, s'engage a quelque chose en cas d'inexécution* ». Et l'article 1229 précise :

« *La clause pénale est la compensation des dommages et intérêts que le créancier souffre de l'inexécution de l'obligation principale.* »

Dans le bail d'habitation, les clauses pénales consistent en :

- intérêts sur les sommes dues (retard de loyers après le premier acte d'huissier) ;
- remboursement des frais et honoraires engagés (plus application de l'article 700, nouveau Code de procédure pénale) ;
- indemnité conventionnelle d'occupation illégale, au bailleur, si le locataire déchu de ses droits reste dans les lieux.

37 La colocation

La loi ALUR officialise la « colocation ». C'est la location d'un même logement par plusieurs locataires constituant leur résidence principale et formalisée par la conclusion d'un bail unique ou de plusieurs contrats de bail entre les locataires et le bailleur.

1 Les règles à respecter

Le bail unique ou multiple : la loi ALUR préconise le recours à un modèle type afin d'éviter les clauses abusives ;

2 Les normes

- En cas de baux multiples, chaque locataire devra avoir la jouissance exclusive de parties privatives d'au moins 14 m^2 ;
- Si il n'y a qu'un bail unique, signé par plusieurs locataires, le logement doit avoir une surface minimum d'au moins :
  - 9 m^2 pour une personne seule ;
  - 16 m^2 pour deux personnes ;
  - 9 m^2 de plus par personne supplémentaire jusqu'à 8 personnes.

3 La clause de solidarité

La loi ALUR modifie les règles d'engagement de solidarité des colocataires et de leurs cautionnaires.

« La solidarité d'un des colocataires et celle de la personne qui s'est portée caution pour lui prennent fin à la date d'effet du congé régulièrement délivré et lorsqu'un nouveau locataire figure au bail. À défaut, la solidarité du colocataire sortant s'éteint au plus tard à l'expiration d'un délai de 6 mois après la date d'effet du congé ».

Le locataire partant a intérêt à vite trouver un remplaçant, s'il veut être libéré ainsi que la caution. Ce remplaçant doit être agréé par le bailleur.

4 Le loyer

Dans les zones tendues, la loi ALUR prévoit que *« le montant de la somme des loyers perçus de l'ensemble des colocataires, ne pourra être supérieur au loyer de référence local ».*

REMARQUE

Les bailleurs profitaient de la colocation pour augmenter le montant global du loyer. C'est maintenant terminé.

5 Les charges et les assurances

Avec la loi ALUR, les bailleurs ont la possibilité, en accord avec les colocataires, de récupérer les charges pour leur montant réel (provision mensuelle et régularisation annuelle) ou forfaitairement.

Les parties peuvent convenir, dans le bail, de la souscription par le bailleur d'une assurance pour le compte des locataires et récupérable sur les charges auprès d'eux.

38 La location saisonnière

La location saisonnière concerne les vacances. Elle est réglementée d'abord par la loi de finances du 29 novembre 1965, puis par l'article 68 de la loi Hoguet du 20 juillet 1972. À la suite de nombreux litiges survenus entre bailleurs et locataires, la loi du 18 janvier 1992 vient assurer la protection du consommateur.

1 La législation de base

La location peut se faire à la semaine, à la quinzaine ou au mois mais ne peut dépasser 90 jours par an.

Le logement doit être livré en bon état d'utilisation, meublé, équipé de la vaisselle et du nécessaire de cuisson, couchage, chauffage, équipement ménager.

2 L'offre

Nombre d'offres sont dans la presse, sur un site internet, catalogues, etc. La loi de finances pour 1966 (art. 58) prévoit que « toute offre du contrat de location saisonnière doit revêtir la forme écrite et contenir l'indication de prix demandé ainsi qu'un état descriptif des lieux ».

3 L'état descriptif

C'est un document obligatoire et important puisqu'à sa lecture et en toute connaissance de cause, le candidat va pouvoir s'engager. Il fait donc un descriptif très précis des lieux loués (situation, exposition, mobilier et équipement). Le descriptif précisera le nombre et la nature du couchage (draps et serviettes non fournis). Ce document est expédié au futur locataire avec un « engagement de location » pour une période fixée suivant le descriptif joint.

4 La réservation – arrhes et acompte

L'agence n'a pas le droit de percevoir des « frais de réservation ». Elle ne peut pas demander, lors du retour de la réservation par le candidat, une somme supérieure à 25 % du loyer.

Le futur locataire, ayant reçu les documents et étant favorablement intéressé, retourne la réservation avec un chèque joint. L'agence reçoit le document, vérifie que le bien est toujours disponible, signe la réservation et en retourne un exemplaire au locataire. Le chèque envoyé était considéré comme des arrhes (donc remboursables au cas où le bien ne serait plus disponible) : il devient acompte (1er versement sur une somme due).

5 L'arrivée, l'état des lieux

La mise à disposition étant prévue (jour et heure), l'agence accueille son client et a préparé dans une enveloppe les documents à remettre au locataire avec la facture comprenant le solde à régler à l'arrivée, dont la taxe de séjour. En outre est joint un plan de la station et de situation du bien loué.

Trop souvent le locataire n'est pas accompagné et devra payer et prendre les clés.

L'état des lieux est rarement fait contradictoirement comme le préconise la loi. Le locataire aura remis un dépôt de garantie.

L'assurance est parfois demandée (le locataire peut obtenir une attestation de son assureur de l'habitation principale auprès duquel il a souscrit une multirisque habitation).

Le locataire risque de trouver, dans l'appartement, une liste d'inventaire à vérifier et à rapporter à l'agence… C'est illégal car non contradictoire. Si le locataire rapporte docilement le document, l'agence mettra un coup de tampon et l'état des lieux sera considéré comme établi dans les règles !

Au départ, une personne est censée vérifier rapidement l'état de propreté du logement… Ce n'est toujours pas un état des lieux. Celuici n'a aucune valeur s'il n'a pas eu lieu à l'entrée.

6 Le dépôt de garantie

Souvent, le dépôt de garantie est constitué d'un chèque. Certaines agences précisent qu'il ne sera pas encaissé et rendu au départ ; d'autres agences l'encaissent et disposent légalement de deux mois pour en renvoyer le montant si aucune retenue n'est à opérer.

7 Le classement

Le bailleur peut demander le classement du logement. Un imprimé prévu à cet effet lui est remis par la mairie ou la préfecture. Le classement est attribué après visite et avis favorable d'une commission. C'est un gage de qualité et valorisant pour la location.

8 L'agence spécialisée

L'agence située en montagne ou sur le littoral trouvera une activité lucrative dans la location saisonnière qui complète largement son activité de transaction et de gestion. Les honoraires sont élevés (20 % environ), mais justifiés par un travail important.

En amont, son activité consiste à :

- rechercher des biens, effectuer des visites ;
- établir un mandat de gestion saisonnière précisant, entre autres, les périodes de disponibilité d'un bien ;

- prendre des photos, dresser les plans, établir l'inventaire ;
- diffuser des publicités presse, internet, catalogues ;
- tenir un tableau planning ;
- répondre au courrier et téléphone ;
- assurer la réception, l'accueil, la comptabilité ;
- faire nettoyer les appartements à chaque départ ;
- intervenir (dépannage, entretien) ;
- régulariser avec le bailleur en fin de période (compte rendu de gestion) ;
- et assurer de nombreuses heures de travail et de présence en saison.

Sur des sites touristiques, la concurrence peut être vive entre agences mais aussi avec les particuliers, commerçants ou concierges d'immeubles qui ne se gênent pas pour jouer les intermédiaires. L'agent immobilier doit être vigilant et dénoncer tout abus constaté.

10 État descriptif et conditions de location – Location saisonnière

11 Mandat de gestion – Location saisonnière

APPLICATION

ÉNONCÉ

L'agence « Coudalère Résidences » est située dans les Pyrénées orientales à la limite de l'Aude, près de Port-Barcarès et de Port-Leucate, avec d'un côté l'étang de Salses et de l'autre la Méditerranée. Cette SARL au capital de 7 600 € dispose des cartes T (transactions sur immeubles et fonds de commerce) et G (gestion immobilière) et s'occupe de transaction, et surtout de locations saisonnières puisqu'elle gère 190 appartements. L'effectif est de 8 salariés. Vous venez en stage dans cette agence, dans le cadre de votre formation de BTS professions immobilières. Votre responsable d'agence vous affecte au service location saisonnière. M. et Mme Rousillon viennent dans votre agence afin de vous confier la location d'un appartement type T3 bien équipé pour y recevoir 4 personnes (éventuellement 6, si l'on compte le canapé-lit du séjour). C'est la première fois qu'ils louent leur bien qui sera disponible en juillet et août. Ils se réservent juin et septembre pour eux ou leurs enfants.

Le bien est au 4e étage avec terrasse, vue sur mer, à 150 m de la plage, dans une résidence récente et en parfait état avec espaces verts et piscine.

Vous visitez l'appartement, dressez un inventaire du mobilier qui restera à la location. Vous déterminez le prix de location ainsi :

- du 1er au 15 juillet : 550 € la semaine, charges et frais d'agence compris;
- du 16 au 15 août : 800 €;
- du 16 au 31 août : 700 €;

Le dépôt de garantie est de 500 € restitué dans les délais légaux. L'assurance villégiature est obligatoire. Les frais de ménage sont de 50 € par location. Les arrhes – 25 % de la totalité du séjour (hors taxe de séjour) – sont réglées à la signature du contrat, le solde à l'arrivée. La taxe de séjour à ajouter est de 0,50 €/ personne et par jour (gratuit pour les enfants jusqu'à 10 ans). La remise des clés se fait à l'agence. Les locations commencent à 14 h et se terminent à 10 h du samedi au samedi. Le linge est à fournir (location éventuelle à la station).

Description :
Accès : autoroute sortie n° 41 et D 83 direction Port-Barcarès. Train ou avion : Perpignan et service de bus.
Agence : Place des Sables d'Or 66 420 le Barcarès. Tél. : … / Fax :… www…
Situation du bien : résidence les Flots bleus, 10 avenue de la Mer à Coudalère. 4ᵉ étage, asc., 80 m^2 + terrasse 20 m^2, plein sud, espaces verts, piscine, parking privé.
Composition de la location :

- cuisine américaine donnant sur séjour : évier double bac, réfrigérateur-congélateur, table de cuisson vitrocéramique, rôtissoire-tourne- broche, cafetière électrique, hotte aspirante, lave-vaisselle, cocote minute, batterie de cuisine, vaisselle pour 6 personnes ;
- grand séjour donnant sur la terrasse, baie vitrée sur toute la longueur. Table, 6 chaises, 2 fauteuils, 1 canapé 2 places convertible ;
- terrasse avec salon de jardin, store banne ;
- une chambre, lit double, armoire, 2 chevets ;
- une chambre, 2 lits d'une personne, 2 chevets, armoire penderie ;
- une salle de bains ;
- une salle d'eau avec douche et lavabo ;
- un wc ;
- un parking privé n° 26 ;
- le chauffage est individuel et électrique.

Ayant passé accord avec les bailleurs, M. et Mme Rousillon, vous avez en main le mandat de gestion signé. Vos honoraires sont acceptés sur la base de 20 % HT du montant net des loyers perçus (à régler en septembre).

1 **Rédigez l'annonce concernant la location saisonnière de ce bien qui sera diffusée sur le site internet du réseau « La clé » auquel est affiliée l'agence.**
La famille Marin (2 adultes, 2 enfants âgés de 7 et 12 ans) qui habite 4 rue Prévert, 75014 Paris est intéressée par votre annonce pour la période du 16 au 31 juillet (2 semaines).

2 **Calculez et précisez le montant des versements à effectuer par les locataires à leur arrivée.**
Quel est le délai maximum de remboursement du dépôt de garantie ?
À qui est destinée la taxe de séjour ?

3 **Vous arrivez à remplir complètement votre mission en louant, au prix, toutes les périodes de cet appartement. En septembre vous faites le décompte des honoraires dus par le bailleur et les déduisez des loyers perçus. Quel est le montant du chèque qui sera remis à M. Rousillon ?**

SOLUTION

1 Annonce sur le site internet du réseau « La clé ». les pages d'accueil existent, ce n'est pas une création mais une annonce à ajouter.
Rubrique : location saisonnière – Méditerranée
Lieu : Coudalère en Roussillon (66)

Photo de l'immeuble

Au 4ᵉ étage, asc. 3 pièces,
4 couchages (6 possibles)
Bon équipement avec terrasse, vue mer, parking privé, piscine
Grand séjour + 2 chambres
Cuisine américaine équipée
Salle de bains + salle d'eau

Location semaine : du 1er au 15 juillet	550 €
Du 16 juillet au 15 août	800 €
Du 16 au 31 août	700 €

Accès : autoroute A9, gare SNCF Perpignan, aéroport

Documentation et descriptif – inventaire sur demande « résidence Coudalère » tel : 05………………

www.résid.coudalère.fr

2 La famille Marin réserve du 16 au 31 juillet soit 2 semaines à 800 €. Ils vont avoir la note totale suivante :

	1 600 €
Dépôt de garantie	500 €
Ménage final	50 €
	2 150 €
Taxe de séjour (0,50 × 3) × 14 jours	21 €
	2 171 €

La famille va régler 25 % sur ce montant hors taxe soit 25 % de 2 150 = 537,50 €.

À son arrivée, la famille Marin sera redevable de 2 171 – 537,50 = 1 633,50 € et elle devra justifier son assurance.

Le délai de remboursement du dépôt de garantie peut se faire au départ des locataires ou plus tard ; le délai maximum, sans dégradations, est de deux mois.

La taxe de séjour collectée par l'agence sera remise à la commune. Elle sert à la promotion touristique (office de tourisme) à l'établissement de plaquettes, plans… Son montant varie d'une commune à l'autre.

3 Toutes les périodes sont louées, donc l'agence a encaissé :

Juillet : 550 × 2 = 1 100 €
Juillet : 800 × 2 = 1 600 €
Août : 800 × 2 = 1 600 €
Août : 700 × 2 = 1 400 €
5 700 €

La commission est de 20 % HT soit 5 700 × 20 % + TVA 20 %

1 140 × 1,20 = 1 368 € TTC

Montant du chèque à M. Rousillon

5 700 – 1 368 = 4 332 €.

39 La reddition des comptes

La loi Hoguet indique que le locataire remboursera au bailleursa quote-part de charges réglementaires, conformément à la liste fixée par le décret 87-713 du 26/08/1987. Ceci s'impose pour le bail d'habitation (loi du 06/07/1989) et d'autres baux qui suivent cette règle.

D'autres baux (par exemple, le bail commercial) pourront prévoir cette règle ou en fixer une autre : pourcentage du loyer, totalité des charges (autres que locatives)...

À la fin d'une année de location ou au terme d'une location (suite à un congé), le bailleur ou l'agence (régisseur) doit rendre des comptes :

- au locataire qui est administré ;
- au propriétaire bailleur dont l'agence assure la gestion (mandat de gestion).

C'est la reddition des comptes.

1 La provision sur charges

En sus du loyer, le bail prévoit une « provision sur charges » qui sera versée mensuellement pendant 12 mois.

Son estimation est le fruit de l'addition du montant réalisé l'année précédente.

En copropriété, l'état annuel des charges, fait l'objet d'un envoi au propriétaire du lot et la dernière colonne indique « charges récupérables ». C'est ce montant que le propriétaire qui loue son bien (bailleur) peut réclamer à son locataire. Ce montant divisé par 12 mois constitue une première approche. Autre charge récupérable sur le locataire : la TEOM (taxe d'enlèvement des ordures ménagères) qui figure sur la taxe foncière du propriétaire du lot.

Le total, charges récupérables (1/12) et TEOM (1/12), constitue le montant à réclamer au locataire. On pourra ajouter de 1 € à 5 € si l'on pense que les charges de l'année à venir risquent de dépasser celles de l'année précédente sans exagération.

Cette provision n'est pas toujours demandée dans certains baux de location de courte durée ou saisonnière où le loyer est « tout compris ».

Ajoutons que la révision annuelle des charges n'est pas le fruit d'une indexation comme le loyer (sauf cas d'un pourcentage du loyer sur certains baux commerciaux) mais du montant réel dépensé au cours de l'année considérée.

2 Les charges récupérables

Elles sont encadrées par le décret du 26 août 1987.

- En copropriété nous aurons :
  - les charges communes générales ;
  - les charges d'ascenseur ;

- les charges du chauffage (s'il est collectif) ;
- les charges d'eau froide et d'eau chaude.

Certaines charges sont réparties entre bailleur et locataire (salaire du gardien et charges sociales – 75 % locataire et 25 % bailleur par exemple). Le bailleur ne peut répercuter les honoraires de gestion, de syndic, les assurances de l'immeuble, les grosses réparations...

- En lotissement, chaque colotis étant propriétaire de sa maison et de son terrain, il ne reste à se répartir que des charges communes limitées à l'entretien des voies de desserte du lotissement et à l'éclairage de cellesci. Il peut y avoir une aire de jeux commune et quelques frais administratifs ainsi que l'entretien de la batterie de boîtes aux lettres (Cidex) et du local à ordures dont les frais seront comptabilisés par l'ASL (association syndicale libre) et son président. Le propriétaire bailleur ne pourra réclamer que quelques charges à son locataire.
- En site isolé, le bail doit préciser les obligations d'entretien dues par le locataire :
  - l'entretien de la chaufferie ;
  - l'entretien des espaces verts ;
  - la vidange de la fosse septique (si le tout-à-l'égout n'existe pas).

Le locataire sera redevable de la TEOM.

3 La reddition des comptes au bailleur

Lorsque le propriétaire a confié un bien à gérer à une agence immobilière (mandat de gestion), c'est dans le but d'être soulagé des problèmes de gestion. L'agent immobilier (régisseur) aura la charge de :

- rechercher et mettre en place des locataires ;
- rédiger les baux, actes de caution, réaliser les diagnostics, vérifier les assurances, séquestrer les dépôts de garantie, faire les états des lieux... ;
- fixer les loyers et la provision sur charges de chaque bien loué ;
- encaisser :
  - les honoraires de mise en place d'un locataire dont 50 % sont à la charge du propriétaire en loi de 1989 (facture),
  - chaque loyer et provision sur charge à son terme prévu au bail ;
- relancer les retardataires et les impayés ;
- débiter, à chaque terme, les honoraires de gestion sur le compte du propriétaire ;
- régler, comme c'est souvent prévu au mandat de gestion, les appels de fonds du syndic (trimestriels), la taxe foncière, la TEOM, les factures diverses de petits travaux (montant fixé au mandat) ;
- envoyer au bailleur les acomptes prévus (en général chaque trimestre).

En fin d'exercice comptable, chaque année, le régisseur devra rendre compte des sommes encaissées pour le compte du bailleur et de celles dépensées, dont les honoraires prélevés sur les acomptes versés. La différence fera l'objet d'un règlement par chèque qui soldera l'exercice. Ce compte fera ressortir, entre autres, les charges récupérées sur le locataire.

APPLICATION

ÉNONCÉ

Vous êtes au service Régie et vous devez solder le compte d'un locataire, M. Renault, qui est parti le 31 décembre 2014. Il était entré dans un T3 neuf à Limoges le 1er février 2008 et avait versé un dépôt de garantie de 1 020 € conservé par le cabinet. Vous trouvez cidessous un relevé de son compte. Muté à Lyon au 1er janvier 2015, M. Renault souhaite récupérer son dépôt de garantie au plus vite. Le montant du loyer au 1er fevrier 2014 s'élevait à 550 € et les provisions sur charges à 54 €.

L'état des lieux de sortie fait apparaître une dégradation : la poignée de la porte de la salle de bains a disparu. Elle est évaluée à 25 €. Dans la mesure où vous n'avez pas encore connaissance des charges annuelles locatives, il convient de conserver 60 € que vous régulariserez dès réception du décompte de charges.

1 **À qui est imputable la dégradation ? Pourquoi ?**

2 **Complétez le compte que vous adressez au locataire le 1er février 2015 après imputation des régularisations qui le concernent.**

Date	Journal	Libellé	Loyer	Provisions	Débit	Crédit
01/11/2014	Quittance	Nov. 2014	550	54	604	
12/11/2014	Banque	Règlement Renault	550	54		604
01/12/2014	Quittance	Déc. 2014	550	54	604	
		Totaux				
		Solde à restituer à payer				

SOLUTION

La dégradation est imputable au locataire qui doit conserver le bien en bon état.

Date	Journal	Libellé	Loyer	Provisions	Débit	Crédit
01/11/2014	Quittance	Nov. 2014	550	54	604	
12/11/2014	Banque	Règlement Renault	550	54		604
01/12/2014	Quittance	Déc. 2014	550	54	604	
		Dépôt de garantie				1 020
31/12/2014		Dégradations			25	
28/02/2015		Conserver charges			60	
		Totaux			1 293	1 624
		Solde à restituer				331

40 Le congé

Le congé est l'acte par lequel un locataire met fin à son bail ou un bailleur signifie que le bail ne sera pas renouvelé. Le congé doit s'effectuer en suivant une législation bien établie ; tout manquement pourrait créer des litiges, voire l'annulation du congé (exemple : pour un couple, 2 congés). Nous précisons ci-dessous ce formalisme pour les différents baux.

1 Baux d'habitation

A Bail en loi de 1948

La principale caractéristique de cette loi est le droit au maintien dans les lieux si le locataire est de bonne foi. Le bail peut se trouver résilié par l'abandon par le locataire ou son décès (s'il est seul). Le maintien dans les lieux s'impose au conjoint ou partenaire pacsé, aux ascendants, personnes handicapées vivant depuis plus d'un an dans le logement ainsi qu'aux enfants mineurs jusqu'à leur majorité (art. 85 loi du 13 juillet 2006).

Il est donc très difficile pour le bailleur de récupérer son logement.

1 • Le droit de reprise du bailleur

- Au motif d'habiter (lui-même, son conjoint, ses ascendants ou descendants ou ceux de son conjoint) (art. 18 à 25 loi de 1948) ;
- Au motif de construire (art. 11 à 15).

2 • Les contraintes pour le bailleur

Il doit reloger le locataire dans un logement qui correspond à ses besoins familiaux, en rapport avec ses moyens financiers et répondant aux normes d'hygiène normales.

Il existe quelques dérogations à cette rigueur. La loi Boutin du 25 mars 2009 précise les conditions de congé :

- préavis du bailleur : 6 mois indiquant l'intention d'exercer un droit de reprise ;
- nom et adresse du propriétaire et adresse du relogement ;
- degré de confort du logement, montant du loyer ;
- nom du bénéficiaire de la reprise, situation de famille, profession. Celui-ci devra occuper l'appartement dans les 3 mois faute de quoi il sera déchu de ses droits avec amende et indemnité (art. 60).

3 • Le suivi par le régisseur

Le régisseur ne manquera pas de suivre chaque dossier en loi de 1948 avec attention.

Chaque année, il vérifiera que les occupants sont bien les ayants droit et que le plafond de ressources n'est pas dépassé. Si c'est le cas, il entamera une procédure de sortie de la loi de 1948 (étalement sur 8 ans d'un nouveau loyer).

4 • *Le congé du locataire*

Compte tenu du loyer modeste payé, le congé est rare et il faut souvent attendre le décès ou l'entrée en maison de retraite de l'occupant…

Une lettre recommandée avec AR suffira avec un préavis d'un à 3 mois suivant le cas.

B Bail d'habitation loué nu (loi de 1989)

1 • *Congé par le locataire*

Le locataire peut donner son congé à tout moment du bail (LR + AR) avec préavis de 3 mois ou d'un mois avec justificatifs (mutation, perte d'emploi, RMI, raison médicale…) Aucun préavis n'est prévu en cas d'insalubrité des locaux.

2 • *Congé par le bailleur*

Le préavis est de 6 mois avant le terme du bail (LR + AR ou huissier). Compte tenu du droit à la reconduction du bail, le bailleur ne peut donner congé au locataire respectant ses obligations qu'en cas de :

- vente : le locataire bénéficie d'un droit de préemption (offre d'achat joint au congé) ;
- occupation (par lui, son conjoint, ses ascendants et descendants) ;
- motif grave et sérieux (démolition de l'immeuble, gros travaux par exemple).

C Bail d'habitation loué meublé

1 • *Résidence principale du locataire*

Le bail est d'une durée minimum d'un an et se renouvelle automatiquement pour la même durée.

Congé par le locataire : préavis d'un mois (de préférence LR + AR) congé à tout moment.

Congé par le bailleur :

- préavis de 3 mois avant le terme du bail (de préférence LR + AR) ;
- justifier le motif de non-renouvellement du bail (reprise pour habiter bien que la loi ne précise pas un lien de parenté avec le bailleur) ;
- motif légitime et sérieux (défaut de paiement du loyer, bruit, dégradations ou travaux à effectuer).

2 • *Résidence pour étudiant*

Le bail est d'une durée de 9 mois et il n'y a pas de reconduction du bail qui prend fin à son terme.

3 • *Location saisonnière ou résidence secondaire*

La durée du bail n'est pas réglementée par la loi et peut varier de quelques jours en location saisonnière à quelques années (cas d'une résidence secondaire). C'est dans le bail que seront insérées les conditions du congé de la part du locataire et du bailleur et la forme du préavis.

Il peut être indiqué que chaque partie peut donner congé à tout moment du bail (préavis en général d'un mois). Le bailleur n'a pas à justifier son congé.

2 Bail professionnel

Ce bail d'au moins 6 ans peut être résilié :

- par le locataire : à tout moment avec un préavis de 6 mois (LR + AR ou huissier) ;
- par le bailleur : avec un préavis de 6 mois avant l'expiration du bail (LR + AR ou huissier).

Si le bail concerne une association :

- résiliation par le locataire : à tout moment – préavis 3 mois ;
- résiliation par le bailleur : en fin de bail ou d'une période de tacite reconduction – préavis 3 mois.

Dans les deux cas, la résiliation se fait par LR + AR ou acte d'huissier.

3 Logement de fonction

Ces logements sont liés à un contrat de travail et doivent être rendus en cas de rupture du contrat (démission, départ à la retraite, mutation...).

4 Les autres baux

Concernant les locations d'entrepôts, parkings ou garages, c'est la convention entre les parties qui servira de règle. Le préavis du locataire est en général d'un mois à tout moment du bail et d'un mois avant le terme du bail ou d'une tacite reconduction par le bailleur.

5 Bail commercial

Si le bail est soumis au statut des baux commerciaux (locaux, bureaux...) :

- congé par le locataire : à l'expiration de chaque période triennale avec préavis de 6 mois (acte d'huissier) ;
- congé par le bailleur : à l'expiration de chaque période triennale – préavis de 6 mois (exploit d'huissier) dans les cas prévus par la loi (L. 145-18, 21, 24) concernant les gros travaux sur l'immeuble (construire, reconstruire, surélever) et même à tout moment du bail (avec préavis d'un an) en cas d'évacuation des lieux.

Par contre le bailleur ne peut donner congé à son locataire, non défaillant, qui possède la propriété commerciale sans raisons graves ou sans indemnisations (rachat du fonds, indemnité pour déménagement, privation d'activité...).

@ **Bail professionnel**

APPLICATIONS

1 ÉNONCÉ

Rappelez le formalisme et les conditions du congé donné par le bailleur à ses locataires (un couple marié), bail d'habitation principale (loi de 1989).

SOLUTION

Le congé sera délivré par LR + AR (ou huissier) à chaque époux (un seul congé serait nul), 6 mois au moins avant la fin du bail. Si l'on tient compte que le délai commence le lendemain de la présentation, il sera bon de l'envoyer 4 à 5 jours avant.

Le bailleur doit justifier son congé et il ne dispose que de trois motifs :

- au motif de vendre : le congé sera alors accompagné d'une offre d'achat ;
- au motif de l'habiter : la reprise pour habiter doit indiquer les nom, prénom, adresse et lien de parenté avec le bailleur. Peuvent être pris en compte : le bailleur, son épouse, sa concubine, les ascendants et descendants (4 générations) du bailleur, conjointe ou concubine ;
- pour motifs graves et sérieux : non-paiement du loyer, non-respect des obligations du bail, immeuble vétuste…

2 ÉNONCÉ

Vous recevez un congé du locataire M. et Mme Daumas, 18 avenue de Paris, 69003 Lyon. Ce congé est validé (LR + AR, congé légal 3 mois).
Vous devez en informer votre bailleur (c'est la loi), M. Louvat Pierre, 6 rue de la liberté, 06000 Nice.
Vous êtes au service régie d'Immo Lyon (inventez les données manquantes) et vous devez informer votre bailleur du congé reçu. L'appartement sera libre au 30 juin.
Rédigez la lettre au bailleur afin de l'informer et de lui faire préciser ce que vous devez faire selon ses désirs (vendre, relouer, l'occuper).

SOLUTION

Immo Lyon
20 rue Garibaldi
69006 Lyon
Tél.…
Fax :

Monsieur Pierre Louvat
6 rue de la liberté
06000 Nice
Lyon, le…

Objet : congé
Ref. : régie L680/5

Monsieur,

Nous vous informons que nous avons reçu congé pour le 30 juin de l'appartement situé au 18 avenue de Paris, Lyon 3e de la part des locataires M. et Mme Daumas.

Conformément à la loi, nous vous demandons de nous préciser vos intentions sur ce bien. Désirez-vous :

- le relouer,

- le vendre,
- l'occuper.

Dès confirmation de votre choix, notre service fera le nécessaire.

Dans l'attente de votre réponse, nous vous prions de croire, Monsieur, à l'expression de nos sentiments distingués.

Service régie

M. Loue

3 ÉNONCÉ

Rédigez un courrier à M. et Mme Daumas acceptant le congé. L'appartement sera libre le 30 juin. Fixez à ce jour le rendez-vous d'état des lieux et donnez vos consignes aux locataires (propreté de l'appartement...).

SOLUTION

Immo Lyon
20 rue Garibaldi
69006 Lyon
Tél. :.....
Fax :....

Monsieur et Madame Daumas
18 avenue de Paris
69003 Lyon

Lyon, le...
Objet : *congé*
Réf. : L680/5

Madame, Monsieur,

Nous accusons réception à votre lettre recommandée du 25 mars... donnant congé de l'appartement que vous occupez au 30 juin.

Nous acceptons votre congé.

Nous réaliserons l'état des lieux le 30 juin, à une heure à convenir entre nous par téléphone.

Nous vous demandons :

- de laisser l'appartement en bon état de propreté, vitres nettoyées, moquette shampouinée, sols sans taches après enlèvement des appareils en cuisine notamment ;
- les trous de chevilles dans les murs seront rebouchés et recouverts proprement ;
- l'électricité : le compteur sera relevé mais non coupé. Les ampoules et les douilles seront remises au bout de fils comme noté lors de l'état des lieux d'entrée ;
- la chaudière à gaz sera en bon état de fonctionnement (nous produire le dernier certificat d'entretien) ;
- les appareils sanitaires seront rendus propres et sans tartre. La robinetterie sera sans fuite d'eau. Le flexible de douche doit être en bon état ;
- l'appartement sera rendu à jour des réparations locatives.

Dans l'attente, nous vous prions de croire, Madame, Monsieur, en l'expression de nos sentiments distingués.

Nom

Signature

41 Les autres baux et indices

Si les baux d'habitations sont réglementés étroitement, nous pouvons distinguer ceux concernant les locaux de bureaux, les garages, les entrepôts, parkings privés, résidences secondaires, les baux emphytéotiques et à construction.

1 Les locaux de bureaux

Dans le cadre d'activités tertiaires, autres que commerçants et artisans qui rentrent dans le régime des baux commerciaux, nous trouvons les immeubles de bureaux, les locaux destinés aux professions libérales. Le bail établi sera un « bail professionnel » d'une durée de 6 ans.

L'indice de révision des loyers est l'ILAT (indice des loyers des activités tertiaires) né de la loi 2011-525 du 17 mai 2011. Il remplace l'ICC (indice du coût de la construction) avec l'accord des parties.

Il est composé ainsi :

- 50 % de l'indice des prix à la consommation (hors tabac et hors loyers) ;
- 25 % de l'indice du coût de la construction (ICC) ;
- 25 % de l'indice d'évolution du produit intérieur brut en valeur.

Indice trimestriel des loyers des activités tertiaires
(Base de référence 100 au 1er trimestre 2010)

Année	1er trimestre	2e trimestre	3e trimestre	4e trimestre
2010			100,84	101,31
2011	101,96	102,74	103,64	104,6
2012	105,31	106,00	106,46	106,73
2013	107,09	107,18	107,16	107,26
2014	107,38	107,44	107,62	107,80
2015				
2016				

2 Les garages, parkings, remises, entrepôts

En ce qui concerne les places de stationnement, elles ne doivent pas être louées accessoirement au local principal par le même bailleur.

Un garage loué dans le quartier devient une location de droit commun (art. 1719 Code civil). La durée du bail est libre, mais souvent d'un an renouvelable par tacite reconduction. Le loyer est libre et dépend de l'accord des parties. Il est indexé sur l'ICC (*cf.* Fiche 20 *Le loyer et les charges en bail commercial*). Le congé convenu est souvent d'un mois.

La destination du local doit être respectée sous peine de résiliation du bail. Un garage pour voiture ne doit pas être transformé en entrepôt de meubles, de matériel de chantier ou de cuisine annexe d'un restaurant.

3 Location meublée secondaire (art. 1714 et suivants Code civil)

Hors du cadre de l'habitation principale meublée, du meublé pour étudiant, de la location saisonnière, on rencontre le « meublé résidence secondaire ». Nous ne sommes pas dans le régime hôtelier. Il s'agit souvent de maisons à la mer ou à la campagne louées à l'année par une famille qui viendra passer des week-ends, des vacances.

Le bail est de droit commun avec un loyer libre convenu entre les parties, indexé sur l'ICC.

4 Le bail emphytéotique

Il s'agit d'un bail de longue durée (18 ans minimum) pouvant durer 99 ans.

Depuis la loi du 5 janvier 1988, les communes, les collectivités territoriales, les établissements publics peuvent consentir ce type de bail à des personnes privées.

Le preneur détient un droit réel immobilier qu'il peut céder ou hypothéquer. Il a l'usage et la jouissance du bien.

EXEMPLE

Une commune donne à bail emphytéotique, un terrain à un particulier avec obligation de réaliser et d'exploiter un terrain de camping. Il devra l'aménager et assurer l'entretien selon le cahier des charges établi dans l'accomplissement d'une mission de service public et la réalisation d'une opération d'intérêt général. Le preneur crée un fonds de commerce et peut de revendre. Au terme du bail qui ne se renouvelle pas, le bailleur récupère tout (terrain et installations) en bon état d'entretien.

Si en cours de bail, le fonds de commerce est vendu, l'acquéreur prend l'exploitation pour le temps qui reste à courir. La valeur diminue d'autant que l'on se rapproche du terme.

5 Le bail à construction

C'est une variante du précédent. Le preneur s'engage à titre principal, moyennant un loyer versé au bailleur, à édifier à ses frais des constructions sur le terrain du bailleur et à les tenir en bon état d'entretien. Au terme du bail (18 à 99 ans), le bailleur devient propriétaire des constructions édifiées ou cède son terrain au constructeur qui deviendra alors propriétaire de l'ensemble (prix à débattre !).

12 Contrat de location, habitation meublée (ne constituant pas la résidence principale du locataire)

42 Le logement social

C'est en 1982 que le « droit à l'habitat » a été proclamé pour la première fois. La loi n° 89-462 du 6 juillet 1989 stipule dans son premier article : « *Le droit au logement est un droit fondamental ; il s'exerce dans le cadre des lois qui le régissent. L'exercice de ce droit implique la liberté de choix pour toute personne de son mode d'habitation grâce au maintien et au développement d'un secteur locatif et d'un secteur d'accession à la propriété ouvert à toutes les catégories sociales...* ».

Se loger est un droit fondamental mais encore faut-il que chacun puisse trouver le logement décent qui correspond à ses besoins et qui soit en rapport avec ses revenus.

1 Le rôle des communes

En constituant le plan local d'urbanisme (PLU), les communes doivent veiller à bien organiser le secteur locatif et le secteur d'accession à la propriété. Dans le secteur locatif, la commune est tenue d'offrir une large part au logement social.

2 L'intervention de l'État

L'État intervient sur le secteur du logement social par différentes actions :

- des aides au logement ;
- une législation rigoureuse en faveur du logement social ;
- le 1 % logement qui sert en partie à la construction de logements sociaux.

A La loi ENL

La loi ENL (engagement national pour le logement) du 13 juillet 2006, révisée en 2012, impose aux communes un minimum de 25 % de logements sociaux. Les communes de plus de 1 500 habitants en Île-de-France et 3 500 habitants en province (situées dans les agglomérations de plus de 50 000 habitants) devront acquitter une taxe de 304,90 € par logement manquant. Le préfet pourra ordonner des constructions.

B La politique du logement

Elle reste jusqu'à présent une politique nationale. Le logement des personnes défavorisées répond à une exigence d'intérêt national.

La possibilité pour toute personne de disposer d'un logement décent est un objectif de valeur constitutionnelle.

C La loi du 13 décembre 2000

L'article L 301-1 précise : « *La politique d'aide au logement a pour objet de favoriser la satisfaction des besoins de logements, de promouvoir la décence du logement, la qualité de l'habitat, l'habitat durable et l'accessibilité aux personnes handicapées, d'améliorer l'habitat existant et de prendre en charge une partie des dépenses de logement en tenant compte de la situation de famille et des ressources des occupants. Elle doit tendre à favoriser une offre de logement qui, par son importance, son insertion urbaine, sa diversité de statut d'occupation et de répartition spatiale, soit de nature à assurer la liberté de choix pour toute personne de son mode d'habitation. Toute personne ou famille éprouvant des difficultés particulières, en raison notamment de l'inadaptation de ses ressources ou de ses conditions d'existence, a droit à une aide de la collectivité pour accéder à un logement décent et indépendant ou s'y maintenir* ».

3 L'importance du parc locatif

Le secteur privé compte 6 millions de logements.

Le secteur public regroupe 4,7 millions de logements.

60 % des Français répondent aux conditions d'accès aux HLM.

20 % des demandes sont prises en compte.

40 % restent en attente.

3,2 % des logements sont vacants.

450 000 familles sont logées chaque année grâce aux constructions neuves ou par la libération de logements.

1 300 000 familles sont en attente d'un logement HLM en France métropolitaine.

Il y a un déficit de l'ordre de 900 000 logements.

4 Les organismes HLM

Il existe environ 800 organismes répartis en établissements publics, sociétés anonymes ou coopératives, tous à but non lucratif.

80 000 salariés sont employés et 12 000 sont des administrateurs bénévoles.

Les organismes ont une activité de location, de construction et de gestion. Les organismes assurent la gestion des loyers, l'entretien du patrimoine, la récupération des charges locatives. Ils accompagnent certains locataires vers l'accession à la propriété.

REMARQUE

Fin 2012, 12 millions de personnes sont logées dans le parc social dont 10 millions en HLM soit 17,3 % des ménages, dont 14,3 % en HLM.

Il reste que cette production n'est pas toujours aussi sociale qu'il y paraît. La relance s'effectue au bénéfice des logements aux loyers les plus élevés (donc les moins sociaux) et ne répond pas à la demande très sociale des plus modestes.

REMARQUE

En 2012, on note la mise en chantier de 68 400 logements neufs.
195 000 logements existants sont en voie de labellisation BBC et 45 000 sont déjà certifiés.
La réhabilitation du parc se poursuit (120 000 logements en 2011).

43 Les conditions d'accès au logement social et la constitution du dossier

Contrairement au secteur privé où le choix d'un appartement locatif peut s'effectuer directement en s'adressant à des bailleurs ou à des agences, l'accès à un logement social suit des règles strictes.

1 La demande de location d'un logement HLM

A Les conditions

Pour bénéficier d'un logement HLM il faut remplir certaines conditions :

- être français ou étranger admis à séjourner régulièrement en France (carte de séjour en cours de validité) ;
- respecter un plafond de ressources. Ces plafonds varient suivant le mode de financement dont ont bénéficié les logements (PLAI, PLUS, PLS, PLI) et suivant la région d'implantation (Paris, région Île-de-France, autres régions) – revenus N–2.

REMARQUE

PLAI = Prêt locatif aidé d'intégration.
PLUS = Prêt locatif à usage social.
PLI = Prêt locatif intermédiaire.
PLS = Prêt locatif social.

B La demande

La demande est à déposer :

- à la mairie de la commune ;
- à la direction départementale de l'équipement.

C La commission d'attribution

L'attribution d'un logement HLM est soumise à l'approbation d'une commission (art. 441-2 du CCH) composée de :

- membres de la société d'HLM ;
- élus de la commune concernée (ou communauté de communes) ;
- représentants d'associations de locataires.

La demande est examinée et jugée recevable ou non : si elle est recevable, le candidat reçoit un courrier l'en informant et un numéro d'ordre. Ce numéro n'implique pas pour autant un ordre dans l'attribution d'un logement. La demande est à renouveler tous les ans.

D L'attribution

Si le candidat reçoit une offre sur un logement précis, il a 10 jours pour accepter ou refuser. Mais souvent il devra patienter des mois ou des années avant de se voir attribuer un logement.

En effet, la demande est plus importante que l'offre, surtout dans les grandes villes (Paris, Lyon, Marseille) et, dans la longue liste d'attente, des critères de priorité permettent à des familles d'être logées plus rapidement. Ce sont notamment :

- des personnes en situation de handicap ou des familles ayant en charge une personne en situation de handicap ;
- des personnes mal logées, défavorisées, ou rencontrant des difficultés de logement pour des raisons financières ou dans leurs conditions d'existence ;
- des personnes hébergées ou logées temporairement dans un hôtel, établissement ou logement de transit ;
- des personnes mal logées reprenant un emploi après une longue période de chômage.

Entre-temps les plafonds de ressources ont pu être modifiés, les revenus du candidat peut-être également.

2 Les plafonds de ressources

Plafonds des ressources annuelles à compter du 1er janvier 2015 (en €) – PLUS

Catégorie du ménage	Paris et communes limitrophes	Île de France sauf Paris et communes limitrophes	Autres régions
1 personne seule	23 127	23 127	20 107
2 personnes sans personne à charge – jeune ménage exclu	34 565	34 565	26 851
3 personnes ou 1 personne avec 1 personne à charge ou jeune ménage sans charge(1)	45 311	41 550	32 291
4 personnes ou 1 personne seule avec 2 personnes à charge	54 098	49 769	38 982
5 personnes ou 1 personne seule avec 3 personnes à charge	64 635	58 917	45 856
6 personnes ou 1 personne seule avec 4 personnes à charge	72 429	66 300	51 682
Par personne supplémentaire	8 070	7 388	5 765

(1) Couple dont la somme des âges révolus est au plus de 55 ans.

Source : ANIL.

3 La loi DALO du 5 mars 2007

Cette loi, instituant le droit au logement opposable, permet à un candidat qui, considéré comme prioritaire, ne verrait pas son dossier aboutir, d'attaquer l'État devant le tribunal administratif.

44 Le bail social

Le bail est écrit et comporte un certain nombre de clauses. Dans les termes, ce document suit, en gros, le bail d'habitation loué nu en loi de 1989 mais avec une philosophie différente conduite par la règle du maintien dans les lieux.

1 Le bail

La durée du bail est fixée d'un commun accord entre l'office HLM et le locataire. Il peut être de 3 ans ou plus avec renouvellement tacite à chaque échéance. Comme pour la loi de 1948, le locataire bénéficie ainsi d'un droit au maintien dans les lieux.

Le dépôt de garantie est d'un mois. Les loyers sont calculés d'après la surface habitable et sont révisables d'après l'indice IRL. Ils sont libres (arrêté du 22/10/2007) et chaque organisme peut fixer le loyer entre le plafond minimum et maximum au m^2 dans les limites fixées.

2 La résiliation

Pour le locataire : à tout moment du bail avec un préavis de 3 mois (LR + AR). Le délai de préavis peut être ramené à 1 mois (mutation, raison médicale ou de santé…).

Par l'organisme HLM : il faut un motif grave et sérieux (impayés de loyers, troubles de voisinage importants et dans le respect d'une procédure précise). Si le locataire perçoit une aide au logement (APL, AL, etc.), un délai de préavis de 3 mois est nécessaire. Le préfet informé doit prévenir les caisses et organismes sociaux en vue de trouver une solution.

45 Le loyer et le surloyer en logement social

Permettre à chacun de se loger en tenant compte de ses besoins et de ses revenus est la règle. Mais au cours des années le locataire peut avoir une situation qui varie modifiant ses besoins (logement trop grand, trop petit) ou ses ressources (amélioration de situation par exemple).

1 Le loyer

Les sociétés HLM disposent d'immeubles classés en cinq catégories :

- les programmes sociaux de relogement (PSR) ;
- les programmes à loyer réduit (PLR) ;
- les habitations à loyer modéré ordinaires (HLMO) ;
- les immeubles à loyer moyen (ILM) ;
- les immeubles à loyer normal (ILN).

Le loyer peut donc varier en tenant compte de la catégorie de l'immeuble. La société HLM peut choisir le prix du m^2 de loyer entre le minimum et le maximum fixé par arrêté.

En principe, le loyer est très inférieur par rapport à celui du secteur privé (environ deux fois moins élevé). Son augmentation est votée par le conseil d'administration de l'organisme, mais doit rester dans un cadre légal (recommandation du ministre du Logement).

La provision sur charge est appelée, comme dans le secteur privé, chaque mois. Les charges suivent la liste des charges récupérables (décret n° 82-955 du 9/11/1982 modifié par le décret n° 86-1316 du 26/12/1986). Cette liste est identique à celle des logements de droit commun.

2 Le surloyer

Si, après quelques années de location, les ressources du ménage viennent à dépasser le plafond imposé, un problème de solidarité va se poser. Le locataire ne sera pas prié de partir. Il pourra demeurer dans le logement mais à condition de payer un surloyer.

Le supplément de loyer de solidarité (SLS) s'applique à la suite d'un questionnaire d'enquête que l'organisme adresse chaque année à ses locataires. Les locataires bénéficiant de l'APL ou AL n'y sont pas soumis.

A Les conditions

L'organisme HLM peut exiger le surloyer si les ressources dépassent de 20 % les plafonds requis pour l'attribution du logement. Le montant du loyer augmenté du surloyer ne peut, en aucun cas, dépasser 25 % des revenus imposables de la famille, sauf si le programme local de l'habitat (PLH) prévoit des dispositions différentes. Le maximum sera alors porté à 35 %.

B Le bilan

Actuellement 5 % des locataires paient un surloyer. C'est peu et cela prouve un certain laxisme des organismes. Certains locataires disposent de 9 000 € nets en revenus mensuels. En quantité on peut dire que 10 000 familles devraient quitter leur logement et laisser la place à des familles en attente de logement, mais le culte du « maintien dans les lieux » l'emporte.

Par ailleurs nous découvrons que 6 % des occupants sont défaillants quant au règlement de leur loyer, ce qui représente 120 millions d'euros par an. Ce chiffre risque encore d'augmenter avec la crise. Les impayés temporaires (+ de 3 mois) sont en nette progression : + de 13 % entre fin 2008 et fin 2009 (sources : Thierry Repentin – Président de l'Union sociale pour l'habitat (USH) et *Valeurs Actuelles* du 24.06.2010).

C Les modalités de calcul du surloyer

$$SLS = SH \times CDPR \times SLR$$

SH : surface habitable

CDPR : coefficient de dépassement du plafond de ressources résultant de la tranche de dépassement dans laquelle se situe le ménage

SLR : supplément de loyer de référence applicable à l'immeuble où réside le ménage, exprimé en €/m^2/mois de surface habitable

> **EXEMPLE**
>
> Pour un logement de 60 m^2 avec un coefficient de 1,5 et le SLR de 0,50 €/m^2/mois, le montant du supplément de loyer sera :
> $60 \times 1{,}5 \times 0{,}5 = 45$ €

REMARQUE

En aucun cas le CDPR ne peut excéder les valeurs suivantes :
- 0,75 lorsque le dépassement est entre 20 % et 30 % ;
- 1 lorsque le dépassement est entre 30 % et 40 % ;
- 1,5 lorsque le dépassement est entre 40 % et 60 % ;
- 2 lorsque le dépassement est entre 60 % et 80 %.

Le SLS de loyer mensuel par m^2 habitable peut être au maximum de :
- 1,51 € pour les logements situés à Paris et dans les communes limitrophes ;
- 1,19 € pour l'Île-de-France (zones urbaines et villes nouvelles) ;
- 0,96 € pour le reste de l'Île-de-France et les communes ou agglomérations de communes de plus de 100 000 habitants ;
- 0,23 € pour le reste du territoire national et DOM.

> **EXEMPLE**
>
> Une famille résidant dans un logement HLM à Paris d'une surface de 75 m^2, ses revenus dépassant de 26 % le plafond des ressources, pourra se voir réclamer un SLS de :
> $75 \times 0{,}75 \times 1{,}51 = 84{,}94$ €

APPLICATION

ÉNONCÉ

Le bail d'habitation (loi de 1989) s'applique dans le secteur privé et également dans le secteur social (HLM) mais, dans ce cas, il y a quelques aménagements.

1 **Pouvez-vous indiquer quelques différences ?**

2 **Expliquez ce qu'est le surloyer de solidarité.**

3 **Indiquez la procédure à suivre pour devenir locataire d'un logement HLM.**

4 **Qu'apporte la loi DALO ?**

5 **Peut-on acquérir un logement HLM et dans quelles conditions ?**

6 **Quelles sont les aides au logement ?**

7 **Donnez les conditions de résiliation du bail par le locataire et par le bailleur (organisme HLM) ?**

8 **En cas du décès du conjoint titulaire du bail, quelles seront les conséquences ?**

SOLUTION

1 Il est bon de signaler les principales différences entre le bail du secteur privé et le bail HLM. La loi de 1989 régit les deux baux.

- Le loyer est fixé par l'organisme et le niveau correspond souvent à 50 % de celui qui est pratiqué dans le secteur privé.
- La révision du loyer est votée par le conseil d'administration et ne suit donc pas obligatoirement l'IRL du secteur privé. Le loyer et sa révision doivent respecter la limite des plafonds réactualisés.
- Le bail HLM se reconduit sans limitation et pratique le culte du maintien dans les lieux.

2 Pour accéder à un logement HLM, est pris en compte un plafond de revenus. En cours de bail, les revenus du ménage peuvent s'améliorer. L'organisme est en droit, lorsque ceux-ci dépassent le plafond de plus de 20 %, de demander un « surloyer de solidarité ». Les montants du loyer et du surloyer ne doivent, en aucun cas, dépasser 25 % des revenus imposables du ménage ; il peut y avoir des exceptions à ce barème, c'est pourquoi le bailleur social demande un justificatif des revenus sauf auprès des bénéficiaires d'une aide APL ou AL dont le contrôle est opéré par ailleurs (allocations familiales).

3 Demander l'attribution d'un logement HLM nécessite une suite de démarches :

- Dépôt d'un dossier.
- Enregistrement de la demande avec délivrance, au candidat, dans le mois qui suit la demande, d'un numéro unique, valable pour tout le département.
- Remise d'une attestation par l'organisme au demandeur. Validité un an. Le candidat doit renouveler sa demande chaque année, sinon il est radié.
- Il faut être français ou étranger (permis de séjour valide) et avoir des ressources ne dépassant pas un certain plafond variant suivant le mode de financement de l'immeuble (PLAI, PLUS, PLS) et la région.
- Le dossier passe en commission d'attribution, qui décidera en fonction du degré de priorité du candidat.
- Une offre est formalisée ; elle est valable 10 jours.

4 La loi DALO (droit au logement opposable) confirme le droit au logement proclamé en 1982, puis dans la loi du 6 juillet 1989. Avec la loi du 5 mars 2007 (en vigueur au 1er décembre 2008), ce droit fondamental pourra être revendiqué en justice. La personne dont la demande

n'aura pas abouti, alors qu'elle est très prioritaire, pourra se retourner contre l'État (tribunal administratif), garant du respect du droit au logement.

5 Des organismes HLM proposent des logements à la vente (construits depuis plus de 10 ans, répondant aux normes d'habitabilité et en bon état d'entretien). Le locataire est prioritaire ; si un logement est vide, les locataires de l'organisme HLM seront contactés en priorité. Un locataire peut également demander à acquérir son appartement et l'organisme dispose de 2 mois pour lui répondre. Différents prêts peuvent être mis en place pour favoriser cet achat. Il peut être envisagé une location-vente.

6 Les aides au logement : l'APL et l'AL sont les plus courantes. En cas d'accession on pourra bénéficier d'un prêt social de location-accession (PSLA) ; l'ALS (allocation de logement social) est versée, sous conditions de ressources, aux locataires ou accédants à la propriété qui ne peuvent bénéficier ni de l'APL ni de l'ALF (aide au logement familial).

7 Les conditions de résiliation :

- Le locataire peut donner congé à tout moment par lettre recommandée avec accusé de réception. Le préavis est de 3 mois (1 mois dans certains cas : perte d'emploi, mutation, problème de santé...).
- L'organisme ne peut donner congé au locataire sauf motif grave et à condition de suivre une procédure précise (saisine des services sociaux).

8 En cas de décès du conjoint du titulaire du bail, le conjoint survivant bénéficie d'un droit de transfert à son nom du contrat de location. Ce droit est également accordé au concubin notoire, au partenaire pacsé ou aux personnes à charge, à condition :

- qu'elles vivent avec le locataire décédé, depuis au moins un an ;
- qu'elles remplissent les conditions d'attribution (ressources et taille du logement).

46 Les aides au logement

L'aide au logement a pour but d'aider les personnes à acquérir un logement destiné à leur résidence principale ou d'aider des locataires en contribuant en partie au loyer et aux charges ou encore de les aider à réaliser des travaux d'économies d'énergie par exemple.

Nous avons développé dans la fiche 8 les aides sous forme de prêts accordées aux personnes souhaitant accéder à la propriété dans certaines conditions de ressources. Ce sont des prêts aidés par l'État (PEL, CEL, 1 % employeur, PTZ, prêts conventionnés, prêts PAS...). Nous voyons ici les lois traitant du logement social et les aides accordées aux locataires.

1 La politique d'aide au logement

Loger des personnes défavorisées est un enjeu national.

Mettre à leur disposition un logement « décent » (loi SRU du 13 décembre 2000 art. 140-1, Code de la construction et de l'habitation : art. L 301-1, 301-2, 301-3) est une des bases de la politique d'aide au logement qui comprend :

- les aides publiques à l'investissement en faveur de la construction, réhabilitation d'immeubles destinés à la location ;
- les aides publiques sous conditions de ressources afin de favoriser l'accès à la propriété ;
- les aides publiques à l'investissement pour les travaux d'amélioration du logement (propriétaires occupants sous conditions de ressources ou propriétaires bailleurs ;
- les aides publiques à l'investissement pour les logements locatifs du secteur privé à condition de respecter un loyer encadré et de louer à des personnes ne dépassant pas un plafond de ressources ;
- les aides personnalisées qui sont versées aux locataires ou propriétaires accédants (plafonds de ressources).

2 Les aides personnalisées au logement

A L'APL

C'est une aide destinée à réduire les dépenses (loyer + charges) de ses bénéficiaires. Cette aide est versée directement au bailleur ou à son mandataire, le locataire règle la différence. Il y a un plafond de loyer variant avec la composition du foyer et la zone de résidence. Son calcul est le suivant :

$$APL = L + C - Pp$$

L : loyer pris en compte

C : le forfait de charges

Pp : le plafond de loyer.

Pour les propriétaires, le calcul est plus complexe car la formule tient compte de la composition du foyer, des revenus, des remboursements de prêts sociaux, des charges et de la zone géographique.

$$APL = K (L + C - Lo) \text{ ou } K = 0{,}95 - R/CM \times N$$

R : revenus

CM : coefficient fixé par le décret

N : nombre de parts fixé par des coefficients (exemple : un couple = 1,80 ; un couple avec un enfant = 2,50)

Lo : mensualité de remboursement minimum restant à la charge du propriétaire.

B L'ALF (allocation logement à caractère familial)

Le logement doit être décent ; comme l'APL, l'allocation est destinée à réduire les charges du logement. De nombreux critères sont exigés :

- surface habitable : 25 m^2 pour un couple + 9 m^2 par personne en plus dans la limite de 79 m^2 (il existe quelques dérogations) ;
- perception d'allocations familiales ou d'un complément ;
- ménage de moins de 5 ans de mariage (avoir moins de 40 ans à la date du mariage) ;
- aux chargés de famille (personne âgée ou inapte au travail, handicapée…).

C L'ALS (allocation logement à caractère social)

Elle s'adresse à ceux qui ne peuvent bénéficier de l'APL ou de l'ALF.

D Les démarches

- Se renseigner auprès des caisses d'allocations familiales.
- Pour les agriculteurs : caisse de mutualité sociale agricole.
- Pour les agents SNCF, RATP : auprès de leur employeur.

Sur le site de la Caisse nationale des allocations familiales :

  - étudiants : demande en ligne ;
  - téléchargement du formulaire ;
  - calcul du montant de ALS, ALF ou APL.

47 L'achat d'un logement HLM

Depuis quelques années, les sociétés HLM proposent des logements à la vente sous certaines conditions :

- le logement doit être construit depuis 10 ans (le préfet peut cependant accorder des dérogations) ;
- il doit satisfaire aux normes d'habitabilité ;
- il doit être en bon état d'entretien.

Les organismes de logement social interviennent également en tant que prêteurs. Ces dernières années, en moyenne 4 000 logements par an ont été vendus à leurs locataires dont 60 % en maisons individuelles.

Les organismes HLM peuvent également vendre des logements neufs réalisés dans le cadre du dispositif Duflot/Pinel.

1 La fixation du prix

Le prix fixé par un organisme HLM nécessite l'avis du maire de la commune. Une estimation peut être effectuée par le service des domaines, mais le prix peut être inférieur ou supérieur de 35 % à cette estimation s'il est proposé au locataire en place.

2 L'acquisition

Tout locataire HLM peut demander à acquérir son logement. L'organisme doit lui répondre dans les deux mois, mais rien ne l'oblige à accepter.

Si l'office HLM désire vendre un logement vacant, il doit avertir les locataires habitant sur tout le département. Si aucun candidat ne se manifeste, il pourra le vendre par ailleurs sous certaines conditions.

3 L'accession à la propriété

Les organismes HLM ont étudié différentes possibilités dont certaines s'étalent sur plusieurs années.

A La location-accession à la propriété

Durant quelques années, le locataire loue son logement en versant une redevance établie en fonction de sa capacité financière. Il règle donc, en plus de son loyer d'occupant, une fraction du prix du logement.

À une date convenue, l'achat peut avoir lieu dans les conditions fixées au contrat. Ce mode d'acquisition permet de compenser le manque d'apport personnel.

L'opération est sécurisée car, en cas de difficultés, l'office pourra soit reloger le locataire soit lui offrir une solution de rachat.

Les sécurités proposées peuvent se traduire par :

- le contrat revente : l'organisme s'engage à racheter le bien à un prix prédéterminé ou encore à régler la différence pouvant exister entre le prix d'achat et celui de la revente (en cas de divorce, mutation, surendettement, etc.) ;
- le paiement confiance : l'accédant ne commence à rembourser qu'à compter de la remise des clés de son logement.

En cas de difficultés persistantes à régler ses mensualités, l'organisme peut maintenir le résident dans son logement comme locataire, jusqu'au retour à « une meilleure fortune ».

B Les conditions du PSLA

Le prêt social location-accession concerne des logements neufs. Il est attribué à l'organisme HLM qui signe une convention avec l'État. Il faut respecter un plafond de ressources pour le locataire accédant ainsi qu'un plafond de loyer. Le prix de vente est plafonné.

Le PSLA peut financer à 100 % l'opération. Éventuellement il peut être complété par le « 1 % action logement ».

Plafond PSLA 2015

Nombre de personnes destinées à occuper le logement	Zone A	Zone B et C
1	31 370	23 779
2	43 917	31 709
3	50 191	36 678
4	57 093	40 643
5 et plus	65 123	44 795

Le prix de vente en 2015

(art. R. 331-76-5-1 et R. 443-34 du Code de la construction et de l'habitation)

Zone géographique	Prix maximum m²/utile en €
A bis	4 534
A	3 437
B_1	2 753
B_2	2 402
C	2 102

La fraction de la redevance du loyer est plafonnée

Zone A bis	12,18
Zone A	10,13
Zone B_1	8,72
Zone B_2	8,37
Zone C	7,77

L'accédant peut faire appel à d'autres prêts conventionnés. Il n'a pas accès au PTZ. Il est exonéré de taxe foncière pendant 15 ans à compter de la remise des clés. La TVA à 7 % est payée par le vendeur.

> EXEMPLE
> Un logement neuf en zone B1 de 80 m² ne peut être vendu au-dessus de :
> 80 × 2 753 = 220 240 €.
> L'accédant locataire réglera un loyer maximum de :
> 80 × 8,72 = 697,60 €/ mois.
> De combien le ménage peut-il disposer pour assurer et régler en plus une fraction du prix du logement ?
> Sachant que le plafond de ressources en 2015, pour un ménage de 4 personnes en zone B1, ne doit pas dépasser 40 643 €/an[1], soit 3 387 €/ mois, et si l'on considère 30 % de disponible pour une base de loyer :
> $3\,387 \times \frac{30}{100} = 1\,016$ € environ: l'opération peut être réalisable.

C Loi du 4 mars 1996 – art. L. 443-12-1 du CCH

Lorsqu'un locataire achète son logement à un organisme HLM, les suppléments de loyers payés au cours des 5 dernières années qui précèdent la signature de l'acte sont déductibles du prix de vente.

(1) *Cf.* § 3, fiche 43

Partie 4

LA GESTION DE COPROPRIÉTÉ

48 L'organisation de la copropriété

Dans le passé, le logement était constitué de maisons individuelles, de propriétés ou d'immeubles dont le propriétaire unique habitait ou louait des appartements. Certains événements sont venus modifier cette conception qui n'était plus réaliste (guerre, crises, raréfaction ou coût du foncier, etc.).

Il a fallu concevoir des immeubles sur le même modèle que ceux affectés à la location dans de grandes villes (Paris, Lyon, Marseille...) mais accessibles à la propriété.

Le problème posé est d'organiser la copropriété. Un copropriétaire achète un appartement dans un immeuble construit ou à construire mais comment y accède-t-il ? Terrain, cour, jardin, entrée, escalier, ascenseur, etc.

À qui appartiennent les murs et la toiture ?

Enfin dans de nombreux cas de promotion, il fallait protéger l'acquéreur.

1 La copropriété

Le statut de la copropriété s'applique de plein droit à tout immeuble dont la propriété est répartie entre plusieurs personnes (au moins deux). Il y a aujourd'hui 800 000 copropriétés en France représentant près de 7,7 millions de logements. L'essor de la copropriété s'est développé depuis 1955 et se poursuit de nos jours. Vivre en communauté pose des principes d'une liberté limitée avec des droits encadrés. La copropriété comprend des parties privatives et des parties communes qui appartiennent à tous.

La loi 65-557 du 10 juillet 1965 (révisée régulièrement – 16 mars 2011) fixe le statut et l'organisation de la copropriété.

A L'état de division

L'état descriptif de division identifie les « lots ». Chaque lot a :

- un numéro d'ordre ;
- une situation dans l'immeuble (bâtiment, étage, escalier...) ;
- une orientation : sur rue, sur cour... ;
- une destination (usage d'habitation...) ;
- les tantièmes des parties communes qui lui sont attachés.

L'état descriptif de division peut être inséré dans le règlement de copropriété.

B Le règlement de copropriété

C'est un document important établi dès la construction d'un immeuble ou lors de sa mise en copropriété du fait de la vente par le propriétaire de l'immeuble d'un ou de plusieurs lots.

Ce règlement détermine les droits et les obligations de chacun. Il définit les parties privatives et les parties communes, les conditions d'utilisation, la destination donnée à l'immeuble (habitation bourgeoise, professions libérales autorisées, commerces pouvant être interdits...).

Le règlement doit être respecté par tous. Il a force de loi (sous réserve de ne pas insérer des clauses abusives ou contraires à la législation). Il est opposable à tous et donc déposé à la conservation des hypothèques (qui peut en donner copie à titre onéreux). Chaque copropriétaire en détient un exemplaire ainsi que le syndic.

Ce règlement sera augmenté des mises à jour et des modifications votées en AG. Une remise à jour des anciens règlements devenus obsolètes avec des clauses illicites devait être réalisée avant le 13 décembre 2008 (voté en art. 24). Passé cette date, c'est toujours possible (voté par contre en art. 26 et coût plus élevé; environ 3 000 €).

Le règlement fixe en outre la périodicité des AG, le nombre des membres du conseil syndical, les règles de vie (comportements, trouble de voisinage), l'affectation des lots, la couleur des stores pare-soleil, l'installation d'antennes, l'acquisition ou vente de parties communes, les travaux particuliers (parties privatives...).

Le règlement de copropriété est un document pouvant contenir 50 ou 80 pages suivant l'importance de la copropriété.

2 Le syndicat des copropriétaires

La collectivité des copropriétaires est constituée en un syndicat qui a la personnalité civile (art. 14 de la loi). À ce titre, le syndicat des copropriétaires dispose de certaines capacités qui lui sont propres : agir en justice, engager sa responsabilité, constituer un patrimoine...

Il prend ses décisions en AG selon les majorités requises. Elles seront exécutées par le syndic qui est le représentant élu du syndicat. Il peut modifier le règlement de copropriété. Le syndicat est responsable de dommages causés aux copropriétaires ou aux tiers. Il vote le budget, les copropriétaires versent des provisions correspondant au budget et à leurs tantièmes, à périodes régulières (en général au début de chaque trimestre).

3 Le conseil syndical

Il a un double rôle (art. 21 de la loi) :

- s'assurer, dans l'immeuble, du bon fonctionnement (règlement) et du bon entretien de la copropriété ;
- contrôler l'activité du syndic dans le cadre de l'entretien, de la gestion et de l'administration de la copropriété.

Le nombre de membres est fixé par le règlement de copropriété. Chaque membre est élu nominativement en art. 25 c'est-à-dire à la majorité absolue (élection en groupe illicite). Dès son élection, le conseil syndical se réunit pour désigner son président.

Le rôle du conseil syndical peut devenir prépondérant dans certains cas :

- défaillance du syndic ;
- non-application des décisions prises en AG ;

- changement de syndic ;
- contrôle de la comptabilité.

Il pourra être amené à convoquer une AG extraordinaire. Le conseil syndical n'a pas de personnalité morale, il a un rôle consultatif puisqu'il est constitué de bénévoles. Il est « la courroie de transmission » entre les copropriétaires et le syndic. Il rend compte à l'assemblée (du contrôle de la comptabilité par exemple). La finalité du conseil syndical est d'assurer un dialogue et une information entre l'ensemble des copropriétaires et le syndic, ce qui est le meilleur moyen de maintenir un climat de confiance réciproque.

Seuls les copropriétaires et leurs conjoints peuvent être élus. Sont écartés : le syndic, conjoint, ascendants et descendants, et les préposés du syndic même s'ils sont copropriétaires, et ce (art. 21), pour que le conseil syndical soit indépendant du syndic.

4 Le syndic

La fiche 49 lui est consacrée. Il est le professionnel, responsable de ses actes. Élu en AG, il est en quelque sorte employé pour un temps limité (son contrat). Son rôle est important et loin d'être toujours facile. À la suite de nombreux abus, sa rémunération, entre autres, est recadrée notamment lors de travaux.

Il recrute le personnel, signe les contrats de travail, définit et surveille les tâches, assure les paies. Ce personnel est cependant celui du syndicat et non du syndic. En cas de faute, c'est le syndicat des copropriétaires qui sera mis en cause (quitte à celui-ci de se retourner contre son syndic, si besoin).

APPLICATIONS

1 ÉNONCÉ

1. **À quel moment peut-on parler de copropriété ?**
2. **Qu'est-ce qu'un syndicat de copropriété ?**
3. **Qu'est-ce que le conseil syndical ?**
4. **Qu'est-ce que l'état de division ?**
5. **Que comprend un lot de copropriété ?**
6. **Donnez les dates de la loi principale sur la copropriété et de son décret.**
7. **Que comprend le règlement de copropriété ?**
8. **Vous prenez à la vente un logement copropriété, le propriétaire n'a pas le règlement de copropriété. Où pouvez-vous vous le procurer ?**
9. **Qu'entend-on par « tantièmes » ?**
10. **Dans un immeuble en copropriété, qu'est-ce qu'une partie commune ?**

SOLUTION

1 On peut parler de copropriété dès qu'un immeuble possède deux copropriétaires. Cet immeuble doit posséder un accès commun. Il peut s'agir d'un immeuble ancien dont le propriétaire vend un appartement ou d'un immeuble neuf en construction.

2 Le syndicat de copropriété est la réunion de tous les copropriétaires (on devient membre d'office dès l'acquisition d'un lot). Ce syndicat des copropriétaires se réunit en assemblée générale pour prendre des décisions sur la gestion, la conservation ou l'administration de l'immeuble. Il a la personnalité morale. Il est responsable des dommages causés aux copropriétaires ou aux tiers (vices de construction ou vice d'entretien). Les pouvoirs du syndicat sont très larges. Il peut poursuivre en justice (action contre des fournisseurs, des retards de paiement des charges...). Il est chargé du respect du règlement de la copropriété. Il est responsable de son personnel et des fautes de son syndic. Il existe plusieurs formes de syndicat (exemple : coopératif).

3 Le conseil syndical est constitué de copropriétaires élus à l'article 25 pour 3 ans. Leur nombre est fixé par le règlement de copropriété. Ils désignent l'un des leurs comme président.

4 L'état de division est un document listant les lots de copropriété en parties privatives avec l'affectation d'une quote-part de parties communes définies en tantièmes. À surface identique des lots, des critères s'appliquent : consistance, étage, vue, ensoleillement, bruit... qui en modifient les tantièmes. Ce document établi par un homme de l'art (géomètre expert) est déposé à la conservation des hypothèques. Il est souvent inclus dans le règlement de copropriété.

5 Le lot : la copropriété est divisée en lots (appartement, local commercial, caves, garages, chambres de bonne, grenier, parking...). C'est la définition de la structure physique de chaque lot, numéroté et dont la consistance est définie à l'état de division. Chaque lot est affecté d'une quote-part de partie commune. On ne peut vendre un lot privatif sans sa quote-part de parties communes.

6 Loi du 10 juillet 1965 et décret du 17 mars 1967.

7 Le règlement de copropriété peut comprendre l'état de division. En outre, il comprend l'origine de la copropriété, la destination des lots. Il fixe l'administration de la copropriété (fréquence des AG, nombre de membres du conseil syndical...) et les règles imposées pour l'immeuble (enseignes, plaques, couleur des stores, période de chauffe, fermetures des portes, etc.).

8 Chez le syndic ou la conservation des hypothèques (en payant).

9 Tantièmes : quand on ne peut préciser le nombre de millièmes, dix millièmes, cent millièmes on dit tantièmes.

10 Les parties communes sont les parties à l'usage de tous les copropriétaires ou de certains : entrée de l'immeuble, couloirs, escaliers, ascenseur, loge, local chaufferie, à vélos, parking commun, espaces verts, balcons, terrasses. Le toit terrasse peut être à l'usage d'un copropriétaire... tout en étant la toiture de l'immeuble.

2 ÉNONCÉ

Je suis en phase finale de l'acquisition d'un garage dans une copropriété voisine de mon appartement. Nous serons dans quatre jours chez le notaire pour signer l'acte authentique.

1 **Le vendeur me dit que je serai membre du syndicat des copropriétaires. Je pensais que c'était réservé aux copropriétaires d'appartements.**
Dois-je adhérer ? Que faut-il faire ?

2 **Je suis déjà au syndicat de mon immeuble comme copropriétaire de mon appartement. Est-ce possible d'adhérer à plusieurs syndicats ?**

3 **À quoi suis-je engagé en entrant dans ce nouveau syndicat ?**

SOLUTION

1 Tout acquéreur d'un lot en copropriété devient automatiquement membre du syndicat, que ce soit pour un un appartement, un local commercial, une cave, un garage ou un parking. Il n'y a aucune formalité à accomplir dans ce sens par l'acquéreur. Le notaire aura communiqué les coordonnées de l'acquéreur au syndic. Le syndic lui enverra l'appel de provisions trimestrielles et la convocation à la prochaine assemblée générale.

2 Il est possible d'adhérer à plusieurs syndicats : autant de lots acquis dans différentes copropriétés, autant d'appartenance à des syndicats.

3 Je dois respecter le règlement de copropriété et le règlement intérieur, et régler mes appels (provisions sur charges ou sur travaux).

3 ÉNONCÉ

Dans l'immeuble où je possède mon appartement, on me propose de rentrer au conseil syndical car il y aura de nouvelles élections à la prochaine assemblée générale.

1 **Est-ce que je peux donner mon accord aujourd'hui ?**

2 **Comment se déroule cette élection où il y a 7 postes à pourvoir ?**

3 **Peut-on présenter une liste commune (président + 6 membres) comme dans une élection municipale ?**

4 **Comment est désigné le président ?**

5 **Quelles sont les activités du conseil syndical, les obligations, les responsabilités ?**

6 **Y a-t-il une rémunération ?**

SOLUTION

1 Je peux donner mon accord non pas pour rentrer au conseil syndical aujourd'hui mais pour être candidat. L'assemblée décidera.

2 L'ordre du jour indique une délibération concernant l'élection du conseil syndical. Les candidats connus sont inscrits à l'ordre du jour mais le président de séance fait appel à des candidatures spontanées, comme candidat titulaire ou suppléant (nombre souvent défini dans le règlement de copropriété). Le vote va s'effectuer en article 25 pour chaque candidat. Chacun, pour être élu, doit donc obtenir la majorité.

3 Il n'y a pas de liste commune, chacun est élu individuellement.

4 Après l'élection, en fin d'assemblée, le conseil syndical se réunit pour désigner (à mainlevée) son président. Son nom est porté au PV, donc à la connaissance de tous les copropriétaires.

5 Les activités du conseil syndical sont :

- assurer sur place le lien avec les copropriétaires.
- prévenir le syndic de tout problème méritant une réaction urgente.
- entourer le syndic : élaboration de l'ordre du jour, contrôle des factures.
- informer l'assemblée du résultat de son contrôle avant de voter le *quitus* au syndic.
- s'assurer que les décisions prises en AG sont bien suivies d'effet.
- le président peut avoir un rôle prépondérant pour faire convoquer une AG ou solliciter du TGI la nomination d'un syndic judiciaire en cas de démission intempestive du syndic en fin de mandat.
- il n'est pas responsable.

6 C'est du bénévolat, sauf à se faire indemniser de frais engagés, justifiés, dont le remboursement sera assuré par le syndic.

4 ÉNONCÉ

Le syndic professionnel :

1 **Que faut-il faire pour être syndic de copropriété ?**

2 **Quel est le rôle du syndic ?**

3 **Quelle est la durée du contrat de syndic ?**

4 **Arrivé au terme de son mandat, celui-ci se renouvelle-t-il par tacite reconduction ou le syndic doit-il effectuer une démarche ?**

5 **Le syndic doit élaborer le prochain ordre du jour. Il est en place depuis 3 ans (un mois avant la prochaine AG), il vous demande de préparer le début de l'ordre du jour... la routine ! Indiquez, dans l'ordre logique du déroulement de l'AG, au moins 6 résolutions sur lesquelles un vote sera nécessaire.**

SOLUTION

1 Pour être syndic professionnel, il faut être titulaire de la carte professionnelle « gestion » avec toutes les obligations attachées : livre des mandats de gestion, RCP, caisse de garanties... Il y a lieu d'avoir une formation particulière pour gérer des copropriétés (droit, comptabilité) et du matériel informatique avec les logiciels de gestion adaptés à la nouvelle comptabilité (loi de 2005, tenir le livre journal, le grand livre, les imprimés obligatoires). Il faudra établir les contrats, les paies du personnel des immeubles. Tout cela ne s'improvise pas. Enfin il faut présenter sa candidature, son contrat de syndic... et se faire élire.

2 Le syndic est un professionnel, administrateur de l'immeuble dont il doit :
- assurer la gestion courante : convocation aux AG, tenue des comptes, assurances, gestion du personnel ;
- recouvrir les impayés, suivre les travaux, gérer les sinistres, dégâts, contentieux ;
- assurer la conservation de l'immeuble, respect du règlement de copropriété, veiller à l'exécution des tâches par le personnel ou commandées à des entreprises extérieures. Conserver les archives.

3 La durée du contrat est au maximum de 3 ans. Elle peut être d'un an.

4 La tacite reconduction n'existe pas : le syndic doit représenter un nouveau contrat qui sera soumis au vote de l'AG.

5 Dans l'ordre logique on retrouve toujours les mêmes rubriques de base. Citons :
- élection du président de séance et de ses assesseurs (24) ;
- *quitus* au syndic pour l'administration (24) ;
- *quitus* au syndic pour la gestion des comptes (24) ;
- adoption du budget pour le prochain exercice (24) ;
- élection du syndic (25) ...
- adoption du contrat de syndic (24) ;
- compte bancaire la loi ALUR impose en 2015, l'ouverture obligatoire d'un compte séparé pour la gestion courante. Un autre compte séparé devra être ouvert, destiné à recevoir les provisions en vue de gros travaux (5 % du budget annuel maximum).

49 La gestion de copropriété : le syndic

La copropriété est constituée du syndicat des copropriétaires qui, réuni en assemblée, prend les décisions nécessaires à son bon fonctionnement.

- Le règlement de copropriété s'impose à tous.
- Le conseil syndical, dont les membres sont élus par les copropriétaires en AG, sera, sur place, le correspondant efficace entre le syndic et les résidents.
- Le syndic, élu par l'assemblée, exécute les décisions prises en AG, représente le syndicat des copropriétaires, respecte les obligations imposées par le règlement de copropriété. Il a pour mission la conservation de l'immeuble, la gestion, l'administration. Il rend compte de sa gestion à l'AG qui lui donne ou non le «*quitus*»: l'assemblée approuve la gestion administrative ou comptable de l'exercice annuel passé du syndic. La **loi du 10 juillet 1965** article 17 impose un syndic. Un contrat type est imposé par la loi Alur.

1 Le statut du syndic

A Le syndic bénévole

C'est un copropriétaire qui assure cette fonction souvent dans un petit immeuble comportant une dizaine de logements. N'étant pas un « professionnel », il n'est pas inscrit au RCS et ne possède pas de caisse de garantie ou RCP. Son rôle est d'organiser les assemblées, de tenir la comptabilité (appels de fonds, factures). Son action est souvent collégiale car il ne prendra pas d'initiatives sans avis ou réunion de ses voisins.

Les avantages sont :

- l'économie des honoraires du syndic professionnel dont l'administration de quelques lots constitue une charge importante dans un petit budget ;
- une disponibilité permanente car, étant sur place, le syndic bénévole peut réagir rapidement.

L'inconvénient est que, devant certaines situations, il peut ne pas prendre les bonnes décisions. Il sera difficile de le poursuivre en justice car il n'a pas la responsabilité, la compétence, le savoir d'un professionnel qui est une garantie.

B Le syndic professionnel

Élu en AG, en article 25 (majorité des voix du syndicat), son contrat est d'une durée de 3 ans maximum (souvent un an) non reconductible. À son échéance, un nouveau contrat doit être joint à la convocation de l'AG qui décide ou non de lui donner un nouveau mandat.

C'est un professionnel possédant :

- une carte professionnelle spécifique imposée par la loi ALUR (art. 24) dont la délivrance est soumise à une formation continue obligatoire pour le syndic et ses collaborateurs, (carte délivrée par la CCI depuis le 1er janvier 2015, validité : 3 ans) ;

- une RCP (responsabilité civile professionnelle) ;
- une caisse de garantie dont les garants financiers devront assurer plus de contrôle sur les fonds garantis (loi ALUR).

Il peut être mis en place provisoirement par un promoteur pour participer à la rédaction du règlement de copropriété, à l'élaboration du budget prévisionnel, à la convocation de la première assemblée au cours de laquelle il se fera élire et deviendra officiellement le syndic de la copropriété.

2 Le rôle du syndic

Le syndic a pour mission de :

- respecter et faire respecter le règlement de copropriété ;
- exécuter les décisions de l'AG ;
- administrer :
  - souscrire et gérer les assurances et les contrats de l'immeuble,
  - prendre, lors des travaux, une assurance dommage ouvrage,
  - engager le personnel prévu (règlement ou AG), établir les contrats de travail dans le respect des conventions collectives de la profession, distribuer les tâches et surveiller la bonne exécution, établir les paies… tout ceci au nom du syndicat de la copropriété,
  - établir et tenir à jour le carnet d'entretien de l'immeuble,
  - établir le budget prévisionnel et le faire accepter en AG (art. 24),
  - assumer la répartition des charges communes ou particulières à chaque copropriétaire,
  - ouvrir ou gérer le ou les comptes courants de la copropriété. Avec la loi ALUR, le compte séparé devient obligatoire dans toutes les copropriétés de plus de 15 lots. Les intérêts du compte seront acquis au syndicat. Le syndic devra fournir une copie des relevés périodiques du compte « dès réception de ceux-ci ».
  - un second compte séparé devra être ouvert pour les copropriétés de plus de 5 ans pour constituer un « fonds de travaux » destiné à financer d'éventuels travaux non encore votés (à compter du 01/01/2017 – art. 58 loi ALUR). Cette cotisation annuelle dont le montant sera voté en art. 25 et s'élèvera à un minimum de 5 % du budget prévisionnel. Si le montant atteint celui du budget prévisionnel, le syndic devra mettre deux questions à l'ordre du jour : plan d'élaboration de travaux ou suspension des cotisations en art. 25.

Par contre en cas de vente d'un lot les sommes versées restent attachées au lot et ne sont pas remboursées au vendeur.

Les petites copropriétés de moins de 10 lots peuvent renoncer au fond de travaux par un vote à l'unanimité de l'assemblée générale :

- tenir à jour le listing des copropriétaires et, en cas de mutation, remplir l'état daté pour faire retenir par le notaire les sommes dues par le vendeur ;
- s'assurer que les appels trimestriels de fonds sont bien réglés et si nécessaire relancer et poursuivre les mauvais payeurs ;
- convoquer et tenir les AG, rendre compte de son action et faire voter le *quitus* de sa gestion (art. 24) ; il rédigera le PV qu'il enverra dans les deux mois à chaque copropriétaire (LR + AR pour les absents et opposants) ;

...n cas de saisie ou poursuite d'un copropriétaire, il ne pourra entamer la procédure, au nom du syndicat, qu'après l'accord obtenu en AG ;

- conserver les archives de l'immeuble qu'il transmettra à son successeur si son mandat n'est pas renouvelé ;
- tenir la comptabilité, régler les factures. Pour ce faire, il doit tenir les états dont le modèle est imposé par la loi (décret comptable du 14 mars 2005 ; loi du 13 juillet 2006 art. 94-11). Cette comptabilité, vérifiée par le conseil syndical, fait l'objet d'un vote par l'AG. Pour l'approbation des comptes (art. 24). Il assure la reddition des comptes annuellement à chaque copropriétaire.
- conserver :

Une autre des responsabilités du syndic est la conservation de l'immeuble.

À ce titre il doit intervenir en urgence en cas de désordres, fuites, sinistres survenant dans la copropriété. En accord avec le conseil syndical, il intervient et fait valider son action et la dépense entraînée lors d'une prochaine assemblée (ordinaire ou extraordinaire).

Il propose à l'assemblée les travaux d'entretien nécessaires à la bonne conservation (peinture des entrées, halls par exemple) – art. 24. Ces travaux, dont le coût reste modeste, permettent non seulement de vivre dans un cadre propre et agréable mais aussi de valoriser l'immeuble et de conserver une valeur marchande aux lots de la copropriété.

La copropriété peut faire l'objet de travaux importants et coûteux qui peuvent être nécessités par la vétusté (isolation, toiture) ou imposés par la législation (ravalement obligatoire, mise aux normes des ascenseurs).

Le syndic devra présenter les travaux envisagés, faire établir des devis et obtenir l'accord des copropriétaires en AG où la délibération fera l'objet d'un vote en article 25 lorsque ceux-ci sont rendus obligatoires ou en article 26 lorsqu'il s'agit de travaux de confort.

Il devra fournir les explications administratives et techniques à l'AG. Les délibérations porteront sur :

- l'accord de l'AG pour les travaux ;
- le choix des entreprises ;
- les modes de financement et les appels de fonds (montant par lot, nombre et calendrier) ;
- l'autorisation donnée au syndic de signer le bon de commande ;
- l'autorisation de souscrire une assurance dommage ouvrage ;
- la souscription d'un contrat d'entretien éventuellement.

Les honoraires du syndic seront votés à la même majorité, pour ce supplément de travail et la surveillance (la loi Boutin du 27 mars 2009 interdit aux syndics de fixer sur leur contrat un pourcentage forfaitaire pour leurs honoraires en cas de travaux).

Le syndic a de nombreuses tâches et responsabilités, il est souvent critiqué et son poste n'est pas toujours aisé à tenir. Certains syndics ont trop souvent soumis en AG des contrats où un prix semblait acceptable pour la gestion dite « courante » mais ce prix d'appel était émaillé d'une panoplie de « suppléments » dont le principe s'avérait abusif : photocopies, envois de recommandés, duplicata d'un règlement de copropriété, frais de mise à jour de fichier, frais sur compte courant séparé…(arrêté Novelli 19 mars 2010 – sur les honoraires du syndic).

Les conseils syndicaux et les copropriétaires deviennent plus informés, plus critiques et plus regardant sur le montant des charges… dont les frais de syndic.

APPLICATIONS

1 ÉNONCÉ

Le président du conseil syndical de la copropriété « Les Edelweiss » est inquiet. La copropriété avait choisi son syndic parce qu'il était disponible et que son cabinet était une petite structure familiale, or il apprend que celui-ci vient de vendre son agence à une grosse société de gestion.

Que prévoit la loi en pareil cas ? Conseillez le président du conseil syndical.

SOLUTION

Le syndicat a signé un contrat de syndic en fonction de la structure familiale et de la disponibilité du syndic. C'est un contrat « *intuitu personae* » qui a été conclu en considération de la personne. Le nouveau cabinet (grosse structure) ne pourra pas bénéficier du contrat de syndic du fait du rachat. Le contrat ne se poursuit pas. Le nouveau syndic devra se présenter devant l'assemblée avec un nouveau contrat. À défaut son mandat serait nul et il pourrait être poursuivi en justice.

2 ÉNONCÉ

Solange est au service syndic et son responsable l'a chargée de rédiger l'ordre du jour d'une prochaine AG de la copropriété « Belle Vue ». Le conseil syndi cal souhaite que soit mise à l'ordre du jour : « la suppression des vide-ordures » (ceux-ci sont dans les cuisines). Solange sait que supprimer ce confort nécessite l'unanimité… ce qui n'est pas réalisable.

Conseillez Solange sur le texte à proposer pour avoir des chances d'adoption. 217

SOLUTION

Toute la nuance est dans les termes à employer ; « supprimer » nécessite l'unanimité difficile voire impossible à obtenir.

On peut envisager : « condamner » qui nécessiterait l'art. 26 mais on peut encore faire mieux ! La loi 2003-590 du 2 juillet 2003 (art. 93-2) précise que l'on peut condamner l'usage des vide-ordures à la majorité de l'art. 25 à la condition que cette décision soit motivée par des impératifs d'hygiène.

La majorité des tantièmes sera plus facile à obtenir et n'oublions pas que, si nous ne l'avons pas mais qu'un tiers est obtenu, il est possible de revoter en art. 24 immédiatement.

Texte proposé :

« *Condamnation des vide-ordures en cuisine des appartements par mesure d'hygiène* » (art. 25).

3 ÉNONCÉ

Un syndic bénévole fait réparer en urgence une fuite d'eau sur le réseau d'évacuation des eaux usées de l'immeuble, dans la cour.

Les travaux terminés, il règle l'entreprise et demande leur quote-part aux copropriétaires. L'un d'eux refuse de payer. Le syndic assigne ce dernier devant le tribunal d'instance (créance de 280 €) qui donnera raison au copropriétaire.

Pour quelles raisons le syndic bénévole n'obtient-il pas gain de cause ?

SOLUTION

Le syndic bénévole a bien fait de faire réparer la fuite d'eaux usées en réalisant le changement de la canalisation en fonte fissurée. Mais il aurait dû convoquer l'AG extraordinaire (en art. 24). Aucun délai n'est précisé par la loi (la convocation doit être faite dans un délai raisonnable).

Il ne peut donc poursuivre ce copropriétaire pour le paiement des dépenses occasionnées par son fait.

4 ÉNONCÉ

Monsieur Raleur, copropriétaire dans l'immeuble, arrive en retard à l'assemblée générale. Il signe la « feuille de présence » et participe au vote de la 4e délibération.

Après deux heures de présence, il s'en va, sans se faire remarquer. Il reste encore trois résolutions à voter notamment sur la neutralisation des vide- ordures pour raison d'hygiène.

Votre travail :

Monsieur Raleur vous consulte pour avoir votre avis. Il voudrait assigner le syndicat en annulation de cette décision.

Dans une réponse structurée, soulignez les points de droit soulevés et concluez.

SOLUTION

Les faits :

Monsieur Raleur est copropriétaire et a reçu sa convocation. À son arrivée, il signe la feuille de présence. Cette signature tardive, puisqu'il est en retard, a plusieurs effets :

1 Elle reconnaît sa présence à l'AG. dès le départ.

2 Elle modifie le nombre des « tantièmes présents ou représentés. Il aurait fallu porter au PV l'arrivée de Monsieur Raleur et faire modifier les tantièmes.

3 Il est considéré comme abstentionniste pour les trois premières décisions. Il vote à la 4e question.

Si les délibérations sont a la majorité des articles 25 ou 26, sa présence aura une incidence sur l'approbation par rapport a la majorité renforcée (25) ou double majorité (26).

Ses tantièmes peuvent permettre d'atteindre la majorité requise ou en article 25 d'obtenir le $\frac{1}{3}$ des voix permettant un vote en seconde lecture à l'article 24.

Monsieur Raleur quitte l'AG en catimini, son départ n'est pas signalé au PV, le nombre de tantièmes revient au niveau mentionné à l'ouverture de la séance (Monsieur Raleur était porté absent).

Conséquence :

Monsieur Raleur ne pourra pas assigner le syndicat parce qu'il n'est pas « opposant » au projet (il n'a pas voté contre). Il peut être tenu pour abstentionniste si l'on repère qu'il est présent pour avoir signé la feuille de présence et n'a pas signalé son départ prématuré.

50 L'assemblée générale des copropriétaires

Les décisions du syndicat des copropriétaires sont prises en assemblée générale (art. 17). L'AG est l'organe principal de la copropriété. La fréquence est déterminée par le règlement de copropriété ou à défaut par la loi et son décret d'application du 13 juin 1967. Il peut y avoir des assemblées générales ordinaires et des AG extraordinaires (cas de travaux urgents par exemple...). L'assemblée doit se tenir dans la commune de situation de l'immeuble sauf à en décider autrement en AG.

1 La convocation

A L'envoi

La convocation doit être notifiée au moins 21 jours avant la date de réunion (décret 2007-85 du 1er mars 2007). Le délai court à compter du lendemain du jour de la première présentation de la lettre recommandée au domicile de son destinataire. Dans de nombreuses copropriétés, les convocations sont remises en mains propres aux propriétaires résidant sur place (à retirer à la loge) par mesure d'économie. Il faut que le syndic les dépose bien avant afin qu'en cas de non-retrait elles puissent être envoyées en LR + AR avant les 21 jours (cas d'un copropriétaire absent ou en vacances).

Si un seul envoi n'était pas réalisé (oubli) ou hors délai, le copropriétaire pourrait faire annuler l'AG.

Une AG extraordinaire peut être convoquée dans des délais plus courts (art. 9 du décret du 17 mars 1967) ; (travaux urgents mettant en péril la sécurité par exemple). Aucun délai n'est précisé (on peut penser sous huitaine de l'envoi des convocations, comme un délai raisonnable).

B Qui peut convoquer ?

Normalement c'est le syndic qui en accord avec le conseil syndical aura fixé la date de l'AG et l'ordre du jour. En cas de défaillance du syndic, le président du conseil syndical peut être amené à convoquer l'AG à l'initiative du conseil syndical ou d'un groupement de copropriétaires représentant au moins 25 % des voix (art. 8 du décret). Le président du TGI (Tribunal de grande instance) peut désigner un administrateur judiciaire provisoire qui convoquera l'AG.

Enfin, lors de la création d'une copropriété (par exemple un immeuble neuf achevé), le syndic provisoire mis en place par le promoteur pourra convoquer la première AG et s'y faire élire comme syndic (approbation de son contrat de syndic en art. 25).

C Le contenu de la convocation

1 • *La convocation nominative est adressée*

- À chaque copropriétaire (si mariés : au nom des deux époux).
- Au vendeur et au locataire d'un lot vendu en locationaccession.
- À chaque associé d'une SCI.
- Aux indivisaires ou usufruitiers qui doivent être représentés par un manda taire commun (art. 23 de la loi de 1965).
- Éventuellement, dans certaines copropriétés, aux représentants d'associations de locataires.

2 • *L'ordre du jour*

On ne peut délibérer que sur les sujets inscrits à l'ordre du jour. Tout copropriétaire peut notifier au syndic (LR + AR) la ou les questions dont il demande l'inscription à l'ordre du jour en s'y prenant à temps (décret du 27 mai 2004).

3 • *Les pièces et documents à joindre*

- Le compte des recettes et des dépenses de l'exercice écoulé.
- L'état des dettes et des créances.
- La situation de trésorerie.
- Le budget prévisionnel et ses annexes.
- Les projets de la copropriété (modification, travaux... avec les devis).
- La délégation de pouvoir à un tiers ou donnée au syndic dans la poursuite d'une action par le syndicat (en justice par exemple).
- L'autorisation donnée à un copropriétaire d'engager des travaux.
- Le ou les projets de contrat de syndic.
- Le pouvoir permettant à un copropriétaire de se faire représenter en AG.

2 La tenue de l'assemblée

A La feuille de présence

En arrivant, chaque copropriétaire doit signer la feuille de présence pour son compte ou celui des personnes dont il détient le pouvoir. Rappel : un copropriétaire ne peut détenir plus de 3 pouvoirs ou de 5 % des tantièmes du syndicat.

Le secrétariat tenant cette feuille de présence collationne les présents et représentés et donnera le total des tantièmes de la salle sur le bureau du syndic, qui saura ainsi de quelle majorité il peut disposer.

Le secrétariat notera les départs ou arrivées en cours de séance car les votes peuvent s'en trouver modifiés. Le total des tantièmes sera rapporté au PV (pour chaque vote). Cette feuille est signée en fin de séance par le président de séance, ses assesseurs, le syndic.

B Le syndic ouvre la séance

La première délibération porte sur l'élection du président et de ses assesseurs (en art. 24).

Le président élu conduira la séance. Il pourra suivre l'ordre du jour ou en intervertir l'ordre si besoin (par exemple faire élire les membres du conseil syndical avant le syndic... au cas où il ne serait pas élu, le conseil syndical pourra agir).

Le président va distribuer les pouvoirs en blanc, au hasard dans la salle (pour éviter un monopole entre les mains du conseil syndical par exemple).

Le président de séance donnera la parole à ceux qui la demande avant chaque vote. Le conseil syndical s'exprimera (rapport, vérification des comptes, avis...).

À chaque délibération, sont rapportés sur le PV :

- le texte de la délibération;
- les noms des personnes qui se sont opposées à la décision ;
- les noms de ceux qui n'ont pas pris part au vote ou se sont abstenus ;
- enfin les réserves soulevées par un ou plusieurs copropriétaires.

C Le PV est signé en fin de séance

Par le président, les secrétaires, les scrutateurs : décret du 27 mai 2004 article 11.

Ce procédé met un terme à toute manipulation possible ultérieurement. Mis au propre, il est envoyé dans les deux mois à chaque copropriétaire (LR + AR surtout aux opposants ou absents). Les copropriétaires désirant contester les décisions prises en assemblée ont deux mois à compter de la notification du PV pour le faire.

APPLICATION

ÉNONCÉ

1 **Quel est le délai pour convoquer une AG ordinaire et comment se décompte-t-il ?**

2 Notre chaudière vient de tomber en panne ; heureusement pour la copropriété, nous sommes en été. Elle produit l'eau chaude sanitaire de l'immeuble et le chauffage en saison froide.
Le syndic a demandé à plusieurs entreprises des devis en urgence pour réparer cette ancienne chaudière à charbon adaptée au fioul. Elle est irréparable, les entreprises sont catégoriques : il faut la changer.
Le syndic programme dans l'urgence une convocation à une AG extraordinaire. **Quel est le délai à respecter ?**

3 Si nous sommes en hiver, le chauffage est coupé. **Que doit faire le syndic ?**

4 **À quelle majorité ce vote serat-il organisé ?**

5 Le cumul des mandats est réglementé. Je dois assister à la réunion et j'ai reçu 5 mandats (procurations) pour représenter des copropriétaires.
Puis je les représenter ? Rappelez les règles.

6 **Donnez les définitions des article 24, 25, 26 en prenant ensuite l'exemple d'une copropriété de 100 000 millièmes et 120 copropriétaires.**

OLUTION

1 Le délai est de 21 jours à compter du 1er jour suivant la remise en main ou de la présentation de la LR + AR, le cachet de la poste faisant foi.

2 La loi ne fixe aucun délai pour une AG convoquée dans l'urgence. Le syndic devra simplement tenir compte du délai d'acheminement des convocations.

3 L'hiver, le besoin de chauffage est urgent. En accord avec le conseil syndical, il va faire remplacer la chaudière. Il convoquera ensuite l'AG extraordinaire pour faire valider son initiative et faire voter la dépense et les appels de fonds.

4 Il s'agit de l'article 24, car c'est une décision qui concerne l'entretien d'un équipement existant.

5 Oui et non, c'est selon les tantièmes détenus. La règle : 3 mandats maximum ou 5 % des tantièmes (tantièmes généraux). Exemple : si ma copropriété est de 10 000/10 000, 5 % : je peux totaliser 500/10 000 ou 3 mandats qui peuvent en représenter plus.

6 Art. 24 – C'est la majorité des voix exprimées des présents ou représentés. Les abstentions ne sont pas prises en compte.

7 Art. 25 – C'est la majorité des voix du syndicat. Exemple : pour 10 000 millièmes, il est nécessaire d'en obtenir 5 001.

8 Art. 26 – C'est la double majorité qui s'impose. Deux tiers des 10 000 millièmes soit 6 667 et la moitié des voix des copropriétaires. Exemple : pour faire adopter une décision en art. 26, il faut réunir 6 667/10 000 + 61 copropriétaires.

51 Les majorités

Le vote est libre (coupons collectés ou vote à mainlevée, etc.), ce qui importe est que le nombre de voix puisse être exactement décompté et soit indiqué sur le procès-verbal. Chaque copropriétaire dispose d'une voix et d'un nombre de tantièmes (millièmes, dix millièmes, cent millièmes, etc.) lié à la quote-part de parties communes dont il bénéficie.

Au cas où un copropriétaire détient une quote-part de parties communes supérieures à celle représentée, le nombre de voix dont il dispose est réduit à la somme des voix des autres copropriétaires.

Les différentes majorités requises en cours d'assemblée par les copropriétaires varient suivant l'importance des décisions prises.

Nous aurons :

- la majorité simple ;
- la majorité renforcée ;
- la double majorité ;
- l'unanimité.

Les décisions n'ayant pas reçu la majorité requise sont rejetées ou peuvent profiter de certaines passerelles. Quelles majorités pour quelle décision ?

1 La majorité simple (art. 24)

Il s'agit de la loi n° 65-557 du 10 juillet 1965 :

- révisée le 2 juillet 2003 : accès handicapés ;
- révisée le 13 décembre 2000 – loi SRU, excluant du calcul des voix les abstentionnistes.

A Définition

C'est la majorité des voix (tantièmes) exprimées des copropriétaires présents et représentés.

B Les décisions

- Élection du président de séance et de ses assesseurs.
- Vote du budget prévisionnel.
- Approbation des comptes du syndic.
- Travaux de réparation et d'entretien courant.
- Contrat d'entretien et de fourniture.
- Établissement de la période de chauffe.
- Autorisation donnée à des copropriétaires de réaliser des travaux n'affectant pas les parties communes.
- Mesure tendant à interdire à des véhicules tiers l'accès aux parties communes de l'immeuble…

▶ Lorsque la loi le permet, de passer de l'article 25 à l'article 24, lors d'une même AG ou d'une AG ultérieure.

2 La majorité renforcée (art. 25)

A Définition

Il s'agit de la majorité des voix du syndicat, peu importe le nombre de présents dans la salle. Exemple : le syndicat représente 10 000 dix millièmes. Pour être adoptée la décision doit recueillir 5 001/10 000.

B La loi SRU

Elle ouvre une possibilité de ne pas bloquer des décisions à prendre en AG devant la faible représentation des copropriétaires convoqués. Si une décision n'a pas obtenu la majorité requise (50 % + 1 voix) mais a obtenu au moins un tiers des voix du syndicat (dans notre exemple 3 334/10 000e), la même assemblée peut décider à la majorité prévue à l'article 24 en procédant immédiatement à un second vote, à moins de décider de reporter cette question à une AG ultérieure.

Si le projet n'a pas recueilli le tiers des voix du syndicat, une nouvelle AG peut être convoquée dans le délai maximal de 3 mois pour statuer en article 24. Dans ce cas précis, le délai de convocation peut être ramené à 8 jours et les pièces et documents n'ont pas à être de nouveau fournis, si cette nouvelle AG ne porte que sur les questions inscrites à la précédente assemblée (décret du 27/05/2004 art. 12).

C Les décisions en art. 25

- Désigner le syndic, le révoquer
- Désigner les membres du conseil syndical ou révoquer un membre. *25 en 24*
- Fixer un montant de marché à partir duquel la consultation du conseil syndical est obligatoire. *25 en 24*
- Déterminer les horaires de fermeture de l'immeuble. *25 en 24*
- Autoriser en permanence l'accès de la force publique dans les parties communes. *25 en 24*
- Modifier les charges suite à la modification d'une partie privative. *25 en 24*
- Constituer une réserve de trésorerie pour les travaux futurs. *25 en 24*
- Scinder la copropriété, syndicat secondaire. *25 en 24*
- Prévoir des travaux d'économie d'énergie amortissables sur une période inférieure à 10 ans (chauffage, eau chaude, ventilation changement d'énergie, sous-compteurs divisionnaires…). *25 en 24*
- Décider d'installer des antennes collectives de télévision. *25 en 24*
- Décider de travaux de ravalement imposés par la commune. *25 en 24*
- Travaux :
  - percement de dalle pour réunir deux lots. *25 en 24*
  - modification ou renforcement de la dalle. *25 en 24*
  - nouveau branchement sur la descente d'eaux usées. *25 en 24*
  - changement de radiateurs en chauffage collectif. *25 en 24*

- sur des ouvertures : porte palière changée ou fenêtre (agrandir, percer, changer). *25 en 24*
- en façade : fermeture d'un balcon, installation d'une enseigne lumineuse, moteur extérieur (PAC, climatisation)

▸ Comptabilité : compte séparé ou compte fonds de travaux. *25*

REMARQUE

25 en 24 : indique la possibilité offerte de revoter en art. 24 si, au premier vote, la majorité absolue non atteinte obtenait au moins un tiers des suffrages.

3 La double majorité (art. 26)

A Définition

Cette majorité est difficile à obtenir car elle nécessite :

- la majorité des voix des copropriétaires ;
- les deux tiers des tantièmes.

EXEMPLE

Une copropriété possède 60 propriétaires et 10 000/10 000.
Pour passer la délibération, elle doit recueillir :

$$31 \text{ voix} + \frac{6\,667}{10\,000}$$

225

B Les décisions en art. 26

▸ Procéder à des acquisitions immobilières – art. 26
▸ Supprimer le conseil syndical – art. 26
▸ Supprimer le poste de gardien non prévu au règlement de copropriété – art. 26
▸ Acheter ou vendre des parties communes sans modifier la destination de l'immeuble – art. 26
▸ Concéder des droits privatifs sur une partie commune – art. 26
▸ Changer l'affectation d'une partie commune – art. 26 et sous ce même article modifier le règlement suite à cette nouvelle destination.
▸ Modifier le règlement de copropriété – art. 26
▸ Travaux :
- portant atteinte au règlement de copropriété (exemple : suppression du chauffage collectif, de l'ascenseur, des boîtes aux lettres : unanimité ;
- réalisés par un copropriétaire ou par la copropriété portant atteinte à la destination de l'immeuble : unanimité ;
- travaux d'économie d'énergie amortissables sur plus de 10 ans – art. 26 ;
- surélévation ou construction de nouveaux locaux privatifs : unanimité.

C Possibilités données de revoter de 26 en 25 pour :

▸ L'installation d'un ascenseur.
▸ L'installation de boîtes aux lettres.
▸ L'installation de chauffage.

- La plantation d'arbres.
- Le ravalement non imposé, ni urgent.
- La surélévation ou la construction de parties communes.
- L'installation d'un vide-ordures.

4 L'unanimité

Nous avons vu en traitant l'article 26 que certaines décisions doivent recueillir l'unanimité de toutes les voix. Ce sera l'article 35.

Dans le cas où le PV recèle des données erronées concernant le scrutin et ne fait pas le rappel des majorités nécessaires à l'adoption des résolutions, l'assemblée générale doit être annulée même si l'annulation d'une résolution n'apporte aucun préjudice à un copropriétaire.

APPLICATION

ÉNONCÉ

Dans cette nouvelle copropriété « Le Berlioz », il y a une surface commerciale et son propriétaire présente la particularité d'être majoritaire puisqu'il détient 525 tantièmes sur 1 000. Ils sont 7 copropriétaires du syndicat.

Vous préparez l'assemblée générale, vous devez concevoir un tableau synthétique des suffrages minimum à obtenir pour les différentes majorités.

Lors de l'AG il y aura 5 copropriétaires présents (dont Monsieur Faure pour le centre commercial).

Le total des présents s'élevait à 725 tantièmes sur 1 000.

SOLUTION

Le principe étant que chaque copropriétaire dispose d'un nombre de voix correspondant à sa quote-part dans les parties communes. Toutefois, lorsqu'un copropriétaire possède une quote-part supérieure à la moitié, le nombre de voix dont il dispose est réduit à la somme des voix des autres copropriétaires.

Les voix de ce copropriétaire seront réduites à 475 millièmes (somme des voix des autres copropriétaires).

Dans le cas présent, sont représentés 725 millièmes (525 millièmes pour Monsieur Faure et 200 pour les autres).

Les voix de Monsieur Faure sont ramenées à 200.

- Article 24 : majorité des voix exprimées des présents et représentés (400 tantièmes).
- Article 25 : majorité absolue des voix de tous les copropriétaires (475 + 475 = 950 voix. Pour être adoptée la résolution devra recueillir 476 voix).
- Article 26 : majorité en nombre des copropriétaires représentant les 2/3 des voix de tous les copropriétaires (soit au moins 4 copropriétaires représentant 634 voix (2/3 de 950 arrondi).

Majorité	Suffrage minimum
Article 24	pour/contre sur la base de 400 tantièmes
Article 25	476 tantièmes
Article 26	4 copropriétaires avec 634 tantièmes

52 Le plan comptable de la copropriété

Auparavant chaque syndic tenait la comptabilité des copropriétés qu'il administrait à sa manière puisqu'aucune règle précise ne s'imposait : il était parfois difficile d'avoir une vision claire pour les copropriétaires, notamment en cas de changement du syndic. Une réforme était nécessaire.

La loi de 1965 article 18 a défini que le syndic doit assurer la gestion financière et la comptabilité de la copropriété dont il est le mandataire.

La loi SRU du 13 décembre 2000 prévoit la mise en place de règles spécifiques pour la tenue de la comptabilité.

Le décret et un arrêté du 14 mars 2005 imposent un plan comptable à tenir depuis le 1er janvier 2008 (une exception est admise pour les petites copropriétés de moins de 10 lots dont le budget est inférieur au cours de trois exercices consécutifs à 15 000 euros [loi ENL du 13 juillet 2006]).

1 Les cinq tableaux

A L'état financier

Il comprend :

- la situation financière et la trésorerie ;
- les créances ;
- les provisions et avances (travaux) ;
- les dettes.

B Le compte de gestion générale de l'exercice

- les charges pour opérations courantes;
- les produits pour opérations courantes;
- les charges pour travaux et autres opérations exceptionnelles.
- les produits pour travaux et autres opérations exceptionnelles.

C Les charges pour opérations courantes

- l'approbation des comptes N–1 et N réalisé;
- le vote du budget prévisionnel N+1 et N+2.

D Le compte de gestion pour travaux (art. 14-2) et opérations exceptionnelles hors budget

E L'état des travaux de l'art. 14-2 et des opérations exceptionnelles votés non encore clôturés

228

Tableau 1

Syndicat des copropriétaires

État financier après répartition au … (date de clôture de l'exercice)

I - Situation financière et trésorerie					
	Exercice précédent approuvé	Exercice clos		Exercice précédent approuvé	Exercice clos
Trésorerie 50 Fonds placés 51 Banque ou fonds disponibles en banque (1) 53 Caisse			Provisions et avances 102 Provisions pour travaux 103 Avances 1031 Avances de trésorerie 1032 Avances travaux 1033 Autres avances 131 Subventions en instance d'affectation 12 Solde en attente sur travaux ou opérations exceptionnelles		
Trésorerie disponible Total I			**Total I**		
II - Créances			**Dettes**		
	Exercice précédent approuvé	Exercice clos		Exercice précédent approuvé	Exercice clos
45 Copropriétaires - sommes exigibles restant à recevoir (2) 459 Copropriétaires - créances douteuses (2) Compte de tiers 42 à 44 Autres créances 46 Débiteurs divers 47 Comptes d'attente 48 Comptes de régulatisation			45 Copropriétaires - excédents versés (2) Comptes de tiers 40 Fournisseurs 42 à 44 Autres dettes 46 Créditeurs divers 47 Comptes d'attente 48 Comptes de régularisation 49 Dépréciation des comptes de tiers (2)		
Total II			**Total II**		
Total général (I)+(II)			**Total général (I)+(II)**		
(1) Une somme affectée du signe <-> indique un découvert bancaire correspondant à une dette du syndicat (2) Liste individualisée (nom et montant) ci-jointe			Emprunts : montant testant dû		

Tableau 2

Syndicat des copropriétaires

Compte de gestion générale de l'exercice clos réalisé (N1) du … au …
et budget prévisionnel de l'exercice (N° 2) du … au …

CHARGES POUR OPERATIONS COURANTES (ventilation en annexe 3)					
Pour	Approbation des comptes			Vote du budget prévisionnel	
	Exercice précédent approuvé	Exercice clos budget voté	Exercice clos réalisé à approuver	Budget prévisionnel en cours voté	Budget prévisionnel à voter
	N-1	N	N	N+1	N+2
60 Achats de matières et fournitures 601 Eau (compteur général) 602 Electricité 603 Chauffage énergie et combustible 60X Autres 61 Services extérieurs 611 Nettoyage des locaux 612 Locations immobilières 613 Locations mobilières 614 Locations de maintenance 615 Entretien et petites réparations 61X… Autres 62 Frais d'administration 621 Rémunérations du syndic sur gestion copropriété 622 Autres honoraires du syndic 63 Impôts et taxes 64 Frais de personnel					
Sous-total					
Solde (excédent s/opérations courantes affecté aux copropriétaires)					
Total I					
CHARGES POUR TRAVAUX ET AUTRES OPERATIONS EXCEPTIONNELLES					
661 Remboursement d'annuités d'emprunt 671 à 673 Travaux 677 Pertes sur créances irrécouvrables 678 Charges exceptionnelles 68 Dépréciations sur créances douteuses					
Solde excédent					
Total II					

PRODUITS POUR OPERATIONS COURANTES					
	Approbation des comptes			Vote du budget prévisionnel	
	Exercice précédent approuvé	Exercice clos budget voté	Exercice clos réalisé à approuver	Budget prévisionnel en cours voté	Budget prévisionnel à voter
	N-1	N	N	N+1	N+2
701 Provisions copropriétaires 711 Subventions sur frais de fonctionnement 713 Indemnités d'assurances 714 Produits divers 716 Produits financiers					
Sous-total					
Solde (insuffisance s/opérations courantes affectée aux copropriétaires)					
Total I					
POUR TRAVAUX ET AUTRES OPERATIONS EXCEPTIONNELLES					
702 Provisions pour travaux 703 Avances versées par les copropriétaires 704 Remboursement d'annuités d'emprunts Autres produits 711 Subventions sur travaux 712 Emprunts à utiliser sur travaux 713 Indemnités d'assurances 714 Produits divers 716 Produits financiers 718 Produits exceptionnels 78 Reprises de dépréciation sur créances douteuses					
Solde (insuffisance)					
Total II					

Tableau 3

Syndicat des copropriétaires

Compte de gestion pour opérations constantes de l'exercice clos réalisé (N°) du … au …

CHARGES POUR OPERATIONS COURANTES							
		Pour approbation des comptes			Pour le vote du budget prévisionnel	
		Exercice précédent approuvé	Exercice des budgets votés	Exercice clos réalisé à approuver	Budget prévisionnel en cours voté	Budget prévisionnel à voter
		N-1	N	N	N+1	N+2
Charges communes et générales	Charges (1)					
	Produits affectés (1) (2)					
	Net					
Charges communes à groupe d'immeubles	Charges (1)					
	Produits affectés (1) (2)					
	Net					
Charge bâtiment	Charges (1)					
	Produits affectés (1) (2)					
	Net					
Charge cage d'escalier ou d'entrée	Charges (1)					
	Produits affectés (1) (2)					
	Net					
Charge d'ascenseurs	Charges (1)					
	Produits affectés (1) (2)					
	Net					
Charge d'eau froide	Charges (1)					
	Produits affectés (1) (2)					
	Net					
Charge d'eau chaude	Charges (1)					
	Produits affectés (1) (2)					
	Net					
Charge de chauffage	Charges (1)					
	Produits affectés (1) (2)					
	Net					
Charge de parkings	Charges (1)					
	Produits affectés (1) (2)					
	Net					
	(3)					
Total charges nettes						
Provisions copropriétaires						
Solde (excédent ou insuffisance d'opérations courantes affecté aux copropriétaires)						

(1) A détailler par poste, par imputation, avec indication facultative des numéros de compte

(2) Autres que les appels de provisions pour charges courantes

(3) Autres natures de charges

Date et référence du syndic

Tableau 4

Syndicat des copropriétaires
Adresse de l'immeuble
Compte de gestion pour travaux de l'article 14-2 et opérations exceptionnelles hors budget prévisionnel de l'exercice clos réalisé (N) du ... au ...

	Exercice clos dépenses votées (N)	Exercice clos réalisé à approuver (N)		
		Dépenses	Provisions appelées	Solde (4)
Travaux de l'article 14-2				
Travaux de ... (2)				
Charges communes générales	Charges (1)			
	Produits affectés (1)			
	Net			
Charges communes à un groupe d'immeubles	Charges (1)			
	Produits affectés (1)			
	Net			
Charges bâtiment ou escalier	Charges (1)			
	Produits affectés (1)			
	Net			
	(3)			
Total travaux de ...				
Travaux de ... (2)				
(3)				
Total travaux de ...				
Total travaux article 14-2				
Opérations exceptionnelles				
Charges communes générales	Charges (1)			
	Produits affectés (1)			
	Net			
Charges bâtiment	Charges (1)			
	Produits affectés (1)			
	Net			
	(3)			
Total opérations exceptionnelles				
Total travaux de l'article 14-2 et opérations exceptionnelles				

(1) À détailler par poste, par imputation, avec indication facultative des numéros de compte

Date et références du syndic

(2) À détailler par marché de travaux
(3) À détailler sur l'ensemble des clés de répartition concernées par le marché de travaux ou produits et charges exceptionnelles
(4) Excédent ou insuffisance

Tableau 5

Syndicat des copropriétaires
Adresse de l'immeuble

ÉTAT DES TRAVAUX DE L'ARTICLE 14-2 RT OPÉRATIONS EXCEPTIONNELLES VOTES NON ENCORE CLOTURÉS
À LA FIN DE L'EXERCICE DU … AU …

	TRAVAUX VOTÉS (montantetdate	TRAVAUX PAYÉS (montant et date)	TRAVAUX RÉALISÉS (montant et date)	APPELS TRAVAUXEMPRUNTS ET SUBVENTIONS RECUS (montant et date)	SOLDE EN ATTENTE SUR TRAVAUX	SUBVENTIONS ET EMPRUNTS À RECEVOIR (montant et date)
	A	B	C	D	E = D - C	F
TRAVAUX RAVALEMENT TRAVAUX TOITURE (1)						
TOTAL					(2)	

(1) À détailler par marchés de travaux ou opérations exceptionnelles et par clé de répatition

(2) Ce solde correspond au solde du compte 12 dans l'annexe 1

Date et référence du syndic

2 Dispositions générales

L'arrêté du 14 mars 2005 et ses 12 articles donnent des précisions.

Tout mouvement ou variation enregistré dans la comptabilité est représenté par une écriture qui établit une équivalence entre ce qui est porté au débit et ce qui est porté au crédit des différents comptes. Les écritures sont passées selon le système « en partie double ».

Le syndic tient le livre journal et le grand livre (côté sans discontinuité). La comptabilité peut être tenue sur des supports informatiques numérotés et datés.

Le syndic édite les deux balances générales des comptes.

Les opérations sont enregistrées TTC (montant et taux sont indiqués lorsque des copropriétaires sont assujettis à la TVA).

La nomenclature des comptes est constituée par la liste des comptes classés, numérotés et définis par une terminologie et des règles de fonctionnement.

Classe 1 – Provisions, subventions et emprunts

10 Provisions et avances

- 102 provisions pour travaux décidés
- 103 avances
  - 1031 avances de trésorerie
  - 1032 avances travaux au titre de l'art. 18-6 de la loi susvisée
  - 1033 autres avances

12 Solde en attente sur travaux et opérations exceptionnelles

13 Subventions accordées en instance de versement

Classe 4 – Copropriétaires et tiers

40 Fournisseurs

- 401 factures parvenues
- 408 factures non parvenues
- 409 fournisseurs débiteurs

42 Personnel

- 421 rémunérations dues

43 Sécurité sociale et autres organismes sociaux

- 431 Sécurité sociale
- 437 autres organismes sociaux

44 État et collectivités territoriales

- 441 État et autres organismes – subventions à recevoir
- 442 État – impôts et versements assimilés
- 443 collectivités territoriales – aides

45 Collectivité des copropriétaires

- 450 copropriétaire individualisé

Si l'assemblée en décide la création les sous-comptes suivants :

450.1 copropriétaire – budget prévisionnel

450.2 copropriétaire – travaux de l'art. 14-2 de la loi susvisée et opérations exceptionnelles

450.3 copropriétaire – avances

450.4 copropriétaire – emprunts

459 copropriétaire – créances douteuses

46 Débiteurs et créditeurs divers

461 débiteurs divers

462 créditeurs divers

47 Compte d'attente

471 compte en attente d'imputation débiteur

472 compte en attente d'imputation créditeur

48 Compte de régularisation

486 charges payées d'avance

487 produits encaissés d'avance

49 Dépréciation des comptes de tiers

491 copropriétaires

492 personnes autres que les copropriétaires

Classe 5 – Comptes financiers

50 Fonds placés

501 compte à terme

502 autre compte

51 Banques, ou fonds disponibles en banque pour le syndicat

512 banques

514 chèques postaux

53 Caisse

Classe 6 – Comptes de charges

60 Achats de matières et fournitures

601 eau

602 électricité

603 chauffage, énergie et combustibles

604 achat de produits d'entretien et petits équipements

605 matériel

606 fournitures

61 Services extérieurs
- 611 nettoyage des locaux
- 612 locations immobilières
- 613 locations mobilières
- 614 contrat de maintenance
- 615 entretien et petites réparations
- 616 prime d'assurances

62 Frais administratifs et honoraires
- 621 rémunération du syndic sur gestion de copropriété
  - 6211 rémunération du syndic
  - 6212 débours
  - 6213 frais postaux
- 622 autres honoraires du syndic
  - 6221 honoraires travaux
  - 6222 prestations particulières
  - 6223 autres honoraires
- 623 rémunération des tiers intervenants
- 624 frais du conseil syndical

63 Impôts, taxes et versements assimilés
- 632 taxe de balayage
- 633 taxe foncière
- 634 autres impôts et taxes

64 Frais de personnel
- 641 salaires
- 642 charges sociales et organismes fiscaux
- 643 taxe sur les salaires
- 644 autres (médecine du travail, mutuelle...)

66 Charges financières des emprunts, agios et autres
- 661 remboursement des annuités d'emprunt
- 662 autres charges financières et agios

67 charges pour travaux et opérations exceptionnelles
- 671 travaux décidés par l'assemblée générale
- 672 travaux urgents
- 673 études techniques, diagnostics, consultations
- 677 perte sur créance irrécouvrable
- 678 charges exceptionnelles

68 Dotation aux dépréciations sur créances douteuses

Classe 7 – Comptes de produits

70 Appels de fonds

701 provisions sur opérations courantes

702 provisions sur travaux de l'art. 14-2 et opérations exceptionnelles

703 avances

704 remboursements d'annuités d'emprunts

71 Autres produits

711 subventions

712 emprunts

713 indemnités d'assurances

714 produits divers (dont intérêts légaux dus par les copropriétaires)

716 produits financiers

718 produits exceptionnels

78 Reprises de dépréciations sur créances douteuses

53 Les gros travaux

On distinguera dans une copropriété :

- les travaux d'entretien ;
- les travaux d'amélioration ;
- les travaux rendus obligatoires (lois et règlements).

Ce sont des travaux effectués dans les parties communes. Ces travaux font l'objet d'un vote en assemblée générale suivant des majorités différentes. Cependant le syndic, chargé de l'administration et de la conservation de l'immeuble, pourra, de sa propre initiative, faire effectuer des travaux de petit entretien (vitre cassée, serrure à changer, porte de garage bloquée…) ou dans l'urgence (concertation avec le conseil syndical et validation à une prochaine assemblée).

1 Les travaux de gros entretien

Bien que toujours d'entretien, ce sont des travaux non prévus dans l'entretien courant et nécessitant un vote, un appel de fonds exceptionnel, une rétribution du syndic, etc.

Ce sera par exemple l'entretien du gros œuvre (remplacement, réfection, réparation des parties communes, d'éléments d'équipement).

EXEMPLE

Ravalement (non prescrit), réfection des souches des cheminées, réfection de l'étanchéité du toit terrasse suite à des infiltrations d'eau, remplacement d'une chaudière, du moteur de l'ascenseur, de la toiture…

Bien que le vote soit effectué en article 24, cela nécessitera :

- la consultation d'entreprises (devis) ;
- l'inscription à l'ordre du jour ;
- la proposition de clé de répartition ;
- le calendrier d'appel de fonds.

Les votes par l'assemblée générale auront pour objectif :

- approbation des travaux ;
- choix de l'entreprise ;
- approbation de l'appel de fonds et de la grille de répartition ;
- honoraires du syndic liés à ces travaux (et non plus ceux d'office imposés au contrat de syndic) ;
- autorisation donnée au syndic de signer le bon de commande ;
- autorisation de souscrire éventuellement une assurance dommage ouvrage.

2 Les travaux rendus obligatoires

L'administration peut imposer des travaux qui devront être effectués après un vote en article 25. Ce sera, par exemple, le ravalement de façade.

La législation peut imposer la mise aux normes d'éléments tels que les ascenseurs. Dans le cadre de la sécurité de l'hygiène ou de l'isolation thermique, des lois vont imposer des travaux. Exemple : l'installation de sous-compteurs divisionnaires pour l'eau chaude et froide si la distribution le permet.

3 Les travaux d'amélioration

Ils sont le fait d'un accord entre copropriétaires, sans aucune obligation extérieure et seront votés en article 26. Cela peut aller d'un ravalement non obligatoire pour changer la couleur de façade, à l'installation d'un ascenseur dans un immeuble qui en est dépourvu, ou à la création dans le parc d'un court de tennis ou d'une piscine. Ce sont des travaux de confort.

Les gros travaux font l'objet d'un budget particulier et ne rentrent pas dans le budget prévisionnel. Certains propriétaires-bailleurs se défaussent de cette charge, notamment dans les baux commerciaux, sur leurs locataires. Ce transfert de charges ou sa récupération est consigné dans le bail à travers l'article 606 du Code civil.

APPLICATION

ÉNONCÉ

Pour régler les dépenses de maintenance courante, le syndic peut exiger le versement de provisions trimestrielles égales au quart du budget prévisionnel, votées par l'AG (à moins qu'elle n'ait choisi une autre périodicité).

Pour les autres dépenses, il peut demander le versement d'avances ou provisions si elles sont prévues dans le règlement de copropriété ou votées en AG.

Dans notre cas, M. Luc achète un lot le 1er avril 2015 qui représente 50 millièmes.

Le budget est voté chaque année :

- le budget prévisionnel pour faire face aux dépenses courantes de maintenance courante couvre un exercice de 12 mois qui n'est pas forcément l'année civile ;
- les travaux hors budget sont votés au coup par coup en AG ou doivent être prévus par le règlement de copropriété. Les copropriétaires décident du principe des travaux, choisissent l'entreprise qui les réalisera et déterminent l'échéancier des appels de fonds.

Le syndic demande le versement des provisions ou des avances selon cet échéancier.

Informations :

- l'AG a eu lieu en janvier 2015 ;
- lors de la vente du lot, M. Luc a accepté de prendre exactement le relais de son vendeur au 1er avril 2015, tant dans le règlement du fonds spécial tra vaux que dans les autres appels.

Ont été votés et adoptés :

- le budget prévisionnel pour un montant de 40 000 € ;
- la création d'un fonds spécial travaux en vue de la réfection de la toiture pour un montant de 24 000 € – réalisation prévue en 2017 ;
- échéancier par tiers au 1er juin 2015, 2016, 2017 ;
- le règlement de copropriété prévoit une avance de trésorerie égale au sixième du budget prévisionnel pour l'ensemble des copropriétaires.

La mairie exige le ravalement de la façade – montant de la dépense : 65 000 € – échéancier prévu au 1er décembre 2015 et 2016.

1 Calculez chaque échéance due par M. Luc pour la toiture.

2 Quel est le montant dû au titre de l'avance de trésorerie par M. Luc ?

3 Quel est le montant dû au titre du budget prévisionnel pour ce lot ? Indiquez le montant de chaque échéance.

4 Quelle est la quote-part de M. Luc au titre du ravalement ?

5 Établissez un tableau, par ordre chronologique, des échéances à payer par M. Luc au cours de l'année 2012.

SOLUTION

M. Luc remplace son vendeur dès la prise de possession le 1er avril 2015. Une convention aurait pu être signée entre le vendeur et l'acquéreur mais le syndic ne connaît que M. Luc à compter du 1er avril 2015, même si les travaux sont votés auparavant par le vendeur.

1 La toiture : 24 000 €

Il y a 3 échéances, quote-part de M. Luc :

$$\frac{24\ 00 \times 50}{1\ 000} = 1\ 200; \frac{1\ 200}{3} = 400\text{ € par échéance}$$

2 Avance de trésorerie (1/6 du budget) :

$$\frac{40\ 000 \times 1}{6} = 6\ 666,67\text{ €}$$

soit pour M. Luc une quote-part de $\frac{6\ 666{,}67 \times 50}{1\ 000} = 333{,}33\text{ €}$

3 Appel sur le budget prévisionnel :

$$\frac{40\ 000 \times 50}{1\ 000} = 2\ 000\text{ €/an}$$

soit 500 € par trimestre

4 Au titre du ravalement : (65 000 €)

Quote-part de M. Luc :

$$\frac{65\ 000 \times 50}{1\ 000} = 3\ 250\text{ €}$$

5 Echéancier 2015

1er avril : 2e appel de fonds sur le budget prévisionnel

$$\frac{40\,000 \times 50}{1\,000} = 2\,000\ ;\ \frac{2\,000}{4} = 500\ €$$

Avance de trésorerie 333, 33 €

1er juin	1er appel travaux de la toiture	400 €
(2 autres appels en 2016 et 2017)		
1er juillet	2e appel sur le budget prévisionnel	500 €
1er septembre	3e appel sur le budget prévisionnel	500 €
1er décembre	1er appel de fonds sur le ravalement : 3 250/2 =	1 625 €

54 La gestion du personnel

La copropriété a besoin de personnel pour assurer son fonctionnement et son entretien courant. Le syndic est celui qui est chargé de veiller au bon entretien de l'immeuble et, pour cela, il dispose de deux possibilités :

- passer commande à des entreprises extérieures ;
- engager du personnel.

Le choix est souvent prévu dans le règlement de copropriété auquel le syndicat se pliera, sauf à modifier ce règlement en assemblée et à la majorité requise. Dans une copropriété, il est bon d'avoir à demeure (la loge) un gardien qui assurera l'entretien courant de propreté, le service des poubelles et la sécurité (présence, rondes, etc.).

1 Le personnel

On distingue deux catégories de personnel :

- catégorie A – non logé ;
- catégorie B – logé.

Le personnel de catégorie A est rémunéré à l'heure (base de 151,67 h/mois).

Le personnel de catégorie B est rémunéré sur la base de 10 000 UV (unités de valeur) dont le barème est indexé au contrat de travail. Par l'établissement de la charge de travail nécessaire à l'immeuble, le syndic va immédiatement être en mesure d'estimer combien de personnes seront nécessaires. Il pourra ainsi, en sus du gardien/concierge, prévoir un salarié ou plus.

Dans le tableau ci-après, le syndic va indiquer la charge de travail du gardien/concierge.

ANNEXE AU CONTRAT DE TRAVAIL

(modéle vierge à remplir)

De : M. ...... Date :	Immeuble : Nombre de locaux principaux à usage : – commercial : – professionnel : – d'habitation :	Surfaces : – trottoirs : m² – cours, parkings : m² – espaces verts : m² – Total : m²	Nombre de : – ascenseurs : – chaufferies :

Tâches	Barème		Décompte		Observations
	Bases prises en compte	Nombre d'unités de valeur fixées par la convention collective	Nombre de bases	Nombre d'unites de valeur attribuées à l'employé	
I – Tâches générales *a)* Surveillance ascenseurs Le premier Chacun des suivants Prendre immédiatement toute mesure pour faire face à toute anomalie de fonctionnement dans le cadre des consignes de sécurité données par le constructeur. Dans le cas où des personnes sont bloquées dans la cabine, faire appel aux pompiers et avertir l'entreprise qui est chargée de l'entretien. Si le préposé est un homme, il pourra, dans la mesure où cela ne présente aucun danger et si les consignes de sécurité le prévoient, dégager les personnes par la manœuvre manuelle de l'ascenseur. Rendre compte à l'employeur de tout incident.	ascenseurs	100 pour le 1er ascenseur 50 par ascenseur au-delà du premier			
b) Surveillance chaufferie Surveillance chauffage urbain Prendre immédiatement toute mesure pour faire face à toute anomalie de fonctionnement. En cas d'incident à l'installation de chauffage central ou de conditionnement d'air : intervenir, selon les directives données par l'employeur ou par l'entreprise chargée de la surveillance et de la conduite du chauffage, chaque fois que fonctionne le signal d'alarme des chaufferies (mise à l'arrêt et alerte de l'entreprise). Veiller à la bonne exècution des opérations de dépotage et signaler tous incidents qui	chaufferie	200 par chaufferie 100 dans le cas de chauffage urbain			

(suite)

Tâches	Barème		Décompte		Observations
	Bases prises en compte	Nombre d'unités de valeur fixées par la convention collective	Nombre de bases	Nombre d'unités de valeur attribuées à l'employé	
viendraient à se produire tels qu'un débordement ou une fuite de fioul. Dans le cas de chauffage urbain où la surveillance ne concerne que les vannes et détenteurs, le nombre d'unités de valeur est fixé à 100 pour l'ensemble immobilier. Rendre compte à l'employeur de tout incident.					
c) Surveillance pendant l'exécution des tâches (obligatoire pour gardien à service complet et/ou permanent) Assurer la surveillance générale relative à la bonne tenue de l'immeuble, à la propreté, à l'entretien des parties communes et à sécurité : application du réglement.	local principal	1			
d) Contrôle et coordination de préposés de l'employeur (seulement pour gardien principal et gardien chef) Contrôler et coordonner le travail des autres salariés de l'employeur sur l'immeuble ou l'ensemble immobilier.	local principal	5			
e) Contrôle des tâches des préposés d'entreprises extérieures Tenue d'un cahier des relevés des dates et durées des interventions de ces entreprises. Vérification de l'exécution des tâches. Les tâches prévues au paragraphe d) ne peuvent être demandées qu'aux gardien principal et gardien chef.	local principal	1			
II – Tâches administratives *a)* Travaux courants Afficher our transmettre les notes de service ou documents qui sont adressés par l'employeur. Remettre aux copropriétaires les convocations et procès-verbaux d'assemblée générale et leur faire émarger le borde-reau correspondant. Tenir un cahier de conciergerie permettant à l'employeur d'effectuer à tout moment le contrôle des interventions d'ouvriers et d'entreprises chargés des réparations, des travaux d'entretien, des réclamations des	local principal	3			

(suite)

Tâches	Barème		Décompte		Observations
	Bases prises en compte	Nombre d'unités de valeur fixées par la convention collective	Nombre de bases	Nombre d'unités de valeur attribuées à l'employé	
occupants, de la mise en route et de l'arrêt du chauffage, de la qualité de combustible livré pour les différentes chaufferies.					
b) Perception des loyers et/ou des charges* • trimestriellement • mensuellement Elle doit être effectuée dans le cadre des consignes écrites données par l'employeur.	local principal	 2 6			
c) Visite des logements à louer*	local principal	3			
d) État des lieux* Au départ et à l'arrivée des locataires, établir des états des lieux et les transmettre à l'employeur.	local principal	8			
III – Propreté et entretien des parties communes *a)* Ordures ménagères - Remplacement des poubelles sous les orifices des gaines à ordures et manipulation des poubelles pour mise à la disposition des services chargés de la collecte des ordures ménagères, dans le cadre de la réglementation en vigueur. Nettoyage des poubelles, des locaux les abritant et du matériel. • Débouchage des gaines et vide-ordures	 local principal local principal	 25 5			
b) Courrier : *Courrier service réduit* Réception et distribution des colis et plis volumineux non recommandés ne pouvant entrer dans les boîtes aux lettres. Les envois recommandés et contre remboursement sont exclus de cette distribution. *Courrier service normal* Dès réception de l'ensemble du courrier, tri et répartition entre les boîtes des destinataires.	 local principal local principal	 4 12			

* À supprimer pour les immeubles en copropriété.

(suite)

Tâches	Barème		Décompte		Observations
	Bases prises en compte	Nombre d'unités de valeur fixées par la convention collective	Nombre de bases	Nombre d'unités de valeur attribuées à l'employé	
Courrier porté Dès réception, tri et distribution à domicile du courrier des occupants.	local principal	30			
c) Nettoyage des parties communes 1. Nettoyage des halls d'entrée, des tapis-brosses, des portes en glace, des parties communes, pour deux fois par semaine, mesures à prendre en cas de gel, arrêt d'eau, protection des canalisations. Pour ...... fois par semaine 2. Nettoyage des autres parties communes : cage d'escaliers, locaux communs et circulations diverses (couloirs de caves et combles, paliers) pour une fois par semaine. Pour ...... fois par semaine Remplacement des ampoules électriques hors d'usage et des fusibles accessibles. Remplacement des sels d'adoucisseurs d'eau et d'antitartre. Exécution des menus travaux, tels que graissage des gonds, serrures des portes des parties communes. Réglage des ferme-portes. 3. Nettoyage des vitres, parois vitrées, appareils d'éclairage, boîtes aux lettres, battants de portes, règles de tapis, pour une fois par mois. Pour ...... fois par mois.	local principal local principal local principal	15 (1) 25 (1) 12 (1)			
d) Nettoyage des ascenseurs Nettoyage des cabines, grilles et portes	ascenseur	60			
IV – Entretien de propreté des espaces libres *a)* Nettoyage des trottoirs, cours, parkings Nettoyage des trottoirs des voies publiques dans le cadre de la réglementation locale en vigueur, notamment en cas de neige ou verglas, déblaiement des trottoirs publics, épandage de sel ou cendre. Nettoyage des cours et voies de circulation privées, aires de jeux, aires de circulations, parkings. Nettoyage des canivaux, bouches siphoïdes, grilles et puisards d'eaux pluviales facilement accessibles : nettoyage et entretien courants des bassins et piscines.	tranche de 100 m² avec minimum de 20 unités	10 unités par tranche de 100 m²			

(suite)

Tâches	Barème		Décompte		Observations
	Bases prises en compte	Nombre d'unités de valeur fixées par la convention collective	Nombre de bases	Nombre d'unités de valeur attribuées à l'employé	
b) Entretien de propreté des espaces verts Enlèvement des papiers et déchets divers sur les pelouses et plates-bandes ; arrosage et entretien sommaire des plantes et plates-bandes, ramassage des feuilles et propreté.	par tranche de 100 m^2	10			Minimum de 20 UV
V – Travaux spécialisés[3] Lorsque la définition de l'une ou plusieurs tâches données aux paragraphes I à IV ci-avant est inadaptée à la situation de l'immeuble, et sauf application d'un commun accord entre l'employeur et le salarié d'un nombre d'UV dérogatoire ou d'une ligne de tâches complémentaires, les tâches peuvent être définies en nombre d'heures de travaux spécialisés ou qualifiés. Les locaux commerciaux peuvent de même être exclus du nombre de locaux visés en préambule lorsque les tâches demandées dérogent manifestement à celles demandées pour les autres locaux. Ce dispositif est en outre utilisé pour le décompte des tâches accessoires suivantes : Entretien complet d'espaces verts : tontes et arrosage des pelouses, massifs, jeunes arbres, arbustes, binage, désherbage, plantations diverses. Conduites d'installations de chaufferie : conditionnement de l'air, filtrage des eaux de piscine et bassins, etc.	heure de travail	60 UV par heures			
Travaux qualifiés[3] Travaux qualifiés d'entretien serrurerie, électricité, plomberie, etc., et permanence du service de sécurité IGH.	heure de travail	60 UV par heure ou 70[2]			
Total T[3] (maximum 12 000 UV)	....	....	....		[4]
VI – Permanence de jour : s'il s'agit d'un gardien à service permanent, le total des UV des tâches (T) s'élevant au minimum à 3 400 UV et au maximum à 9 000 UV[5] $\frac{10\,000 - (T)}{2}$ .... Majoration de 25 % lorsque le total des tâches (T) excède 10 000 : ((T) – 10 000) x 25 %..					Minimum 1 000 UV

(suite)

Tâches	Barème		Décompte		Observations
	Bases prises en compte	Nombre d'unités de valeur fixées par la convention collective	Nombre de bases	Nombre d'unités de valeur attribuées à l'employé	

Total ....

Arrondi à la centaine supérieure ....

soit un taux d'emploi de ...... %

Le gardien totalisant entre 3 400 et 9000 UV (y compris nécessairement UV pour surveillance pendant l'exécution des tâches *cf.* § 1c) et classé à service permanent dans les conditions prévues à l'article 18/B reçoit pour la présence vigilante assurée hors exécution des tâches, inhérente à son emploi, 1 000 UV ou, si ce calcul est plus favorable, la moitié des unités de valeur comprises entre son décompte d'UV et 10 000.

S'il s'agit d'un gardien à service permanent, le total (T) s'élevant au minimum à 3 400 UV et au maximum à 9 000 UV (1)

$$\frac{10\,000 - (T)}{2}$$ .... Minimum 1 000 UV

Majoration 25 % lorsque le total des UV de tâches (T) excède 10 000 UV : ((T) – 10 000) x 0,25..........

Total..........

Total des UV..........

Arrondi à la centaine supérieure et ne pouvant pas excéder 12 500..........

Soit un taux d'emploi de ...... %

Fait à ......

L'employé

en x exemplaires, le ......

L'employeur ou son mandataire

Remarques

Notes :

(1) Si les fréquences demandées sont plus ou moins importantes que celles prévues à la ligne précédente, le nombre d'UV sera augmenté ou réduit en proportion.
(2) Lorsque ces travaux qualifiés sont confiés à un salarié classé au coefficient niveau 2 (spécialisé).
(3) À préciser (éventuellement par détail annexé).
(4) Le total T ne peut dépasser 12 000 UV.
(5) Au-delà de 9 000 UV totalisées en (T), le gardien est classé à service complet, avec attribution de 10 000 UV si la permanence est demandée.

2 La classification et la rémunération

Un avenant n° 74 aux conventions collectives en date du 5 janvier 2010, modifie le mode de rémunération qui existait auparavant. Le salaire de la catégorie B était composé d'un salaire de base et d'un salaire complémentaire qui constituaient le salaire conventionnel. Il est dorénavant fixé un seul salaire minimum brut mensuel conventionnel qui inclut la valeur du salaire en nature correspondant à l'attribution d'un logement de fonction et le salaire en nature complémentaire, s'ils existent.

Tableau à jour au 1er janvier 2015 (avenant n° 85)

Classification	Coefficient	Salaires A	Salaires B
1 – Employé d'immeuble	235	1 457 €	–
2 – Gardien – concierge	255	1 477 €	1 632 €
3 – Employé d'immeuble qualifié	275	1 497 €	1 657 €
4 – Gardien principal	340	1 517 €	1 682 €
5 – Gardien chef – agent de maî trise	395	1 647 €	1 832 €
6 – Agent principal de gérance, agent de maîtrise	410	1 707 €	1 892 €

Les conventions collectives accordent le 13e mois.

Prime mensuelle pour sortie de poubelles sélectives : 0,80 € par lot principal avec un minimum de 16 € et un plafond de 128 €.

3 La prime d'ancienneté

Elle est calculée maintenant sur le salaire minimum brut conventionnel. Elle est de 3 % après 3 ans chez le même employeur et par tranches de 3 % supplémentaires de 3 ans avec un plafond de 18 %.

4 Les autres éléments de la rémunération

Au 1er février 2015 : le salaire brut conventionnel

Les avantages en nature : pour un logement de fonction , le m^2 mensuel est de :

- catégorie 1 : 3,06 €,
- catégorie 2 : 2,41 €,
- catégorie 3 : 1,78 €,

avec un minimum de 20 fois le minimum garanti horaire (soit 68,80 €) et un maximum de surface de 60 m^2.

Définition des catégories des loges :

1. la pièce principale dispose au moins d'une fenêtre sur l'extérieur. Confort : chauffage, wc, salle d'eau.
2. idem mais en confort au moins 2 éléments sur 3.
3. logement situé en sous-sol ou n'entrant pas dans la catégorie 1 et 2.

Le salaire en nature logement est revalorisé suivant l'IRL.

EDF/GDF :

Depuis le 1er janvier 2007, les éléments constitutifs du salaire en nature sont calculés sur la base du tarif du kWh de 0,1325 € (applicable depuis le 16 août 2007) :

- électricité : 55 kWh ;
- gaz : 92 kWh ;
- chauffage : 120 kWh ;
- eau chaude : 98 kWh.

APPLICATION

ÉNONCÉ

Le cabinet vient d'embaucher une nouvelle gardienne, Mme Colette Tolli, pour la copropriété « Les Champs Fleuris ». Vous disposez des unités de valeur annexées à son contrat de travail. Elle est engagée au niveau 2 à l'indice 255. Elle bénéficie en outre d'une loge de 50 m² classée en catégorie 1. Elle dispose du chauffage collectif et de l'eau chaude.

Vous disposez des informations contenues dans cette fiche concernant les salaires et le logement. Vous notez pour les autres avantages en nature que les montants sont évalués forfaitairement en équivalent électricité tarif « petites fournitures » : 1 kWh = 0,1325 € TTC.

Électricité : 55 kWh Chauffage : 120 kWh Gaz : 92 kWh

Eau chaude : 98 kWh

Extrait du calcul des unités de valeur

Report première page :				***9 950***	
3. Vitres parois vitrées et cuivres					
- Pour une fois par mois	"	12	***60***	***720***	
- Pour .....fois par mois	"	(1)			
c) Nettoyage des ascenseurs	par ascenseur	60			
IV – Entretien de propreté des espaces Libres :	Par tranche De 100 m²				
- nettoyage des trottoirs, cours, parkings		10	***8***	***80***	
- entretien de propreté des espaces verts	"	"			
V – Travaux spécialisés	par heure	60			
Travaux qualifiés	par heure	60 ou 70 (à préciser)	***3***	***210***	
	TOTAL .... (T)			***10 960***	Le total (T) ne peut excéder 12 000 U.V.

VI – Permanence de jour : il s'agit d'un gardien à service permanent. Le total des UV de tâches (T) s'elevant au minimum à 3 400 UV et au maximum à 9 000 UV (2)

Minimum 10 000 UV

$$\frac{10\,000 - T}{2}$$

Majoration de 25% lorsque le total des UV de tâches T excède 10 000 :
((T) – 10 000) * 25%..

TOTAL...

Arrondi à la centaine supérieure...

Soit un taux d'emploi de ....%

(1) Si les fréquences demandées sont plus ou moins importantes que celles prévues à la ligne précédente, le nombre d'UV sera augmenté ou réduit en proportion.

(2) Au-delà de 9 000 UV totalisées en (T) le gardien est classé en service complet, avec attribution de 10 000 UV, si la permanence est demandée.

1 Achevez la rédaction de l'extrait de calcul des unités de valeur. Déduisez-en le taux d'emploi.
2 Calculez le montant du salaire brut de Mme Tolli.
3 Évaluez les avantages en nature. Quelles seront leurs répercutions sur le salaire brut de la gardienne ?

SOLUTION

1 Mme Tolli réalise 10 960 UV

Majoration de 25 % lorsque le total des UV des tâches excède 10 000

(T – 10 000) × 25 % soit 960 × 25 % = 240

Total 10 960 + 240 = 11 200

Arrondi à la centaine supérieure : 11 300

Taux d'emploi : 113 %

2 Salaire brut

Salaire brut conventionnel – coeff. 255 – catégorie B (logé) = 1 632 € pour 10 000 UV

Mme Toli percevra 1 844,16 € pour 11 300 UV.

3 Avantages en nature :

logement :	$3\,€/m^2$ ×	50	=	150
électricité :	0,1325 ×	55	=	7,29
gaz :	0,1325 ×	92	=	12,19
chauffage :	0,1325 ×	120	=	15,90
eau chaude :	0,1325 ×	98	=	12,99
				198,37

Cette somme figurera en bas de sa feuille de paye et viendra en déduction de son salaire net (après déduction des retenues et cotisations sociales).

55 La fiche de paye

Le syndic gère le personnel de la copropriété pour le compte du syndicat. Il fait signer les contrats de travail et assure la paye des salariés dans le respect des conventions collectives. Il réglera les cotisations et taxes sur les salaires.

1 Le plafond sécurité sociale

Ce plafond sert de base dans les calculs de cotisations.

Pour mémoire : au 1er janvier 2015 : 3 170 € mensuel soit 38 040 € annuel.

Il était auparavant :

- au 1er janvier 2014 : 3 129 € mensuel soit 35 548 € annuel ;
- au 1er janvier 2013 : 3 086 € mensuels soit 37 032 € annuel.

2 Congés payés

Les gardiens avaient la possibilité de s'auto-remplacer. À compter du 30 juin 2015, l'avenant n° 82 du 17 juin 2013 de la convention collective interdit cette pratique.

3 Les cotisations

Taux des cotisations sur salaires au 1er janvier 2015

La lettre P désigne le plafond de sécurité sociale.

Certaines entreprises sont assujetties à un **versement de transport**. Certaines sommes exonérées des cotisations de sécurité sociale sont passibles du **forfait social**.

Régimes	Taux global %	Répartition		Assiette
		Employeur %	Salarié %	
I URSSAF				
Assurance-maladie (maladie, maternité, invalidité, décès)[1]	13,55	12,80	0,75	Totalité du salaire
Solidarité autonomie	0,30	0,30		
Allocations familiales[2]	5,25	5,25		
Assurance vieillesse déplafonnée	2,10	1,80	0,30	
Aide au logement (au moins 20 salariés)	0,50	0,50		
Financement des organisations syndicales	0,016	0,016		
Accidents du travail	Taux variable selon l'entreprise			
Contribution sociale généralisée	7,50		7,50	Salaire total après déduction de 1,75 % pour frais professionnels [3]
CRDS	0,50		0,50	
Assurance vieillesse plafonnée	15,35	8,50	6,85	Salaire limité à 1 P
Aide au logement (moins de 20 salariés)	0,10	0,10		
Chômage[4] [5]	6,40	4,00	2,40	Salaire limité à 4 P
AGS[6]	0,30	0,30		

II Retraites complémentaires

Cadres	ARRCO TA[7]	7,75	4,65	3,10	Salaire limité à 1 P
	Assurance décès obligatoire	1,50	1,50		
	AGFF TA	2,00	1,20	0,80	
	AGIRC TB [7] [8]	20,55	12,75	7,80	Salaire entre 1 P et 4 P
	AGFF TB	2,20	1,30	0,90	
	APEC	0,06	0,036	0,024	Salaire limité à 4 P
	AGIRC TC[9]	20,55	(9)		Salaire entre 4 P et 8 P
	CET	0,35	0,22	0,13	Jusqu'à 8 P
Non-cadres	ARRCO T1[7]	7,75	4,65	3,10	Jusqu'à 1 P
	AGFF T1	2,00	1,20	0,80	
	ARRCO T2[7]	20,25	12,15	8,10	Salaire entre 1 P et 3 P
	AGFF T2	2,20	1,30	0,90	

III Taxes et participations

Taxe sur les salaires(10)	4,25	4,25		Totalité du salaire
Construction (au moins 20 salariés)	0,45	0,45		
Apprentissage(11)	0,68	0,68		
Formation continue (au moins 10 salariés)(12)	1,00	1,00		
Formation continue (moins de 10 salariés)(12)	0,55	0,55		
Taxe sur les salaires(10)	4,25	4,25		

(1) Pour les salariés non fiscalement domiciliés en France, le taux de la cotisation salariale est de 5,5 %. En Alsace-Moselle, s'ajoute à la charge du salarié une cotisation calculée sur la totalité du salaire dont le taux est de 1,50 % au 01/01/2015.

(2) Depuis le 01/01/2015, le taux de la cotisation d'allocations familiales est de 3,45 % pour les salariés dont l'employeur entre dans le champ d'application de la réduction Fillon et dont les rémunérations ou gains n'excèdent pas 1,6 SMIC (CSS art. L. 241-6-1).

(3) L'assiette de la déduction forfaitaire pour frais professionnels est limitée à 4 plafonds annuels de Sécurité sociale. Cette déduction ne s'applique pas à certaines sommes qui ne sont pas à proprement parler du salaire.

(4) Pour les CDD conclus pour accroissement temporaire d'activité et les CDD d'usage, la part patronale de la contribution chômage est majorée si le contrat a une durée inférieure ou égale à 3 mois. La part patronale est dans ce cas portée à :
- CDD conclus pour accroissement temporaire d'activité : 5,5 % (7 % si le contrat à une durée inférieure ou égale à 1 mois) ;
- CDD d'usage : 4,5 %.

Des taux spécifiques s'appliquent aux intermittents du spectacle.

(5) L'embauche en CDI d'un jeune de moins de 26 ans ouvre droit, après confirmation de la période d'essai, à une exonération temporaire de la contribution patronale chômage.

(6) Les entreprises de travail temporaire sont soumises pour le personnel intérimaire à un taux de cotisation AGS spécifique de 0,03 %.

(7) Taux tenant compte du pourcentage d'appel de 125 %. Certaines entreprises cotisent à des taux supérieurs ou selon une répartition différente.

(8) Pour les cadres dont la tranche B est faible ou nulle, des cotisations sont dues à l'Agirc au titre de la GMP.

(9) Taux tenant compte du pourcentage d'appel de 125 % (certaines entreprises cotisent à un taux supérieur). Jusqu'à 20 % la répartition est fixée par accord d'entreprise. Les 0,55 point suivants doivent être répartis comme suit : 0,19 pour l'employeur et 0,36 pour le salarié.

(10) Non exigible dans la mesure où l'employeur est assujetti à la TVA. Des taux majorés s'appliquent au-delà des seuils revalorisés annuellement.

(11) À la taxe proprement dite, s'ajoute une contribution supplémentaire à l'apprentissage (CSA). En Alsace-Moselle, le taux de la taxe d'apprentissage est ramené à 0,44 % au lieu de 0,68 %.

(12) Taux spécial de 1,30 % pour les entreprises de travail temporaire d'au moins 10 salariés. Participations spécifiques de 1 % sur la rémunération des salariés sous contrat à durée déterminée et de 2,10 % sur la rémunération des intermittents du spectacle quel que soit l'effectif.

4 Exemple de bulletin de paie – catégorie B

On notera que, pour les concierges d'immeubles d'habitation, la durée légale du travail ne s'applique pas.

Le bulletin de paye peut regrouper l'ensemble des cotisations.

BULLETIN DE SALAIRE

Période du ...... au ......
EMPLOYEUR
Nom :
Adresse :
Adresse de l'immeuble :
N° d'URSSAF :
N° APE :
N° SIRET :

SALARIÉ
Nom et prénom :
Adresse :
N° de Sécurité sociale :
Catégorie d'emploi : B **Niveau :**
« service permanent »
coefficient hiérarchique :
nombre d'UV :

Convention collective nationale des gardiens, concierges et employés d'immeubles du 11 décembre 1979

	Cotisations salariales			**Cotisations patronales**		
	Base	*Taux*	*Montant*	*Base*	*Taux*	*Montant*
Salaire de base Prime d'ancienneté Astreinte de nuit Congés payés du ... au ... **Total brut mensuel** **CSG (non déductible)** (contribution sociale généralisée) **RDS (non déductible)** (remboursement de la dette sociale) **Salaire en nature** Logement catégorie Chauffage Eau chaude Gaz Électricité **Total salaire en nature**						
Salaire net à payer						
Cumul du salaire net imposable (cumul des salaires nets imposables depuis le début de l'année civile)						
Cumul brut						
Jours de congés acquis			Jours de congés payés restants			
Versement du salaire effectué le			par virement		par chèque	

Pour faire valoir vos droits, vous devez conserver ce bulletin sans limitation de durée.

5 Enregistrement comptable

Compte	Libelle	Débit	Crédit
641	Rémunération du personnel	D	
421	Personnel rémunération due		C
421	Personnel rémunération due	D	
431	Sécurité sociale		C
437	Autres organismes sociaux		C
791	Transfert de charges (avantages en nature)		C
645	Charges de sécurité sociale et de prévoyance	D	
431	Sécurité sociale		C
437	Autres organismes sociaux		C
421	Personnel rémunération due	D	
512	Banque		C
431	Sécurité sociale	D	
437	Autres organismes sociaux	D	
512	Banque		C

56 La fin de contrat d'un gardien/concierge

La fin de contrat peut avoir plusieurs origines :

- la démission du salarié ;
- le départ à la retraite ;
- le licenciement.

De nombreuses copropriétés voient leurs charges progresser plus vite que le coût de la vie. Ne regardant que les postes importants : chauffage, syndic, personnel, etc., les copropriétaires peuvent se poser la question de la suppression du poste « gardien/concierge ». Les frais de gardiennage comprennent les salaires, les charges sociales et les avantages en nature dont bénéficie le concierge : chauffage, éclairage, eau chaude, entretien de la loge.

Chaque copropriétaire participe à ces dépenses sur la base des tantièmes généraux.

1 La démission du salarié

Le salarié doit adresser au syndic une LR + AR avec le préavis suivant :

Catégorie A	
Classification 1	8 jours
Autres	1 mois
Catégorie B	Préavis d'un mois

↓

Restitution du logement

2 Le départ à la retraite

À l'initiative du salarié : prime 0,5 à 2 mois (30 ans de présence) .

À l'initiative de l'employeur : prime 1/10 de mois par année de présence + 1/15 au-delà de la 10e année.

3 Le licenciement

Préavis (LR + AR) :

- catégorie A : 1 mois et 2 mois après 2 ans d'ancienneté ;
- catégorie B : 3 mois.

Indemnités (sauf faute lourde) :

- après 2 ans de présence : 1/10 de mois/an ;
- après 5 ans de présence : 1/5 de mois par année de service au-delà d'un an.

4 La suppression du poste de concierge

Certaines copropriétés, pour économiser des charges, envisagent la suppression du poste de concierge et son remplacement par une entreprise de nettoyage extérieure.

C'est oublier le rôle sécurisant, par sa présence, que le concierge joue dans la copropriété et les nombreux petits travaux qu'il peut assurer.

A Le règlement de copropriété

Le règlement de copropriété sera à consulter.

1 La suppression du poste de gardien, si celuici est pré-vu au règlement de copropriété,va imposer une modification du règlement, c'est-à-dire une décision prise à l'unanimité par le syndicat des copropriétaires réunis en AG. Cette unanimité est improbable car il y aura des absents et des opposants.

2 Si le gardien n'est pas prévu au règlement de copropriété, sa suppression s'effectuera avec une décision de l'assemblée en article 26 (double majorité). L'instauration du nouveau service sera également votée en article 26.

B Gardien ou prestataires de services

Les gardiens et concierges sont environ 90 000 en France.

D'après la convention collective obligatoire (1981), le gardien bénéficie :

- de 5 semaines de congés payés ;
- du 13e mois ;
- d'une prime d'ancienneté dès la 3e année ;
- d'un avantage en nature non négligeable (la loge).

Il faut donc ajouter au salaire mensuel d'un gardien environ 79% afin de prendre en compte les charges patronales, le 13e mois, le remplacement pendant les périodes de congés (ne sont pas compris les frais supplémentaires en cas de maladie ou d'accident).

Le prestataire de services peut mettre en avant une économie de 30 % minimum. Il a raison, les copropriétaires qui ont opté pour ce service le constatent, surtout pour les petits immeubles.

Autre avantage non négligeable, le syndic peut changer facilement de prestataire en cas de mécontentement.

Le cahier des charges du prestataire doit être rédigé avec beaucoup de soins. Certaines entreprises sont labélisées Qualipropre, norme ISO 9001, etc.

Dans un immeuble important, le rôle du gardien présente des atouts non négligeables. Il convient de bien analyser les besoins des copropriétaires avant de changer l'option car le gardien sera plus efficace dans de nombreux cas : il est sur place pour remédier à l'arrêt intempestif de la chaudière (cas courant du chauffage collectif), tondre la pelouse, donner un coup de tournevis sur une serrure, changer une ampoule, remettre en peinture un élément (porte, barrière), arroser des plantations…

57 La taxe sur les salaires

Les employeurs non soumis à la TVA sur 90 % au moins de leur chiffre d'affaires (comme c'est le cas d'une copropriété) doivent acquitter la taxe sur les salaires au titre de l'année civile précédant le règlement des rémunérations.

La taxe sur les salaires est à la charge de l'employeur.

1 La déclaration

Le syndic devra faire une déclaration pour chaque copropriété employant du personnel salarié à l'aide de l'imprimé Cerfa n° 2502.

2 La base imposable

La taxe sur les salaires est calculée sur le total des rémunérations brutes effectivement versées à l'ensemble du personnel de la copropriété, y compris les avantages en nature quels que soient l'importance des rémunérations et le lieu de domicile des salariés.

3 Le taux d'imposition – salaires en 2015 payable en 2016

A En métropole

La base imposable : la taxe comporte un taux normal appliqué à la totalité des rémunérations : 4,25 % inférieur ou égal à 7 704 €.

Une première majoration également de 4,25 % s'applique à la fraction des rémunérations comprises entre 7 705 et 15 385 € à l'année.

Une deuxième majoration de 9,35 % s'applique à la fraction de salaire dépassant 15 386 € et n'excédant pas 151 964 € à l'année. Un troisième taux majoré de 15,75 % s'applique à la fraction dépassant 151 965 € à l'année.

B Dans les DOM

Le taux normal de 4,25 % est réduit à 2,95 % pour les départements de la Guadeloupe, de la Martinique, et de la Réunion.

En Guyane, il est réduit à 2,55 %.

Il n'y a pas de taux majoré dans les DOM.

Exemple : La copropriété Bellevue emploie deux salariés : M. Piplet, gardien, et M. Rateau.

Le salaire de M. Piplet est de :

- mensuel : 1 525 € ;
- annuel : 19 825 € (13e mois inclus).

Le salaire de M. Rateau est de :

- mensuel : 1 300 € ;
- annuel : 16 900 € (13e mois inclus).

Le total des salaires annuels inclus est de :

19 825 + 16 900 = 36 725 €

Calcul de la taxe :

1 36 725 × 4,25 % = 1 561 € (arrondie)

2 M. Piplet :

- partie du salaire comprise entre 7 704 € et 15 385 €, soit 7 481 € × 4,25 % = 397 € (les résultats sont arrondis) ;
- partie du salaire comprise entre 15 386 et 19 825 €, soit 4 439 € × 9,35 % = 415 €.

M. Rateau :

- partie du salaire comprise entre 7 704 € et 15 385 €, soit : 7 681 € × 4,25 % = 326 € ;
- partie du salaire au-dessus de 15 385 €, soit 16 900 – 15 185 = 1 515 € × 9,35 % = 142 €.

Le montant annuel de la taxe est donc : 1 561 + 397 + 415 + 326 + 142 = 2 841 €.

4 Décote et franchise

Si le montant annuel de la taxe sur les salaires est supérieur à 1 200 € sans excéder 2 040 € pour 2014, l'employeur bénéficie d'une décote égale aux trois quarts de la différence entre cette limite et le montant réel de la taxe.

Franchise : la taxe n'est pas due si son montant est inférieur à 1 200 € pour 2014.

5 Règlement

Si la taxe annuelle dépasse 10 001 €, la périodicité des versements sera mensuelle. Entre 4 000 et 10 000 €, la périodicité sera trimestrielle.

Entre 1 200 € et 3 999 €, la taxe sera liquidée annuellement (15 janvier suivant).

Dans les deux premiers cas, les versements sont à effectuer le 15 du mois suivant ou le 15 du mois suivant le trimestre échu.

Partie 5

BOÎTES À OUTILS

1 Offre d'achat

2 Ventes de biens et droits immobiliers sous conditions suspensives

3 Reçu

4 Registre répertoire

5 Contrat de location ou de colocation de logement nu

6 Liste entretien et réparations locatives et charges récupérables

7 État des lieux

8 Engagement de caution solidaire

9 Contrat de location ou de colocation de logement meublé en résidence principale

10 État descriptif et conditions de location – Location saisonnière

11 Mandat de gestion – Location saisonnière

12 Contrat de location, habitation meublée (ne constituant pas la résidence principale du locataire)

1 Offre d'achat

OFFRE D'ACHAT

Cachet de l'agence

Représentée par : ....

Qualité : ☐ agent commercial ☐ ....

Nous soussignés ....

Après avoir visité, par votre intermédiaire, les biens ci-après désignés : ....

appartenant à : ....

faisons offre d'achat, sous réserve de l'acceptation des propriétaires, au prix de : ....

Si notre offre est acceptée par les propriétaires, la transaction devra avoir lieu aux conditions ordinaires et de droit notamment aux suivantes :

CONDITIONS

Ces biens seront, le jour de signature de l'acte de vente, libres de tous privilèges et hypothèques quelconques.

Nous les prendrons dans l'état où ils se trouvent, les connaissant pour les avoir vus et visités.

La jouissance des lieux sera acquise le jour de la signature de l'acte authentique de vente, qui devra avoir lieu au plus tard le : __ __ ____

En cas d'accord des propriétaires, **les présentes vaudront accord définitif sur la chose et sur le prix conformément à l'article 1583 du Code civil**, et vous vous chargerez d'établir ou faire établir tous actes sous seing privé, qui annuleront et remplaceront les présentes, aux clauses et conditions nécessaires à l'accomplissement de la vente, notamment sous la condition suspensive d'obtention d'un prêt de : ....

CONDITIONS SUSPENSIVES

- les présentes sont soumises à la condition que l'acquéreur verse la somme de ....
  à l'ordre de ....
  à l'occasion de la signature d'un compromis qui devra intervenir avant le : __ __ ____
- A ce compromis sera annexé, notamment, le dossier de diagnostics techniques.
- Le vendeur et l'acquéreur s'engagent à ratifier ce compromis sans délai.

CONDITIONS PARTICULIÈRES

- si copropriété : superficie privative (loi Carrez) : ....
- si terrain à bâtir : le descriptif résulte-t-il d'un bornage ☐ oui ☐ non
- ....

PIÈCES JOINTES :

....

Vos honoraires, soit la somme de : ....

seront, conformément au mandat, à la charge : ....

DURÉE : L'accord des propriétaires devra intervenir dans un délai maximum de cinq jours à compter de ce jour. A défaut, l'offre sera caduque

Fait à ...., le __ __ ____ en ____ exemplaires

LES PARTIES RECONNAISSENT AVOIR PRIS CONNAISSANCE DES CONDITIONS GÉNÉRALES AU VERSO. [Signer séparément chaque exemplaire]

L'Acquéreur *(signature)* **:**
"Bon pour achat au prix de .... (mention manuscrite)"

Acceptation du **Vendeur** *(signature et date)* **:**
"Bon pour vente au prix de .... (mention manuscrite)"

CONDITIONS PARTICULIÈRES

Article 1583 du Code Civil

Elle est parfaite entre les parties, et la propriété est acquise de droit à l'acheteur à l'égard du vendeur, dès qu'on est convenu de la chose et du prix, quoique la chose n'ait pas encore été livrée ni le prix payé.

Article 1589-1 du Code Civil Créé par Loi n°2000-1208 du 13 décembre 2000

Est frappé de nullité tout engagement unilatéral souscrit en vue de l'acquisition d'un bien ou d'un droit immobilier pour lequel il est exigé ou reçu de celui qui s'engage un versement, quelle qu'en soit la cause et la forme.

Article L271-1 du Code de la Construction et de l'Habitation

Pour tout acte ayant pour objet la construction ou l'acquisition d'un immeuble à usage d'habitation, la souscription de parts donnant vocation à l'attribution en jouissance ou en propriété d'immeubles d'habitation ou la vente d'immeubles à construire ou de location-accession à la propriété immobilière, l'acquéreur non professionnel peut se rétracter dans un délai de sept jours à compter du lendemain de la première présentation de la lettre lui notifiant l'acte.

Cet acte est notifié à l'acquéreur par lettre recommandée avec demande d'avis de réception ou par tout autre moyen présentant des garanties équivalentes pour la détermination de la date de réception ou de remise. La faculté de rétractation est exercée dans ces mêmes formes.

Lorsque l'acte est conclu par l'intermédiaire d'un professionnel ayant reçu mandat pour prêter son concours à la vente, cet acte peut être remis directement au bénéficiaire du droit de rétractation. Dans ce cas, le délai de rétractation court à compter du lendemain de la remise de l'acte, qui doit être attestée selon des modalités fixées par décret.

Lorsque le contrat constatant ou réalisant la convention est précédé d'un contrat préliminaire ou d'une promesse synallagmatique ou unilatérale, les dispositions figurant aux trois alinéas précédents ne s'appliquent qu'à ce contrat ou à cette promesse.

Lorsque le contrat constatant ou réalisant la convention est dressé en la forme authentique et n'est pas précédé d'un contrat préliminaire ou d'une promesse synallagmatique ou unilatérale, l'acquéreur non professionnel dispose d'un délai de réflexion de sept jours à compter de la notification ou de la remise du projet d'acte selon les mêmes modalités que celles prévues pour le délai de rétractation mentionné aux premier et troisième alinéas. En aucun cas l'acte authentique ne peut être signé pendant ce délai de sept jours.

Clause Pénale : en cas d'acceptation des présentes par le vendeur dans le délai indiqué et au cas où l'engagement des parties ne serait pas signé à la date convenue par la faute ou la négligence de l'une des parties, celle-ci pourra y être contrainte par tous moyens et voies de droit. Toutefois la partie non défaillante pourra choisir de prendre acte du refus de l'autre partie et invoquer la résolution de la vente moyennant 5% du prix principal à titre d'indemnisation de son préjudice. Dans cette éventualité, sa mission étant accomplie, la rémunération du rédacteur, convenue aux présentes, restera due intégralement. Dans le cas où cette rémunération ne serait pas originellement à la charge de la partie défaillante, celle-ci s'engage à verser la même somme à l'autre partie à titre de dommages-intérêts.

2 Ventes de biens et droits immobiliers sous conditions suspensives

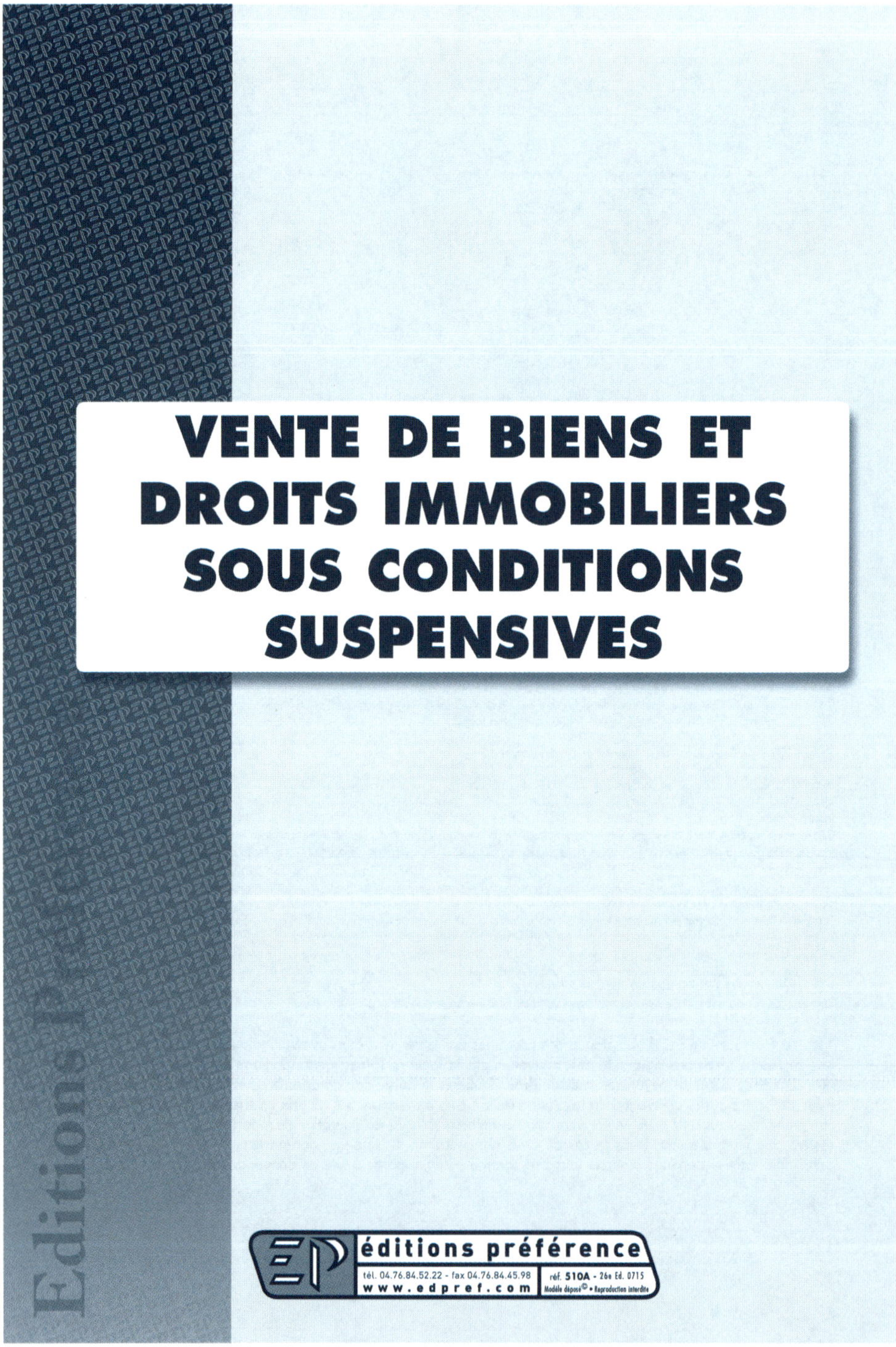

[2]

ENTRE LES SOUSSIGNÉS

M ....

E-mail : .... tél.

Dénommés ci-après "LE VENDEUR", agissant s'ils sont deux ou plusieurs conjointement et solidairement, **D'UNE PART**

M ....

E-mail : .... tél.

Dénommés ci-après "L'ACQUÉREUR", agissant s'ils sont deux ou plusieurs conjointement et solidairement, **D'AUTRE PART**

En présence et avec le concours de (cachet de l'agence) :

représentée par : ....

Dénommé, ci-après, LE RÉDACTEUR,

SITUATION ET DÉSIGNATION

Commune de ....

Le bien est vendu : ☐ libre de toute occupation ; ☐ occupé au titre d'un contrat dont copie est annexée aux présentes.
Tel que ledit bien existe avec ses aisances et dépendances, et les droits de toute nature qui y sont attachés, sans exception ni réserve.

COPROPRIÉTÉ

Application de l'article 46 de la loi n°65-557 du 10 juillet 1965 (vente d'un lot ou d'une fraction de lot) :

le VENDEUR indique la superficie privative, soit : m2

Le mesurage de la superficie privative a été réalisé par ...., le ....

Le VENDEUR déclare avoir été informé par le rédacteur des présentes des conséquences de l'article 46 de la loi n°65-557 du 10 juillet 1965 et des articles 4-1 à 4-3 du décret n°67-223 du 17 mars 1967 (loi "Carrez").

Le syndic de l'immeuble est : ....

Répartition des charges de copropriété

☐ Les parties conviennent d'appliquer les articles 6-2 et 6-3 du décret n°67-223 du 17 mars 1967 (voir page 6).

☐ Les parties décident une répartition particulière qui sera régularisée le jour de l'acte authentique dans les conditions suivantes :

- **Provision exigible au titre du budget prévisionnel**
  Il est expressément convenu entre les parties que l'acquéreur contribuera au paiement de la provision exigible du trimestre en cours à la date de la signature de l'acte authentique au prorata du nombre de jours restant à courir avant le terme dudit trimestre.
- **Provisions exigibles au titre des dépenses non comprises dans le budget prévisionnel**
  - Assemblée ayant décidé des travaux antérieurement aux présentes, travaux non entrepris : ....

  L'ensemble des appels de fonds y afférents seront à la charge : ....

  - Assemblée ayant décidé des travaux antérieurement aux présentes, travaux en cours : le solde restant à devoir au syndicat des copropriétaires à la date des présentes, soit une somme de .... Euros sera à la charge : ....

[3]

TERRAIN A BÂTIR

Si l'immeuble objet des présentes est un terrain sur lequel l'acquéreur a l'intention de construire un immeuble à usage d'habitation ou à usage mixte d'habitation et professionnel, le descriptif dudit terrain résulte-t-il d'un bornage ? ☐ oui ☐ non

Si l'immeuble objet des présentes est un lot de lotissement, est issu d'une division effectuée à l'intérieur d'une zone d'aménagement concerté par la personne publique ou privée chargée de l'aménagement ou est issu d'un remembrement réalisé par une association foncière urbaine, la mention du descriptif du terrain résultant du bornage est inscrite dans la promesse ou le contrat [**mention obligatoire, article L 111-5-3 du Code de l'urbanisme**].

DÉCLARATION DU VENDEUR

Le VENDEUR déclare :
Que l'origine de propriété est régulière et qu'il fournira au notaire chargé de la réitération des présentes les justificatifs, titres de propriété et pièces nécessaires à l'établissement de l'acte authentique.

Il a acquis l'immeuble de M ....

par acte ....

PRIX

La présente vente est consentie et acceptée moyennant le prix principal de : ....

....

Payable comptant le jour de la réitération des présentes en acte authentique.
Le paiement intégral du prix et des frais conditionnera le transfert de propriété au profit de l'ACQUÉREUR.

SOMME A FINANCER

- Prix principal de la vente ....
- Provision pour frais d'acte (estimation) ....
- Provision pour frais d'emprunt ....
- Honoraires agence charge ACQUÉREUR ....
- ....

TOTAL : ....

PLAN DE FINANCEMENT

L'ACQUÉREUR déclare que son acquisition sera financée de la façon suivante :

- De ses deniers personnels et assimilés à concurrence de : ....
- D'un ou de plusieurs prêts bancaires d'un montant global de : ....

Soit un TOTAL ÉGAL A LA SOMME A FINANCER : ....

CONDITIONS SUSPENSIVES *(suite page 8 au verso)*

Les parties soumettent formellement la réalisation de la vente aux conditions suspensives suivantes :

- 1 - L'obtention par l'ACQUÉREUR d'un ou plusieurs prêts, régis par le livre 3, chapitre 2 du Code de la consommation relatif au crédit immobilier, d'un montant total de : ....

L'acquéreur devra effectuer .... (nombre) demandes simultané(es) de prêt(s) d'une durée minimum de ....

et d'un taux d'intérêt maximum de .... %,

notamment auprès des organismes suivants : ....

....

et à en justifier aussitôt au RÉDACTEUR. **Il devra également informer le RÉDACTEUR, par tout moyen, de l'obtention de son ou ses prêts, dans les meilleurs délais, en fournissant tous les justificatifs nécessaires.** L'ACQUÉREUR déclare que ses ressources lui permettent de solliciter ces prêts et qu'il se propose de les contracter à des conditions compatibles avec ses possibilités de remboursement.

Cette condition devra être réalisée avant le (minimum 30 jours) : .... (si aucune date n'est mentionnée, le ou les prêts devront être accordés au plus tard à la date prévue ci-dessous pour la réitération des présentes en acte authentique).
Cette condition sera réputée accomplie dès qu'une offre de prêt, même sous réserve de souscription d'une assurance, aura été éditée par une banque ou un organisme financier et transmise au vendeur ou au rédacteur par tout moyen.

- 2 - Obtention d'une note de renseignements d'urbanisme (voir page 8, au verso)
- 3 - ....

....

....

....

....

....

....

....

[4]

DÉPÔT DE GARANTIE

L'ACQUÉREUR remet, à l'instant, au compte de : ....
que les parties choisissent d'un commun accord comme séquestre, la somme de :

....

Par (type de règlement) : ....

Ce dépôt ne constitue en aucun cas des arrhes au sens de l'article 1590 du Code civil et ni le Vendeur ni l'Acquéreur ne pourront se refuser à réaliser la vente, l'un en restituant le double de la somme versée, l'autre en la perdant. Cette somme s'imputera sur le prix de vente et/ou sur les honoraires du RÉDACTEUR, lors de la réitération des présentes en acte authentique. En cas d'application de la clause pénale elle pourra être versée à la partie non défaillante et/ou au RÉDACTEUR.

FINANCEMENT SANS EMPRUNT

Au cas où l'ACQUÉREUR n'envisage pas de recourir à l'emprunt pour financer l'acquisition de l'immeuble, il devra écrire de sa main la mention suivante :

"Je soussigné (nom et prénom), déclare effectuer cette acquisition sans recourir à aucun prêt. Je reconnais avoir été informé que si je recours néanmoins à un prêt, je ne pourrai me prévaloir de la condition suspensive de son obtention prévue au livre 3, chapitre 2 du Code de la consommation relatif au crédit immobilier."

....
....
....
....
....

ASSAINISSEMENT

Option 1 L'immeuble est situé en zone d'assainissement collectif :

☐ il est raccordé au tout à l'égout conformément à l'article L. 1331-1 du code de la santé publique.

☐ il n'est pas ou mal raccordé au tout à l'égout, le coût du raccordement sera réparti de la manière suivante :

....

☐ **Option 2** L'immeuble est situé en zone d'assainissement non collectif. Si le contrôle d'assainissement non collectif joint aux présentes révèle que des travaux de mise en conformité sont nécessaires, ils devront être réalisés au plus tard dans l'année qui suit l'acte authentique par l'acquéreur.

CONDITIONS PARTICULIÈRES

....
....
....
....
....
....

ELEMENTS MOBILIERS COMPRIS DANS LE PRIX

....
....
....
....

RÉALISATION

Les présentes constituent dès leur signature un accord définitif sur la chose et sur le prix.

L'acte authentique sera établi par Me ....

notaire à : ....

choisi par : .... tél.

éventuellement assisté de Me ....

notaire à : ....

choisi par : .... tél.

(Si un seul notaire est mentionné, il est choisi d'un commun accord par les parties)

et au plus tard le : ....

(sous réserve de l'obtention par ces derniers de toutes les pièces, titres et documents nécessaires à l'établissement de l'acte).

Cette date n'est pas extinctive mais constitutive du point de départ à partir duquel l'une des parties pourra obliger l'autre à s'exécuter.

NÉGOCIATION

Les parties reconnaissent que les présentes ont été négociées par l'intermédiaire du RÉDACTEUR.

En conséquence, chacune des parties s'engage à lui régler, après levée de la dernière condition suspensive, les honoraires prévus à sa charge conformément au(x) mandat(s) préalable(s), soit la somme de :

.... Euros à la charge du Vendeur

.... Euros à la charge de l'Acquéreur

Ces honoraires seront prélevés sur les premiers fonds versés par l'ACQUÉREUR, y compris le dépôt de garantie à due concurrence, dès la réalisation des conditions suspensives, toutes les délégations étant d'ores et déjà consenties et opposables à tous tiers détenteurs. Tout détenteur des fonds est autorisé à remettre les honoraires dès la réalisation de la dernière condition suspensive.

[5]

DÉCLARATIONS PARTICULIÈRES DANS LE CADRE DE LA LOI SRU

Les parties aux présentes déclarent chacune en ce qui la concerne avoir pris connaissance tant par elles-mêmes que par les explications qu'elles ont eues du RÉDACTEUR, **des articles L. 271-1 et L. 271-2 du Code de la construction et de l'habitation, littéralement rapportés aux présentes** (voir page 7).

☐ **le droit de rétractation prévu audit article ne s'applique pas aux présentes pour les raisons suivantes (acquéreur professionnel, bien non destiné à l'habitation, ...) :** ……………………

☐ **l'acquéreur déclare expressément destiner l'immeuble à un usage d'habitation et ne pas agir en qualité de professionnel au sens de l'article 271-1 du Code de la construction et de l'habitation :**

- la notification prévue audit article se fera par : ☐ LRAR ☐ Remise en main propre ☐ ……………………
  auprès de chaque personne désignée sous le vocable "L'ACQUÉREUR".
- en cas de pluralité d'ACQUÉREURS, la rétractation de l'un d'eux emportera rétractation de tous, sauf convention contraire rapportée au § "conditions particulières".
- Pour le cas ou l'ACQUÉREUR userait de la faculté de rétractation qui lui est offerte par l'article précité, la notification devra être envoyée au RÉDACTEUR, ainsi que les parties le requièrent expressément ; les fonds versés lui seraient alors restitués dans un délai maximum de 21 jours (art. L. 271-2 du CCH).

PIÈCES JOINTES

☐ attestation de superficie privative, ☐ état amiante, ☐ constat "plomb",
☐ état "termites", ☐ état des risques naturels, miniers et technologiques, ☐ état "gaz",
☐ état "électricité", ☐ "DPE", ☐ contrôle d'assainissement,
☐ police d'assurance dommages ouvrage, ☐ bornage, ☐ ……………………

A défaut d'annexion à la promesse de vente ou, à défaut de promesse, à l'acte authentique de vente, l'acquéreur reconnaît que le notaire ou le vendeur lui a remis le règlement de copropriété, le carnet d'entretien et l'état descriptif de division (Code de la construction et de l'habitation, article L. 721-2).

REMISE EN MAIN PROPRE

Vu le texte intégral des articles L. 271-1 et 271-2 du Code de la construction et de l'habitation, rapporté page 7 des présentes :
si les parties optent pour une remise en main propre de l'acte à l'ACQUÉREUR, en vue de faire courir le délai de rétractation prévu à l'article L. 271-1 du Code de la construction et de l'habitation, chacune des personnes désignées aux présentes sous le vocable "l'ACQUÉREUR" doit inscrire de sa main les mentions suivantes :

"Remis par (nom du professionnel)... à (lieu)... le (date)..." et : "Je soussigné (nom et prénom) déclare avoir connaissance qu'un délai de rétractation de sept jours m'est accordé par l'article L. 271-1 du Code de la construction et de l'habitation, et qu'il court à compter du lendemain de la date de remise inscrite de ma main sur le présent acte, soit à compter du..."

CONDITIONS GÉNÉRALES

Les conditions générales des présentes s'appliquent à défaut de dispositions différentes stipulées en conditions particulières.

Fait à …………………… le …………………… , en …………… exemplaires, sur huit pages

Les parties déclarent s'obliger à toutes les conditions des pages 1 à 8 des présentes et de leurs annexes éventuelles.

[Signer séparément chaque exemplaire]

L'ACQUÉREUR	LE VENDEUR

…… mots
…… lignes
…… chiffres
rayés comme nuls

[6]

IL A ÉTÉ ARRÊTÉ ET CONVENU CE QUI SUIT :

"LE VENDEUR" en s'obligeant et obligeant ses héritiers et ayants droit solidairement entre eux, fussent-ils mineurs ou incapables, vend, par les présentes, à "L'ACQUÉREUR" qui accepte et s'engage à acquérir, sous les conditions suspensives ci-après énoncées, les biens et droits immobiliers désignés aux présentes et dénommés "L'IMMEUBLE", que "L'ACQUÉREUR" déclare bien connaître, pour l'avoir vu et visité aux fins des présentes, dispensant "LE VENDEUR" d'une plus ample désignation.

PROPRIÉTÉ ET JOUISSANCE

L'ACQUÉREUR sera propriétaire de l'immeuble vendu le jour de la signature de l'acte authentique, et il en aura la jouissance le même jour, le VENDEUR s'engageant à le rendre libre de toute occupation.

S'il est prévu que le bien est vendu avec un occupant, le transfert de jouissance consistera en la perception des loyers au profit de l'acquéreur qui fera son affaire de l'information de l'occupant du transfert de propriété à son profit. En cas de vente en cours de mois le loyer y afférent sera réparti au prorata temporis.

DÉCLARATIONS DU VENDEUR

- Qu'il a la capacité d'aliéner les biens et droits, objets de la présente vente, les frais nécessités par une éventuelle division de propriété restant à sa charge, sauf convention contraire rapportée au paragraphe "conditions particulières".
- Que les biens vendus ne sont grevés d'aucune inscription hypothécaire autre que celle garantissant les prêts existants ; dans ce cas, il en rapportera mainlevée à ses frais. Dans le cas où il n'en rapporterait pas mainlevée ou accord de mainlevée préalablement à l'acte authentique, la vente serait résolue de plein droit.
- Qu'il n'existe de son chef aucun obstacle ni aucune restriction d'ordre légal, judiciaire, conventionnel ou contractuel à la libre disposition des biens vendus ; qu'il n'a omis aucune information susceptible d'être utile à l'acquéreur.
- Qu'il n'a pas connaissance de vice(s) caché(s) ou de tout élément pouvant rendre l'immeuble impropre à sa destination.
- Que le gros œuvre, et le second œuvre ne présentent pas de désordres apparents.
- Que l'utilisation et le fonctionnement des divers installations et équipements donnent entière satisfaction.
- Que les biens vendus ne proviennent pas d'une division interdite par l'article L.111-6-1 du Code de la construction et de l'habitation.
- En cas de construction datant de moins de dix ans : qu'il est titulaire d'une assurance "dommages-ouvrage" (art. L.242-1 du Code des assurances).
- Le cas échéant, que la piscine est équipée d'un dispositif de sécurité normalisé, conformément aux articles L. 128-1 et R.128 1 et suivants du CCH.
- Qu'à sa connaissance, l'immeuble ne contient ni termites ni autres insectes xylophages. Si l'immeuble se trouve dans une zone contaminée ou susceptible de l'être, il fournira un état parasitaire de moins de six mois.
- Qu'à sa connaissance, aucun occupant de l'immeuble n'a été atteint de saturnisme. Les parties reconnaissent avoir été informées par le rédacteur de la teneur des dispositions des articles L. 1334-1 et suivants, et R. 1334-1 et suivants, du Code de la santé publique. Si l'immeuble a été construit avant le 1er janvier 1949, un constat de risque d'exposition au plomb est annexé aux présentes.
- Qu'à sa connaissance l'immeuble n'a subi aucun sinistre ayant donné lieu au versement d'une indemnité en application de l'article L. 125-2 ou de l'article L. 128-2 du Code des assurances.
- **Que les renseignements fournis sont sincères, véritables et complets et qu'il n'a omis aucun renseignement susceptible de troubler la jouissance paisible du bien ou d'en réduire la valeur.**

CHARGES ET CONDITIONS

La vente, si elle se réalise, aura lieu aux conditions suivantes que l'ACQUÉREUR s'oblige à exécuter :

- Prendre possession de cet immeuble dans l'état où il se trouvera le jour de l'entrée en jouissance, sans garantie du bon ou mauvais état de l'immeuble, avec tous ses vices ou défauts apparents ou cachés, s'il y en a, sans pouvoir élever aucune réclamation, ni prétendre à aucune indemnité ou diminution de prix en raison desdits vices ou défauts. La différence éventuelle de contenance, fut-elle supérieure à un vingtième, devant faire son profit ou sa perte (sauf application de l'art. 46 de la loi n°65-557 du 10 juillet 1965) ; le VENDEUR s'engageant à maintenir l'immeuble dans son état actuel avec tous ses éléments par destination. Le vendeur accepte que l'acquéreur effectue une visite des biens vendus juste avant la réitération des présentes par acte authentique, afin de lui permettre de constater l'absence de modification apportée à l'état du bien tel qu'il a été la base de leur engagement respectif.
- Jouir des servitudes actives et supporter celles passives s'il en existe, sans recours contre le VENDEUR. A ce sujet, le VENDEUR déclare qu'à sa connaissance, l'immeuble n'est grevé d'aucune servitude, autres que celles résultant de l'acte d'origine de propriété, du règlement de copropriété, du cahier des charges, de l'urbanisme, ou des conditions particulières énoncées aux présentes.
- Supporter les impôts et autres charges de l'immeuble vendu à compter du jour de l'entrée en jouissance ; précision faite que la taxe d'habitation sera acquittée entièrement par l'occupant au premier janvier de l'année en cours. La taxe foncière sera acquittée par le VENDEUR et lui sera remboursée au prorata temporis par l'ACQUÉREUR par rapport à la date d'entrée en jouissance.
- Continuer ou résilier, mais à ses frais, la police d'assurance concernant les biens vendus.
- L'état du sol constitue un aléa accepté par l'acquéreur.

Toute étude de sol éventuelle serait à la charge de l'acquéreur.

Les présentes sont conclues sous la condition suspensive que les travaux supplémentaires éventuellement exigés à la suite de cette étude de sol ne dépassent pas 20% du coût de la construction projetée.

- Si l'immeuble est en copropriété :

Charges et conditions relatives à la copropriété - conditions générales

Les parties déclarent avoir parfaite connaissance des dispositions des articles 6-2 et 6-3 du décret n°67-223 du 17 mars 1967.

Le rédacteur des présentes rappelle que la répartition légale des charges de copropriété entre le Vendeur et l'Acquéreur est la suivante :

- le paiement de la provision exigible du budget prévisionnel incombe au Vendeur,
- le paiement des provisions des dépenses non comprises dans le budget prévisionnel incombe à celui, Vendeur ou Acquéreur, qui est copropriétaire au moment de l'exigibilité,
- le trop ou moins perçu sur provisions, révélé par l'approbation des comptes est porté au crédit ou au débit de celui qui est copropriétaire lors de l'approbation des comptes.

Les parties sont informées qu'elles peuvent toutefois convenir d'une répartition différente dans les conditions particulières mais que leur convention n'aura d'effet qu'entre elles et ne pourra être opposable au syndic.

Si une assemblée générale de la copropriété doit se tenir entre les présentes et la notification du transfert de propriété au syndic de l'immeuble, le vendeur transmettra au plus tôt à l'acquéreur le texte de l'ordre du jour ainsi qu'un mandat non impératif pour le représenter à ladite assemblée. A défaut, l'ensemble des travaux non compris dans le budget prévisionnel qui seront votés au cours de ladite assemblée resteront à la charge du vendeur

L'ACQUÉREUR reconnaît avoir pris parfaite connaissance des charges et conditions du règlement de copropriété, de ses actes modificatif et complémentaires éventuels, ou de leurs projets si ces derniers sont en cours d'établissement.

[7]

Code de la construction et de l'habitation - Dispositions particulières relatives à la vente d'un immeuble soumis au statut de la copropriété

Art. L. 721-2. – En cas de vente d'un lot ou d'une fraction de lot ou de cession d'un droit réel immobilier relatif à un lot ou à une fraction de lot d'un immeuble bâti à usage total ou partiel d'habitation et soumis au statut de la copropriété, sont annexés à la promesse de vente ou, à défaut de promesse, à l'acte authentique de vente, en sus du dossier de diagnostic technique mentionné à l'article L. 271-4, les documents suivants :

1° Les documents relatifs à l'organisation de l'immeuble :

a) La fiche synthétique de la copropriété prévue à l'article 8-2 de la loi n° 65-557 du 10 juillet 1965 fixant le statut de la copropriété des immeubles bâtis ;

b) Le règlement de copropriété et l'état descriptif de division ainsi que les actes les modifiant, s'ils ont été publiés ;

c) Les procès-verbaux des assemblées générales des trois dernières années, si le copropriétaire vendeur en dispose ;

2° Les documents relatifs à la situation financière de la copropriété et du copropriétaire vendeur :

a) Le montant des charges courantes du budget prévisionnel et des charges hors budget prévisionnel payées par le copropriétaire vendeur au titre des deux exercices comptables précédant la vente ;

b) Les sommes pouvant rester dues par le copropriétaire vendeur au syndicat des copropriétaires et les sommes qui seront dues au syndicat par l'acquéreur ;

c) L'état global des impayés de charges au sein du syndicat et de la dette vis-à-vis des fournisseurs ;

d) Lorsque le syndicat des copropriétaires dispose d'un fonds de travaux, le montant de la part du fonds de travaux rattachée au lot principal vendu et le montant de la dernière cotisation au fonds versée par le copropriétaire vendeur au titre de son lot.

Par exception, lorsque le syndicat de copropriétaires relève du deuxième alinéa de l'article 14-3 de la loi n° 65-557 du 10 juillet 1965 précitée, les documents mentionnés aux b et c du présent 2° n'ont pas à être annexés à la promesse de vente ou, à défaut de promesse, à l'acte authentique de vente ;

3° Le carnet d'entretien de l'immeuble ;

4° Une attestation comportant la mention de la superficie de la partie privative et de la surface habitable de ce lot ou de cette fraction de lot, prévues à l'article 46 de la loi n° 65-557 du 10 juillet 1965 précitée ;

5° Une notice d'information relative aux droits et obligations des copropriétaires ainsi qu'au fonctionnement des instances du syndicat de copropriété. Un arrêté du ministre chargé du logement détermine le contenu de cette notice ;

6° Le cas échéant, le diagnostic technique global prévu à l'article L. 731-1 et le plan pluriannuel de travaux prévu à l'article L. 731-2.

À défaut d'annexion à la promesse de vente ou, à défaut de promesse, à l'acte authentique de vente, l'acquéreur reconnaît que le notaire ou le vendeur lui a remis le règlement de copropriété, le carnet d'entretien et l'état descriptif de division.

Art. L. 721-3. – Lorsque les documents mentionnés aux 1°, 2° et 4° de l'article L. 721-2 ne sont pas annexés à l'acte notifié conformément à l'article L. 271-1, le délai de rétractation ou de réflexion, prévu à ce même article, ne court qu'à compter du lendemain de la communication de ces documents à l'acquéreur. Cette communication est réalisée selon les modalités de notification de l'acte prévues audit article L. 271-1.

DOSSIER DE DIAGNOSTIC TECHNIQUE

"Code de la construction et de l'habitation, Article L. 271-4

I. En cas de vente de tout ou partie d'un immeuble bâti, un dossier de diagnostic technique, fourni par le vendeur, est annexé à la promesse de vente ou, à défaut de promesse, à l'acte authentique de vente. En cas de vente publique, le dossier de diagnostic technique est annexé au cahier des charges.

Le dossier de diagnostic technique comprend, dans les conditions définies par les dispositions qui les régissent, les documents suivants :

1° Le constat de risque d'exposition au plomb prévu aux articles L. 1334-5 et L.1334-6 du Code de la santé publique ;

2° L'état mentionnant la présence ou l'absence de matériaux ou produits contenant de l'amiante prévu à l'article L. 1334-13 du même Code ;

3° L'état relatif à la présence de termites dans le bâtiment prévu à l'article L. 133-6 du présent code ;

4° L'état de l'installation intérieure de gaz prévu à l'article L. 134-6 du présent Code ;

5° Dans les zones mentionnées au I de l'article L. 125-5 du Code de l'environnement, l'état des risques naturels et technologiques prévu au deuxième alinéa du I du même article ;

6° Le diagnostic de performance énergétique prévu à l'article L. 134-1 du Code de la construction et de l'habitation ;

7° L'état de l'installation intérieure d'électricité prévu à l'article L.134-7 ;

8° Le document établi à l'issue du contrôle des installations d'assainissement non collectif mentionné à l'article L. 1331-11-1 du Code de la santé publique ;

9° Dans les zones prévues à l'article L. 133-8 du Code de la construction et de l'habitation, l'information sur la présence de mérule.

Les documents mentionnés aux 1°, 4° et 7° ne sont requis que pour les immeubles ou parties d'immeuble à usage d'habitation.

Le document mentionné au 6° n'est pas requis en cas de vente d'un immeuble à construire visée à l'article L. 261-1.

Lorsque les locaux faisant l'objet de la vente sont soumis aux dispositions de la loi n°65-557 du 10 juillet 1965 fixant le statut de la copropriété des immeubles bâtis ou appartiennent à des personnes titulaires de droits réels immobiliers sur les locaux ou à des titulaires de parts donnant droit ou non à l'attribution ou à la jouissance en propriété des locaux, le document mentionné au 1° porte exclusivement sur la partie privative de l'immeuble affectée au logement et les documents mentionnés au 3°, 4° et 7° sur la partie privative du lot.

II. En l'absence, lors de la signature de l'acte authentique de vente, d'un des documents mentionnés aux 1°, 2°, 3°, 4°, 7° et 8° du I en cours de validité, le vendeur ne peut pas s'exonérer de la garantie des vices cachés correspondante.

En l'absence, lors de la signature de l'acte authentique de vente, du document mentionné au 5° du I, l'acquéreur peut poursuivre la résolution du contrat ou demander au juge une diminution du prix.

En cas de non-conformité de l'installation d'assainissement non collectif lors de la signature de l'acte authentique de vente, l'acquéreur fait procéder aux travaux de mise en conformité dans un délai d'un an après l'acte de vente.

L'acquéreur ne peut se prévaloir à l'encontre du propriétaire des informations contenues dans le diagnostic de performance énergétique qui n'a qu'une valeur informative."

- Sinistres ayant donné lieu au versement d'une indemnité : lorsqu'un immeuble bâti a subi un sinistre ayant donné lieu au versement d'une indemnité en application de l'article L. 125-2 ou de l'article L. 128-2 du Code des assurances, le vendeur de l'immeuble est tenu d'informer par écrit l'acquéreur de tout sinistre survenu pendant la période où il a été propriétaire de l'immeuble ou dont il a été lui-même informé en application des présentes dispositions. Cette information est mentionnée dans l'acte authentique constatant la réalisation de la vente.
- État de l'installation intérieure de gaz : depuis le 01.11.07, le vendeur de tout ou partie d'un immeuble à usage d'habitation comportant une installation intérieure de gaz réalisée depuis plus de 15 ans doit fournir un état de cette installation.
- Électricité : le vendeur de tout ou partie d'un immeuble à usage d'habitation comportant une installation intérieure d'électricité réalisée depuis plus de quinze ans doit fournir un état de cette installation.

LOI N°2000-1208 DU 13 DÉCEMBRE 2000 RELATIVE À LA SOLIDARITÉ ET AU RENOUVELLEMENT URBAINS

- SRU - art. L. 271-1 du Code de la construction et de l'habitation

Art. L. 271-1 - Pour tout acte ayant pour objet la construction ou l'acquisition d'un immeuble à usage d'habitation, la souscription de parts donnant vocation à l'attribution en jouissance ou en propriété d'immeubles d'habitation ou la vente d'immeubles à construire ou de location-accession à la propriété immobilière, l'acquéreur non professionnel peut se rétracter dans un délai de sept jours (dix jours à partir du lendemain de la promulgation de la loi dite "Macron" au journal offciel) à compter du lendemain de la première présentation de la lettre lui notifiant l'acte.

Cet acte est notifié à l'acquéreur par lettre recommandée avec demande d'avis de réception ou par tout autre moyen présentant des garanties équivalentes pour la détermination de la date de réception ou de remise. La faculté de rétractation est exercée dans ces mêmes formes.

Lorsque l'acte est conclu par l'intermédiaire d'un professionnel ayant reçu mandat pour prêter son concours à la vente, cet acte peut être remis directement au bénéficiaire du droit de rétractation. Dans ce cas, le délai de rétractation court à compter du lendemain de la remise de l'acte, qui doit être attestée selon des modalités fixées par décret.

Lorsque le contrat constatant ou réalisant la convention est précédé

[8]

d'un contrat préliminaire ou d'une promesse synallagmatique ou unilatérale, les dispositions figurant aux trois alinéas précédents ne s'appliquent qu'à ce contrat ou à cette promesse.

Lorsque le contrat constatant ou réalisant la convention est dressé en la forme authentique et n'est pas précédé d'un contrat préliminaire ou d'une promesse synallagmatique ou unilatérale, l'acquéreur non professionnel dispose d'un délai de réflexion de sept jours (dix jours à partir du lendemain de la promulgation de la loi dite "Macron" au journal offciel) à compter de la notification ou de la remise du projet d'acte selon les mêmes modalités que celles prévues pour le délai de rétractation mentionné aux premier et troisième alinéas. En aucun cas l'acte authentique ne peut être signé pendant ce délai de sept jours (dix jours à partir du lendemain de la promulgation de la loi dite "Macron" au journal offciel).

Art. L. 271-2 du Code de la construction et de l'habitation :

Lors de la conclusion d'un acte mentionné à l'article L. 271-1, nul ne peut recevoir de l'acquéreur non professionnel, directement ou indirectement, aucun versement à quelque titre ou sous quelque forme que ce soit avant l'expiration du délai de rétractation, sauf dispositions législatives expresses contraires prévues notamment pour les contrats ayant pour objet l'acquisition ou la construction d'un immeuble neuf d'habitation, la souscription de parts donnant vocation à l'attribution en jouissance ou en propriété d'immeubles d'habitation et les contrats préliminaires de vente d'immeubles à construire ou de location-accession à la propriété immobilière. Si les parties conviennent d'un versement à une date postérieure à l'expiration de ce délai et dont elles fixent le montant, l'acte est conclu sous la condition suspensive de la remise desdites sommes à la date convenue.

Toutefois, lorsque l'un des actes mentionnés à l'alinéa précédent est conclu par l'intermédiaire d'un professionnel ayant reçu mandat pour prêter son concours à la vente, un versement peut être reçu de l'acquéreur s'il est effectué entre les mains d'un professionnel disposant d'une garantie financière affectée au remboursement des fonds déposés. Si l'acquéreur exerce sa faculté de rétractation, le professionnel dépositaire des fonds les lui restitue dans un délai de vingt et un jours à compter du lendemain de la date de cette rétractation.

Lorsque l'acte est dressé en la forme authentique, aucune somme ne peut être versée pendant le délai de réflexion de sept jours (dix jours à partir du lendemain de la promulgation de la loi dite "Macron" au journal offciel).

Est puni de 30.000 Euros d'amende le fait d'exiger ou de recevoir un versement ou un engagement de versement en méconnaissance des alinéas ci-dessus.

CONDITIONS SUSPENSIVES (suite de la page 3)

- 1 - Obtention d'un prêt.
  L'ACQUÉREUR s'engage à déposer dans un délai maximum de trente jours des présentes le nombre de demandes de prêt stipulé aux conditions particulières, couvrant le montant total de la somme à financer par emprunt auprès de chacun des organismes mentionnés ci-dessus, et à en justifier aussitôt au RÉDACTEUR.

Il est expressément convenu entre les parties que pour être recevable, tout refus de prêt devra contenir au moins les indications suivantes : date de dépôt du dossier complet auprès de l'organisme financier, montant du prêt demandé et durée ; ce, pour chacun des organismes mentionnés aux conditions particulières.

En revanche, si la non obtention des prêts a pour cause la faute, la négligence ou tout abus de droit de l'ACQUÉREUR comme en cas de comportements ou de réticences de nature à faire échec à l'instruction des dossiers ou à la conclusion des contrats de prêts, le VENDEUR pourra demander au tribunal de déclarer la condition suspensive d'obtention du prêt réalisée, en application de l'article 1178 du Code civil : "la condition est réputée accomplie lorsque c'est le débiteur, obligé sous cette condition, qui en a empêché l'accomplissement".

RENONCIATION :

Si l'acquéreur veut renoncer à la condition suspensive de prêt, il devra notifier au notaire ci-avant désigné, par lettre recommandée avec accusé de réception dans les 15 jours suivants expiration du délai de réalisation de la condition suspensive, soit qu'il dispose désormais des sommes nécessaires pour payer le prix de vente sans l'aide d'un prêt, soit que le montant du prêt obtenu, bien qu'inférieur à celui demandé, est suffisant pour lui permettre de financer le prix de vente. Cette notification devra contenir la mention manuscrite telle que stipulée au paragraphe «FINANCEMENT SANS EMPRUNT».

Indépendamment du sort de la condition suspensive de prêt et dans l'intérêt du vendeur, si aucune information quant à l'obtention ou non d'une offre de prêt n'est transmise au rédacteur ou au vendeur dans les délais prévus pour la réalisation de la condition suspensive, le vendeur aura la faculté de mettre en demeure l'acquéreur de lui transmettre sous quinze jours ladite information par LRAR. A défaut de réponse dans ce délai, les présentes seront résolues de plein droit chaque partie reprenant son entière liberté, ce, sans qu'il soit besoin de faire constater judiciairement cette résolution.

- 2 - Obtention d'une note de renseignements d'urbanisme ne révélant aucune servitude faisant obstacle à la libre utilisation du bien vendu ou susceptible d'en troubler la possession paisible, conformément à sa destination. Le seul alignement ne sera pas considéré comme une défaillance de la condition suspensive à moins qu'il ne rende l'immeuble impropre à sa destination.

Au cas ou l'une des conditions suspensives ne serait pas réalisée, les présentes seraient réputées nulles et non avenues, sans indemnité de part ni d'autre, et la somme consignée sera restituée à l'ACQUÉREUR, sans formalités. Étant préciser que les conditions suspensives relatives au(x) prêt(s) et à l'urbanisme sont au seul bénéfice de l'ACQUÉREUR qui pourra y renoncer selon les modalités stipulées ci-dessus.

DROIT DE PRÉEMPTION

En cas d'exercice d'un droit de préemption ou de préférence, l'ACQUÉREUR sera libéré de tout engagement et le séquestre lui sera restitué immédiatement et sans formalités. Si cette préemption est acceptée par le VENDEUR, la commission due restera acquise de plein droit, le préempteur se substituant à l'ACQUÉREUR pour la part éventuellement prévue à sa charge.

CLAUSE PÉNALE

Si pour un motif autre que la non réalisation des conditions suspensives, l'une des parties refusait la réitération en acte authentique des présentes, elle pourra y être contrainte par tous moyens et voies de droit.

Toutefois la partie non défaillante pourra choisir de prendre acte du refus de l'autre partie et invoquer la résolution de la vente, moyennant 5 % du prix principal à titre d'indemnisation de son préjudice. Dans cette éventualité, sa mission étant accomplie, la rémunération du RÉDACTEUR restera due intégralement dans les conditions prévues au paragraphe "négociation". Dans le cas où cette rémunération ne serait pas originellement à la charge de la partie défaillante, celle-ci s'engage à la rembourser à l'autre partie.

PLUS-VALUE ET T.V.A.

Les parties reconnaissent avoir été informées des dispositions fiscales concernant les plus-values et déclarent agir en toute connaissance de cause.

Si la vente est en T.V.A. le prix ci-dessus stipulé s'entend T.V.A. incluse.

AFFIRMATION DE SINCÉRITÉ DU PRIX

Les parties soussignées affirment, sous les peines édictées par l'article 1837 du Code général des impôts, que le présent engagement exprime l'intégralité du prix convenu.

FACULTÉ DE SUBSTITUTION

L'ACQUÉREUR pourra s'adjoindre ou se substituer, dans les droits résultant à son profit de la présente vente, toute personne physique ou morale dont il demeurera solidairement garant. Il est convenu que l'ACQUÉREUR substitué ne pourra bénéficier du délai de rétractation prévu à l'article L. 271-1 du CCH.

En outre, cette substitution ne prendra effet qu'après que le ou les prêts éventuels aient été accordés au bénéficiaire de la substitution lequel ne pourra se prévaloir de la condition suspensive relative au financement.

CONDITIONS GÉNÉRALES

Les conditions générales des présentes s'appliquent à défaut de dispositions différentes stipulées en conditions particulières.

3 Reçu

Editions Préférence® • Réf. 121A • 7e Ed.0215

REÇU

N° du carnet	Nombre de reçus au carnet	N° du reçu
	50	

I - Intermédiaire

Titulaire de la carte professionnelle (a) ....

....

n° de la carte .... délivrée par le préfet d ....

Le ....

Représentants légaux ou statutaires (b) ....

....

Négociateur (c) ....

....

Garantie :

Désignation de l'organisme (d) ....

Adresse de l'organisme (e) ....

Montant global de la garantie : ....

Compte bancaire :

N° du compte ....

ouvert par (f) ....

II - Opérations

Cause du versement ou de la remise (g) ....

....

Qualification figurant au contrat (h) ....

....

III - Partie versante

Reçu de M. ....

....

demeurant à ....

....

la somme de ....

désignation des chèques ou valeur (i) ....

- **1er ex blanc :** Partie Versante
- **2ème ex jaune :** Mandant
- **3ème ex rose :** Souche

a) Personne physique : nom, prénom, siège des activités professionnelles ; personne morale : dénomination, siège.

b) Nom et qualité du ou des représentants légaux ou statutaires de la personne morale.

c) S'il y a lieu, nom, qualité et adresse de la personne qui a délivré le reçu et référence au récépissé prévu à l'article 8 du décret du 20 juillet 1972 ou à l'attestation prévue à l'article 9 dudit décret.

d) Désignation exacte de l'organisme qui a donné caution ou reçu la consignation : caisse des dépôts et consignations, banque, établissement financier habilité à donner caution, société de caution mutuelle.

e) Adresse de l'organisme qui a donné caution ou qui a reçu la consignation.

f) Dénomination et adresse de l'établissement où est ouvert le compte prévu par l'article 55 ou par l'article 59 du décret n° 72-678 du 20 juillet 1972.

g) Exemples : achat de l'immeuble sis à ..... vente du fonds de commerce ..... sis à .....

h) Acompte sur le prix d'achat, arrhes moyen de dédit, somme confiée en garantie d'un achat éventuel, dédit .....

i) Spécifier le numéro du chèque et sa date ou les effets remis.

A ....

Le .... 20 .....

Signature

Réf. 121A • 7e Ed.0215
www.edpref.com

Editions Préférence

Art. 39. - La garantie financière s'applique à toute créance ayant pour origine un versement ou une remise effectué à l'occasion d'une opération prévue, soit par les 1° à 5°, soit par le 6° de l'article 1er de la loi susvisée du 2 janvier 1970, suivant que la garantie est accordée à un titulaire de la carte "Transactions sur immeubles et fonds de commerce" ou à un titulaire de la carte "Gestion immobilière".

Elle joue sur les seules justifications que la créance soit certaine, liquide et exigible, et que la personne garantie soit défaillante sans que le garant puisse opposer au créancier le bénéfice de discussion.

En cas d'instance en justice, le demandeur doit aviser le consignataire ou le garant de l'assignation par lettre recommandée avec demande d'accusé de réception.

Art. 55. - Lorsque la garantie est donnée par une société de caution mutuelle, par une banque ou par un établissement financier, le titulaire de la carte professionnelle prévue à l'article 1er (alinéa 1) du présent décret est tenu de faire ouvrir, à son nom, dans une banque, un compte qui est exclusivement affecté à la réception des versements ou remises visés à l'article 5 de la loi susvisée du 2 janvier 1970.

Art. 56. - Tous les versements reçus par le titulaire de la carte professionnelle sont obligatoirement faits au moyen soit de chèques à l'ordre de la banque où le compte est ouvert, et barrés, soit par virements de banque à banque, soit par mandats ou virements postaux à l'ordre de ladite banque, avec indication du numéro de compte.

Les effets, ainsi que les valeurs reçus par le titulaire du compte sont obligatoirement remis à l'établissement où est ouvert ce compte.

Art. 59. - Lorsque la garantie résulte d'une consignation, la personne qui est titulaire de la carte professionnelle "Transactions sur immeuble et fonds de commerce" est tenue de faire ouvrir un compte spécial à rubriques qui est exclusivement affecté à la réception des versements et remises visés à l'article 5 de la loi susvisée du 2 janvier 1970. Ce compte est ouvert dans une banque ou à la caisse de dépôts et consignations. Les versements et remises reçus par le titulaire de la carte à l'occasion des opérations visées à l'article 1er (1° et 5°) de la loi, sont obligatoirement déposés à ce compte dans les conditions suivantes :

Les versements sont obligatoirement faits au moyen soit de chèques à l'ordre de l'établissement où le compte est ouvert, et barrés, soit par virements de banque à banque, soit par mandats ou virements postaux à l'ordre dudit établissement.

Les effets ainsi que les valeurs reçus par le titulaire du compte sont obligatoirement placés au compte spécial à rubriques et le dépôt est effectué à l'établissement dans les conditions prévues à l'alinéa précédent.

4 Registre répertoire

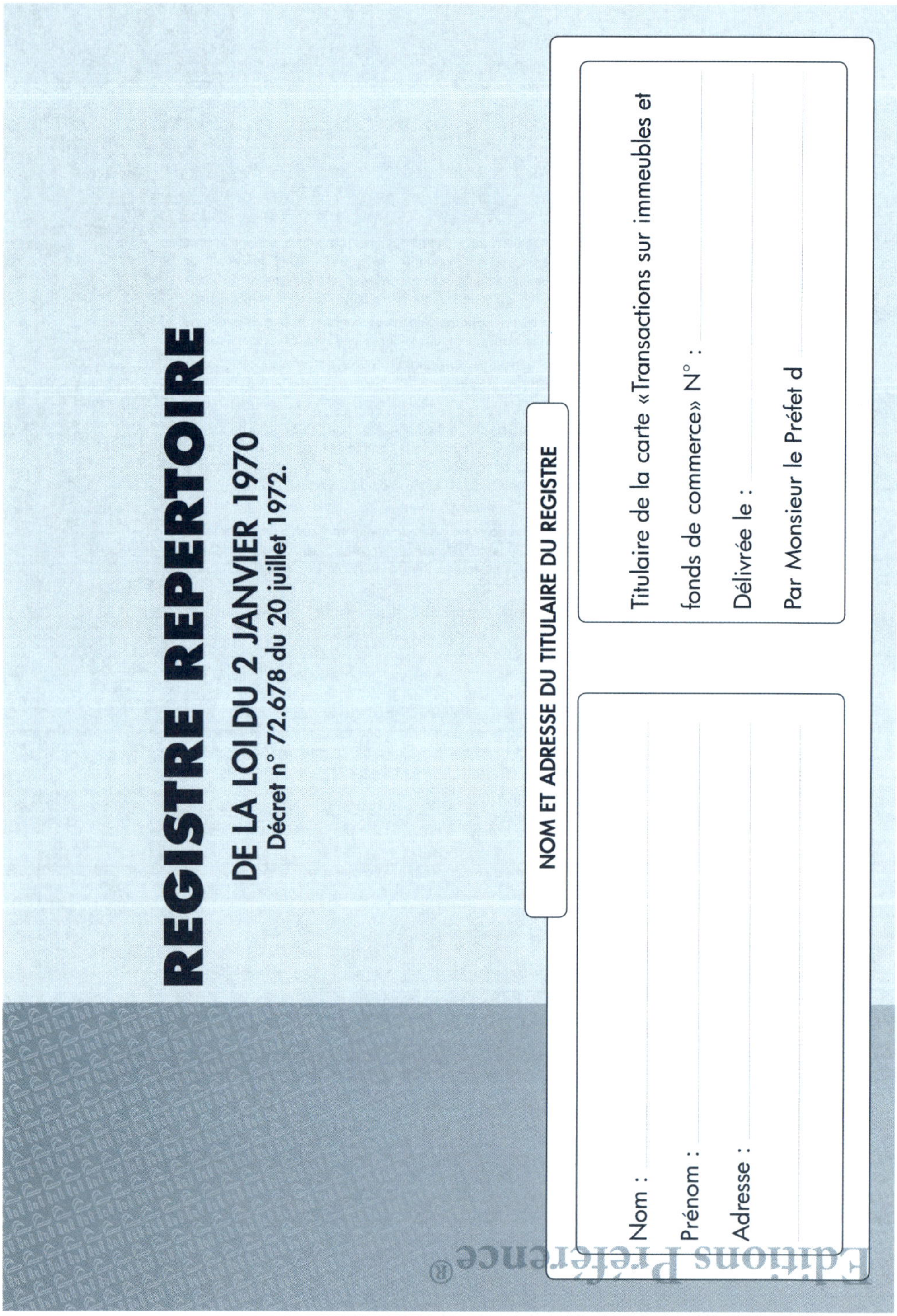

REGISTRE REPERTOIRE

DE LA LOI DU 2 JANVIER 1970

Décret n° 72.678 du 20 juillet 1972.

NOM ET ADRESSE DU TITULAIRE DU REGISTRE

Nom :

Prénom :

Adresse :

Titulaire de la carte «Transactions sur immeubles et fonds de commerce» N° :

Délivrée le :

Par Monsieur le Préfet d

Editions Préférence®

Décret n° 72.678 du 20 juillet 1972 fixant les conditions d'application de la loi n° 70-9 du 2 janvier 1970 réglementant les conditions d'exercice des activités relatives à certaines opérations portant sur les immeubles et les fonds de commerce.

OBLIGATIONS PARTICULIERES EN CAS DE RECEPTION, DETENTION OU DISPOSITION DE FONDS, EFFETS OU VALEURS PAR LES INTERMEDIAIRES.

SECTION I

Registres-répertoires et reçus.

Art. 51. - Tous les versements ou remises faits au titulaire de la carte «Transactions sur immeubles et fonds de commerce» doivent être immédiatement mentionnés sur un registre-répertoire dit «De la loi du 2 janvier 1970» conforme au modèle fixé par arrêté conjoint du garde des sceaux, ministre de la justice, et du ministre de l'économie et des finances. (Arrêté du 01.09.1972 - publié au J.O. «Lois et décrets» du 28.09.72, page 10.245).

Le registre-répertoire est, à l'avance, relié et coté sans discontinuité.

L'existence de ce registre ne dispense pas son titulaire de satisfaire, en ce qui concerne la tenue des autres livres ou registre, aux obligations auxquelles il est astreint en raison de sa qualité ou de la nature des opérations aux quelles il se livre.

Le registre-répertoire est tenu sous la responsabilité du titulaire de la carte professionnelle, ou de ses représentants légaux ou statutaires, s'il s'agit d'une personne morale.

Indépendamment du registre-répertoire tenu par le titulaire de la carte professionnelle pour l'ensemble des activités correspondant à cette carte, il est tenu un registre répertoire pour les versements ou remises particuliers à chaque établissement, succursale, agence ou bureau, sous la responsabilité de la personne qui la dirige.

Le garant peut demander, à tout moment, communication du registre-répertoire.

Art. 52. - Tous les versements ou remises doivent donner lieu à la délivrance d'un reçu. Ce reçu est conforme à un modèle fixé par arrêté conjoint du garde des sceaux, ministre de la justice, et du ministre de l'économie et des finances. Un double du reçu demeure dans un carnet de reçus.

Cet arrêté fixe également les mentions que le reçu devra contenir.

Le garant peut demander qu'un double de chaque reçu lui soit adressé.

Le titulaire du registre-répertoire peut, sous sa responsabilité et sous réserve des stipulations du contrat qui accorde la garantie, remettre des carnets de reçus à des personnes agissant pour son compte et titulaires du récépissé ou de l'attestation prévus aux articles 8 et 9 ci-dessus.

Le titulaire du registre-répertoire doit porter sur un état spécial la date de la mise en service de chaque carnet de reçus en précisant son numéro, ainsi que, le cas échéant, le nom, la qualité de son détenteur, ainsi que le numéro du récépissé ou de l'attestation.

Les versements ou remises reçus par ces personnes doivent être mentionnés sur le registre-répertoire de celui pour le compte duquel elles détiennent les carnets, dans les cinq jours francs de la délivrance du reçu.

Art. 53. - Les registres et documents visés aux articles 51 et 52 ci-dessus doivent être conservés pendant dix ans.

Art. 54. - La Carte professionnelle «transactions sur immeubles et fonds de commerce» n'autorise pas son titulaire à recevoir à ce titre, même occasionnellement, des versements ou remises énumérés à l'article 64 ci-après, à l'occasion de la location ou de la sous-location en nu ou en meublé d'immeubles bâtis ou non bâtis, ni des redevances de location-gérance d'un fonds de commerce.

REGISTRE RÉPERTOIRE de la LOI DU 2 JANVIER 1970

A. Numéro d'ordre :

B. Nature de l'opération
(achat ou vente d'un immeuble ou d'un fonds de commerce, échange, cession de parts, etc)

C. Désignation des biens
(nature, situation, importance)

G. Observations générales

D. Numéro (s) du Répertoire :
(Article 852 du C.G.I.) se rapportant à l'acte en vertu duquel l'opération a été engagée et, s'il y a lieu, le ou les numéros de ce répertoire se rapportant à l'acte ou aux actes en vertu desquels elle se poursuit.

E. Nom et adresse des parties

F. Numéro du Mandat :
(Mentionner le numéro du "registre des mandats" prévu à l'article 72 du décret n°72-678 du 20/07/72)

Date du mouvement (e)	Nom et adresse de la ou des parties versantes (f.g)	Nom et adresse de la ou des parties bénéficiaires du règlement (f.h)	Motifs du mouvement (i)	Numéro du reçu (j)	Mode de paiement (k)	Montant de la remise (l)	Montant du règlement (m)	Solde	Observations (n)
1	2	3	4	5	6	7	8	9	10

Éditions Préférence®
Réf. R001 A
3e Éd. avril 2003
Modèle déposé ©
Reproduction interdite
Tél : 04 76 84 52 22

Folio n°

e) Date de remise du reçu, chèque, effet ou valeur au titulaire de la carte professionnelle ou à son représentant.
f) L'indication de l'adresse est facultative s'il s'agit d'une personne dont l'adresse est déjà mentionnée à la case E.
g) Ne remplir la colonne 2 que pour les sommes figurant à la colonne 7.
h) Ne remplir la colonne 3 que pour les sommes figurant à la colonne 8.
i) Exemples : acomptes sur prix d'achat, arrhes moyens de dédit, somme déposée en garantie, frais d'enregistrement.
j) Numéro du reçu du carnet à souches pour les remises.

k) Chèque bancaire, chèque postal, billets à ordre, etc.
l) Montant des chèques, effets ou valeurs reçus par le titulaire de la carte professionnelle.
m) Montant des règlements faits par le titulaire de la carte professionnelle.
n) Indiquer notamment dans la colonne 10 le nom et l'adresse de la personne qui a reçu une remise en qualité de négociateur, rédacteur, collaborateur, salarié ou non, habituel ou occasionnel. Mentionner également cette qualité en regard du nom (colonne 3) du bénéficiaire d'un règlement.

REGISTRE RÉPERTOIRE de la LOI DU 2 JANVIER 1970

A. Numéro d'ordre :

D. Numéro (s) du Répertoire :
(Article 852 du C.G.I.) se rapportant à l'acte en vertu duquel l'opération a été engagée et, s'il y a lieu, le ou les numéros de ce répertoire se rapportant à l'acte ou aux actes en vertu desquels elle se poursuit.

F. Numéro du Mandat :
(Mentionner le numéro du "registre des mandats" prévu à l'article 72 du décret n°72-678 du 20/07/72)

B. Nature de l'opération (achat ou vente d'un immeuble ou d'un fonds de commerce, échange, cession de parts, etc)	C. Désignation des biens (nature, situation, importance)

E. Nom et adresse des parties

G. Observations générales

Date du mouvement (e)	Nom et adresse de la ou des parties versantes (f.g)	Nom et adresse de la ou des parties bénéficiaires du règlement (f.h)	Motifs du mouvement (i)	Numéro du reçu (j)	Mode de paiement (k)	Montant de la remise (l)	Montant du règlement (m)	Solde	Observations (n)
1	2	3	4	5	6	7	8	9	10

e) Date de remise du reçu, chèque, effet ou valeur au titulaire de la carte professionnelle ou à son représentant.
f) L'indication de l'adresse est facultative s'il s'agit d'une personne dont l'adresse est déjà mentionnée à la case E.
g) Ne remplir la colonne 2 que pour les sommes figurant à la colonne 7.
h) Ne remplir la colonne 3 que pour les sommes figurant à la colonne 8.
i) Exemples : acomptes sur prix d'achat, arrhes moyens de dédit, somme déposée en garantie, frais d'enregistrement.
j) Numéro du reçu du carnet à souches pour les remises.

k) Chèque bancaire, chèque postal, billets à ordre, etc.
l) Montant des chèques, effets ou valeurs reçus par le titulaire de la carte professionnelle.
m) Montant des règlements faits par le titulaire de la carte professionnelle.
n) Indiquer notamment dans la colonne 10 le nom et l'adresse de la personne qui a reçu une remise en qualité de négociateur, rédacteur, collaborateur, salarié ou non, habituel ou occasionnel. Mentionner également cette qualité en regard du nom (colonne 3) du bénéficiaire d'un règlement.

Folio n°

5 Contrat de location ou de colocation de logement nu

CONTRAT DE LOCATION OU DE COLOCATION DE LOGEMENT NU

Soumis au titre Ier de la loi n° 89-462 du 06/07/89 tendant à améliorer les rapports locatifs et portant modification de la loi n° 86-1290 du 23/12/86.

I. DÉSIGNATION DES PARTIES

Le présent contrat est conclu entre les soussignés :

....

[nom et prénom, ou dénomination du bailleur / domicile ou siège social / qualité du bailleur (personne physique, personne morale[1]) / adresse électronique (facultatif)][2]

désigné(s) ci-après **"LE BAILLEUR"**

(cachet de l'agence)

Dénommé ci-après **"LE MANDATAIRE"**,

Représentée par : ....

ET *[nom et prénom du ou des locataires ou, en cas de colocation, des colocataires, adresse électronique (facultatif)]* : ....

.... désigné(s) ci-après **"LE LOCATAIRE"**

IL A ÉTÉ CONVENU CE QUI SUIT :

II. OBJET DU CONTRAT, le présent contrat a pour objet la location d'un logement ainsi déterminé :

A. Consistance du logement

- **localisation du logement** *[adresse / bâtiment / étage / porte, etc.]* : ....
- **type d'habitat :** ☐ immeuble collectif ☐ immeuble individuel
- **régime juridique de l'immeuble :** ☐ monopropriété ☐ copropriété
- **lot n°** .... et représentant .... tantièmes généraux de l'immeuble
- **période de construction :** ☐ avant 1949 ☐ de 1949 à 1974 ☐ de 1975 à 1989 ☐ de 1989 à 2005 ☐ depuis 2005
- **surface habitable :** .... m^2
- **nombre de pièces principales :** ....
- **Autres parties du logement** (le cas échéant) *[exemples : grenier, combles aménagés ou non, terrasse, balcon, loggia, jardin, etc.]* : ....
- **Éléments d'équipements du logement** (le cas échéant) *[exemples : cuisine équipée, détail des installations sanitaires etc.]* : ....
- **modalité de production de chauffage :** ☐ individuelle ☐ collective, modalités de répartition de la consommation du locataire : ....
- **modalité de production d'eau chaude sanitaire :** ☐ individuelle ☐ collective, modalités de répartition de la consommation du locataire : ....

B. Destination des locaux :

☐ Usage exclusif d'habitation principale ☐ Usage mixte professionnel et habitation principale

Profession : ....

C. Désignation des locaux et équipements accessoires de l'immeuble à usage privatif du locataire :

Immeuble collectif :

☐ garage lot n° .... tantièmes généraux ☐ parking lot n° .... tantièmes généraux

☐ cave lot n° .... tantièmes généraux ☐ grenier lot n° .... tantièmes généraux

☐ Chaudière gaz ☐ autres : ....

Maison individuelle : ☐ assainissement collectif ☐ assainissement individuel

☐ cave ☐ garage ☐ parking ☐ grenier ☐ abri de jardin ☐ portail automatisé ☐ porte automatique de garage

☐ piscine (préciser, le cas échéant, le dispositif de sécurité) : ....

☐ citerne de gaz d'une contenance de .... litres ☐ cuve à fuel d'une contenance de .... litres

☐ autres : ....

[2/6]

D. Énumération des locaux, parties, équipements et accessoires de l'immeuble à usage commun :

☐ chauffage collectif (préciser l'énergie utilisée) : ☐ eau chaude collective
☐ gardiennage ☐ local poubelle ☐ laverie ☐ garage à vélo ☐ aire(s) de stationnement ☐ voie(s) de circulation privée
☐ aire(s) et équipements de jeu ☐ ascenseur ☐ interphone ☐ porte à code ☐ antenne collective ☐ Espaces verts
☐ autres :

E. Equipement d'accès aux technologies de l'information et de la communication *[exemples : modalités de réception de la télévision dans l'immeuble, modalités de raccordement internet, etc.]* **:**

III. DURÉE DU CONTRAT ET DATE DE PRISE D'EFFET

La durée du contrat et sa date de prise d'effet sont ainsi définies :

A. Date de prise d'effet du contrat :

B. Durée du contrat : ans *[durée minimale de trois ou six ans selon la qualité du bailleur]*

OU Durée inférieure à 3 ans[3] : *[durée réduite et minimale d'un an lorsqu'un événement précis le justifie]*

• Événement et raison justifiant la durée réduite du contrat de location *[limité aux événements précis qui justifient que le bailleur personne physique ait à reprendre le local pour des raisons professionnelles ou familiales]* :

En l'absence de proposition de renouvellement du contrat, celui-ci est, à son terme, reconduit tacitement pour 3 ou 6 ans et dans les mêmes conditions.
Le locataire peut mettre fin au bail à tout moment, après avoir donné congé. Le bailleur, quant à lui, peut mettre fin au bail à son échéance et après avoir donné congé, soit pour reprendre le logement en vue de l'occuper lui-même ou une personne de sa famille, soit pour le vendre, soit pour un motif sérieux et légitime.

IV. CONDITIONS FINANCIÈRES, les parties conviennent des conditions financières suivantes :

A. Loyer

1° Fixation du loyer initial :

a) Montant du loyer mensuel[4] : €

b) Modalités particulières de fixation initiale du loyer applicables dans certaines zones tendues[5] :

• le loyer du logement objet du présent contrat est soumis au décret fixant annuellement le montant maximum d'évolution des loyers à la relocation : ☐ OUI ☐ NON

• le loyer du logement objet du présent contrat est soumis au loyer de référence majoré fixé par arrêté préfectoral : ☐ OUI ☐ NON

• montant du loyer de référence : €/m² • montant du loyer de référence majoré : €/m²

• complément de loyer : ☐ OUI ☐ NON

Loyer de base : € (égal au loyer de référence majoré)

Complément de loyer : €

Caractéristiques du logement justifiant le complément de loyer :

c) Informations relatives au loyer du dernier locataire[6] :

• montant du dernier loyer acquitté par le précédent locataire : €

• date de versement : • date de la dernière révision du loyer :

2° Modalités de révision :

a) Date de révision :

b) Date ou trimestre de référence de l'IRL :

B. Charges récupérables

1. Modalité de règlement des charges récupérables :

• ☐ Paiement périodique des charges sans provision • ☐ Provisions sur charges avec régularisation annuelle

• Montant mensuel des provisions sur charges : €

• ☐ Forfait de charges • Montant du forfait de charges : €

• Modalités de révision du forfait de charges. Le forfait de charges fera l'objet d'une révision annuelle dans les mêmes conditions que le loyer principal tel que prévu à la clause IV A 2° «Modalités de révision», soit :

Date de révision :

Date ou trimestre de référence de l'IRL :

C. Contribution pour le partage des économies de charges[7] :

1. Montant et durée de la participation du locataire restant à courir au jour de la signature du contrat :

2. Éléments propres à justifier les travaux réalisés donnant lieu à cette contribution :

D. Souscription par le bailleur d'une assurance pour le compte des colocataires[8] : ☐ OUI ☐ NON

1. Montant total annuel récupérable au titre de l'assurance pour compte des colocataires : .... €[9]

2. Montant récupérable par douzième : .... €

E. Modalités de paiement : • périodicité du paiement[10] : ☐ mensuelle ☐ trimestrielle • paiement : ☐ à échoir ☐ à terme échu

• date ou période de paiement : ....

• le cas échéant, lieu de paiement : ....

• Montant total dû à la première échéance de paiement pour une période complète de location :

....

Détail : • Loyer mensuel hors complément de loyer éventuel : .... €

• Complément de loyer éventuel : .... €

• Provisions/forfait de charges : .... €

• Contribution pour le partage des économies de charges : .... €

• Assurance récupérable pour le compte du locataire (en cas de colocation) : .... €

Soit un total de : .... €

F. Exclusivement lors d'un renouvellement de contrat, modalités de réévaluation d'un loyer manifestement sous-évalué

1. Montant de la hausse ou de la baisse de loyer mensuel : .... €

2. Modalité d'application annuelle de la hausse *[par tiers ou par sixième selon la durée du contrat et le montant de la hausse de loyer]* **:**

....

V. TRAVAUX

A. Montant et nature des travaux d'amélioration ou de mise en conformité avec les caractéristiques de décence effectués depuis la fin du dernier contrat de location ou depuis le dernier renouvellement : ....

.... €

Montant et nature des travaux d'amélioration effectués au cours des six derniers mois : ....

.... €

B. Majoration du loyer en cours de bail consécutive à des travaux d'amélioration entrepris par le bailleur *[nature des travaux, modalités d'exécution, délai de réalisation ainsi que montant de la majoration du loyer][11]* : ....

....

C. Diminution de loyer en cours de bail consécutive à des travaux entrepris par le locataire *[durée de cette diminution et, en cas de départ anticipé du locataire, modalités de son dédommagement sur justification des dépenses effectuées]* : ....

....

VI. GARANTIES

Montant du dépôt de garantie de l'exécution des obligations du locataire, *[inférieur ou égal à un mois de loyer hors charges]* :

.... €

Ce montant est versé par le locataire, pour le compte du propriétaire bailleur, à : ....

Cette somme sera restituée sans intérêt au LOCATAIRE en fin de bail et au plus tard dans le délai d'un mois de la remise des clés lorsque l'état des lieux de sortie est conforme à l'état des lieux d'entrée, déduction faite, le cas échéant, des sommes restant dues au BAILLEUR ou dont celui-ci pourrait être tenu ou responsable, sous réserve de leur justification. Toutefois dans le cas où les locaux loués se situeraient dans un immeuble en copropriété, le BAILLEUR pourra conserver sans intérêt une provision de 20% pour le couvrir des charges en attente d'approbation des comptes. Le solde restant dû au delà d'un mois produira intérêt au taux de 10% du loyer mensuel en principal, par chaque période mensuelle commencée en retard, au profit du locataire. Le dépôt de garantie ne pourra sous aucun prétexte être affecté par le locataire au paiement du dernier mois de loyer. Le LOCATAIRE devra justifier en fin de bail de sa nouvelle domiciliation et du paiement de toute somme dont le BAILLEUR pourrait être tenu en ses lieu et place.

En cas de cotitularité du présent bail, le dépôt de garantie ne sera restitué qu'en fin de bail et après restitution totale des lieux loués (article 22 loi du 6 juillet 1989). En conséquence, les parties conviennent dès à présent que les sommes qui resteront dues au titre du dépôt de garantie seront restituées de la manière suivantes :

☐ à parts égales entre chaque copreneur ☐ intégralement à M ....

☐ autres modalités de restitution : ....

VII. CLAUSE DE SOLIDARITÉ

Il est expressément stipulé que les copreneurs et toutes personnes pouvant se prévaloir des dispositions de l'article 14 de la loi du 06/07/89 seront tenus solidairement et indivisiblement de l'exécution des obligations du présent contrat, et de toutes obligations ordonnées par décision judiciaire. Les colocataires soussignés, désignés le «LOCATAIRE», reconnaissent expressément qu'ils se sont engagés solidairement et que le bailleur n'a accepté de consentir le présent bail qu'en considération de cette cotitularité solidaire et n'aurait pas consenti la présente location à l'un seulement d'entre eux.

Si un colocataire délivre congé et quitte les lieux, il restera en tout état de cause tenu du paiement des loyers et accessoires ainsi que de toutes les obligations du bail en cours au moment de la délivrance du congé, et de ses suites, au même titre que le(s) colocataire(s) demeuré(s) dans les lieux pendant une durée de six mois à compter de la date d'effet du congé. Cette solidarité pourra prendre fin avant l'expiration de ce délai, si un nouveau colocataire, accepté par le bailleur, figure au présent contrat.

La présente clause est une condition essentielle sans laquelle le présent bail n'aurait pas été consenti.

VIII. CLAUSE RÉSOLUTOIRE

Il est expressément convenu qu'à défaut du paiement du dépôt de garantie, du paiement intégral à son échéance exacte d'un seul terme de loyer et de ses accessoires, le présent contrat sera résilié de plein droit, si bon semble au BAILLEUR, DEUX MOIS après un commandement de payer demeuré sans effet, et ce, conformément à la loi et sans qu'il soit besoin de remplir aucune formalité judiciaire. La résiliation interviendra dans les mêmes conditions UN MOIS après un commandement demeuré sans effet à défaut d'assurance contre les risques locatifs.
En cas de non respect de l'obligation d'user paisiblement les locaux louées, résultant de troubles du voisinage constatés par une décision de justice passée en force de chose jugée, le présent bail serait également résilié de plein droit.
En outre, il est précisé que le LOCATAIRE sera tenu de toutes les obligations découlant du présent bail jusqu'à la libération effective des lieux sans préjudice des dispositions de l'article 1760 du Code civil, et ce, nonobstant l'expulsion.

IX. HONORAIRES DE LOCATION

A. Dispositions applicables

Il est rappelé les dispositions du I de l'article 5(I) de la loi du 6 juillet 1989, alinéas 1 à 3 :

«La rémunération des personnes mandatées pour se livrer ou prêter leur concours à l'entremise ou à la négociation d'une mise en location d'un logement, tel que défini aux articles 2 et 25-3, est à la charge exclusive du bailleur, à l'exception des honoraires liés aux prestations mentionnées aux deuxième et troisième alinéas du présent I.

Les honoraires des personnes mandatées pour effectuer la visite du preneur, constituer son dossier et rédiger un bail sont partagés entre le bailleur et le preneur. Le montant toutes taxes comprises imputé au preneur pour ces prestations ne peut excéder celui imputé au bailleur et demeure inférieur ou égal à un plafond par mètre carré de surface habitable de la chose louée fixé par voie règlementaire et révisable chaque année, dans des conditions définies par décret. Ces honoraires sont dus à la signature du bail.

Les honoraires des personnes mandatées pour réaliser un état des lieux sont partagés entre le bailleur et le preneur. Le montant toutes taxes comprises imputé au locataire pour cette prestation ne peut excéder celui imputé au bailleur et demeure inférieur ou égal à un plafond par mètre carré de surface habitable de la chose louée fixé par voie règlementaire et révisable chaque année, dans des conditions définies par décret. Ces honoraires sont dus à compter de la réalisation de la prestation.»

Plafonds applicables :

- montant du plafond des honoraires imputables aux locataires en matière de prestation de visite du preneur, de constitution de son dossier et de rédaction de bail : .... €/m^2 de surface habitable ;
- montant du plafond des honoraires imputables aux locataires en matière d'établissement de l'état des lieux d'entrée : .... €/m^2 de surface habitable.

B. Détail et répartition des honoraires

1. Honoraires à la charge du bailleur :

- prestations de visite du preneur, de constitution de son dossier et de rédaction de bail *[détail des prestations effectivement réalisées et montant des honoraires toutes taxes comprises dus à la signature du bail]* : .... €
- le cas échéant, prestation de réalisation de l'état des lieux d'entrée *[montant des honoraires toutes taxes comprises dus à compter de la réalisation de la prestation]* : .... €
- autres prestations : ....
- honoraires toutes taxes comprises d'entremise et de négociation dus à la signature du présent bail, *[détail des prestations et conditions de rémunération]* : .... €

2. Honoraires à la charge du locataire :

- prestations de visite du preneur, de constitution de son dossier et de rédaction de bail *[détail des prestations effectivement réalisées et montant des honoraires toutes taxes comprises dus à la signature du bail]* : .... €
- le cas échéant, prestation de réalisation de l'état des lieux d'entrée *[montant des honoraires toutes taxes comprises dus à compter de la réalisation de la prestation]* : .... €

X. AUTRES CONDITIONS PARTICULIÈRES

A. Obligations du locataire, le LOCATAIRE est tenu des obligations générales suivantes :

- payer le loyer et les charges récupérables aux termes convenus ;
- jouir des lieux en bon père de famille, suivant la destination convenue, ne commettre aucun abus de jouissance susceptible de nuire à la solidité ou à la bonne tenue de l'immeuble, ou d'engager la responsabilité du BAILLEUR envers des tiers ; il s'interdit notamment d'exercer dans les lieux loués, toute activité commerciale, industrielle ou artisanale, ni aucune profession libérale autre que celle éventuellement convenue aux présentes. En cas d'usage mixte, professionnel et habitation, il fera son affaire personnelle de toute prescription administrative relative à l'exercice de sa profession ;
- entretenir les lieux loués et les équipements du logement, effectuer les menues réparations ainsi que les réparations locatives définies par décret, et les rendre en bon état ; entretenir et nettoyer à ses frais, notamment, les générateurs de chauffage et de production d'eau chaude, de pompes à chaleurs et les appareils de climatisation, et ce, au moins une fois par an. Il devra produire annuellement un justificatif de l'entretien et du nettoyage de ces équipements, sans que l'absence de justification d'entretien puisse entraîner une quelconque responsabilité du bailleur ;
- laisser exécuter dans les locaux loués les travaux nécessaires à leur maintien en état, à leur entretien normal, à l'amélioration des parties communes et privatives de l'immeuble, ainsi qu'à l'amélioration de la performance énergétique du logement (article 7 de la loi n°89-462 du 6 juillet 1989) ;
- ne faire aucune transformation, aucun percement de mur ni aucune démolition, sans le consentement écrit du BAILLEUR ou de son mandataire ; à défaut de cet accord, le BAILLEUR pourra exiger la remise immédiate des lieux en état, aux frais du LOCATAIRE. Tous les embellissements ou améliorations faits par le LOCATAIRE resteront acquis au BAILLEUR sans indemnité et devront être remis en bon état d'entretien en fin de jouissance ;

>>> Suite page 4/6

>>> Suite de la page 4/6

- assurer les risques dont il doit répondre en sa qualité de locataire. Il devra justifier de cette assurance au BAILLEUR lors de la remise des clés, maintenir cette assurance pendant toute la durée du bail, en payer régulièrement les primes et EN JUSTIFIER CHAQUE ANNÉE par la remise au BAILLEUR d'une attestation. A défaut, le présent bail sera de plein droit résilié un mois après un commandement demeuré infructueux ;
- satisfaire à ses frais à toutes les charges et conditions d'hygiène, de ville, de police ainsi qu'aux règlements de salubrité et d'hygiène relatifs à son occupation, et acquitter à leur échéance toutes ses contributions personnelles, taxes d'habitation ainsi que toutes taxes assimilées. Le LOCATAIRE devra, avant de libérer les lieux, justifier au BAILLEUR qu'il a acquitté toutes impositions et taxes dont il serait redevable, ainsi que sa consommation d'eau, de gaz et d'électricité ;
- se conformer au règlement intérieur de l'immeuble et au règlement de copropriété existant dont il reconnaît avoir eu communication et concernant la destination de l'immeuble, la jouissance et l'usage privatif des parties communes ;
- ne pas détenir de chien de première catégorie au sens de l'article 211-1 du Code rural ;
- pendant la période de préavis, ou en cas de mise en vente du logement, laisser visiter les locaux loués pendant deux heures les jours ouvrables (ce, indépendamment du droit pour le BAILLEUR de pénétrer annuellement dans les lieux loués pour en vérifier l'état locatif). A défaut d'accord entre les parties, les heures de visite sont fixées entre 17 et 19 heures ;
- souscrire tout contrat d'entretien imposé par un texte légal ou réglementaire relatif aux équipements privatifs (chaudière, porte automatique, ...) ;
- Système d'assainissement autonome : le locataire devra entretenir le système d'assainissement autonome et justifier de cet entretien lors de la remise des clés ;
- ramonage : le locataire devra faire ramoner les cheminées et gaines de fumée des lieux loués aussi souvent qu'il en sera besoin conformément à la législation ou à la réglementation en vigueur et au moins une fois par an. Il en justifiera par la production d'une facture acquittée ;
- gel : le locataire devra prendre toutes précautions nécessaires pour protéger du gel les canalisations d'eau ainsi que les compteurs, et sera, dans tous les cas, tenu pour responsable des dégâts qui pourraient survenir du fait de sa négligence. En cas de dégâts des eaux, et notamment par suite de gel, le locataire devra le signaler au bailleur ou à son mandataire dans les délais les plus brefs et prendre toutes mesures conservatoires visant à limiter les conséquences du sinistre. A défaut, sa responsabilité pourrait être engagée ;
- ne pas utiliser certains appareils de chauffage : le locataire ne pourra faire usage, dans les locaux loués, d'aucun appareil de chauffage à combustion lente ou continue, en particulier d'aucun appareil utilisant le mazout ou le gaz, sans avoir obtenu préalablement l'accord et l'autorisation écrite du bailleur et, dans le cas où cette autorisation serait donnée le locataire devrait prendre à sa charge les frais consécutifs aux aménagements préalables à réaliser s'il y a lieu (modification ou adaptation des conduits ou des cheminées d'évacuation, etc.) ;

Il reconnaît avoir été avisé de ce que la violation de cette interdiction le rendrait responsable des dommages qui pourraient être causés ;

En cas de départ du locataire après la période de chauffe, il devra faire procéder à un nouveau ramonage avant la remise des clés quand bien même le dernier ramonage aurait été réalisé moins d'une année avant son départ ;

- prévenir immédiatement le bailleur de toutes dégradations qu'il constaterait dans les lieux loués, entraînant des réparations à la charge du propriétaire. Au cas où il manquerait à cet engagement , il ne pourrait réclamer aucune indemnité à la charge du bailleur en raison de ces dégradations et serait responsable envers lui de l'aggravation du dommage, survenue après la date à laquelle il l'a constatée. En outre, prévenir immédiatement le bailleur de la présence de parasites, rongeurs ou insectes dans les lieux loués.

B. Obligations du bailleur, de son côté le BAILLEUR est tenu :

- de remettre au locataire un logement décent ne laissant pas apparaître de risques manifestes pouvant porter atteinte à la sécurité physique ou à la santé et doté des éléments le rendant conforme à l'usage d'habitation (art. 6 de la loi du 6 juillet 1989 ; décret n°2002-120 du 30 janvier 2002) ;
- de délivrer au LOCATAIRE les locaux loués en bon état d'usage et de réparation, et les équipements mentionnés au contrat en bon état de fonctionnement ;
- d'assurer au LOCATAIRE la jouissance paisible des locaux loués et, sans préjudice des dispositions de l'article 1721 du Code civil, de le garantir des vices ou défauts de nature à y faire obstacle ;
- d'entretenir les locaux loués en l'état de servir à l'usage prévu par le contrat de location et d'y faire toutes les réparations autres que locatives nécessaires au maintien en l'état et à l'entretien normal des locaux loués ;
- de ne pas s'opposer aux aménagements réalisés par le LOCATAIRE dès lors qu'ils ne constituent pas une transformation de la chose louée.

C. État des lieux

Un état des lieux est établi contradictoirement par les parties, lors de la remise et de la restitution des clés. A défaut d'état des lieux établi amiablement, il sera établi à frais partagés par moitié par huissier de justice, à l'initiative de la partie la plus diligente. A défaut d'état des lieux, la présomption établie par l'article 1731 du Code civil ne peut être invoquée par celle des parties qui a fait obstacle à son établissement.

D. Résiliation- congé

A l'expiration du délai de préavis applicable ou congé, le locataire est déchu de tout titre d'occupation des locaux loués.

E. Information spécifique amiante

- Parties privatives : un dossier amiante concernant les parties privatives du logement est tenu à la disposition du locataire, par le bailleur. Sur demande écrite, le locataire pourra venir consulter ce document auprès du bailleur ou de son mandataire.
- Parties communes : un dossier technique amiante concernant les parties communes de l'immeuble est tenu et mis à jour par le syndic de copropriété. Le locataire pourra en prendre connaissance selon les modalités de consultation prévue par le syndic. En cas de monopropriété de l'immeuble, le locataire pourra consulter ce document auprès du bailleur ou de son mandataire sur simple demande écrite.

F. Déclarations du bailleur :

- le bien, objet des présentes, a-t-il subi un sinistre ayant donné lieu au versement d'une indemnité d'assurance garantissant les risques de catastrophes naturelles ou technologiques, visés à l'article L 125-2 et L 128-2 du Code des assurances ? ☐ OUI ☐ NON
- Le bien objet des présentes est situé dans une zone d'exposition au bruit (zones aéroportuaires) visées par l'art L 147-5 du code de l'urbanisme : ☐ OUI ☐ NON Zone(12) : ____
- **Informations relatives à la récupération des eaux de pluie (arrêté du 21 août 2008 pris en application de la loi du 30 décembre 2006) :** si les locaux loués comportent des équipements de récupération des eaux pluviales, le bailleur informe le locataire des modalités d'utilisation de ceux-ci :

____

- Le bien est actuellement occupé et le locataire en place a donné congé pour le : ☐☐ ☐☐ ☐☐☐☐ Le bailleur s'engage à informer dans les meilleurs délais de tout retard dans la libération des lieux. En prévision de cet aléa, le locataire procédera aux diligences nécessaires à son emménagement dans les plus courts délais avant la date d'effet du présent bail.

[6/6]

XI. INFORMATIQUE ET LIBERTÉS

Les informations recueillies par le mandataire dans le cadre du présent contrat font l'objet d'un traitement informatique nécessaire à l'exécution des missions confiées au mandataire par le présent contrat. Conformément à la loi informatique et libertés du 6 janvier 1978 modifiée, les parties bénéficient d'un droit d'accès, de rectification et de suppression des informations qui les concernent. Pour exercer ces droits, les parties peuvent s'adresser à l'agence, aux coordonnées ci-dessus.

XII. ÉLECTION DE DOMICILE

Pour l'exécution des présentes, et notamment pour la signification de tout acte de poursuites, les parties font élection de domicile, le BAILLEUR en son domicile ou en celui de son mandataire et le LOCATAIRE dans les lieux loués.

XIII. ANNEXES, sont annexées et jointes au contrat de location les pièces suivantes :

A. ☐ un extrait du règlement concernant la destination de l'immeuble, la jouissance et l'usage des parties privatives et communes, et précisant la quote-part afférente au lot loué dans chacune des catégories de charges

B. un dossier de diagnostics techniques comprenant :

- ☐ un diagnostic de performance énergétique ;
- ☐ un constat de risque d'exposition au plomb pour les immeubles construits avant le 1er janvier 1949 ;
- ☐ une copie d'un état mentionnant l'absence ou la présence de matériaux ou de produits de la construction contenant de l'amiante[(11)] ;
- ☐ un état de l'installation intérieure d'électricité et de gaz, dont l'objet est d'évaluer les risques pouvant porter atteinte à la sécurité des personnes[(12)] ;
- ☐ le cas échéant, un état des risques naturels et technologiques pour les zones couvertes par un plan de prévention des risques technologiques ou par un plan de prévention des risques naturels prévisibles, prescrit ou approuvé, ou dans des zones de sismicité[(13)]

C. ☐ une notice d'information relative aux droits et obligations des locataires et des bailleurs

D. ☐ un état des lieux[(14)]

E. ☐ le cas échéant, une autorisation préalable de mise en location[(15)]

F. ☐ le cas échéant, les références aux loyers habituellement constatés dans le voisinage pour des logements comparables[(16)]

XIV. NOMBRE DE CLÉS REMISES : ....

XV. AVEC LA CAUTION SOLIDAIRE DE : ....

....

....

....

NOTES

(1) Préciser si la personne morale est une société civile constituée exclusivement entre parents et alliés jusqu'au quatrième degré inclus.

(2) A reproduire si pluralité de bailleurs.

(3) Lorsqu'un complément de loyer est appliqué, le loyer mensuel s'entend comme la somme du loyer de base et de ce complément.

(4) Zones d'urbanisation continue de plus de 50 000 habitants où il existe un déséquilibre marqué entre l'offre et la demande de logements, entraînant des difficultés sérieuses d'accès au logement sur l'ensemble du parc résidentiel telles que définies par décret.

(5) Mention obligatoire si le précédent locataire a quitté le logement moins de dix-huit mois avant la signature du bail.

(6) Au cours de l'exécution du contrat de location et dans les conditions prévues par la loi, les colocataires peuvent provoquer la résiliation de l'assurance souscrite par le bailleur pour leur compte.

(7) Correspond au montant de la prime d'assurance annuelle, éventuellement majoré dans la limite d'un montant fixé par décret en Conseil d'Etat.

(8) Le paiement mensuel est de droit à tout moment à la demande du locataire.

(9) Clause invalide pour les travaux de mise en conformité aux caractéristiques de décence.

(10) Préciser si le bien est classé en zone A, B, C ou D dans le plan d'exposition ou bruit.

(11) A compter de l'entrée en vigueur du décret d'application listant notamment les matériaux ou produits concernés.

(12) A compter de la date d'entrée en vigueur de cette disposition, prévue par décret.

(13) La liste des communes comprises dans ces zones est définie localement par arrêté préfectoral.

(14) Ces documents sont établis lors de la remise des clés, dont la date peut être ultérieure à celle de conclusion du contrat.

(15) Dispositif applicable dans certains territoires présentant une proportion importante d'habitat dégradé délimité localement par l'établissement public de coopération intercommunale compétent en matière d'habitat ou, à défaut, le conseil municipal (art. 92 de la loi n° 2014-366 du 24 mars 2014 pour l'accès au logement et un urbanisme rénové).

(16) Lorsque la détermination du montant du loyer est la conséquence d'une procédure liée au fait que le loyer précédemment appliqué était manifestement sous-évalué.

FAIT AU SIÈGE DE L'AGENCE, LE __ __ ____ EN ____ EXEMPLAIRES ORIGINAUX
DONT UN REMIS A CHACUNE DES PARTIES QUI LE RECONNAÎT,

.... mots
.... lignes
.... chiffres
rayés comme nuls

LE BAILLEUR	LE LOCATAIRE	LA CAUTION
ou son mandataire gestionnaire	*Lu et approuvé, signature*	*Lu et approuvé, bon pour caution solidaire*

6 Liste entretien et réparations locatives et charges récupérables

LISTE ENTRETIEN et REPARATIONS LOCATIVES et CHARGES RECUPERABLES

Liste des réparations ayant le caractère de réparations locatives (Décret n° 87-712 du 26 août 1987)

I. Parties extérieures dont le locataire a l'usage exclusif

a) Jardins privatifs : entretien courant, notamment des allées, pelouses, massifs, bassins et piscines ; taille, élagage, échenillage des arbres et arbustes. Remplacement des arbustes ; réparation et remplacement des installations mobiles d'arrosage.

b) Auvents, terrasses et marquises : enlèvement de la mousse et des autres végétaux.

c) Descentes d'eaux pluviales, chenaux et gouttières : dégorgement des conduits.

II. Ouvertures intérieures et extérieures

a) Sections ouvrantes telles que portes et fenêtres : graissage des gonds, paumelles et charnières ; menues réparations des boutons et poignées de portes, des gonds, crémones et espagnolettes ; remplacement notamment de boulons, clavettes et targettes.

b) Vitrages : réfection des mastics ; remplacement des vitres détériorées.

c) Dispositifs d'occultation de la lumière tels que stores et jalousies : graissage ; remplacement notamment des cordes, poulies ou de quelques lames.

d) Serrures et verrous de sécurité : graissage ; remplacement de petites pièces ainsi que des clés égarées ou détériorées.

e) Grilles : nettoyage et graissage ; remplacement notamment de boulons, clavettes, targettes.

III. Parties intérieures :

a) Plafonds, murs intérieurs et cloisons : maintien en état de propreté ; menus raccords de peintures et tapisseries : remise en place ou remplacement de quelques éléments des matériaux de revêtement tels que faïence, mosaïque, matière plastique ; rebouchage des trous rendu assimilable à une réparation par le nombre, la dimension et l'emplacement de ceux-ci.

b) Parquets, moquettes et autres revêtements de sol : encaustiquage et entretien courant de la vitrification ; remplacement de quelques lames de parquets et remise en état, pose de raccords de moquettes et autres revêtements de sol, notamment en cas de taches et de trous.

c) Placards et menuiseries telles que plinthes, baguettes, et moulures : remplacement des tablettes et tasseaux de placard et réparation de leur dispositif de fermeture ; fixation de raccords et remplacement de pointes de menuiseries.

IV. Installations de plomberie

a) Canalisations d'eau : dégorgement ; remplacement notamment de joints et de colliers.

b) Canalisations de gaz : entretien courant des robinets, siphons et ouvertures d'aération ; remplacement périodique des tuyaux souples de raccordement.

c) Fosses septiques, puisards et fosses d'aisance : vidange.

d) Chauffage, production d'eau chaude et robinetterie : rempla-cement des bilames, pistons, membranes, boîtes à eau, allumage piézo-électrique, clapets et joints des appareils à gaz ; rinçage et nettoyage des corps de chauffe et tuyauteries ; remplacement des joints, clapets et presse-étoupes des robinets ; remplacement des joints, flotteurs et joints cloches des chasses d'eau.

e) Eviers et appareils sanitaires : nettoyage des dépôts de calcaire, remplacement des tuyaux flexibles de douches.

V. Equipements d'installations d'électricité

Remplacement des interrupteurs, prises de courant, coupe-circuits et fusibles, des ampoules, tubes lumineux ; réparation ou remplacement des baguettes ou gaines de protection.

VI. Autres équipements mentionnés au contrat de location

a) Entretien courant et menues réparations des appareils tels que réfrigérateurs, machines à laver le linge et la vaisselle, sèche-linge, hottes aspirantes, adoucisseurs, capteurs solaires, pompes à chaleur, appareils de conditionnement d'air, antennes individuelles de radiodiffusion et de télévision, meubles scellés, cheminées, glaces et miroirs.

b) Menues réparations nécessitées par la dépose des bourrelets.

c) Graissage et remplacement des joints des vidoirs.

d) Ramonage des conduits d'évacuation des fumées et des gaz et conduits de ventilation.

Liste des charges récupérables
(Décret n° 87-713 du 26 août 1987)

I. Ascenseurs et monte-charge

a) Dépenses d'électricité.

b) Dépenses d'exploitation, d'entretien courant, de menues réparations :

1° Exploitation :

- visite périodique, nettoyage et graissage des organes mécaniques ;
- examen semestriel des câbles et vérification annuelle des parachutes ;
- nettoyage annuel de la cuvette, du dessus de la cabine et de la machinerie ;
- dépannage ne nécessitant pas de réparations ou fournitures de pièces ;
- tenue d'un dossier par l'entreprise d'entretien mentionnant les visites techniques, incidents et faits importants touchant l'appareil.

2° Fournitures relatives à des produits ou à du petit matériel d'entretien (chiffons, graisses et huiles nécessaires) et aux lampes d'éclairage de la cabine.

3° Menues réparations :

- de la cabine (boutons d'envoi, paumelles de portes, contacts de portes, ferme-portes automatiques, coulisseaux de cabine, dispositif de sécurité de seuil et cellule photo-électrique) ;
- des paliers (ferme-porte mécaniques, électriques ou pneumatiques, serrures électromécaniques, contacts de porte et boutons d'appel) ;
- des balais du moteur et fusibles.

II. Eau froide, eau chaude et chauffage collectif des locaux privatifs et des parties communes

a) Dépenses relatives : à l 'eau froide ou chaude des locataires ou occupants du bâtiment ou de l'ensemble des bâtiments d'habitation concernés ;

A l'eau nécessaire à l'entretien courant des parties communes du ou desdits bâtiments, y compris la station d'épuration ;

A l'eau nécessaire à l'entretien des espaces extérieurs ;

Les dépenses relatives à la consommation d'eau incluent l'ensemble des taxes et redevances ainsi que les sommes dues au titre de la redevance d'assainissement, à l'exclusion de celles auxquelles le propriétaire est astreint en application de l'article L. 35-5 du code de la santé publique ;

Aux produits nécessaires à l'exploitation, à l'entretien et au traitement de l'eau ;

A l'électricité ;

Au combustible ou à la fourniture d'énergie, quelle que soit sa nature.

b) Dépenses d'exploitation, d'entretien courant et de menues réparations :

1° Exploitation et entretien courant :

- nettoyage des gicleurs, électrodes, filtres et clapets des brûleurs ;
- entretien courant et graissage des pompes de relais, jauges,

contrôleurs de niveau ainsi que des groupes moto-pompes et pompes de puisards ;

- graissage des vannes et robinets et réfection des presse-étoupes ;
- remplacement des ampoules des voyants lumineux et ampoules de chaufferie ;
- entretien et réglage des appareils de régulation automatique et de leurs annexes ;
- vérification et entretien des régulateurs de tirages ;
- réglage des vannes, robinets et tés ne comprenant pas l'équilibrage ;
- purge des points de chauffage ;
- frais de contrôles de combustion ;
- entretien des épurateurs de fumées ;
- opérations de mise en repos en fin de saison de chauffage, rinçage des corps de chauffe et tuyauteries, nettoyage de chaufferies, y compris leurs puisards et siphons, ramonage des chaudières, carneaux et cheminées ;
- conduite de chauffage ;
- frais de location d'entretien et de relevé des compteurs généraux et individuels ;
- entretien de l'adoucisseur, du détartreur d'eau, du surpresseur et du détendeur ;
- contrôles périodiques visant à éviter les fuites de fluide frigorigène des pompes à chaleur ;
- vérification nettoyage et graissage des organes des pompes à chaleur ;
- nettoyage périodique de la face extérieure des capteurs solaires ;
- vérification, nettoyage et graissage des organes des capteurs solaires.

2° Menues réparations dans les parties communes ou sur des éléments d'usage commun :

- réparation de fuites sur raccords et joints ;
- remplacement des joints, clapets et presse-étoupes ;
- rodage des sièges de clapets ;
- menues réparations visant à remédier aux fuites de fluide frigorigène des pompes à chaleur ;
- recharge en fluide frigorigène des pompes à chaleur.

III. Installations individuelles

Chauffage et production d'eau chaude, distribution d'eau dans les parties privatives :

a) Dépenses d'alimentation commune de combustible ;

b) Exploitation et entretien courant, menues réparations :

1° Réglage de débit et température de l'eau chaude sanitaire ;

- vérification et réglage des appareils de commande, d'asservissement, de sécurité d'aquastat et de pompe ;
- dépannage ;
- contrôle des raccordements et de l'alimentation des chauffe-eau électriques, contrôle de l'intensité absorbée ;
- vérification de l'état des résistances, des thermostats, nettoyage ;
- réglage des thermostats et contrôle de la température d'eau ;
- contrôle et réfection d'étanchéité des raccordements eau froide, eau chaude ;
- contrôle des groupes de sécurité ;
- rodage des sièges de clapets des robinets ;
- réglage des mécanismes de chasse d'eau.

2° Menues réparations :

- remplacement des bilames, pistons, membranes, boîtes à eau, allumage piézo-électrique, clapets et joints des appareils à gaz ;
- rinçage et nettoyage des corps de chauffe et tuyauteries ;
- remplacement des joints, clapets et presse-étoupes des robinets ;
- remplacement des joints, flotteurs et joints cloches des chasses d'eau.

IV. Parties communes intérieures au bâtiment ou à l'ensemble des bâtiments d'habitation

a) Dépenses relatives : à l'électricité ; aux fournitures consommables, notamment produits d'entretien, balais et petit matériel assimilé nécessaires à l'entretien de propreté, sel.

b) Exploitation et entretien courant, menues réparations :

1° Entretien de la minuterie, pose, dépose et entretien des tapis ;

2° Menues réparations des appareils d'entretien de propreté tels qu'aspirateur.

c) Entretien de propreté (frais de personnel).

V. Espaces extérieurs au bâtiment ou à l'ensemble de bâtiments d'habitation (voies de circulation, aires de stationnement, abords et espaces verts, aires et équipements de jeux)

a) Dépenses relatives : à l'électricité ; à l'essence et huile ; aux fournitures consommables utilisées dans l'entretien courant : ampoules ou tubes d'éclairages, engrais, produits bactéricides et insecticides, produits tels que graines, fleurs, plants, plantes de remplacement, à l'exclusion de celles utilisées pour la réfection de massifs, plates-bandes ou haies.

b) Exploitation et entretien courant : opérations de coupe, désherbage, sarclage, ratissage, nettoyage et arrosage concernant :

- les allées, aires de stationnement et abords ;
- les espaces verts (pelouses, massifs, arbustes, haies vives, plates-bandes) ;
- les aires de jeux ;
- les bassins, fontaines, caniveaux, canalisations d'évacuation des eaux pluviales ;
- entretien du matériel horticole ;
- remplacement du sable des bacs et du petit matériel de jeux.

c) Peinture et menues réparations des bancs de jardins et des équipements de jeux et grillages.

VI. Hygiène

a) Dépenses de fournitures consommables : sacs en plastique et en papier nécessaires à l'élimination des rejets ; produits relatifs à la désinsectisation et à la désinfection, y compris des colonnes sèches de vide-ordures.

b) Exploitation et entretien courant : entretien et vidange des fosses d'aisance ; entretien des appareils de conditionnements des ordures.

c) Elimination des rejets (frais de personnel).

VII. Equipements divers du bâtiment ou de l'ensemble de bâtiments d'habitation

a) La fourniture d'énergie nécessaire à la ventilation mécanique.

b) Exploitation et entretien courant :

- Ramonage des conduits de ventilation ;
- Entretien de la ventilation mécanique ;
- Entretien des dispositifs d'ouverture automatique ou codée et des interphones ;
- Visites périodiques à l'exception des contrôles réglementaires de sécurité, nettoyage et graissage de l'appareillage fixe de manutention des nacelles de nettoyage des façades vitrées.

c) Divers :

Abonnement des postes de téléphone à la disposition des locataires.

VIII. Imposition et redevance

- Droit de bail.
- Taxe ou redevance d'enlèvement des ordures ménagères.
- Taxe de balayage.

Ce document vous est remis par :

ÉTAT DES LIEUX

page 1/...

☐ D'ENTRÉE le : ... / ... / ...
☐ DE SORTIE le : ... / ... / ...

MANDATAIRE ou BAILLEUR

LOCATAIRE ENTRANT
Nom : ...
Prénom : ...

ET

LOCATAIRE SORTANT
Nom : ...
Prénom : ...
Nouvelle Adresse : ...

LEGENDES
BE : bon état
EM : état moyen
D : dégradé
HS : hors d'usage
O : oui
N : non
V : vide
E : embarrassé
NV : non vérifié
F : fuite
Nbr : nombre
MAL : machine à laver

CONSISTANCE
☐ Appartement
☐ Maison
☐ ...

Adresse du logement (préciser s'il y a lieu : n° bâtiment, n° allée, lieu dit...)
Code Postal ... Ville ...

TYPE
Superficie : ...
Etage : ...
Situation : ...
Porte n° ...
Interphone : O N
Code ...

Meublé : O N — Cuisine équipée O N — Cuisine Américaine O N
Chauffage : ☐ Collectif ☐ Individuel
Type : ☐ Central ☐ Sol ☐ Electrique ☐ ...
Eau Chaude : ☐ Collective ☐ Individuelle
☐ Chauffe-eau ☐ Chaudière ☐ Cumulus

COMPTEURS	RELEVÉ	COUPE	BE	EM	D	HS
Électrique		O N				
Gaz		O N				
Eau Chaude		O N				
Eau Froide		O N				
		O N				

CHAUDIÈRE INDIVIDUELLE (BE EM D HS)
Gaz ☐ Fuel ☐
Bois ☐ Mixte ☐
Marque : ...
Type : ...
Observations : ...

DÉPENDANCES	BE	D	V	E
Cave n° ...				
Garage n° ...				
Stationnement n° ...				

DIVERS	BE	EM	D	HS
Boîte aux lettres				
Interphone				
Sonnerie				
Balcon				
Terrasse				
Antenne TV				
Vide ordure				
Loggia				
Séchoir				

ENTRÉE — ☐ HALL ☐ COULOIR ☐ ...
MURS (BE EM D) : Peinture, Tapisserie, Crépi
SOLS (BE EM D) : Carrelage, Moquette, Lino, Plinthes
PLAFONDS (BE EM D) : Peinture, Tapisserie, Crépi
HUISSERIES (BE EM D) : Porte, Fenêtre, Fenêtre
ÉLECTRICITÉ (Nbr BE EM HS) : Prises, Interrupteurs, Éclairage
DIVERS (Nbr BE EM HS) : Serrures, Volets, Stores
Observations :

CUISINE
MURS (BE EM D) : Peinture, Tapisserie, Crépi, Faïence
SOLS (BE EM D) : Carrelage, Lino, Plinthes
PLAFONDS (BE EM D) : Peinture, Tapisserie, Crépi
HUISSERIES (BE EM D) : Porte, Fenêtre, Fenêtre
ÉLECTRICITÉ (Nbr BE EM HS) : Prises, Interrupteurs, Éclairage, Force O N
ÉVIER (BE EM D) : Inox, Grès, Émail, ☐ Simple ☐ Double / Égouttoir O N, Bonde
ROBINETTERIE (NV BE F HS) : Eau chaude, Eau froide, Mitigeur, Gaz
ÉQUIPEMENTS DIVERS (Nbr NV BE EM F D) : Volets - Stores, Serrures, Radiateurs - Convecteurs, Ventilation (VMC,...), Branchement (MAL)
Observations :
CUISINE ÉQUIPÉE (détail des équipements) : (Nbr NV BE EM D HS)

SÉJOUR I
MURS (BE EM D) : Peinture, Tapisserie, Crépi, Moquette
SOLS (BE EM D) : Carrelage, Lino, Moquette, Plinthes
PLAFONDS (BE EM D) : Peinture, Tapisserie, Crépi
ÉLECTRICITÉ (Nbr BE EM HS) : Prises, Interrupteurs, Éclairage, Prise TV, Prise PTT
HUISSERIES (NV BE EM HS) : Porte, Volets/Stores, Serrures, Fenêtres
ÉQUIPEMENTS (NV BE EM HS) : Radia./Convec, Placard
Observations :
Observations (suite) :

SALLE DE BAINS I
MURS (BE EM D) : Peinture, Tapisserie, Crépi, Faïence
SOLS (BE EM D) : Carrelage, Lino, Moquette, Plinthes
PLAFONDS (BE EM D) : Peinture, Tapisserie, Crépi
ÉQUIPEMENTS (NV BE EM D) : Baignoire, Lavabo, Bidet, Douche
ÉLECTRICITÉ (Nbr BE EM HS) : Prises, Interrupteurs, Éclairage, Chauffe-eau
ROBINETTERIE (Nbr BE F HS) : Eau chaude, Eau froide, Mitigeur, Flexible douche, Pommeau
HUISSERIES (Nbr BE EM HS) : Porte, Fenêtre, Serrure
ÉQUIPEMENTS DIVERS (Nbr NV BE EM F D) : Miroir, Porte Serviette, Tablette, Radiateur - Convecteur, Ventilation, Branchement (MAL)
Observations :

CHAMBRE I
MURS (BE EM D) : Peinture, Tapisserie, Crépi, Moquette
SOLS (BE EM D) : Carrelage, Lino, Moquette, Plinthes
PLAFONDS (BE EM D) : Peinture, Tapisserie, Crépi
ÉLECTRICITÉ (Nbr BE EM HS) : Prises, Interrupteurs, Éclairage, Prise TV, Prise PTT
HUISSERIES (NV BE EM HS) : Porte, Volets/Stores, Serrures, Fenêtres
ÉQUIPEMENTS (NV BE EM HS) : Radio./Convec, Placard
Observations :

CHAMBRE II
MURS (BE EM D) : Peinture, Tapisserie, Crépi, Moquette
SOLS (BE EM D) : Carrelage, Lino, Moquette, Plinthes
PLAFONDS (BE EM D) : Peinture, Tapisserie, Crépi
ÉLECTRICITÉ (Nbr BE EM HS) : Prises, Interrupteurs, Éclairage, Prise TV, Prise PTT
HUISSERIES (NV BE EM HS) : Porte, Volets/Stores, Serrures, Fenêtres
ÉQUIPEMENTS (NV BE EM HS) : Radio./Convec, Placard
Observations :

TOILETTE I
SOLS (BE EM D) : Carrelage, Lino, Plinthes
PLAFONDS (BE EM D) : Peinture, Tapisserie
MURS (BE EM D) : Peinture, Tapisserie, Crépi, Faïence
ÉQUIPEMENTS (NV BE EM D) : Cuvette, Chasse d'eau, Abattant, Lavabo
ÉLECTRICITÉ (Nbr BE EM HS) : Prises, Interrupteurs, Éclairage, Chauffe-eau
ROBINETTERIE (Nbr BE F HS) : Eau chaude, Eau froide, Mitigeur
HUISSERIES (Nbr BE EM HS) : Porte, Fenêtre, Serrure
Observations :

*****
MURS (BE EM D) : Peinture, Tapisserie, Crépi, Moquette
SOLS (BE EM D) : Carrelage, Lino, Moquette, Plinthes
PLAFONDS (BE EM D) : Peinture, Tapisserie, Crépi
ÉLECTRICITÉ (Nbr BE EM HS) : Prises, Interrupteurs, Éclairage, Prise TV, Prise PTT
HUISSERIES (NV BE EM HS) : Porte, Volets/Stores, Serrures, Fenêtres
ÉQUIPEMENTS (NV BE EM HS) : Radio./Convec, Placard
Observations :

*Préciser la nature de la pièce

OBSERVATIONS :

CONTRATS DIVERS :

REMISE DES CLEFS
par le locataire sortant ☐
et/ou (1) au loc. entrant ☐

Désignation	Nbr	EM	NV
Entrée immeuble			
Entrée appartement			
Verrous ...			
Verrous ...			
Cave			
Garage			
Carte parking			
Télécommande			

Observations : ...

(1) rayer les mentions inutiles

Fait à ...
le ...
en ... exemplaires
et ... suite(s) en ... ex,
remis au :
☐ Locataire Entrant
et/ou (1)
☐ Locataire Sortant
qui le reconnaît (aissent)

LE LOCATAIRE ENTRANT (2)

LE LOCATAIRE SORTANT (2)

(2) Signature précédée de la mention manuscrite : lu et approuvé.

LE MANDATAIRE OU BAILLEUR (2)

Editions Préférence®
Réf. 550 L - 9_0614
www.edpref.com-Modèle déposé©

Tél : 04 76 84 52 22

8 Engagement de caution solidaire

ENGAGEMENT DE CAUTION SOLIDAIRE

CAUTION SIGNATAIRE DU PRÉSENT ENGAGEMENT :

Nom et Prénoms : ....

Date et lieu de naissance : .... : ..../..../....

Domicile : ....

....

....

....

SITUATION PROFESSIONNELLE :

Profession : ....

Employeur : ....

....

Contrat à durée ☐ indéterminée ☐ déterminée ; date de fin du contrat : ..../..../....

Salaire mensuel net : ....

Autres revenus : ....

Soit au total : .... net par mois.

RÉFÉRENCES BANCAIRES :

BANQUE : ....

....

.... Tél.

N° du compte : ....

....

NOM DU LOCATAIRE GARANTI :

....

Pièces à fournir :

pièce d'identité, justificatif de domicile, trois derniers bulletins de salaire, justificatif des autres revenus, relevé d'identité bancaire, dernier avis d'imposition sur le revenu.

LA CAUTION CONFIRME SA CONNAISSANCE DE LA NATURE ET DE L'ÉTENDUE DE SES OBLIGATIONS EN COMPLÉTANT LES LIGNES CI-APRÈS ET EN REPRODUISANT INTÉGRALEMENT DE SA MAIN LE TEXTE DU CADRE CI-DESSOUS :

- Après avoir pris connaissance du contrat et des conditions de location, *je me porte caution solidaire, sans bénéfice de division ni de discussion, du règlement des loyers, charges, taxes, impôts, indemnités d'occupation, réparations locatives, et tous intérêts et indemnités, et frais éventuels de procédure, dus par Mlle/Mme/Mr* (noms et prénoms du ou des locataires) :

en vertu du bail rappelé ci-dessus, dont j'ai pris connaissance et dont un exemplaire m'a été remis, qui lui a été consenti pour

une durée de :

à compter du :

pour le logement situé :

- *J'ai noté que le montant initial du loyer est révisable annuellement selon la variation de l'indice trimestriel de référence des loyers publié par l'INSEE.*

Le montant du loyer mensuel à la date de ce jour s'élève à (en chiffres et en lettres) :

Le montant provisionnel des charges mensuelles à la date de ce jour s'élève à :

- *Ce bail pouvant être reconduit, cet engagement de cautionnement sera valable par dérogation à l'article 1740 du Code civil jusqu'à l'extinction des obligations dudit locataire sans pouvoir dépasser la durée dudit bail renouvelé ou reconduit par tacite reconduction deux fois pour la même durée. Il restera également valable en cas de changement de propriétaire du logement.*

- **Colocation** : *Cet engagement prendra fin à la date du congé régulièrement délivré par le locataire garanti, si un nouveau colocataire figure au bail à cette date. A défaut, cet engagement se poursuivra jusqu'à ce qu'un nouveau colocataire figure au bail, en remplacement du locataire garanti, sans pouvoir dépasser un délai de six mois après la date d'effet du congé.*

- *Lorsque le cautionnement d'obligations résultant d'un contrat de location conclu en application de l'article 22-1 de la loi du 6 juillet 1989 modifiée par la loi du 21 juillet 1994 ne comporte aucune indication de durée ou lorsque la durée du cautionnement est stipulée indéterminée, la caution peut se résilier unilatéralement. La résiliation prend effet au terme du contrat de location, qu'il s'agisse du contrat initial ou d'un contrat reconduit ou renouvelé, au cours duquel le bailleur reçoit notification de la résiliation.*

REPRISE INTÉGRALE DU TEXTE CONTENU DANS LE CADRE CI-DESSUS DE LA MAIN DE LA CAUTION :

La caution confirme avoir pris connaissance du contrat de location et de l'ensemble des conditions de ce contrat.

Fait le : ____/____/____ **Signature précédée de la mention :** *"Bon pour caution solidaire"*

9 Contrat de location ou de colocation de logement meublé en résidence principale

CONTRAT DE LOCATION OU DE COLOCATION DE LOGEMENT MEUBLÉ EN RESIDENCE PRINCIPALE

Soumis au titre Ier bis de la loi n° 89-462 du 6 juillet 1989 tendant à améliorer les rapports locatifs et portant modification de la loi n° 86-1290 du 23 décembre 1986

I. DÉSIGNATION DES PARTIES

Le présent contrat est conclu entre les soussignés :

...

[nom et prénom, ou dénomination du bailleur / domicile ou siège social / qualité du bailleur (personne physique, personne morale(1)) / adresse électronique (facultatif)](2)
désigné(s) ci-après **"LE BAILLEUR"**

(cachet de l'agence)

Dénommé ci-après **"LE MANDATAIRE"**,
Représentée par : ...

ET *[nom et prénom du ou des locataires ou, en cas de colocation, des colocataires, adresse électronique (facultatif)]* : ...

...

désigné(s) ci-après **"LE LOCATAIRE"**

IL A ÉTÉ CONVENU CE QUI SUIT :

II. OBJET DU CONTRAT, le présent contrat a pour objet la location d'un logement ainsi déterminé :

A. Consistance du logement

- **localisation du logement** *[adresse / bâtiment / étage / porte, etc.]* : ...
- **type d'habitat :** ☐ immeuble collectif ☐ immeuble individuel
- **régime juridique de l'immeuble :** ☐ monopropriété ☐ copropriété
- **lot n°** ... et représentant ... tantièmes généraux de l'immeuble
- **période de construction :** ☐ avant 1949 ☐ de 1949 à 1974 ☐ de 1975 à 1989 ☐ de 1989 à 2005 ☐ depuis 2005
- **surface habitable :** ... m^2
- **nombre de pièces principales :** ...
- **Autres parties du logement** (le cas échéant) *[exemples : grenier, combles aménagés ou non, terrasse, balcon, loggia, jardin, etc.]* :

...

- **Éléments d'équipements du logement** *[exemples : cuisine équipée, détail des installations sanitaires etc.]* :

...

- **modalité de production de chauffage :** ☐ individuelle ☐ collective, modalités de répartition de la consommation du locataire :

...

- **modalité de production d'eau chaude sanitaire :** ☐ individuelle ☐ collective, modalités de répartition de la consommation du locataire :

...

B. Destination des locaux :

☐ Usage exclusif d'habitation principale ☐ Usage mixte professionnel et habitation principale

Profession : ...

C. Désignation des locaux et équipements accessoires de l'immeuble à usage privatif du locataire :

Immeuble collectif :

☐ garage lot n° ... tantièmes généraux ☐ parking lot n° ... tantièmes généraux

☐ cave lot n° ... tantièmes généraux ☐ grenier lot n° ... tantièmes généraux

☐ Chaudière gaz ☐ autres : ...

Maison individuelle : ☐ assainissement collectif ☐ assainissement individuel

☐ cave ☐ garage ☐ parking ☐ grenier ☐ abri de jardin ☐ portail automatisé ☐ porte automatique de garage

☐ piscine (préciser, le cas échéant, le dispositif de sécurité) : ...

...

☐ citerne de gaz d'une contenance de ... litres ☐ cuve à fuel d'une contenance de ... litres

☐ autres : ...

[2/6]

D. Énumération des locaux, parties, équipements et accessoires de l'immeuble à usage commun :

☐ chauffage collectif (préciser l'énergie utilisée) : ☐ eau chaude collective
☐ gardiennage ☐ local poubelle ☐ laverie ☐ garage à vélo ☐ aire(s) de stationnement ☐ voie(s) de circulation privée
☐ aire(s) et équipements de jeu ☐ ascenseur ☐ interphone ☐ porte à code ☐ antenne collective ☐ Espaces verts
☐ autres :

E. Equipement d'accès aux technologies de l'information et de la communication *[exemples : modalités de réception de la télévision dans l'immeuble, modalités de raccordement internet, etc.]* **:**

III. DURÉE DU CONTRAT ET DATE DE PRISE D'EFFET

La durée du contrat et sa date de prise d'effet sont ainsi définies :

A. Date de prise d'effet du contrat :

B. Durée du contrat : an(s)
[durée minimale d'un an ou de neuf mois si la location est consentie à un étudiant]

A l'exception des locations consenties à un étudiant pour une durée de neuf mois, les contrats de location de logements meublés sont reconduits tacitement à leur terme pour une durée d'un an et dans les mêmes conditions. Le locataire peut mettre fin au bail à tout moment, après avoir donné congé. Le bailleur peut, quant à lui, mettre fin au bail à son échéance et après avoir donné congé, soit pour reprendre le logement en vue de l'occuper lui-même ou une personne de sa famille, soit pour le vendre, soit pour un motif sérieux et légitime.

Les contrats de locations meublées consenties à un étudiant pour une durée de neuf mois ne sont pas reconduits tacitement à leur terme et le locataire peut mettre fin au bail à tout moment, après avoir donné congé.

IV. CONDITIONS FINANCIÈRES, les parties conviennent des conditions financières suivantes :

A. Loyer

1° Fixation du loyer initial :

a) Montant du loyer mensuel(3) : €

b) Modalités particulières de fixation initiale du loyer applicables dans certaines zones tendues(4) :

- le loyer du logement objet du présent contrat est soumis au décret fixant annuellement le montant maximum d'évolution des loyers à la relocation : ☐ OUI ☐ NON
- le loyer du logement objet du présent contrat est soumis au loyer de référence majoré fixé par arrêté préfectoral : ☐ OUI ☐ NON
- montant du loyer de référence : €/m^2 • montant du loyer de référence majoré : €/m^2
- complément de loyer : ☐ OUI ☐ NON

Loyer de base : € (égal au loyer de référence majoré)

Complément de loyer : €

Caractéristiques du logement justifiant le complément de loyer :

[si un complément de loyer est prévu, indiquer le montant du loyer de base, nécessairement égal au loyer de référence majoré, le montant du complément de loyer et les caractéristiques du logement justifiant le complément de loyer].

c) Informations relatives au loyer du dernier locataire(5) :

- montant du dernier loyer acquitté par le précédent locataire : €
- date de versement : • date de la dernière révision du loyer :

2° Modalités de révision :

a) Date de révision :

b) Date ou trimestre de référence de l'IRL :

B. Charges récupérables

1. Modalité de règlement des charges récupérables :

- ☐ Paiement périodique des charges sans provision • ☐ Provisions sur charges avec régularisation annuelle
- Montant mensuel des provisions sur charges : €
- ☐ Forfait de charges • Montant du forfait de charges : €
- Modalités de révision du forfait de charges. Le forfait de charges fera l'objet d'une révision annuelle dans les mêmes conditions que le loyer principal tel que prévu à la clause IV A 2° «Modalités de révision», soit :

Date de révision :

Date ou trimestre de référence de l'IRL :

C. En cas de colocation, souscription par le bailleur d'une assurance pour le compte des colocataires(6) : ☐ OUI ☐ NON

1. Montant total annuel récupérable au titre de l'assurance pour compte des colocataires : €(7)

2. Montant récupérable par douzième : €

D. Modalités de paiement : • périodicité du paiement[8] : ☐ mensuelle ☐ trimestrielle • paiement : ☐ à échoir ☐ à terme échu

• date ou période de paiement : ……………………

• le cas échéant, lieu de paiement : ……………………

• Montant total dû à la première échéance de paiement pour une période complète de location : ……………………

Détailler la somme des montants relatifs au loyer, aux charges récupérables, à la contribution pour le partage des économies de charges et, en cas de colocation, à l'assurance récupérable pour le compte des colocataires :

- Loyer mensuel hors complément de loyer éventuel : …………………… €
- Complément de loyer éventuel : …………………… €
  (contribution pour le partage des économies de charges)
- Provisions/forfait de charges : …………………… €
- Assurance récupérable pour le compte du locataire : …………………… €

Soit un total de : …………………… €

E. Exclusivement lors d'un renouvellement de contrat, modalités de réévaluation d'un loyer manifestement sous-évalué

1. Montant de la hausse ou de la baisse de loyer mensuel : …………………… €

2. Modalité d'application annuelle de la hausse *[par tiers ou par sixième selon la durée du contrat et le montant de la hausse de loyer]* **:** ……………………

V. TRAVAUX

A. Montant et nature des travaux d'amélioration ou de mise en conformité avec les caractéristiques de décence effectués depuis la fin du dernier contrat de location ou depuis le dernier renouvellement : …………………… €

Montant et nature des travaux d'amélioration effectués au cours des six derniers mois : …………………… €

B. Majoration du loyer en cours de bail consécutive à des travaux d'amélioration entrepris par le bailleur *[nature des travaux, modalités d'exécution, délai de réalisation ainsi que montant de la majoration du loyer]*[9] : ……………………

C. Diminution de loyer en cours de bail consécutive à des travaux entrepris par le locataire *[durée de cette diminution et, en cas de départ anticipé du locataire, modalités de son dédommagement sur justification des dépenses effectuées]* : ……………………

VI. GARANTIES

Le locataire verse, à titre de dépôt de garantie, à : ☐ l'agence pour le compte du bailleur ☐ directement entre les mains du bailleur,

la somme de : …………………… €

Cette somme ne peut excéder deux mois de loyer hors charges.

Cette somme sera restituée sans intérêt au LOCATAIRE en fin de bail et au plus tard dans le délai d'un mois de la remise des clés lorsque l'état des lieux de sortie est conforme à l'état des lieux d'entrée, déduction faite, le cas échéant, des sommes restant dues au BAILLEUR ou dont celui-ci pourrait être tenu ou responsable, sous réserve de leur justification. Pour le cas où les locaux loués se situeraient dans un immeuble en copropriété, le BAILLEUR pourra conserver une provision de 20% pour le couvrir des charges en attente d'approbation des comptes.

Le LOCATAIRE devra justifier en fin de bail de sa nouvelle domiciliation et du paiement de toute somme dont le BAILLEUR pourrait être tenu en ses lieu et place.

En cas de cotitularité du présent bail, il est rappelé que le dépôt de garantie ne sera restitué, dans les conditions prévues à l'article 22 de la loi du 6 juillet 1989, qu'en fin de bail et après restitution totale des lieux loués.

Dans ce cadre, les parties conviennent dès à présent que les sommes restant dues au titre du dépôt de garantie seront restituées dans les proportions suivantes

☐ à parts égales entre chaque copreneur ☐ intégralement à M ……………………

☐ autres modalités de restitution : ……………………

VII. CLAUSE DE SOLIDARITÉ

Il est expressément stipulé que les copreneurs et toutes personnes pouvant se prévaloir des dispositions de l'article 14 de la loi du 06/07/89 seront tenus solidairement et indivisiblement de l'exécution des obligations du présent contrat, et de toutes obligations ordonnées par décision judiciaire. Les colocataires soussignés, désignés le «LOCATAIRE», reconnaissent expressément qu'ils se sont engagés solidairement et que le bailleur n'a accepté de consentir le présent bail qu'en considération de cette cotitularité solidaire et n'aurait pas consenti la présente location à l'un seulement d'entre eux.

Si un colocataire délivre congé et quitte les lieux, il restera en tout état de cause tenu du paiement des loyers et accessoires ainsi que de toutes les obligations du bail en cours au moment de la délivrance du congé, et de ses suites, au même titre que le(s) colocataire(s) demeuré(s) dans les lieux pendant une durée de six mois à compter de la date d'effet du congé. Cette solidarité pourra prendre fin avant l'expiration de ce délai, si un nouveau colocataire, accepté par le bailleur, figure au présent contrat.

La présente clause est une condition essentielle sans laquelle le présent bail n'aurait pas été consenti.

VIII. CLAUSE RÉSOLUTOIRE

Il est expressément convenu qu'à défaut du paiement du dépôt de garantie, du paiement intégral à son échéance exacte d'un seul terme de loyer et de ses accessoires, le présent contrat sera résilié de plein droit, si bon semble au BAILLEUR, DEUX MOIS après un commandement de payer demeuré sans effet, et ce, conformément à la loi et sans qu'il soit besoin de remplir aucune formalité judiciaire. La résiliation interviendra dans les mêmes conditions UN MOIS après un commandement demeuré sans effet à défaut d'assurance contre les risques locatifs.
En cas de non respect de l'obligation d'user paisiblement les locaux louées, résultant de troubles du voisinage constatés par une décision de justice passée en force de chose jugée, le présent bail serait également résilié de plein droit.
En outre, il est précisé que le LOCATAIRE sera tenu de toutes les obligations découlant du présent bail jusqu'à la libération effective des lieux sans préjudice des dispositions de l'article 1760 du Code civil, et ce, nonobstant l'expulsion.

IX. HONORAIRES DE LOCATION

A. Dispositions applicables

Il est rappelé les dispositions du I de l'article 5(I) de la loi du 6 juillet 1989, alinéas 1 à 3 :

«La rémunération des personnes mandatées pour se livrer ou prêter leur concours à l'entremise ou à la négociation d'une mise en location d'un logement, tel que défini aux articles 2 et 25-3, est à la charge exclusive du bailleur, à l'exception des honoraires liés aux prestations mentionnées aux deuxième et troisième alinéas du présent I.

Les honoraires des personnes mandatées pour effectuer la visite du preneur, constituer son dossier et rédiger un bail sont partagés entre le bailleur et le preneur. Le montant toutes taxes comprises imputé au preneur pour ces prestations ne peut excéder celui imputé au bailleur et demeure inférieur ou égal à un plafond par mètre carré de surface habitable de la chose louée fixé par voie règlementaire et révisable chaque année, dans des conditions définies par décret. Ces honoraires sont dus à la signature du bail.

Les honoraires des personnes mandatées pour réaliser un état des lieux sont partagés entre le bailleur et le preneur. Le montant toutes taxes comprises imputé au locataire pour cette prestation ne peut excéder celui imputé au bailleur et demeure inférieur ou égal à un plafond par mètre carré de surface habitable de la chose louée fixé par voie règlementaire et révisable chaque année, dans des conditions définies par décret. Ces honoraires sont dus à compter de la réalisation de la prestation.»

Plafonds applicables :

- montant du plafond des honoraires imputables aux locataires en matière de prestation de visite du preneur, de constitution de son dossier et de rédaction de bail : .... €/m^2 de surface habitable ;
- montant du plafond des honoraires imputables aux locataires en matière d'établissement de l'état des lieux d'entrée : .... €/m^2 de surface habitable.

B. Détail et répartition des honoraires

1. Honoraires à la charge du bailleur :

- prestations de visite du preneur, de constitution de son dossier et de rédaction de bail *[détail des prestations effectivement réalisées et montant des honoraires toutes taxes comprises dus à la signature du bail]* : .... €
- le cas échéant, prestation de réalisation de l'état des lieux d'entrée *[montant des honoraires toutes taxes comprises dus à compter de la réalisation de la prestation]* : .... €
- autres prestations : ....
- honoraires toutes taxes comprises d'entremise et de négociation dus à la signature du présent bail, *[détail des prestations et conditions de rémunération]* : .... €

2. Honoraires à la charge du locataire :

- prestations de visite du preneur, de constitution de son dossier et de rédaction de bail *[détail des prestations effectivement réalisées et montant des honoraires toutes taxes comprises dus à la signature du bail]* : .... €
- le cas échéant, prestation de réalisation de l'état des lieux d'entrée *[montant des honoraires toutes taxes comprises dus à compter de la réalisation de la prestation]* : .... €

X. AUTRES CONDITIONS PARTICULIÈRES

A. Obligations du locataire, le LOCATAIRE est tenu des obligations générales suivantes :

- payer le loyer et les charges récupérables aux termes convenus ;
- conserver les meubles et accessoires divers en bon état et ne pas les transporter hors des lieux loués ;
- jouir des lieux en bon père de famille, suivant la destination convenue, ne commettre aucun abus de jouissance susceptible de nuire à la solidité ou à la bonne tenue de l'immeuble, ou d'engager la responsabilité du BAILLEUR envers des tiers ; il s'interdit notamment d'exercer dans les lieux loués, toute activité commerciale, industrielle ou artisanale, ni aucune profession libérale autre que celle éventuellement convenue aux présentes. En cas d'usage mixte, professionnel et habitation, il fera son affaire personnelle de toute prescription administrative relative à l'exercice de sa profession ;
- entretenir les lieux loués et les équipements du logement, effectuer les menues réparations ainsi que les réparations locatives définies par décret, et les rendre en bon état ; entretenir et nettoyer à ses frais, notamment, les générateurs de chauffage et de production d'eau chaude, de pompes à chaleurs et les appareils de climatisation, et ce, au moins une fois par an. Il devra produire annuellement un justificatif de l'entretien et du nettoyage de ces équipements, sans que l'absence de justification d'entretien puisse entraîner une quelconque responsabilité du bailleur ;
- laisser exécuter dans les locaux loués les travaux nécessaires à leur maintien en état, à leur entretien normal, à l'amélioration des parties communes et privatives de l'immeuble, ainsi qu'à l'amélioration de la performance énergétique du logement (article 7 de la loi n°89-462 du 6 juillet 1989) ;

>>> Suite page 4/6

>>> Suite de la page 4/6

- ne faire aucune transformation, aucun percement de mur ni aucune démolition, sans le consentement écrit du BAILLEUR ou de son mandataire ; à défaut de cet accord, le BAILLEUR pourra exiger la remise immédiate des lieux en état, aux frais du LOCATAIRE. Tous les embellissements ou améliorations faits par le LOCATAIRE resteront acquis au BAILLEUR sans indemnité et devront être remis en bon état d'entretien en fin de jouissance ;
- assurer les risques dont il doit répondre en sa qualité de locataire. Il devra justifier de cette assurance au BAILLEUR lors de la remise des clés, maintenir cette assurance pendant toute la durée du bail, en payer régulièrement les primes et EN JUSTIFIER CHAQUE ANNÉE par la remise au BAILLEUR d'une attestation. A défaut, le présent bail sera de plein droit résilié un mois après un commandement demeuré infructueux ;
- satisfaire à ses frais à toutes les charges et conditions d'hygiène, de ville, de police ainsi qu'aux règlements de salubrité et d'hygiène relatifs à son occupation, et acquitter à leur échéance toutes ses contributions personnelles, taxes d'habitation ainsi que toutes taxes assimilées. Le LOCATAIRE devra, avant de libérer les lieux, justifier au BAILLEUR qu'il a acquitté toutes impositions et taxes dont il serait redevable, ainsi que sa consommation d'eau, de gaz et d'électricité ;
- se conformer au règlement intérieur de l'immeuble et au règlement de copropriété existant dont il reconnaît avoir eu communication et concernant la destination de l'immeuble, la jouissance et l'usage privatif des parties communes ;
- ne pas détenir de chien de première catégorie au sens de l'article 211-1 du Code rural ;
- pendant la période de préavis, ou en cas de mise en vente du logement, laisser visiter les locaux loués pendant deux heures les jours ouvrables (ce, indépendamment du droit pour le BAILLEUR de pénétrer annuellement dans les lieux loués pour en vérifier l'état locatif). A défaut d'accord entre les parties, les heures de visite sont fixées entre 17 et 19 heures ;
- souscrire tout contrat d'entretien imposé par un texte légal ou réglementaire relatif aux équipements privatifs (chaudière, porte automatique, ...) ;
- Système d'assainissement autonome : le locataire devra entretenir le système d'assainissement autonome et justifier de cet entretien lors de la remise des clés ;
- ramonage : le locataire devra faire ramoner les cheminées et gaines de fumée des lieux loués aussi souvent qu'il en sera besoin conformément à la législation ou à la réglementation en vigueur et au moins une fois par an. Il en justifiera par la production d'une facture acquittée ;
- gel : le locataire devra prendre toutes précautions nécessaires pour protéger du gel les canalisations d'eau ainsi que les compteurs, et sera, dans tous les cas, tenu pour responsable des dégâts qui pourraient survenir du fait de sa négligence. En cas de dégâts des eaux, et notamment par suite de gel, le locataire devra le signaler au bailleur ou à son mandataire dans les délais les plus brefs et prendre toutes mesures conservatoires visant à limiter les conséquences du sinistre. A défaut, sa responsabilité pourrait être engagée ;
- ne pas utiliser certains appareils de chauffage : le locataire ne pourra faire usage, dans les locaux loués, d'aucun appareil de chauffage à combustion lente ou continue, en particulier d'aucun appareil utilisant le mazout ou le gaz, sans avoir obtenu préalablement l'accord et l'autorisation écrite du bailleur et, dans le cas où cette autorisation serait donnée le locataire devrait prendre à sa charge les frais consécutifs aux aménagements préalables à réaliser s'il y a lieu (modification ou adaptation des conduits ou des cheminées d'évacuation, etc.) ;

Il reconnaît avoir été avisé de ce que la violation de cette interdiction le rendrait responsable des dommages qui pourraient être causés ;

En cas de départ du locataire après la période de chauffe, il devra faire procéder à un nouveau ramonage avant la remise des clés quand bien même le dernier ramonage aurait été réalisé moins d'une année avant son départ ;

- prévenir immédiatement le bailleur de toutes dégradations qu'il constaterait dans les lieux loués, entraînant des réparations à la charge du propriétaire. Au cas où il manquerait à cet engagement , il ne pourrait réclamer aucune indemnité à la charge du bailleur en raison de ces dégradations et serait responsable envers lui de l'aggravation du dommage, survenue après la date à laquelle il l'a constatée. En outre, prévenir immédiatement le bailleur de la présence de parasites, rongeurs ou insectes dans les lieux loués.

B. Obligations du bailleur, de son côté le BAILLEUR est tenu :

- de remettre au locataire un logement décent ne laissant pas apparaître de risques manifestes pouvant porter atteinte à la sécurité physique ou à la santé et doté des éléments le rendant conforme à l'usage d'habitation (art. 6 de la loi du 6 juillet 1989 ; décret n°2002-120 du 30 janvier 2002) ;
- de délivrer au LOCATAIRE les locaux loués en bon état d'usage et de réparation, et les équipements mentionnés au contrat en bon état de fonctionnement ;
- d'assurer au LOCATAIRE la jouissance paisible des locaux loués et, sans préjudice des dispositions de l'article 1721 du Code civil, de le garantir des vices ou défauts de nature à y faire obstacle ;
- d'entretenir les locaux loués en l'état de servir à l'usage prévu par le contrat de location et d'y faire toutes les réparations autres que locatives nécessaires au maintien en l'état et à l'entretien normal des locaux loués ;
- de ne pas s'opposer aux aménagements réalisés par le LOCATAIRE dès lors qu'ils ne constituent par une transformation de la chose louée.

C. État des lieux

Un état des lieux est établi contradictoirement par les parties, lors de la remise et de la restitution des clés. A défaut d'état des lieux établi amiablement, il sera établi à frais partagés par moitié par huissier de justice, à l'initiative de la partie la plus diligente. A défaut d'état des lieux, la présomption établie par l'article 1731 du Code civil ne peut être invoquée par celle des parties qui a fait obstacle à son établissement.

D. Résiliation- congé

A l'expiration du délai de préavis applicable ou congé, le locataire est déchu de tout titre d'occupation des locaux loués.

E. Information spécifique amiante

- Parties privatives : un dossier amiante concernant les parties privatives du logement est tenu à la disposition du locataire, par le bailleur. Sur demande écrite, le locataire pourra venir consulter ce document auprès du bailleur ou de son mandataire.
- Parties communes : un dossier technique amiante concernant les parties communes de l'immeuble est tenu et mis à jour par le syndic de copropriété. Le locataire pourra en prendre connaissance selon les modalités de consultation prévue par le syndic. En cas de monopropriété de l'immeuble, le locataire pourra consulter ce document auprès du bailleur ou de son mandataire sur simple demande écrite.

F. Déclarations du bailleur :

- le bien, objet des présentes, a-t-il subi un sinistre ayant donné lieu au versement d'une indemnité d'assurance garantissant les risques de catastrophes naturelles ou technologiques, visés à l'article L 125-2 et L 128-2 du Code des assurances ? ☐ OUI ☐ NON
- Le bien objet des présentes est situé dans une zone d'exposition au bruit (zones aéroportuaires) visées par l'art L 147-5 du code de l'urbanisme : ☐ OUI ☐ NON Zone(10) : ....
- **Informations relatives à la récupération des eaux de pluie (arrêté du 21 août 2008 pris en application de la loi du 30 décembre 2006) :** si les locaux loués comportent des équipements de récupération des eaux pluviales, le bailleur informe le locataire des modalités d'utilisation de ceux-ci : ....
- Le bien est actuellement occupé et le locataire en place a donné congé pour le : ☐☐ ☐☐ ☐☐☐☐ Le bailleur s'engage à informer dans les meilleurs délais de tout retard dans la libération des lieux. En prévision de cet aléa, le locataire procédera aux diligences nécessaires à son emménagement dans les plus courts délais avant la date d'effet du présent bail.

[6/6]

XI. INFORMATIQUE ET LIBERTÉS

Les informations recueillies par le mandataire dans le cadre du présent contrat font l'objet d'un traitement informatique nécessaire à l'exécution des missions confiées au mandataire par le présent contrat. Conformément à la loi informatique et libertés du 6 janvier 1978 modifiée, les parties bénéficient d'un droit d'accès, de rectification et de suppression des informations qui les concernent. Pour exercer ces droits, les parties peuvent s'adresser à l'agence, aux coordonnées ci-dessus.

XII. ÉLECTION DE DOMICILE

Pour l'exécution des présentes, et notamment pour la signification de tout acte de poursuites, les parties font élection de domicile, le BAILLEUR en son domicile ou en celui de son mandataire et le LOCATAIRE dans les lieux loués.

XIII. ANNEXES, sont annexées et jointes au contrat de location les pièces suivantes :

A. ☐ un extrait du règlement concernant la destination de l'immeuble, la jouissance et l'usage des parties privatives et communes, et précisant la quote-part afférente au lot loué dans chacune des catégories de charges

B. un dossier de diagnostics techniques comprenant :

- ☐ un diagnostic de performance énergétique ;
- ☐ un constat de risque d'exposition au plomb pour les immeubles construits avant le 1er janvier 1949 ;
- ☐ une copie d'un état mentionnant l'absence ou la présence de matériaux ou de produits de la construction contenant de l'amiante(11) ;
- ☐ un état de l'installation intérieure d'électricité et de gaz, dont l'objet est d'évaluer les risques pouvant porter atteinte à la sécurité des personnes(12) ;
- ☐ le cas échéant, un état des risques naturels et technologiques pour les zones couvertes par un plan de prévention des risques technologiques ou par un plan de prévention des risques naturels prévisibles, prescrit ou approuvé, ou dans des zones de sismicité(13)

C. ☐ une notice d'information relative aux droits et obligations des locataires et des bailleurs

D. ☐ un état des lieux(14)

E. ☐ le cas échéant, une autorisation préalable de mise en location(15)

F. ☐ le cas échéant, les références aux loyers habituellement constatés dans le voisinage pour des logements comparables(16)

XIV. NOMBRE DE CLÉS REMISES : ....

XV. AVEC LA CAUTION SOLIDAIRE DE : ....

....

....

....

NOTES

(1) *Préciser si la personne morale est une société civile constituée exclusivement entre parents et alliés jusqu'au quatrième degré inclus.*

(2) *A reproduire si pluralité de bailleurs.*

(3) *Lorsqu'un complément de loyer est appliqué, le loyer mensuel s'entend comme la somme du loyer de base et de ce complément.*

(4) *Zones d'urbanisation continue de plus de 50 000 habitants où il existe un déséquilibre marqué entre l'offre et la demande de logements, entraînant des difficultés sérieuses d'accès au logement sur l'ensemble du parc résidentiel telles que définies par décret.*

(5) *Mention obligatoire si le précédent locataire a quitté le logement moins de dix-huit mois avant la signature du bail.*

(6) *Au cours de l'exécution du contrat de location et dans les conditions prévues par la loi, les colocataires peuvent provoquer la résiliation de l'assurance souscrite par le bailleur pour leur compte.*

(7) *Correspond au montant de la prime d'assurance annuelle, éventuellement majoré dans la limite d'un montant fixé par décret en Conseil d'Etat.*

(8) *Le paiement mensuel est de droit à tout moment à la demande du locataire.*

(9) *Clause invalide pour les travaux de mise en conformité aux caractéristiques de décence.*

(10) *Préciser si le bien est classé en zone A, B, C ou D dans le plan d'exposition au bruit.*

(11) *A compter de l'entrée en vigueur du décret d'application listant notamment les matériaux ou produits concernés.*

(12) *A compter de la date d'entrée en vigueur de cette disposition, prévue par décret.*

(13) *La liste des communes comprises dans ces zones est définie localement par arrêté préfectoral.*

(14) *Ces documents sont établis lors de la remise des clés, dont la date peut être ultérieure à celle de conclusion du contrat.*

(15) *Dispositif applicable dans certains territoires présentant une proportion importante d'habitat dégradé délimité localement par l'établissement public de coopération intercommunale compétent en matière d'habitat ou, à défaut, le conseil municipal (art. 92 de la loi n° 2014-366 du 24 mars 2014 pour l'accès au logement et un urbanisme rénové).*

(16) *Lorsque la détermination du montant du loyer est la conséquence d'une procédure liée au fait que le loyer précédemment appliqué était manifestement sous-évalué.*

FAIT AU SIÈGE DE L'AGENCE, LE __ __ / __ __ / __ __ __ __ EN ____ EXEMPLAIRES ORIGINAUX
DONT UN REMIS A CHACUNE DES PARTIES QUI LE RECONNAÎT,

.... mots .... lignes .... chiffres rayés comme nuls	**LE BAILLEUR** *ou son mandataire gestionnaire*	**LE LOCATAIRE** *Lu et approuvé, signature*	**LA CAUTION** *Lu et approuvé, bon pour caution solidaire*

10 État descriptif et conditions de location – Location saisonnière

ETAT DESCRIPTIF ET CONDITIONS DE LOCATION LOCATION SAISONNIERE

SITUATION, DESIGNATION ET CONSISTANCE DES LOCAUX

Commune de : ....

Cachet de l'agence

DESIGNATION DES PARTIES, EQUIPEMENTS ET ACCESSOIRES DE L'IMMEUBLE FAISANT L'OBJET D'UN USAGE COMMUN

☐ Chauffage collectif ☐ Eau chaude collective ☐ Ascenseur ☐ Antenne TV collective ☐ ....
☐ Gardiennage ☐ Vide ordures ☐ Interphone ☐ Espaces verts ☐ ....

CARACTERISTIQUES PRINCIPALES DU LOGEMENT

Nombre de pièces d'habitation : .... Surface habitable totale : ....

Le couchage est prévu pour un nombre maximum de .... personnes (les enfants de moins de 5 ans n'étant pas pris en compte).

Type de construction : ....

Annexes laissées à la jouissance privative du locataire :

☐ Garage ☐ Parking ☐ Terrasse .... m^2 ☐ Loggia ☐ Cour .... m^2

SITUATION DE L'IMMEUBLE DANS LA LOCALITÉ

Distance de la mer : .... m De la plage la plus proche : .... m Du lac : .... m

De la gare SNCF : .... m De la gare routière : .... m

Du centre ville : .... m Du centre commercial : .... m

AVANTAGES LIES A LA SITUATION

....

NUISANCES EVENTUELLES DU VOISINAGE (sonores, odeurs...)

....

DESCRIPTION DU LOGEMENT

Etat général d'entretien : ☐ Bon ☐ Moyen ☐

Remarques :

DESCRIPTIF DE LA CUISINE

Equipement et agencement :

Table de cuisson : ☐ Gaz de ville ☐ Bouteille ☐ Electrique ☐ Mixte ☐ Hotte aspirante

Autres appareils d'électroménager :

☐ Four ☐ Micro-ondes ☐ Réfrigérateur, capacité litres ☐ Congélateur, capacité litres

☐ Cafetière électrique ☐ Grille-pain ☐ Lave-vaisselle, capacité pers. ☐

☐ ☐ ☐ ☐

Batterie de cuisine complète : ☐ Vaisselle pour personnes ☐

Evacuations : Evier ☐ Eau chaude ☐ Eau froide

Vide ordures ☐ Intérieur ☐ Extérieur

DESCRIPTIF DES TOILETTES

☐ Nombre ☐ Emplacement (1) ☐ Emplacement (2)

Equipement et agencement (1) : ☐ Lavabo ☐

Equipement et agencement (1) : ☐ Lavabo ☐

Remarques :

DESCRIPTIF DES PIECES

	Surface	Nbre de fenêtres	Exposition	Vue	Literie	Mobilier, équipement sanitaire
Entrée	m^2					
Séjour	m^2					
Cuisine	m^2					voir descriptif
Chambre 1	m^2					
Chambre 2	m^2					
Chambre 3	m^2					
	m^2					
	m^2					

Editions Préférence®

DESCRIPTIF SALLE DE BAINS

☐ Nombre ____ ☐ Emplacement (1) ____________ ☐ Emplacement (2) ____________

Equipement et agencement (1) : ☐ Bac à douche ☐ Baignoire ☐ Lavabo ☐ Bidet ☐ WC
☐ Radiateur ☐ Sèche-cheveux ☐ ____________

Equipement et agencement (2) : ☐ Bac à douche ☐ Baignoire ☐ Lavabo ☐ Bidet ☐ WC
☐ Radiateur ☐ Sèche-cheveux ☐ ____________

Remarques :

DIVERS

☐ **Téléphone** **numéro** ____________

☐ **Télévision** ☐ **Magnétoscope** ☐ **Chaîne Hi-fi**

☐ **Lave-linge** ☐ **Sèche-linge**

☐ **Fer à repasser (et planche)** ☐ **Aspirateur**

☐ ________ ☐ ________ ☐ ________

DESCRIPTIF INSTALLATION DE CHAUFFAGE

☐ Individuel ☐ Collectif

☐ Cheminée ☐ Gaz

☐ Electrique ☐ Fuel ☐ Bois

Remarques :

DUREE DU CONTRAT DE LOCATION

Période du .... au ....

LOYER ET CHARGES

Loyer	:	€
Honoraires de location	:	€
Etat des lieux et inventaire	:	€
Frais de dossier	:	€
SOIT UN TOTAL DE	:	€

RESERVATION

A la signature de l'engagement de location le preneur versera une somme de .... €, à titre d'arrhes, versement qui n'engage le bailleur que jusqu'à la date prévue pour l'entrée en jouissance. Si à cette date la location n'a pas été régularisée par le versement total du solde du montant total prévu le présent engagement sera considéré comme annulé par le fait du preneur et les arrhes versées acquises au bailleur.

DEPOT DE GARANTIE

A la remise des clés le preneur versera une somme de .... €, à titre de dépôt de garantie.

CHARGES NON COMPRISES :

....

ORGANISATION DE L'ARRIVEE ET DU DEPART :

Jour d'arrivée : .... Heure d'arrivée : ....

Jour de départ : .... Heure de départ : ....

PERSONNES A CONTACTER :

.... Tél. |_|_|_|_|_|_|_|_|_|_|

.... Tél. |_|_|_|_|_|_|_|_|_|_|

OBSERVATIONS

....

Editions Préférence®

11 Mandat de gestion – Location saisonnière

MANDAT DE GESTION LOCATION SAISONNIÈRE

MANDAT N° ....

Cachet de l'agence

Représentée par : ....

Qualité : ☐ agent commercial ☐ ....

Nous soussignés ....

demeurant ....

E-mail .... Tél. ....

agissant conjointement et solidairement **EN QUALITÉ DE SEULS PROPRIÉTAIRES**, vous mandatons par la présente afin d'administrer le bien suivant :

SITUATION - DÉSIGNATION ET CONSISTANCE DES LOCAUX

Local principal : ☐ Appartement ☐ Maison ☐ Boutique ☐ ....

Annexe(s) : ☐ Garage n° ☐ Cave n° ☐ ....

Immeuble sis à ....

- **Information concernant les modalités de réception des services de télévision, conformément à la loi n°89-462 du 06/07/89 : possibilité de recevoir en clair les services nationaux de télévision par voie hertzienne terrestre en mode numérique :** ☐ oui ☐ non
- **Déclaration du bailleur : le bien, objet des présentes, a-t-il subi un sinistre ayant donné lieu au versement d'une indemnité d'assurance garantissant les risques de catastrophes naturelles ou technologiques, visées à l'art. L 125-2 du Code des assurances ? :** ☐ oui ☐ non

REDDITION DES COMPTES

Un compte rendu de votre gestion devra nous être délivré tous les : ....
et au moins une fois l'an, un relevé détaillé des opérations de gérance.

HONORAIRES DE GESTION

Les honoraires se rapportant à votre gestion s'élèveront à : .... €

Prestations supplémentaires : ....

Selon barème affiché dans les locaux du mandataire. Ils seront à notre charge et seront prélevés sur chaque relevé de compte.

HONORAIRES A LA CHARGE DU LOCATAIRE :

- Location, état des lieux et inventaire : ....

PÉRIODES RÉSERVÉES PAR LA MANDANT :

- Pour la première saison : ....
- Pour les saisons suivantes l'agence devra être prévenue au plus tard le : ...... / ...... / ......

Dans le cas contraire, les périodes de l'année précédente seraient reconduites.

CONDITIONS PARTICULIÈRES : ....

MOYENS DE DIFFUSION DES ANNONCES COMMERCIALES : ....

Le mandant reconnaît expressément avoir pris connaissance, préalablement à la signature des présentes, de l'intégralité des caractéristiques des services définis au présent mandat, conformément aux articles L 111-1 et suivants du Code de la consommation.

Fait au siège de l'Agence, le : .... *(en deux exemplaires, dont un pour le propriétaire et un pour l'agence)*

LE MANDANT RECONNAÎT AVOIR PRIS CONNAISSANCE DES CONDITIONS GÉNÉRALES AU VERSO (signer séparément chaque exemplaire)

Le Propriétaire : *"Bon pour mandat"*

L'agence : *"Mandat accepté"*

mots
lignes
chiffres
rayés comme nuls

MISSION

Tous pouvoirs vont sont donnés pour accomplir tous actes d'administration et de gestion notamment :

- rechercher des locataires, établir et signer les baux, les états des lieux, les congés ; le tout aux prix, charges, durée et conditions que vous aviserez ; procéder à la révision des loyers ;
- encaisser toutes sommes représentatives de loyers, charges, indemnités d'occupation ou autres relatives au bien géré, percevoir et conserver tout dépôt de garantie ; déposer ces fonds sur le compte de l'agence et les utiliser selon l'usage qui vous semblera le plus utile dans le cadre de la gestion : règlement des charges de copropriété, des impôts, des réparations, ...
- nous prévenir en cas de nouvelle location, vous dispensant de la lettre recommandée prévue à l'article 67 du décret n°72-678 du 20 juillet 1972 ;
- nous représenter devant tous organismes publics ou privés ; en cas de défaut de paiement par les débiteurs, exercer toutes poursuites judiciaires, faire tous commandements, sommations, assignations et citations devant tous tribunaux ;
- assurer toutes réparations ; prendre toutes dispositions pour assurer la bonne marche et l'entretien des divers équipements ; d'une manière générale, faire tout ce qui vous semblera utile à nos intérêts ;
- le mandant s'oblige à faire connaître par écrit au mandataire s'il existe une limitation à la fixation du loyer notamment en fonction du financement du bien géré (subvention ANAH, loi Besson, loi De Robien, etc).

LOYER

Le montant du loyer sera établi par le mandataire en fonction du marché local. Toutefois un loyer minimal net propriétaire peut être fixé selon les périodes et indiqué en conditions particulières.

OBLIGATION DU MANDANT

Le mandant s'engage à :

- **ne pas modifier unilatéralement le descriptif et inventaire établis avec le mandataire ;**
- **ne pas louer personnellement le bien objet des présentes et transmettre au mandataire toute demande qui pourrait lui être adressée ;**
- **répercuter sur le mandataire toute demande de location d'un ancien locataire, pendant deux ans après l'expiration du présent mandat ;**
- **assurer et maintenir assuré le bien en multirisques habitation/ propriétaire loueur en meublé.**

DOSSIER DE DIAGNOSTIC TECHNIQUE

Loi n° 89-462 du 6 juillet 1989, article 3-3 :
un dossier de diagnostic technique, fourni par le bailleur, est annexé au contrat de location lors de sa signature ou de son renouvellement.

DURÉE

le présent mandat vous est donné pour une durée de trois années à compter de ce jour. Il se renouvellera ensuite par périodes d'égale durée par tacite reconduction, avec un maximum de huit renouvellements, à défaut de résiliation par lettre recommandée avec demande d'avis de réception trois mois avant chaque échéance. En cas de décès du mandant ou d'aliénation du bien ce mandat se poursuivrait aux mêmes conditions pour le compte de ses héritiers, ayants-droits ou acquéreurs. De même le mandataire pourra se substituer toute personne physique ou morale de son choix, notamment en cas de changement de la forme juridique de son exploitation ou de vente de son fonds de commerce.

ARTICLE L136-1 DU CODE DE LA CONSOMMATION

Modifié par la loi n°2014-344 du 17/03/14 - art.35. Le professionnel prestataire de services informe le consommateur par écrit, au plus tôt trois mois et au plus tard un mois avant le terme de la période autorisant le rejet de la reconduction, de la possibilité de ne pas reconduire le contrat qu'il a conclu avec une clause de reconduction tacite.

Lorsque cette information ne lui a pas été adressée conformément aux dispositions du premier alinéa, le consommateur peut mettre gratuitement un terme au contrat, à tout moment à compter de la date de reconduction. Les avances effectuées après la dernière date de reconduction ou, s'agissant des contrats à durée indéterminée, après la date de transformation du contrat initial à durée déterminée, sont dans ce cas remboursées dans un délai de trente jours à compter de la date de résiliation, déduction faite des sommes correspondant, jusqu'à celle-ci, à l'exécution du contrat.

A défaut de remboursement dans les conditions prévues ci-dessus, les sommes dues sont productives d'intérêts au taux légal.

Les dispositions du présent article s'appliquent sans préjudice de celles qui soumettent légalement certains contrats à des règles particulières en ce qui concerne l'information du consommateur.

Les trois alinéas précédents ne sont pas applicables aux exploitants des services d'eau potable et d'assainissement. Ils sont applicables aux consommateurs et aux non-professionnels.

12 Contrat de location, habitation meublée (ne constituant pas la résidence principale du locataire)

CONTRAT DE LOCATION, HABITATION MEUBLÉE
ne constituant pas la résidence principale du locataire

Non soumis aux dispositions de la Loi n° 89-462 du 6 juillet 1989 (J.O. du 8/07/89) modifiée par la loi n° 94.624 du 21 juillet 1994 (J.O. 24/07/94)

ENTRE LES SOUSSIGNÉS

M ....

....

....

....

E-mail ....

Tél. __ __ __ __ __

Dénommés ci-après **"LE BAILLEUR"**, agissant s'ils sont deux ou plusieurs conjointement et solidairement, D'UNE PART

(cachet de l'agence)

Représenté par : ....,
dénommé ci-après **"LE MANDATAIRE"**

M ....

....

....

....

E-mail ....

Tél. __ __ __ __ __

Dénommés ci-après **"LE LOCATAIRE"**, agissant s'ils sont deux ou plusieurs conjointement et solidairement, D'AUTRE PART

IL A ETE ARRETE ET CONVENU CE QUI SUIT :

LE BAILLEUR loue les locaux et équipements suivants au LOCATAIRE qui accepte, aux conditions suivantes :
étant entendu que les présentes sont conclues, le cas échéant, sous la condition suspensive du départ du locataire ou occupant actuel. Au cas où cette condition ne serait pas réalisée, les présentes seraient réputées nulles et non avenues, sans indemnité de part ni d'autre, et les sommes versées seraient restituées au LOCATAIRE, sans formalités. Le LOCATAIRE ne pourra renoncer au bénéfice de cette condition.

SITUATION, DÉSIGNATION ET CONSISTANCE DES LOCAUX

Local Principal : ☐ Appartement ☐ Maison ☐ ....

Annexe(s) : ☐ Garage n° ☐ Cave n° ☐ ....

Adresse : ....

....

Le bien objet des présentes est-il situé dans une zone de bruit défini par l'article L. 147-5 du Code de l'urbanisme (aérodrome classé en catégories A, B, C et aérodromes civils ou militaires figurant sur une liste fixée par l'administration) : ☐ Oui ☐ Non

DÉSIGNATION DES PARTIES, ÉQUIPEMENTS ET ACCESSOIRES DE L'IMMEUBLE FAISANT L'OBJET D'UN USAGE COMMUN

☐ Chauffage collectif ☐ Eau chaude collective ☐ Ascenseur ☐ Antenne TV collective ☐ ....

☐ Gardiennage ☐ Vide-ordures ☐ Interphone ☐ Espaces verts ☐ ....

ÉTAT DES ÉQUIPEMENTS PRIVÉS :

☐ Piscine ☐ Installation d'assainissement non collectif ☐ Chaudière à gaz ☐ Portes automatiques de garage

☐ Modalités de réception des services de télévision ☐ ....

Tels que ces locaux existent et tels que le LOCATAIRE déclare parfaitement les connaître pour les avoir vus et visités dès avant ce jour. Il reconnaît, en outre, qu'ils sont en bon état d'usage et d'entretien et s'engage à les rendre comme tels en fin de jouissance.

DESTINATION EXCLUSIVE DES LOCAUX LOUES - OCCUPATION :

☑ Résidence secondaire ne constituant pas l'habitation principale du locataire

Ce bien est destiné à l'habitation personnelle du locataire :

Le LOCATAIRE s'interdit notamment d'exercer dans les locaux loués toute activité commerciale, industrielle ou artisanale. En cas d'usage mixte professionnel et habitation, il fera son affaire personnelle de toute prescription relative à l'exercice de sa profession, en sorte que le BAILLEUR ne puisse, en aucun cas, être recherché ni inquiété à ce sujet par l'administration, les occupants de l'immeuble ou les voisins.

Il ne pourra céder son bail ou sous-louer le logement sans l'accord écrit du bailleur.

DURÉE ET RENOUVELLEMENT

le logement n'est pas loué à titre de résidence principale (la durée est fixée librement) :

Le présent bail est consenti et accepté pour une durée de ....

À compter du .... pour se terminer le ....

RÉSILIATION - CONGÉ

Le locataire peut résilier le présent bail :

- Si le contrat prévoit une durée indéterminée, par LRAR, ou par huissier, ou remis en main propre contre récépissé ou émargement avec un préavis d'un mois à tout moment.
- Si le contrat de location prévoit une durée déterminée, il prendra fin de plein droit à l'arrivée du terme. Le locataire sera alors déchu de tout droit et de tout titre d'occupation quant au logement.

Le bailleur peut mettre fin au présent contrat de location :

- Si le contrat prévoit une durée indéterminée, par LRAR, par acte d'huissier, ou remis en main propre contre récépissé ou émargement, avec un préavis de 3 mois, soit par sa décision de reprendre ou de vendre le logement, soit par un motif légitime et sérieux, notamment l'inexécution par le locataire de l'une des obligations lui incombant.

LOYER - RÉVISION

Montant du loyer mensuel :

payable par mois d'avance le premier jour du terme, au domicile : ☐ du BAILLEUR ☐ du mandataire gestionnaire

Le loyer sera révisé automatiquement et de plein droit chaque année à la date anniversaire de la prise d'effet du bail, en fonction de la variation de l'indice trimestriel de référence des loyers publié par l'INSEE ou en fonction de l'indice, ou du taux d'évolution, qui lui serait substitué.

Indice trimestriel de référence des loyers publié par l'INSEE : __________ trimestre __________ : __________ (mention facultative)

CHARGES

En même temps et de la même façon que le loyer principal, le LOCATAIRE s'oblige à acquitter par provision les charges, prestations et impositions récupérables mises à sa charge et découlant de la législation en vigueur et du présent bail, au prorata des millièmes de copropriété s'il existe un règlement de copropriété de l'immeuble dans lequel se trouvent les locaux loués, ou selon les modalités définies par un règlement intérieur dudit immeuble, ou tout autre état de répartition (surface, volume, ...) : __________

- montant provisionnel des charges mensuelles à la date de ce jour :

Ce montant sera modifié en fonction des charges déterminées chaque année, et fera l'objet d'une régularisation annuelle.

Soit un total mensuel à ce jour de :

CONDITIONS PARTICULIÈRES

DÉPÔT DE GARANTIE

Le locataire verse, à titre de dépôt de garantie, à : ☐ l'agence pour le compte du bailleur / ☐ directement entre les mains du bailleur

la somme de : __________

Cette somme sera restituée sans intérêt au LOCATAIRE en fin de bail et au plus tard dans le délai de deux mois de la remise des clés, déduction faite, le cas échéant, des sommes restant dues au BAILLEUR ou dont celui-ci pourrait être tenu ou responsable, sous réserve de leur justification. Pour le cas où les locaux loués se situeraient dans un immeuble en copropriété, le BAILLEUR pourra conserver une provision de 20 à 25% pour le couvrir des charges en attente d'approbation des comptes ; le solde restant dû au-delà de deux mois produira intérêt au taux légal au profit du locataire.

Le LOCATAIRE devra justifier en fin de bail de sa nouvelle domiciliation et du paiement de toute somme dont le BAILLEUR pourrait être tenu en ses lieu et place.

Editions Préférence®

FRAIS ET HONORAIRES : le montant des honoraires du mandataire est fixé conformément au mandat à :

- honoraires à la charge du bailleur : ....

- honoraires à la charge du locataire : ....

- ....

Total : ....

Ces frais et honoraires des présentes comprennent la rédaction d'acte, d'établissement de l'état des lieux d'entrée et de constitution du dossier. Les frais et honoraires de renouvellement éventuel du présent bail seront établis selon le tarif de l'agence.

OBLIGATIONS DU LOCATAIRE : le LOCATAIRE est tenu des obligations générales suivantes :

- payer le loyer et les charges récupérables aux termes convenus ;
- jouir des lieux en bon père de famille, suivant la destination convenue, ne commettre aucun abus de jouissance susceptible de nuire à la solidité ou à la bonne tenue de l'immeuble, ou d'engager la responsabilité du BAILLEUR envers des tiers, par son fait ou les gens de sa famille ou à son service ;
- entretenir les lieux loués et les équipements mentionnés, effectuer les menues réparations ainsi que les réparations locatives définies par décret, et les rendre en bon état ;
- laisser exécuter dans les locaux loués les travaux nécessaires à leur maintien en état, à leur entretien normal, à l'amélioration des parties communes et privatives de l'immeuble, dans le cadre des dispositions des deuxième et troisième alinéas de l'article 1724 du Code civil ;
- ne faire aucune transformation, aucun percement de mur ni aucune démolition, sans le consentement écrit du BAILLEUR ou de son mandataire ; à défaut de cet accord, le BAILLEUR pourra exiger la remise immédiate des lieux en état, aux frais du LOCATAIRE. Tous les embellissements ou améliorations faits par le LOCATAIRE resteront acquis au BAILLEUR sans indemnité et devront être remis en bon état d'entretien en fin de jouissance ;
- assurer les risques dont il doit répondre en sa qualité de locataire. Il devra justifier de cette assurance au BAILLEUR lors de la remise des clés, maintenir cette assurance pendant toute la durée du bail, en payer régulièrement les primes et EN JUSTIFIER CHAQUE ANNEE par la remise au BAILLEUR d'une attestation. A défaut, le présent bail sera de plein droit résilié un mois après un commandement demeuré infructueux ;
- il devra déclarer immédiatement à la compagnie d'assurance et en informer en même temps le bailleur, tout sinistre ou dégradation se produisant dans les lieux loués, sous peine d'être rendu personnellement responsable du défaut de déclaration en temps utiles.
- satisfaire à ses frais à toutes les charges et conditions d'hygiène, de ville, de police ainsi qu'aux règlements de salubrité et d'hygiène, et acquitter à leur échéance toutes ses contributions personnelles, taxes d'habitation, d'enlèvement des ordures ménagères et autres, ainsi que toutes taxes assimilées. Le LOCATAIRE devra, avant de vider les lieux, justifier au BAILLEUR qu'il a acquitté toutes impositions et taxes dont il serait redevable, notamment sa consommation d'eau ;
- se conformer au règlement intérieur de l'immeuble et au règlement de copropriété existant dont il reconnaît avoir eu communication, et respecter la destination de l'immeuble ;
- conserver les meubles et accessoires divers en bon état et ne pas les transporter hors des lieux loués ;
- ne pas détenir de chien de première catégorie au sens de l'article 211-1 du Code rural ;
- en cas de mise en vente ou de nouvelle location du logement, laisser visiter les locaux loués pendant deux heures les jours ouvrables et laisser poser un panneau ;- laisser le bailleur visiter les lieux ou les faire visiter chaque fois que cela est nécessaire pour l'entretien, les réparations et la sécurité du logement et de l'immeuble ;
- souscrire tout contrat d'entretien imposé par un texte légal ou réglementaire relatif aux équipements privatifs (chaudière, porte automatique, ...) ;
- il s'engage à prévenir immédiatement le bailleur de toutes dégradations qu'il constaterait dans les lieux loués, entraînant des réparations à la charge du propriétaire. Au cas où il manquerait à cet engagement, il ne pourrait réclamer aucune indemnité à la charge du bailleur en raison de ces dégradations et serait responsable envers lui de l'aggravation du dommage, survenue après la date à laquelle il l'a constatée.

OBLIGATIONS DU BAILLEUR : de son côté, le BAILLEUR est tenu :
- de délivrer au preneur un logement décent ne laissant pas apparaître de risques manifestes pouvant porter atteinte à la sécurité physique ou à la santé et doté des éléments le rendant conforme à l'usage d'habitation (art.6 de la loi du 6 juillet 1989 modifié par la loi SRU).
- de délivrer au LOCATAIRE les locaux loués en bon état d'usage et de réparation, et les équipements mentionnés au contrat en bon état de fonctionnement ;
- d'assurer au LOCATAIRE la jouissance paisible des locaux loués et, sans préjudice des dispositions de l'article 1721 du Code civil, de le garantir des vices ou défauts de nature à y faire obstacle ;
- d'entretenir les locaux loués en état de servir à l'usage prévu par le contrat de location et d'y faire toutes les réparations autres que locatives nécessaires au maintien en l'état et à l'entretien normal des locaux loués ;
- de ne pas s'opposer aux aménagements réalisés par le LOCATAIRE dès lors qu'ils ne constituent pas une transformation de la chose louée.

ÉTAT DES LIEUX
Un état des lieux est établi contradictoirement par les parties lors de la remise et de la restitution des clés. A défaut d'état des lieux établi amiablement, il sera établi à frais partagés par huissier de justice, à l'initiative de la partie la plus diligente. A défaut d'état des lieux, la présomption établie par l'article 1731 du Code civil ne peut être invoquée par celle des parties qui a fait obstacle à son établissement.

ÉLECTION DE DOMICILE
Pour l'exécution des présentes, et notamment pour la signification de tout acte de poursuites, les parties font élection de domicile, le BAILLEUR en son domicile ou en celui de son mandataire et le LOCATAIRE dans les lieux loués.

CLAUSE RÉSOLUTOIRE

Il est expressément convenu qu'à défaut du paiement du dépôt de garantie, du paiement intégral à son échéance exacte d'un seul terme de loyer et de ses accessoires, le présent contrat sera résilié de plein droit, si bon semble au BAILLEUR, DEUX MOIS après un commandement de payer demeuré sans effet, et ce, conformément à la loi et sans qu'il soit besoin de remplir aucune formalité judiciaire. La résiliation interviendra dans les mêmes conditions UN MOIS après un commandement demeuré sans effet à défaut d'assurance contre les risques locatifs.

Toute offre de paiement ou d'exécution intervenant après l'expiration du délai ci-dessus ne pourra faire obstacle à la résolution du contrat de location acquise au BAILLEUR.

Le coût des commandements, sommations ou significations ci-dessus, y compris le droit proportionnel et les frais d'huissiers, d'avoués et d'avocats, seront à la charge du locataire qui devra les rembourser dans les huit jours de la demande qui lui en sera faite.

En outre, il est précisé que le LOCATAIRE sera tenu de toutes les obligations découlant du présent bail jusqu'à la libération effective des lieux sans préjudice des dispositions de l'article 1760 du Code civil, et ce, nonobstant l'expulsion.

De convention expresse, le locataire devra saisir le juge dans les délais ci-dessus fixés à peine de forclusion.

CLAUSE PÉNALE - RÉPARATION

A défaut de paiement à son échéance exacte d'un terme de loyer et de ses accessoires, les sommes dues seront majorées de plein droit de DIX POUR CENT à titre de clause pénale, cette majoration ne constituant pas une amende, mais la réparation du préjudice subi par le BAILLEUR, sans que cette stipulation puisse lui faire perdre le droit de demander l'application de la clause résolutoire ci-dessus et sans qu'une mise en demeure soit nécessaire.

En cas de résiliation du présent contrat de location du fait du LOCATAIRE en application de l'une des clause résolutoires ci-dessus, ou en cas de non respect des délais de préavis énoncés ci-dessus, le dépôt de garantie prévu aux présentes demeurera acquis au BAILLEUR de plein droit, à titre de clause pénale, en réparation du préjudice subi. Une indemnité conventionnelle d'occupation égale à deux fois le loyer quotidien sera en outre due jusqu'à libération complète des lieux et restitution des clés.

Constituera une faute suffisamment grave, de nature à justifier un congé pour motif légitime et sérieux, le fait de ne pas laisser visiter les locaux loués pendant 2 heures les jours ouvrables, ou de ne pas laisser apposer un panneau, tel que défini au paragraphe "OBLIGATIONS DU LOCATAIRE"; en outre, seront dus au bailleur des dommages-intérêts correspondant au préjudice subi par lui tel que détaillé comme suit:

- lorsque le non respect par le locataire de ladite obligation entraîne l'impossibilité de retrouver un nouveau locataire avant la fin du bail en cours, le montant de l'indemnité est fixé à 2 mois de loyer;
- lorsque le non respect par le locataire de ladite obligation entraîne l'impossibilité de vendre les lieux loués, le montant de l'indemnité est fixé au taux d'intérêt légal sur le montant de la somme que le bailleur n'a pas pu percevoir du fait qu'il n'a pas pu vendre.

AVEC LA CAUTION SOLIDAIRE DE : ....

PIÈCES JOINTES, CLÉS

☐ État des lieux ☐ Règlement de copropriété
☐ Liste des réparations locatives et des charges récupérables définies en Conseil d'État

Nombre de clés remises : ....

DOSSIER DE DIAGNOSTIC TECHNIQUE

Un dossier de diagnostic technique, fourni par le bailleur, est annexé aux présentes. Il comprend :

☐ État des risques naturels, miniers et technologiques ☐ Diagnostic de performance énergétique
☐ Constat de risque d'exposition au plomb ☐ Diagnostic amiante

Déclaration du bailleur : le bien, objet des présentes, a-t-il subi un sinistre ayant donné lieu au versement d'une indemnité d'assurance garantissant les risques de catastrophes naturelles ou technologiques, visés à l'article L 125-2 et L 128-2 du code des assurances ? ☐ Oui ☐ Non

☐ le bien objet des présentes est situé dans une zone d'exposition au bruit (zones aéroportuaires) visée par l'art L 147-5 du code de l'urbanisme : Zone ....

☐ le bien est actuellement occupé et le locataire en place a donné congé pour le ....
Le bailleur s'engage à informer dans les meilleurs délais de tout retard dans la libération des lieux.

FAIT AU SIÈGE DE L'AGENCE, LE .... EN .... EXEMPLAIRES ORIGINAUX
DONT UN REMIS A CHACUNE DES PARTIES QUI LE RECONNAÎT,

LE BAILLEUR	LE LOCATAIRE	LA CAUTION
ou son mandataire	*Lu et approuvé, signature*	*Lu et approuvé, bon pour caution solidaire*

.... mots
.... lignes
.... chiffres
rayés comme nuls

Editions Préférence®

Index

L

M

N

O

P

R

S

T

U

V

72852 - (I) - (1,8) - OSB 80° - P313 - LUM - JME

JOUVE
1, rue du Docteur Sauvé, 53100 MAYENNE
Dépôt légal : octobre 2015
N° 2239219R

Imprimé en France